本书是教育部人文社会科学重点研究基地重大项目"英国社会转型研究"(项目批准号：16JJD770026)的成果之一，得到南开大学世界近现代史研究中心资助；本书也是教育部人文社会科学重点研究基地上海师范大学都市文化研究中心的研究成果

国家"十三五"重点图书出版规划项目
教育部人文社会科学重点研究基地重大项目

英国社会转型研究丛书

主　编　钱乘旦

英国城镇社会转型与发展

陆伟芳　著

南京师范大学出版社

图书在版编目(CIP)数据

英国城镇社会转型与发展 / 陆伟芳著. —南京：
南京师范大学出版社，2021.3
（英国社会转型研究丛书 / 钱乘旦主编）
ISBN 978-7-5651-4756-2

Ⅰ.①英… Ⅱ.①陆… Ⅲ.①城镇－社会转型－研究－英国－16-19世纪 Ⅳ.①D756.1

中国版本图书馆CIP数据核字(2021)第045160号

丛 书 名	英国社会转型研究丛书
丛书主编	钱乘旦
书　　名	英国城镇社会转型与发展
著　　者	陆伟芳
策划编辑	郑海燕　朱海榕
责任编辑	庞　昊
出版发行	南京师范大学出版社
地　　址	江苏省南京市玄武区后宰门西村9号(邮编:210016)
电　　话	(025)83598919(总编办)　83598412(营销部)　83598712(编辑部)
网　　址	http://press.njnu.edu.cn
电子信箱	nspzbb@njnu.edu.cn
照　　排	南京开卷文化传媒有限公司
印　　刷	上海雅昌艺术印刷有限公司
开　　本	787毫米×1092毫米　1/16
印　　张	25.75
字　　数	399千
版　　次	2021年3月第1版　2021年3月第1次印刷
书　　号	ISBN 978-7-5651-4756-2
定　　价	882.00元(第1辑9册)
出版人	张志刚

南京师大版图书若有印装问题请与销售商调换

总　序

钱乘旦

《英国社会转型研究丛书》由南京师范大学出版社出版，这是英国史研究领域的又一项成果，通过这项研究，我们希望对英国工业革命以来社会方面的各种变化进行深入的探讨，进而寻找一些对中国现代化有益的启迪。

作为世界上第一个完成现代转型的国家，英国确实很值得了解。工业革命改变了社会结构，原有的社会体系容不下新的变化，于是冲突就出现了，造成了许多社会问题，比如劳工问题、妇女问题、犯罪问题、贫穷问题、教育问题、儿童问题、人口结构问题等等。这些问题在传统的农业社会是被自然消化的，溶解在农村共同体之中。工业革命把它们分解成一个一个单独的问题，而且每一个问题都可能变得非常严重，影响国家的整体发展。由于英国是现代化的先行者，它是在茫然中逐步意识到这些问题的，用了很长的时间才发现在经济迅速发展的情况下社会也是快速变化的，单凭积累财富无法解决社会问题；而社会问题不予解决，就会引发混乱，影响国家大局稳定，造成严重后果。在弄清楚这个道理后，英国又用更长的时间去设法解决这些问题，而解决的过程又非常艰难曲折，充满挑战，绝非一蹴而就。所以，了解这些过程和解决问题的办法就很有必要了，它能提供很好的知识参照，为思考中国的问题开启路径。

我们这套丛书的目的就是通过深入的学术研究,了解英国的那些问题,探讨其解决方案,评估其结果。从历史的发展看,英国在解决社会问题方面是基本成功的,工业革命造成的一系列严重的社会问题到20世纪下半叶差不多都解决了,从那个时候起,英国社会就一直相对稳定,很少发生严重冲突。当然,新的问题也会产生,比如英帝国解体遗留的有色人种移民问题,由此引发的种族隔阂和文化差异问题等,这些问题又需要人们寻找新的解决方案。

我曾多次说过:任何国家的现代化必须完成三项任务,一是建立现代国家,二是发展现代经济,三是建设现代社会。建立现代国家是现代化的前提,没有这个前提,便不能展开现代化。发展现代经济是现代化的关键内容,由此而形成工业社会。建设现代社会是现代化过程中最艰巨的任务,随着工业社会的出现,整个社会都要发生变化,引发一系列深刻的社会变革;而现代化能否成功,往往取决于社会现代化能不能完成。在英国,建立现代国家的过程从都铎王朝就开始了,经历漫长的变化到18世纪才基本结束。接下来就进入了经济快速发展的时期,启动了工业革命,使英国成为世界上第一个工业化国家。第三项任务几乎与工业革命同时出现,但人们的认识非常滞后,一直到19世纪下半叶才认真执行,进入了所谓的"改革年代"。由此,我们看到了一系列的社会改革,逐一解决了工业革命带来的许多问题。经过大约一个世纪的努力,第三项任务才大体完成了,一个比较清晰的现代国家在英国出现。为完成这三项任务,英国差不多用了五百年时间!

英国是第一个进入现代转型过程的国家,因此它不慌不忙(事实上是**不知不觉**)地完成了这三项任务;而且,这三项任务几乎是一项接一项出现的,因此相比于其他国家,英国的发展过程相对悠闲(而且缓慢)。然而对其他国家来说,就不能如此不慌不忙、不紧不慢了,因为作为现代化的后来者,它们必须"追赶",才能跟上时代的步伐。所以在其他国家,现代化的三项任务经常是重叠的,也就是一项任务套一项任务,也许同时呈现在人们面前。如此之下,英国的经历就相当重要了,我们看一看英国的经历,就应该知道现代化需要解决哪些问题,以及会碰到哪些问题,还有英国是如何解决的。后起国家的领导者们尤其需要了解这些,以便他们在领导国家的过程中多有远见,少走弯路。

中国现代化面对着这种情况,中国的现代化有一种紧迫感。就目前而言,中国现代化大体上处在第一项任务基本完成、第二项任务成绩斐然、第三项任务刚开始被人们意识到并开始打算去完成的阶段上。为此,这套书就把重点放在英国社会转型研究方面了,以期对读者们有所启示。

2020 年 2 月 2 日,于北大

目　录

1　总　序/钱乘旦

6　导　论

37　**第一章　英国城镇的萌芽**

39　一、罗马不列颠的城镇

51　二、英国中古城镇的兴起

67　**第二章　原工业城镇的崛起**

70　一、原工业化地区

88　二、原工业城镇

100　三、城镇命运交响曲

117　**第三章　工业化时期的英国城镇（一）**

119　一、城乡社会新变动

136　二、城镇磁场

157　三、城镇等级体系

170　**第四章　工业化时期的英国城镇（二）**

172　一、城镇化空间郊区的扩展

180　二、城镇内部空间的城镇化

216　　三、城镇治理模式的探索

238　**第五章　当代英国再城镇化（一）**
240　　一、城镇化空间的大扩展
260　　二、田园城市与新城建设
288　　三、乡村城镇化

299　**第六章　当代英国再城镇化（二）**
301　　一、城镇内部空间的再城镇化
333　　二、都市郡与城镇区
346　　三、城镇生活

351　**结　语**

356　**参考文献**

373　**译名对照**

411　**后　记**

导　论

社会转型是一个常说常新的话题,英国社会转型也是一样。城镇社会的转型是现代社会转型的重要组成部分,也是一个非常重要的现代化现象。

若从马克思主义的历史唯物主义观点看,英国也一样经历了多次社会转型:从原始社会到罗马统治不列颠时期的奴隶社会,再到盎格鲁-撒克逊(Anglo-Saxon)人的初步封建化,以及诺曼征服加速了封建化的进程。随着都铎王朝的宗教改革、大西洋贸易的展开,英国一方面在政治上建立了有限专制的新君主制,另一方面在经济上开始了土地的大规模流转,促进了新兴的乡绅阶级的诞生,推动了海外冒险,为资本主义的崛起创造了条件。从原工业化到工业革命,英国逐步走过了从商业资本主义到工业资本主义的道路。第二次世界大战以后,英国的福利社会建设又在某种程度上以"社会主义"元素探索着社会的公平和公正。

若从时代来分析,一般认为18—19世纪的工业化和城市化是一个大的社会转型;英国从传统的乡村农业社会,转变成一个城市工业社会。若再往前推,就是西方人所谓的"地理大发现"及乡村工业化,把公元1500年左右作为重大的转折点,目前中国学界几乎都把它作为世界近代史的起点。然而,近20年来这种观点已经受到了很多的挑战,有观点认为近代早期的许多特征其实早在公元1500年前,甚至在公元1300年前就已经存在。因此,英国社会的转型,也是一个比较漫长的过程。①

若从人类聚居方式来看,人类文明经历了游牧民的帐篷文明、农耕社会的村镇文明和工业社会的都市文明。在游牧状态下,只有广阔的游牧区域,还没有相对集中的文明点。到农耕时代,形成了村、镇、市的人类聚居方式,城镇成为广阔的农村腹地的商业中心。城镇与区域腹地犹如岛屿与海洋,城镇只是区域腹地中的一个个孤岛,再辉煌、再繁华,也只能像一颗

---

① Christopher Dyer, *An Age of Transition? Economy and Society in England in the Later Middle Ages*, Oxford and New York: Oxford University Press, 2005, p.244.

颗星星,虽然能照亮一定的区域,但光照的范围毕竟有限。到工业化之后,从城市到都市的发展,意味着人类迈向聚居的更高级形式,并且这也成为人类主要的聚居方式。这时,城市和都市使文明向前发展,高密度聚居文明逐渐占据主要地位,并且以城市为中心点,不断向区域扩展。

若从城镇化本身来看,除了罗马统治时期植入式的罗马式城市外,英国社会转型至少发生了以下四次。

第一次发生在中世纪,随着农村经济的恢复与发展,出现了第一次本土城市化,涌现出了大量的城镇或市场城镇。虽然还不能说此时已经形成城镇体系,但城镇数量的增长是公认的事实。其中有自然增长的城市,有封建领主"种植"的城市。日后这些城市有的成长,有的日渐消亡。这次城镇化的特点是低层次的、地方性的。

第二次为近代早期原工业化时期的城镇化。在一些原来农业经济不太发达的地区,涌现出了原工业,出现了"工业村庄"和"工业城镇",在很大程度上改变了一些乡村的面貌。这个阶段的城镇发展特点是区域性的,而且是典型的小城镇化。

第三次则伴随着工业革命而来,出现了现代的城市化浪潮,其显著特点是城市化速度快、程度高、幅度大,从功能角度和规模等级来看,都形成了完整的城市体系。这个城市体系包括工业城镇、矿业城镇、交通枢纽城镇(运河、铁路和港口城镇)、休闲城镇、综合性城镇等,彻底改变了人类生产与生活的方式。这个阶段的城市化进程,不仅使城镇数量大增,而且令城镇的内部和外部空间都得到极大扩展,使城镇生产生活方式成为支配性力量。

第四次是后工业社会或者说信息社会的来临。这个时期,英国城市化率已经达到了顶点,人口中绝大部分都已经生活在城镇和城市。因此,这个时期走上了"逆城市化"的浪潮:一方面,人口总体上都已经生活在城市,甚至生活在城市群/集合城市里;但另一方面,城市中心的人不断向外郊迁移,甚至向远郊和乡村地带迁移。这就在一定程度上带动了新形式的小城镇的发展。这时候的小城镇甚至乡村都不再以当地的农牧业地带为经济和资源腹地,而成为一种以居住与生活为重要功能的居住地。

既然城镇的发展经历了漫长的历史演进,有关城镇的术语和概念也在不断发生着变化,那么,就有必要首先梳理一下自古至今的城镇及其相关概念。

1. 自治市、城镇、城市

城市是人类文明的集中体现。从词语来说,西方的城市概念似乎来源于拉丁语。在拉丁语系中,civil 和 civilized 基本上由 civis 演变而来,而 civis 的含义就是"居住在城市里的人"。因此,城市与文明紧密相连。美国城市社会学家、芝加哥学派的奠基人罗伯特·帕克(Robert Park)说过"城市是文明人的天然居所",刘易斯·芒福德(Lewis Mumford)认为城市是"文明的最重要的发明"。

古代和中世纪的英国,城市(city)、城镇(town)、城市中心(urban center)、堡(burh)、自治市(borough)等等之间似乎都有着一定的区别,又有着一定的联系。

自治市一般指一个有城墙的自治的城镇,早期带有军事意义,后来逐渐转变成带有法律意义的称呼。它在历史上有多种拼法,如 burg、bury、brough、burgh、burh 等。它们常常作为某个词的构词成分,用来表示一个地名,如蒂尔堡(Tilburg)和爱丁堡(Edinburgh)等。据说,该词来源于德文,意为"堡"和"要塞",后来又指个体处所,包括保护这些处所的栅栏或壕沟,多为达官贵族、王室所有。带这个后缀的地名暗示着以前它们是设防的定居地。

英语的堡(burh)在盎格鲁-撒克逊时期有比较明确的指代,就是指要塞,它经历了从防御性的军事要塞到市场城镇的发展过程。在 8 世纪以后的编年史和文献中,"burh 经常用来称呼要塞"①。如阿尔弗雷德大帝(Alfred the Great)在全国的战略地点构筑了一个由 33 个堡组成的完整的要塞防御体系,基本上每隔 30 千米就有一个。阿尔弗雷德及其子长者爱德华(Edward the Elder)都把建立堡作为重要工作。其中有的是恢复罗马不列颠时期的旧要塞,如修复了温切斯特的石头城墙,挖掘了城壕;有的是建设防御工事;有的是新建要塞。要塞的规模大小与功能不一,有很小的据点,如皮尔顿;也有原有城镇的加强堡垒,如温切斯特。许多 burh 是隔河相对的两个堡,由一座横跨河流的防御性桥梁连接。各个堡之间有道路系统相连,方便军队通行。如巴斯就是 burh,它有一条河流穿过福斯湾。bury 也表示堡,如坎特伯雷(Canterbury)的意思就是坎特堡的人。②

Borough 可能就是 burh,只是拼法有所差异。在《堡土地税》(*Burghal Hidage*)的文献中,详细记载了威塞克斯的 33 个 burh 的名字,并且分配了其防御的力量,如刘易斯和梅尔纳斯伯里每个有 1 200 海德③,而沃灵福德和温切斯特每个有 2 400 海德。也有非常小的,如朗格只有 100 海德,利德福德有 140 海德,南安普敦有 150 海德。一般来说,防御 1 英亩④的城墙需要 16 海德。所以,如果 1 海德代表 1 个人的话,那么 1 杆⑤长的城墙需要装备 4 个人,维护 20 杆长的城墙就需要 80 海德;1 弗隆⑥长度就需要 160 海德,2 弗隆需要 320 海德,3 弗隆需要 480 海德,4 弗隆需要 640 海

---

① Peter Hunter Blair, *An Introduction to Anglo-Saxon England*, Cambridge: Cambridge University Press, 1956, p.277.
② P. H. Sawyer, *From Roman Britain to Norman England*, London and New York: Routledge, 1998, p.220.
③ 海德(hide),英国古代一种土地单位,被认为是当时供养一个家庭生计的土地数目。
④ 英亩(acre),英美制地积单位,1 英亩等于 4 840 平方码,合 4 046.86 平方米。为方便阅读,本书某些地方仍沿用英制单位,首次出现处说明与国家法定计量单位的换算关系。——编者注
⑤ 杆(rod, pole, perch),英制长度单位,1 杆等于 16.5 英尺,为 5.029 2 米。
⑥ 弗隆(furlong),英制长度单位,1 弗隆等于 40 杆,约合 201.167 米。

德……据此,温切斯特有2 400海德,换算下来是防御3 300英码①长,这与罗马城墙的长度3 280英码非常接近。② 在战时,每5海德需要提供1个全副武装的士兵为国王服务。③ 阿尔弗雷德的孙子阿瑟尔斯坦(Athelstan)重申了这个规定,命令维修borough,造币只能限定在市场,并且详细规定了每个borough铸币者的人数。④ 在威塞克斯北面的麦西亚王国也有burh,如白金汉、伍斯特和沃里克。公元899年,麦西亚统治者埃塞雷德(Ethelred)颁发了特许状,授予伍斯特教会"要塞内与要塞外不管是在市场还是街道上属于本人的一半权利……以及对堡垒围墙(borough-wall)的贡金和犯罪罚金……一半属于教会"⑤。这样,到公元9—10世纪,borough不仅仅是一个要塞,而且还有市场功能,实际上是一个城市(civitas)。⑥

到11世纪,borough就逐渐发展成为一个法律意义上能分享地方政府权力的、有特权的城镇。⑦ 在中世纪,borough(苏格兰用burgh的形式)是指获得某种自治权的定居地。当时王室给许多城镇颁发特许状,给予他们自治的权力。自治市的正式地位,需要由皇家特许状(Royal Charter)授予。一般而言,自治市是由选举的市政当局(Corporation)管理。因此,自治市具有明显的法律和宪政含义。

自治市的概念在近现代历史上得到扩展。在1835年的《市镇自治机关法》中,把178个古老的自治市改造成"市政自治市"(Municipal Borough),根据地产状况的标准选举权来选举产生市政机关,其他未改革

---

① 英码(yard),英制长度单位,1英码等于0.914 4米。
② P. H. Sawyer, *From Roman Britain to Norman England*, p.227.
③ https://cn.wikipedia.org/wiki/Burghal_Hidage.
④ Susan Reynolds, *An Introduction to the History of English Medieval Towns*, Oxford: Clarendon Press, 1977, p.32.
⑤ P. H. Sawyer, *From Roman Britain to Norman England*, p.229.
⑥ C. Stephenson, *Borough and Town: A Study of Urban Origins in England*, Cambridge and Massachusetts: Mediaeval Acadmey of America, 1933, pp.66-67.
⑦ Lorraine Attreed, *The King's Towns: Identity and Survival in Late Medieval English Boroughs*, New York: Peter Lang Publishing, Inc., 2001, p.4.

的城镇可以申请援用该法,成为市政自治市。在 1888 年地方政府改革中,又设立了一种新型的自治市,叫作郡自治市(County Borough),在职级上等同于郡。这两者都在 1972 年被废除。在 1899 年的伦敦地方政府改革中,在都市郡(Metropolitan County)下设立的第二级地方机构称为都市自治市(Metropolitan Borough)。在 1986 年撒切尔夫人(Margaret Hilda Thatcher)的地方分权改革中,由于大伦敦议会被废除,都市自治市成为独立的单一级实体。都市自治市的建制一直延续到今天。

古英语中的 ceaster 也一样。它早先指要塞,但可能诺曼征服后英国处于相对和平状态,因此有军事意义的称呼慢慢失去了意义,现在只能在地名后缀中看到其身影。英国人用 ceaster 来称呼罗马城镇,该词源于拉丁语 castra,意为军队营地,也指称罗马人撤离后留下的军事要塞(forticication)。① 在现代英国城镇里仍有名称带 ceaster 或类似拼写的,如切斯特(Chester)、埃克塞特(Exeter)、温切斯特(Winchester)。还有很小的城镇,如安卡斯特(Ancaster)在 12 世纪时被称为 Ancester,或 Doncaster(唐卡斯特)。甚至在 9 世纪,比德的译本把伦敦译为 Lunden ceaster(伦敦要塞)。有些罗马城镇,如西尔切斯特(Silchester)和罗克斯特(Wroxeter),没有延续下来成为城镇,但更多的堡垒,如比尤卡斯尔(Bewcastle)和里比切斯特(Ribchester),仍然有一定影响。总之,带 ceaster 或类似拼写的通常意味着英国人认为这个地方原先是罗马的防御工事,而且一般都没有错。②"这些类似的 ceaster(要塞)都是由城墙带来的。"③这些地方规模大小不等,人口有多有少,历史长短不一,但都保留了罗马不列颠时期建筑风格的城墙,最初都是军事要塞,也说明城墙的保护功能是催生要塞城镇的主要动力。

---

① P. H. Sawyer, *From Roman Britain to Norman England*, p.220.
② P. H. Sawyer, *From Roman Britain to Norman England*, pp.220-221.
③ C. Stephenson, *Borough and Town: A Study of Urban Origins in England*, p.52.

另外一些原先与城镇有关的术语,也逐渐变成地名的后缀,失去了其独立的身份与地位。古英语文献中的 port 意为一个港口,指那些作为贸易中心的地方。它是拉丁文 urbs 和 civitas 的同义词,源于拉丁语 portus,如朴次茅斯(Portsmouth)、普斯彻斯特(Portschester)、牛津(Oxford)的城镇草地就称为 Port Meadow。不过交易似乎也在其他地方进行,所以长者爱德华才会命令:"只允许在 port 中进行交易,并且要有市场长官(portreeve)或者其他诚实可信的人作证。"①"把 port(市场)或者贸易地方与 borough(堡)等同起来,这就说明真正的城镇人口出现了。"②

北欧海盗的入侵与短暂统治,也在英国的词汇中留下了痕迹。有贸易意味的小镇称呼——北欧语汇中的 wic、wik、wich,逐渐融入了英语,成为英语地名的组成部分,以表达某种特殊的含义。

wic 是拉丁语 vicus 的英文写法。wic 表明每个王国至少有一个与这个地方相联系的贸易中心,后来一些中心逐渐成为王国的主要城镇。在罗马行省体制中,vicus 是指次级地方单位,后期它们都成了小城镇。后来盎格鲁-撒克逊人"把拉丁词 vicus 引入英语,改为 wic,表示贸易小镇"③。一般来说,wic(贸易小镇)主要位于地理位置优越、便于贸易的罗马城镇附近,一些重要的港口和市场也被称为 wic,如伦敦在 7 世纪曾被称为 Lundenwic。

古英语中的 wik 也与北欧海盗有关,源于斯堪的纳维亚(Scandinavia)语言中的 vik 一词,用于北海沿岸的一些地名,最初意为"海湾、入口",逐渐特指旅行商人从船只下来进行贸易的地方。④

---

① C. Stephenson, *Borough and Town: A Study of Urban Origins in England*, p.65.
② D. M. Palliser, ed., *The Cambridge Urban History of Britain*, Vol.1: 600 – 1540, Cambridge: Cambridge University Press, 2000, p.81.
③ P. H. Sawyer, *From Roman Britain to Norman England*, p.226.
④ Stephen Alsford, *Introduction to the History of Medieval Boroughs*, http://users.trytel.com/~tristan/towns/townint4.html.

Wic 和 wik 经常与 wich 混同使用。以 wich 结尾的聚落包括两种情况:或者是内陆的贸易中心,或者是以沿海或沿河港口为基础的贸易中心,多散布在东南部海岸地区,如伦敦称作 Lundenwich,还有坎特伯雷的外港福威奇(Forwich)等。① 那时的伊普斯威奇(Ipswich)也是一个繁荣的交易中心。

因此,北欧语汇中的-wic、-wik 和-wich 成分,大多指代了贸易和市场功能。不过,大概由于北欧人在英国的影响不够大,所以这些词汇没有在后来的英语中成为城镇的称呼或单元,只是构词成分,在一定程度上展示了其源头。

在当代话语中,城镇是比较常用的术语。城镇的中文含义也比较明确。但是,西文中的 town 来源比较复杂,可能与德文的 Zaun、荷兰语的 tuin 和德意志北部斯堪的纳维亚语言中的 tun 有着共同的渊源。其中德文中的 Zaun 意为任何材料的栅栏。在荷兰语中,tuin 指用栅栏围起来的空间。英语中的 town 指负担不起或者不允许建立城墙和其他更大规模防御工事的小型社区。在尼德兰,这个空间是一个花园,尤其是富人的花园,它往往有栅栏或用围墙圈围起来。德意志北部斯堪的纳维亚语言中的 tun 则指农庄间的草地,在现在的挪威语中还有类似意义。在古英语和苏格兰语中,ton、toun 等等指代较多,大到农业地产,小到设防的城镇区域都有。在英格兰和威尔士,传统上 town 是有市场或集市特许状的定居地,因此成为市场城镇(market town,也译成市镇、集镇)。② 可见,城镇(town)主要是经济与社会意义上的定居地,是一种有别于周围农村地区的居民众多的聚居地,规模上比村庄要大。在英格兰,城镇规模小、经济实力较弱,往往负担不起建筑城墙的费用,或者不允许建筑城墙及其他大型堡垒。

城市似乎更是一种地位身份的标志,是城镇的特殊类型。它最初指有

---

① Stephen Alsford, *Introduction to the History of Medieval Boroughs*.
② https://en.wikipedia.org/wiki/Town#Origin_and_use.

专利特许状授予城市(city)称号的地方,历史上常常需要拥有一座大教堂,不一定关乎规模大小,指一种具有非常特殊意义的、地位尊崇的城镇,后来才指一个比城镇更大、更重要的定居地。"一个相对永久性的、高度组织起来的人口集中的地方,比城镇和村庄规模大,也更为重要。"① 从严格意义上说,它必然拥有一个大教堂或一个由法律授予的行政管理的实体。虽然人们习惯上也把比较大的重要的城镇称为城市,但这并不具有法定含义。可见,与当代社会不同的是,在古代和中世纪,人口数量似乎并不一定是衡量城市或城镇的标准。

中世纪的城镇和城市其实都反映了一种特权地位。那时没有现代的"自由"概念,当时"自由"更意味着"特权",一种司法上的特权,因此城镇里的所谓"自由人"是用来描述因出身、学徒或财富而享有正式城市成员资格的人。②

英国的一些大城镇虽然人口达到甚至超过 20 万,比一些小城市要大得多,但若它们没有王室的授权,就不能合法地自称"城市"。天津师范大学的刘景华教授认为:

> 中世纪西欧城市兴起后,最初一般都称"城镇"(town)。中世纪城镇都是商业交换中心,都有交易市场"market",所以在英国也被称为"市镇"(market town)③。16 世纪初,英国的市镇有 700 多个。因此欧洲的城镇不只是单纯的居住中心,更有工商业中心的含义。"城镇"作为一个总称,也可译为"城市"。……中世纪的不少城镇起初也是作为设防城堡而建造的(先有"城"),后来逐渐获得了商业功能(再有"市"),其名称则有"burg"、"borough"、"burk"、"bourg"、"burgo"

---

① 《简明不列颠百科全书·2》,北京、上海:中国大百科全书出版社,1985 年,第 271 页。
② Christopher Dyer, *An Age of Transition? Economy and Society in England in the Later Middle Ages*, p.111.
③ "market town"目前有几种译法:市镇、市场城镇、集镇。本书选择使用"市场城镇",以便大家可以"望文生义",一目了然。

等。这类词语涵义更为复杂,如"borough"就是一个含有经济、法律和文化意义的复杂社会体,不只是人文地理意义。

中世纪里,作为主教坐落地的"大教堂城市"(cathedral town),比普通城镇吸引人口多,规模要大,于是在英国,就取两英语单词的首个字母(c、t)的连读作简称,即"city"。①

恩格斯的《英国工人阶级状况》里,似乎也用的是"城镇"而非"城市"。其中有一节英文版译成"*Great Town*",而中文版译成了"大城市"。

一般而言,城市与其他定居地的一个根本区别就是规模相对大。但是城市也有其功能和特定的象征性地位,这种地位由中央当局给予。人们口语中的城市,一般是指城市性的空间而非乡村的地域。

罗马统治时期的城市,一般是由罗马人建立的设防居住地,是罗马在不列颠的统治首都。据说,中世纪早期僧侣们保留了一份传统城市的名单。不过,确切可考的,从中世纪至16世纪,英国只有伦敦是城市,所以在后来的世纪里,"The City"或"City"就是指伦敦城。到16世纪40年代初,如何获得城市地位似乎有了标准——把"城市"与"大教堂"联系起来,建立起给予拥有主教大教堂的城镇城市地位的传统。当时,亨利八世(Henry Ⅷ)在英格兰6个城镇设立大教堂,并颁发专利状(Letters Patent)授予这些城镇城市地位。在今天看来,一些拥有城市地位的城市是非常小的,是迷你型城市,原因是这些城市在后来的历史进程中没有什么大的发展。最典型的大概是2001年人口仅1 797人的圣戴维斯市。它地处威尔士西南部的彭布罗克郡,是英国人口最少的城市。另外一个城市韦尔斯则是英格兰最小的城市。它地处萨默塞特郡风景如画的中心地带,在巴斯西南约20英里②处。这是一座古老的大教堂城市,2011年人口普查时该市共有

---

① 刘景华:《"城市化"诸概念辨析》,《经济社会史评论》,2015年第4期,第5—6页。
② 英里(miles),英制长度单位,1英里约为1.609 3千米。

10 536人,其中男性4 882人、女性5 654人。[1]

一直到19世纪时,随着新的大教堂的建立,一批城镇才被授予了城市地位。如1853年曼彻斯特获得城市地位。曼彻斯特原来是一个市政自治市,它并没有主教大教堂,却有国教会牧座。曼彻斯特获得城市地位开创了国教会牧座也可以获得城市地位的先例。依此,1865年里彭获得城市地位。在1877年到1888年间,特鲁罗、圣奥尔本斯、利物浦、纽卡斯尔和韦克菲尔德先后获得了城市地位。

1889年,伯明翰获得城市地位。不过,伯明翰不是以宗教理由而是以"人口众多"及"优秀的地方政府历史"来申请的。这样又确立了一个先例,无论哪个教派的大教堂都不再是其所在地成为城市的唯一标准。于是,1893年,其他一些大城镇如利兹、谢菲尔德也成为城市。1897年,布拉德福德、赫尔河畔金斯敦、诺丁汉成为城市。这三个一直是伦敦以外没有城市地位的最大郡自治市。[2] 1905年,威尔士的卡迪夫成为城市。

虽然19世纪晚期已经试行城市地位不再与宗教有关,而是考虑人口的规模,但直到20世纪,才正式确认——在英格兰和威尔士,城市地位不再与大教堂相关。此后,城市地位标准多样,包括人口的规模。

另外,在英国的地名中,含有"城市"(city)一词并不一定表明该地拥有城市地位,只说明了它的历史渊源,或者有过市场功能,或者直接是一种营销策略,如白城(White City)和斯特拉特福德城(Stratford City)。但伦敦市(City of London,一般译成伦敦城、金融城或伦敦金融城)和威斯敏斯特市(City of Westminster)则是货真价实的城市。

由此可见,城镇、城市都是与村庄相对的一种定居单位,是有别于乡村的定居地,强调的是一种城市性,即有工商业或宗教活动的特色。在这个

---

[1] http://www.wells.gov.uk/.
[2] 从这里可以看出,在英国,自治市地位似乎高于城镇,而城市地位似乎又高于自治市。

意义上,另一种用法"都市中心"就明确说出其本质属性。从某种意义上说,城镇似乎是一种通称,而市场城镇、自治市和城市都只是城镇中的特殊类型。其中,市场城镇主要突出其经济上的交易功能,自治市则强调政治上特殊的管理方式,城市似乎只代表名称和地位上的尊崇,并没有什么实质性意义。这种城镇通称,也正是本书使用的概念。

在中国,镇、城、市在起源与含义上有着比较明显的区别,而且代表了一个城市等级从低到高的体系。镇是中国城市体系中最基层的一个等级,往往是农村腹地的商业交换中心,现在也是基层的管理单位。当然,镇也有大小之分:有的只是本地的交易市场,相对于村镇;但有的大镇也会成为区域性的交易中心,以前一般会有大型的集市贸易,相对于乡镇。城是在镇等级之上的城镇等级,在当代中国就是所谓的县城一类。再往上是市的等级。从功能来看,则代表了从古代设防的城到主要具有经济意义的城市。古代的城主要是军事防御性的带有城墙的地域,往往也兼有行政管理的功能。在这些城之外发展出来的"市",其实就是市场,是做生意的,这样就同时发展出了平民百姓的居住区以及从事手工业生产的作坊区。后来,随着经济的发展,"市"所占的地域越来越大,而城相对变小。当"城"与"市"合而为一,便形成了广义上的城市,即居住、防御、政治、经济功能合一的城市。相比较之下,英文中缺乏镇与城在术语上的区别,所以,一般只能用小城镇与城镇来指代,只有市场城镇在一定意义上类似于中国的镇。这也许在一定程度上说明了中国市场相对发达,或者说明了中国的等级体系比较发达,在对城市中心命名的时候,早就分出了等级体系。

当代英国,城市地位是由英国君主授予的。2014年,英格兰只有69个城市。城市地位主要是一种无形的资产,它本身并没有什么特别的权利,唯一的权利是可以被称为城市。如大伦敦就不是一个城市,而是一个区域。虽然我们习惯上把大伦敦看成一个城市,但不能把大伦敦称为大伦敦市。而大伦敦内的伦敦城和威斯敏斯特却具有城市地位,可以自称为城市。在中国,为了避免混淆,有意把伦敦市译成伦敦城、金融城或伦敦金融城。

2. 城镇化、城市化、都市化

Urbanization 在英文中的意思非常明确,就是指人口从农村地区转移到城市地区,是城镇和城市形成的进程,是指越来越多的人在中心区域生活和工作的过程。然而,该词在翻译成中文时,出现了几种译法:城镇化、城市化、都市化等。而这几个术语,在中文中似乎逐渐具有了不同的含义。

从词源上来说,urbanization 是从 urban 扩展而来。而 urban 主要是与 rural 相对应的一个形容词,前者表示"城市的、城镇的、都市的、市区的"的意思,而后者表示"农村的、乡下的、田园的、乡村风味的"的意思。两个都是形容词,形容的是两种不同的人类聚集形态、不同的社会形态和不同的生活方式。

从构词上看,urbanization 是从 urbanize 变缀而来。Urbanize 是一个动词,描述的是一种进程,是引起或获得城镇特性的过程,urbanization 则是这个过程的名词性状态。因此,它既反映了一种动态的"化"的过程,同时又作为一个名词,表示一种结果。

据说,西班牙人首先使用这个术语。1867 年,西班牙的城市规划师依勒德本索·塞尔达(A. Serda)在《城镇化基本理论》一书中首先使用了 urbanization 的概念。20 世纪以来,这一名词逐渐风行世界。①

从前面的分析可知,城镇是一种通称,而城市只是城镇中的特殊类型。由此看来,与中国一般的看法正好相反,urbanization 最初的含义其实应该是"城镇化",反映了英国工业革命以后英国从乡村社会变成城镇社会的现

---

① 唐耀华:《城市化概念研究与新定义》,《学术论坛》,2013 年第 5 期,第 114 页。

实,其中不仅涌现出了如伦敦、曼彻斯特、伯明翰这样的大城市,而且形成了一个大、中、小城镇的等级体系。前面说过,这些大城镇大多要到19世纪中下叶才逐渐获得"城市"的法定地位。因此,无论是规模还是称呼,这个阶段是货真价实的"城镇化"。到了20世纪,城镇与城市的区别日益以人口规模来衡量。

Urbanization一词的意思本来是"城镇化",也可译作"都市化""城市化"。那么,为什么在中国明确将urbanization译为"城市化"呢?据北京的陈光庭研究:

> 现代汉语中"城市化"作为专业术语是在20世纪70年代后期由外国引进的,恐怕对此已经没有异议。但究竟是谁,是哪一个出版物首先使用这一词汇,是由哪国文字第一次翻译成汉语的,已经难以查清。据笔者极不完全的文献调查,收入这一术语比较早的辞书有上海人民出版社1975年3月出版的《新英汉词典》,译为"都市化"。此后,魏津生于1979年在内部刊物《国外经济动态》(1979年第1期)发表了《世界的都市化与人口》一文,吴友仁于1980年发表了《我国社会主义城市化问题》(《人口与经济》1980年第1期),郭振淮发表了《世界城市化发展的趋势及我国城市发展若干问题》(《人口与经济》1980年第2期)。自此,几本专门研究城市的刊物相继发表了介绍"城市化"的译文、论文。1984年3月4日《人民日报》发表了顾文选的文章《什么是城市化》,至此,"城市化"一词在中国的出版物上和学术界逐步流传起来。[①]

20世纪70年代后期,从urbanization转译而来的中文术语在中国流行起来。20世纪70年代末80年代初,中国刚刚开始改革开放。中国当时

[①] 陈光庭:《再论汉译马克思著作中的"城市化"一词系误译》,《城市问题》,1998年第5期,第13页。

还是一个传统农业社会,城市化率不到20%。绝大多数人口生活在农村,城乡鸿沟十分明显。在中国当时的直辖市—省城—地级市—县城—镇这样的体制下,人们接触最多的是城和镇,城市作为中国最高等级的城镇序列,绝大多数人接触机会不多。因此,当中国打开国门的时候,西方发达的城市社会,特别是西方大城市给了中国人巨大的视觉和心理冲击。把urbanization译成"都市化"和"城市化",反映了人们对当时西方城市社会的认知。人们最先、最容易接触到的是西方的大城市,因此,这种译法有其时代特点。同时,中文或者说中国人一向有崇尚"雅文化"的传统,偏爱"高大上"的说法,在"城镇化"与"城市化"当中,后者似乎要比前者更尊崇、高大一些。也有人认为古代的城市才叫"城市",发生了本质变化的现代城市应叫作"都市",因此主张用"都市化"。至于为什么最终没有采用"都市化"的译法则似乎纯属偶然,也许确实是上文提到的《人民日报》的文章确定了基调。

然而,后来情况变得有点复杂起来。一方面,随着改革开放的深入,随着对西方社会的深入了解,人们发现自工业革命以来,西方的城市和城镇是全方位的发展,绝非只是大城市的发展,人口绝非只向大城市迁移。因此,"城市化"的译法似乎不大准确。另一方面,这样翻译的结果是,人们误以为"城市化"就是发展大城市,似乎直接演变成"优先发展大城市"这样的逻辑。随着时间的推移,人们认识到中国不能只发展大城市,而需要考虑遍布全国的城镇发展。有人认为中国人口众多,要强调发展小城镇,控制发展大城市。于是,专门提出了"城镇化",不叫"城市化",由此彰显中国的"特色"。

对中国的"城镇化"概念,有人这样分析:

> 在我国学术论著中及其他各种场合,大体上是在如下三种含义上使用"城镇化"这一概念。

一是作为一个抽象化程度很高的概念使用,其含义完全等同于"城市化"概念。……

二是以我国的城市行政建制为依据,在将"城镇"理解为一个合成词的基础上,把"城镇化"定义为"城市化"在中国的具体形式,或者说,"城镇化"是中国特色的"城市化"。按照中国现行的行政建制体制,城市社区包括建制市和建制镇两类。建制市即通常所说的"城市",分为县级市、地级市、副省级市(计划单列市)、省级市(直辖市)4个行政级别。建制镇即通常所说的"城镇"或"小城镇",只有乡(科)级一个行政级别。在我国现行的户籍管理制度下,没有改成建制镇的乡政府所在地(通常都是重要的集镇)的人口管理按城镇户籍制度管理,因而也与建制镇一样视为城镇。这样,我国的城市社区实际上就是由城(市)和(城)镇两部分构成。在我国,推进城市化,不仅要实现人口与产业向"城(市)"转移和集聚,而且要实现人口与产业向"(城)镇"转移和集聚,据此,中国的城市化就具体化为"城镇化"。《中共中央关于制定国民经济和社会发展第十个五年计划的建议》等官方文献中关于"推进城镇化"、"提高城镇化水平"、"实施城镇化战略"、"走中国特色的城镇化道路"等提法,都是在这个意义上使用这一概念。我国一些学者也比较认同这种提法。如中国社会科学院编著的《城市经济学》指出,根据我国《城市规划法》的规定,我国的建制镇也属于城市范畴,因此,我国计算城市水平的时候,是以城市和建制镇的常住人口为基数的,因而,在我国城市化也可以叫城镇化。

……

三是等同于"小城镇化"或"农村城镇化"。在这里,"城镇"不是合成词,而是专指建制市即"城市"以外的建制镇(县城关镇一般也是一个建制镇)和乡政府所在地为主体的集镇。在我国,建制镇是城市体系中规模和行政级别最小的一级,又是散布于广大农村地区、多数是农民集中和移居直接发展而来的,所以通常又被称作"小城镇"或"农村小城镇"。就我们所掌握的资料,中央和国家的文献从不在这个含义上使用"城镇化"这一概念。学术界在这个含义上使用这一概念时,是用它来代替"城市化",认为鉴于发达国家城市化进程中出现过大量的"城市病",中国农村人口特别庞大,中国的城市化不能靠发展城市来实现,而应在农村地区建立大量的小城镇,把广大农村人口转移到这些小城镇,所以在他们看来,中国的城市化就是也只能是"城镇化"。①

这个分析试图厘清中国的"城镇化"一词的渊源,但第一、第二种含义其实也说明了"城镇化"与"城市化"是一回事,城镇化不过是中国特色的城市化而已。倒是第三种含义是中国特有的,反映了中国人试图优先发展小城镇的心态与做法。同时,为了避免误以为城市化就是"大城市化",以免把发展方向误以为发展大城市,所以特意使用了"城镇化",其意在于主要发展中小城镇,特别是在农村地区发展小城镇。难怪有人在向西方世界说清中国的这种发展概念时,完全抛开了原来的 urbanization,而试图杜撰几个新词。有人这样介绍,"中国的都市化可以从概念上分为截然不同的三个维度(Dimension):非农化(Deagriculturization)、集镇化(Townization)与城市化(Citization)"②。

一个"urbanization"演绎出了"城镇化""城市化""都市化"等多种译法。同时,中国特色的"城镇化"在英译过程中,又出现了新的问题。这样,同一来源的不同翻译术语就被赋予了不同的含义,再用英文来表达,相应变成了 urbanization, citification, metropolitanization。③ 这真是跨文化交

---

① 曾赛丰:《城市化定义刍议》,《湘潭大学社会科学学报》,2003 年第 6 期,第 110 页。
② Gregory Eliyu Guldin, ed. *Farewell to Peasant China: Rural Urbanization and Social Change in the Late Twentieth Century*, Armonk: M. E. Sharpe, 1997.
③ 唐耀华:《城市化概念研究与新定义》,第 114 页。

际中的一个非常有意思的现象。

不过,诚如前面说过的,"urbanization"在20世纪70年代末80年代初译成中文时,映衬了当时西方国家的城市发展水平,而不是其本真含义。因此可以说,把它译成"都市化"和"城市化"在某种意义上都是误译,准确的译法应该就是"城镇化",表达的是与 ruralization(乡土化)相反的一种社会发展状态。

因此,中文里的"城市化""都市化"其实就是"城镇化"。所谓"都市化是一个过程,包括两个方面的变化。其一是人口从乡村向城市运动,并在都市中从事非农业的工作。其二是乡村生活方式向都市生活方式的转变,这包括价值观、态度和行为等方面。第一方面是强调人口的密度和经济职能,第二方面强调社会、心理和行为的因素。实质上这两方面是互动的"①。城镇化不仅仅是指乡村地区变成了城市地区,农村人口变成了城市人口,而且包括城市生活方式的扩展。

这样,在中国人的想象中,我们的城镇化、城市化和都市化,反过来居然产生了好多个同义词,如非农化、集镇化以及 urbanization, citification, metropolitanization。笔者以为,这简直就是"无事生非",把一种简单的城镇化现象无限复杂化,几乎让人迷失在思维的海洋中无法自拔。因此,本书坚持用原初意义上的城镇化,不去蹚这个词的迷魂阵。

学界认为,欧洲的城镇化大致有三次高潮。第一个高潮是古希腊罗马时期的古代城镇发展,第二个高潮是10—13世纪中世纪城镇和城市的兴起,第三个高潮就是18世纪中叶工业革命开始以来近现代城市的发展。②

美国经济史家简·德·弗里斯(Jan De Vries)认为,城市发展经历了三个阶段:中世纪是城镇萌芽阶段,城镇以军事、行政或宗教功能为主;1500—1800年是城镇巩固阶段,这一时期城镇的特点是从传统的政治宗

---

① 周大鸣:《现代都市人类学》,广州:中山大学出版社,1997年,第27—28页。
② Norman Pounds, *The Medieval City*, Westport, Conn: Greenwood Press, 2005, pp.2-17.

教功能转向经济功能;自 18 世纪晚期起开始形成现代城市体系,经济文化活动逐渐成为城市重要功能。①

从全球范围来看,有人认为 16 世纪除俄国以外欧洲的城镇化率已达到了 16%,城镇化虽然开始较早,但在持续了一段时间增长后,到 18 世纪,下降到 13% 左右。② 不过,一般而言,广泛的城镇化是一个相对新近的现象,19 世纪城市人口才缓慢增长,到 1900 年,全球的城镇化率大约只有 15%。1950 年,居住在城镇区域的人口比例为 30%,到 2014 年,达到了 54%。估计到 2050 年,居住在城镇区域的人口比例将会达到 66%。但是,欧洲的城镇化水平比较高,到 2014 年,欧洲居住在城镇地区的人口比例达到了 73%。③ 这一切告诉我们,不管我们承认还是不承认、喜欢还是不喜欢,今天的我们无疑生活在一个城镇化的社会、城镇化的世界里了。而这种城镇化社会,是从欧洲,从英国首先开始建立的。

3. 城市地区、城镇建成区、都市区

20 世纪以来,随着城市化深入发展,原有的城市、城镇、城镇化区都不足以反映英国城市发展的现状。英国在人口普查、人口统计、科学研究等工作中,不断探索新的术语来界定当时的城镇发展情况。城市地区、城镇建成区和都市区等都是当代英国人用来表达城镇发展情况的新术语。

按英国人口普查资料,传统上,城镇或城市是一个独立的建成区域,拥有足够的数量和多样的商店与服务,包括一个易于辨识出城镇特性的市

---

① Jan De Vries, *European Urbanization*, *1500-1800*, London: Methuen, 1984, pp.255-265.
② [美]保罗·M. 霍恩伯格、林恩·霍伦·利斯:《都市欧洲的形成:1000—1994 年》,阮岳湘译,北京:商务印书馆,2009 年,第 14 页。
③ United Nations, Department of Economic and Social Affairs, Population Division, *World Urbanization Prospects: The 2014 Revision*, *Highlights*, New York, 2015, p.1.

场。它可能还有行政、商业、教育、娱乐等社会和公民职能,在许多情况下有证据表明其悠久的历史。它是当地交通网络的焦点,通常是工业所在地,也是周围地区的人的就业场所,是一个远近闻名的地方。

但是,到 20 世纪晚期,城镇和城市在英国的状况更为复杂。独立的城镇已经发展合并成连续的建成区域,周边的附属中心已经发展成为郊区和卫星城镇。这个过程随着商业和零售园区的扩张而继续着。虽然有些历史悠久的城镇已经停滞不前、失去了城市功能,但更多的定居点迅速扩大到小城镇的规模。然而,它们都不在传统城市功能的范围。因此,需要新的术语来反映城镇发展的这种新情况。

一般而言,定义一个城镇或城市的一个明显的方法是划定行政边界。这在 1971 年之前的英国人口普查中是可能的。在英格兰和威尔士,直到 1974 年地方政府重组之前,自治市、城镇区(Urban Districts)和乡村区(Rural Districts)之间的划分提供了大致的城乡分割依据。这种划分简单易行,但也存在严重的缺陷,划分的边界很少更新,往往不能反映城市地区扩大的现实。

20 世纪 70 年代中期重组后建立的地方政府边界(通常在英格兰保留下来)不适合城市地区的定义,因为许多地区是有意规划的,目的是将城镇和周围的乡村合并为单一的行政单元。尽管威尔士的地方政府区域在 20 世纪 90 年代中期再次进行了重组,但新的单一制政府继续将城镇和乡村混合在一起。

城市地区(Urban Areas)这个术语,是 1951 年英国人口普查中出现的新用语。1951 年人口普查后,在一份报告中第一次尝试定义城市地区和城市群。在 1966 年人口普查之后,英国住房和地方政府部(Ministry of Housing and Local Government)提出了一份实际的城市地区分析报告。

城市地区人口普查旨在满足人们对城镇和城市的普遍兴趣,以及进行城市人口与其他地方人口的比较。通过对照 1981 年、1991 年、2001 年人口普查报告中的城市地区信息,可以看到城镇、城市和大城市群(large urban agglomerations)的动态。

在 20 世纪 70 年代地方政府重组后,1981 年的人口普查引入一种新方法——以"城市地区"为基本单元。即根据英国地形测量局(Ordnance Survey)测量图所显示的城市发展程度进行分析,不受行政边界限制,比较符合人口普查和环境部当时的需要,从而得出在国际上可以比较的统计数字。城市地区作为人口普查使用的常用术语和统计单元,表示至少 20 公顷的连绵建成区和至少 1 500 个居民的地理单元,是不可逆转的城镇发展范围,而不是行政或其他单元。

这样,在 1981 年人口普查数据分析报告中,城市地区的数据为英国的每个城镇和城市提供了近 100 个关键的人口数据。换言之,1981 年人口普查后,为了满足人们对可识别为城镇或城市而非行政区的地方的广泛兴趣,对城市地区进行了重新界定,确定了 2 231 个城市地区。英国的一份专门报告涵盖了人口超过 2 万人的每一个城市地区,还提供了包括显示城市区域位置和广义边界的地图。

因此,可以通过 1981 年、1991 年、2001 年三份关于城市地区的普查报告来跟踪特定城镇、城市和更大的聚集点的动态。

1981 年和 1991 年的普查报告使用了建筑砖法(building brick approach)来确定城市地区,特别是那些人口少于 2 000 人的地方。但适合城市土地边界的方法通常是纳入较大的列举区(Enumeration Districts),纳入的截止点是 4 个或 4 个以上的列举区的全部或部分,故而对小城市地区土地边界的确定就不那么精确。因此,将人口普查中 1981 年至 2001 年人口不足 2 000 人的任何城市地区的数字进行比较是不可取的,而对人口不足 5 000 人的地区进行比较则应谨慎。①

---

① Office for National Statistics, *Census 2001: Key Statistics for Urban Areas in England and Wales*, London: TSO 224, pp.1 - 3.

这里,以 2001 年大伦敦城市地区(Greater London Urban Area)和大曼彻斯特城市地区(Greater Manchester Urban Area)为例(见表Ⅰ),展示其各自包含的范围,也同时把相关的地名中英文名称均列出,方便后面的研究工作。

表Ⅰ 大伦敦和大曼彻斯特城市地区的范围①

城市地区	城市(中文)	城市(英文)	人口/人
大伦敦城市地区 (人口 8 278 251 人)	班斯特德/泰德沃斯	Banstead/Tadworth	38 664
	巴金-达格南	Barking and Dagenham	163 944
	巴尼特	Barnet	314 019
	贝克斯利	Bexley	211 802
	布伦特	Brent	263 464
	布罗姆利	Bromley	280 305
	卡姆登	Camden	198 020
	凯特汉姆-华林汉	Caterham and Warlingham	31 649
	切森特	Cheshunt	55 275
	克洛伊登	Croydon	316 283
	达特福德	Dartford	56 818
	伊灵	Ealing	300 948
	埃格姆	Egham	27 666
	恩菲尔德	Enfield	273 203
	埃普森-尤厄尔	Epsom and Ewell	64 493
	伊舍/牟勒斯	Esher/Molesey	50 344
	格雷夫森德	Gravesend	53 045
	格林威治	Greenwich	219 263
	哈克尼	Hackney	202 824
	汉默史密斯-富勒姆	Hammersmith and Fulham	165 242

① Office for National Statistics, *Census 2001: Key Statistics for Urban Areas in England and Wales*, pp.1-3.

续 表

城市地区	城市(中文)	城市(英文)	人口/人
大伦敦城市地区 (人口 8 278 251 人)	哈林盖	Haringey	216 507
	哈罗	Harrow	206 643
	哈弗灵	Havering	223 193
	赫默尔亨普斯特德	Hemel Hempstead	83 118
	希灵登	Hillingdon	242 755
	霍兹登	Hoddesdon	35 235
	豪恩斯洛	Hounslow	212 341
	伊斯灵顿	Islington	175 797
	肯辛顿-切尔西	Kensington and Chelsea	158 439
	泰晤士畔金斯敦	Kingston upon Thames	146 873
	朗伯斯	Lambeth	267 785
	莱瑟黑德	Leatherhead	42 885
	刘易舍姆	Lewisham	248 922
	劳顿	Loughton	41 078
	莫顿	Merton	187 908
	纽汉	Newham	243 891
	诺思弗利特	Northfleet	23 457
	雷德布里奇	Redbridge	240 796
	泰晤士河畔里士满	Richmond upon Thames	172 335
	萨瑟克	Southwark	243 749
	斯坦斯	Staines	50 538
	森伯里	Sunbury	27 415
	萨顿	Sutton	177 796
	陶尔哈姆莱茨	Tower Hamlets	196 106
	沃尔瑟姆福雷斯特	Waltham Forest	218 341
	沃顿-威布里治	Walton and Weybridge	52 890
	旺兹沃思	Wandsworth	259 881
	沃特福德	Watford	120 960

续 表

城市地区	城市(中文)	城市(英文)	人口/人
大伦敦城市地区 (人口 8 278 251 人)	威斯敏斯特	Westminster	181 766
	沃金/拜弗里特	Woking/Byfleet	101 127
大曼彻斯特城市地区(人口 2 244 931 人)	奥特林厄姆	Altrincham	40 695
	阿什顿安德莱恩	Ashton-under-Lyne	43 236
	阿瑟顿	Atherton	20 302
	博尔顿	Bolton	139 403
	布雷德贝里-罗密利	Bredbury and Romiley	28 167
	布罗姆利克罗斯/布拉德肖	Bromley Cross/Bradshaw	22 747
	伯里	Bury	60 718
	查德顿	Chadderton	33 001
	奇德尔-加特利	Cheadle and Gatley	57 507
	丹顿(坦姆赛德)	Denton (Tameside)	26 866
	德罗伊尔斯登	Droylsden	23 172
	埃克尔斯	Eccles	36 610
	费士沃斯	Failsworth	20 007
	法恩沃斯	Farnworth	25 264
	黑兹尔格拉夫-布拉姆霍尔	Hazel Grove and Bramhall	38 724
	海伍德	Heywood	28 024
	欣德利	Hindley	23 457
	海德	Hyde	31 253
	利镇	Leigh	43 006
	曼彻斯特	Manchester	394 269
	米德尔顿	Middleton	45 314
	奥尔德姆	Oldham	103 544
	普雷斯特维奇	Prestwich	31 693
	拉德克利夫	Radcliffe	34 239
	洛奇代尔	Rochdale	95 796
	罗伊顿	Royton	22 238

续 表

城市地区	城市(中文)	城市(英文)	人口/人
大曼彻斯特城市地区(人口 2 244 931 人)	塞尔	Sale	55 234
	索尔福德	Salford	72 750
	斯达布里奇	Stalybridge	22 568
	斯托克波特	Stockport	136 082
	斯特雷德福德	Stretford	42 103
	斯温顿-彭德尔伯里	Swinton and Pendlebury	41 347
	蒂尔兹利	Tyldesley	34 022
	厄姆斯顿	Urmston	40 964
	沃克登	Walkden	36 218
	怀特菲尔德	Whitefield	23 284
	威尔姆斯洛/奥尔德里埃奇	Wilmslow/Alderley Edge	34 087

2011年人口普查中,英国国家统计局使用了"城镇建成区"(Built-up Urban Area)这个城市地区新术语,有时直接简称为"建成区"(Built-up Area)来代替城镇区。建成区是"不可恢复的城市特性"的土地,也就是一个村庄、城镇或城市的特征。建成区指不少于20公顷的建成区域面积。任何相距不到200米的建成区都算在同一个建成区里。其中,城镇建成区指的是拥有1万人及以上人口的城镇区域。

虽然许多建成区与当地的城市同名,其所代表的区域却不一样。城镇建成区的边界代表了建成环境,而无关乎行政管理的边界。因此,在21世纪的相关区域与数据中,就包括了城镇建成区、大都市、地方当局管辖区。由此,后面的研究中出现的数据差异,可能就是由于其包括的空间范围不同。

在比较各次不同的人口普查数据时,其地理范围虽然基本相同,但也有微调。比如说,南汉普郡城镇建成区就包括了2001年人口普查时的三个不同的区域——南安普敦、朴次茅斯、洛克斯希思/伯塞尔登/怀特利。

当然,在大多数情况下,这些连接在一起的区域,会在 2011 年数据中界定为城镇建成区分区(Built-up Area Sub - divisions)(见表Ⅱ)。

表Ⅱ 2011 年人口普查城镇建成区、分区、中心城市列表①

城镇建成区	人口/人	主要分区	中心城市
大伦敦建成区	9 787 426	伦敦各自治市 赫默尔亨普斯特德 沃特福德 沃金 哈洛 圣奥尔本斯 布拉克内尔	伦敦
大曼彻斯特建成区	2 553 379	曼彻斯特 索尔福德 博尔顿 斯托克波特 奥尔德姆 洛奇代尔 伯里 特拉福德 泰姆塞德	曼彻斯特
西米德兰建成区	2 440 986	伯明翰 伍尔弗汉普顿 西布罗姆维奇 达德利 沃尔萨尔 索利哈尔	伯明翰
西约克郡建成区	1 777 934	利兹 布莱德福德 韦克菲尔德 哈德斯菲尔德 迪尤斯伯里 基思利 哈利法克斯	利兹 布莱德福德
大格拉斯哥建成区	1 209 143	格拉斯哥 佩斯利 克莱德班克	格拉斯哥

① https://en.wikipedia.org/wiki/List_of_urban_areas_in_the_United_Kingdom.

续 表

城镇建成区	人口/人	主要分区	中心城市
利物浦建成区	864 122	利物浦 布特尔 里瑟兰 克罗斯比 普雷斯科特 圣海伦斯 阿什顿因马克菲尔	利物浦 伯肯海德
南安普敦建成区	855 569	南安普敦 朴次茅斯 伊斯特利 戈斯波特 费勒姆 哈凡特 霍恩丁	南安普敦 朴次茅斯
泰恩塞德建成区	774 891	纽卡斯尔 盖茨黑德 南希尔兹 泰恩茅斯 沃尔森德 惠特利湾 贾罗	纽卡斯尔 桑德兰
诺丁汉建成区	729 977	诺丁汉 比斯顿 卡尔顿 西布里奇福德 伊肯斯顿 哈克诺	诺丁汉 德比
谢菲尔德建成区	685 368	谢菲尔德 罗瑟勒姆 劳玛什	谢菲尔德
布里斯托尔建成区	617 280	布里斯托尔 菲尔顿 皮尔 弗兰姆普敦科特罗 金斯伍德 沃姆利 曼戈托菲尔德 温特伯恩	布里斯托尔

续　表

城镇建成区	人口/人	主要分区	中心城市
莱斯特建成区	508 916	莱斯特 威格斯顿 奥德比 赛斯顿 布莱比 伯斯托尔 纳伯勒 恩德比	莱斯特

在英国国家统计数据里，还有一个都市区（Metropolitan Area）的概念。它指的是通勤圈（上下班）范围，即一个地区75%以上的常住劳动力在该地区工作，在该地区工作的人中至少75%也居住在该地区。这个都市区范围要比城镇建成区更大，如2001年伦敦都市区人口为1 370.9万人，这个都市区包括了大伦敦以及周边更多的城镇。从表Ⅲ可以看出，伦敦都市区除了大伦敦外，还包括了伦敦周围许多的城镇和城市，既有20多万人口的城市，也有只有2万人左右的小城镇。

表Ⅲ　2001年伦敦都市区所包含的城镇单元人口列表[①]

名称	人口/万人	名称	人口/万人
伦敦	826.5	海威科姆	10.0
索森德	29.1	克劳利	9.9
查塔姆	23.1	布拉克内尔-阿斯科特	9.6
卢顿-邓斯特布尔	21.6	哈洛	8.7
雷丁	21.6	切姆斯福德	7.6
奥尔德肖特-法恩伯勒	17.4	赫默尔亨普斯特德	6.8
沃金	12.4	梅德斯通	6.5
巴西尔登	11.3	梅登黑德	5.9
斯劳	11.2	圣奥尔本斯	5.9

---

① https://en.wikipedia.org/wiki/List_of_metropolitan_areas_in_the_United_Kingdom.

续 表

名称	人口/万人	名称	人口/万人
贝辛斯托克	5.5	毕晓普斯托福德	3.1
艾尔斯伯里	4.9	莱奇沃思	2.8
斯蒂夫尼奇	4.9	霍舍姆	2.7
锡廷伯恩	4.2	东格林斯特德	2.6
沃金厄姆	4.2	伯吉斯希尔	2.4
坦布里奇韦尔斯	3.9	塞文欧克斯	2.4
桑德赫斯特-亚特利	3.7	海沃兹希思	2.2
吉尔福德	3.4	希钦	2.1
温莎	3.3	汤布里奇	2.0

在学术界,学者们也一直在对城市发展现象进行探索与界定,其中城市群(Conurbation)和巨型城市区域就属于这一类。Conurbation 也译成"组合城市""城镇集聚区"或"集合都市",是指多个邻接的都市随着都市规模的扩大,跨过行政区划的界限发展为一个大型都市区的状态。1915 年,英国人帕特里克·格迪斯(Patrick Geddes)在《进化中的城市——城市规划与城市研究导论》①中提出这一概念。他是西方区域综合研究和区域规划的创始人。格迪斯提出的区域规划概念,超越了以传统的城市界限分析聚落的模式和区域的经济背景,把自然地域作为规划的基本骨架。正是他提出了将很多城镇结合起来构成巨大的城市群的观点,有人把这种观点看作城市群概念的雏形。格迪斯认为当时英国已有 7 个这样的集合城市区,另外法国的大巴黎,德国的柏林-鲁尔区以及美国的匹兹堡、芝加哥、纽约等地区亦已形成集合城市区。

巨型城市区域(Mega-city Region,MCR)及多中心大都市(Polycentric Metropolis)概念是英国学者彼得·霍尔(Peter Hall)提出的,他长期研究

---

① [英]帕特里克·格迪斯:《进化中的城市:城市规划与城市研究导论》,李浩等译,北京:中国建筑工业出版社,2012 年。

城市空间形态和功能。在欧盟委员会的资助下,他的研究团队对欧洲的8个巨型城市区域进行了分析,并于2006年出版了研究成果《多中心大都市——来自欧洲巨型城市区域的经验》[1]。研究认为,欧洲已经有8个巨型城市区域,即英格兰东南部地区、荷兰兰斯塔德地区、德国莱茵-鲁尔地区和莱茵-美因地区、比利时中部地区、法国大巴黎地区、瑞士北部地区和爱尔兰都柏林地区。这些巨型城市区域或多中心大都市一般包括10—50个城市,其中以1个或多个较大的城市为中心。它们在地理和功能上紧密相连,有着复杂的人流、物流和信息流网络互联互通。英格兰东南部地区以大伦敦为中心,属于一种首位城市发展推动的巨型城市区域或多中心大都市。[2]

从堡、自治市、城镇、城市,到城市地区、城镇建成区和都市区、集合城市、巨型城市区域……一系列的城市概念与范围既反映了英国城镇本身的发展历程,也反映了城镇的概念是与时俱进的。因此,这也导致了研究中同一个城市同一年份的人口、面积与人口密度会有差异,原因就在于各统计使用的边界不同,如伦敦可能指伦敦城市地区、伦敦都市区、大伦敦、伦敦郡、伦敦城等不一而足。

---

[1] [英]彼得·霍尔、凯西·佩恩编著:《多中心大都市:来自欧洲巨型城市区域的经验》,罗震东等译,北京:中国建设工业出版社,2010年。Peter Hall and Kathy Pain, eds., *The Polycentric Metropolis: Learning from Mega-city Regions in Europe*, London: Earthscan, 2006.

[2] R. D. Knowles and C. Rozenblat, eds., *Sir Peter Hall: Pioneer in Regional Planning*, *Transport and Urban Geography*, Cham: Springer, 2016, pp.59 – 80.

第一章
英国城镇的萌芽

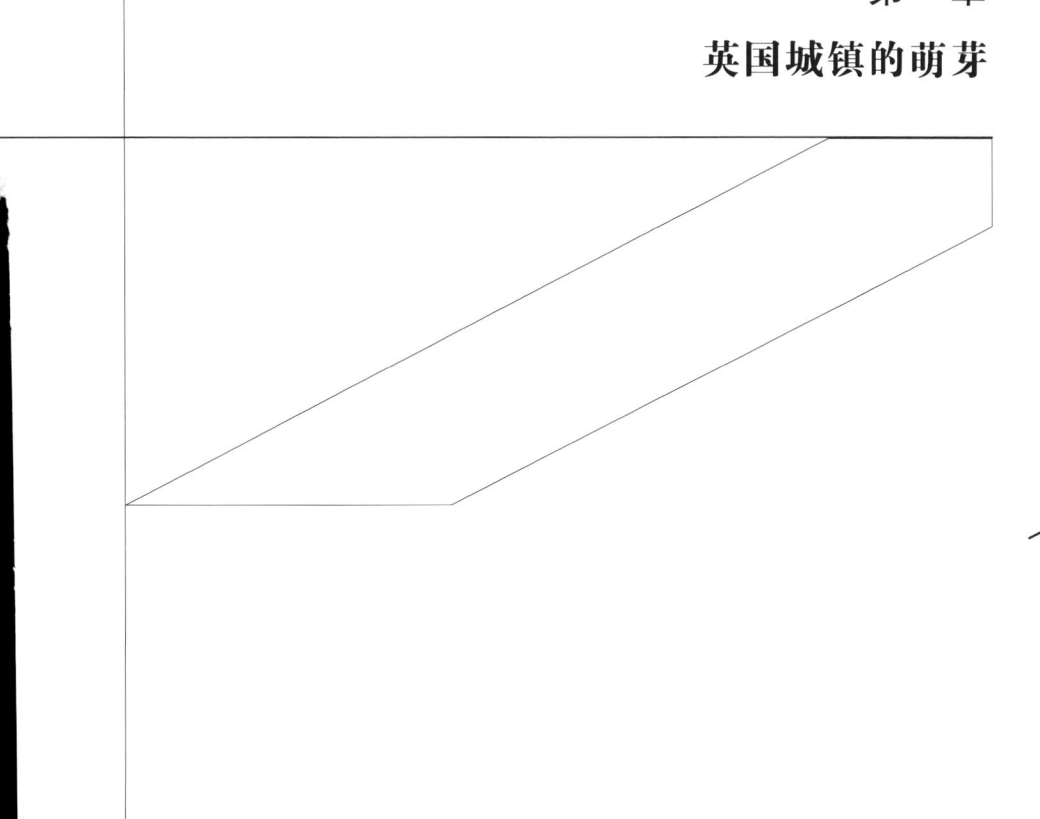

古代地中海时代是城镇发展的一个黄金时代,这似乎已经是一个公认的事实。虽然英国本土自发萌芽的城镇出现在中世纪,但罗马不列颠时代无疑是不列颠城镇起源的一个重要插曲或前奏。从外部输入的罗马式城镇的辉煌岁月,到中世纪市场城镇的崛起,一起构成了英国城镇的萌芽时期,或者说是英国城镇的第一个转型时期。

一、罗马不列颠的城镇[①]

"罗马帝国是一个城市的帝国。"[②]罗马的外来影响,成为英国古代城镇发展的一个决定性因素。

虽然早在铁器时代(公元前500—50年),不列颠部落王国的聚落、堡垒和防御工事大致具备了城镇的雏形,如南方沿海的亨吉斯伯里黑德,北方的圣奥尔本斯、西尔切斯特和科尔切斯特,[③]但英国的城镇化进程要从罗马不列颠时期(43—410年)才开始。因此,英国最初的城镇化是外来的,是从外部植入的。城镇的观念、城镇的形态、城镇的主要元素,包括大量的公共建筑、坚固的堡垒、格子状的街道,都是从罗马帝国输入而来的。[④]

[①] 参阅邱红梅:《试析不列颠早期城镇化过程中的罗马因素》,《咸宁学院学报》,2011年第3期;邱红梅:《罗马不列颠时期的城市等级与自治制度探析》,《湖北社会科学》,2012年第3期;邱红梅:《盎格鲁-撒克逊时期城镇的起源及其动力因素分析》,《华中科技大学学报》(社会科学版),2017年第3期;以及钱乘旦主编,宋立宏、李家莉、张建辉著《英国通史·第一卷 文明初起——远古至11世纪》,南京:江苏人民出版社,2016年,第一篇第五章"城市"。

[②] A.S.Esmonde Cleary, *The Roman West*, *AD 200 - 500: An Archaeological Study*, Cambridge: Cambridge University Press, 2013, p.93.

[③] D. M. Palliser, ed., *The Cambridge Urban History of Britain*, *Vol.1: 600 - 1540*, p.17. John Creighton, *Britannia: the Creation of A Roman Province*, London and New York: Routledge, 2006, p.70. 当时的地名都是拉丁名称,与我们熟悉的英文不同,如赫特福德的圣奥尔本斯叫Verulamium,埃塞克斯的科尔切斯特叫Camulodunum,约克叫Eboracum,林肯叫Lindum Colonia或Colonia Domitiana Lindensium,伦敦叫Londinium。为了认知的便利,本书一般使用大家熟知的英文名。

[④] Michael J. Jones, "City and Urban Life", in Malcolm Todd, *A Companion to Roman Britain*, Chichester: John Wiley and Sons, Incorporated, 2008, p.162.

虽然恺撒(Julius Caesar)对不列颠进行过两次火力侦察,但是只有在罗马皇帝克劳狄(Claudius,41—54年在位)派遣的罗马军团征服不列颠后,英国历史才进入罗马不列颠时期。不列颠成为罗马的一个行省,叫不列颠尼亚(Britannia),包括整个英格兰、威尔士和部分苏格兰地区。到塞普提米乌斯·塞维鲁(Septimius Severus,193—211年在位)统治时,不列颠被分成两部分,北方叫"下不列颠"(Britannia Inferior),以约克为都;南方叫"上不列颠"(Britannia Superior),以伦敦为都。3世纪末,在皇帝戴克里先(Diocletian,284—305年在位)的改革中,进一步把不列颠分成4个行省,分别是以赛伦塞斯特为中心的不列颠尼亚第一行省(Britannia Prima),以约克为中心的不列颠尼亚第二行省(Britannia Secunda),以林肯为中心的弗拉维亚凯撒里亚(Flavia Caesariensis),以及以伦敦为中心的至尊凯撒里亚(Maxima Caesariensis)。也有人认为4世纪时增加了第5个行省,叫瓦伦丁行省(Valentia)。① 行省下的基层组织即城市/城邦(civitas),目前至少证实有16个。它们一般以一个城镇为中心,由城镇与周围的农村地带共同构成。事实上,几乎每一个城市/城邦的首都都在或靠近原来的定居地。②

罗马帝国在各行省推进城镇化政策,在不列颠也不例外。他们在各战略要地建立的要塞,在交通要道发展起来的贸易点,都逐渐发展为城镇。公元43年起,罗马帝国在征服不列颠后,建立了殖民城市科尔切斯特和自治市圣奥尔本斯。③ 塔西佗(Tacitus)提到过尼禄皇帝(Nero,54—68年在位)时的三个城镇(公元61年)——伦敦、科尔切斯特和圣奥尔本斯是不列颠最出色的城镇。这三个城镇中,后两个都有铸币权,因此法律地位相对

---

① David Shotter, *Roman Britain*, New York: Routledge, 2004, p.63.
② D. M. Palliser, ed., *The Cambridge Urban History of Britain*, Vol.1: 600-1540, p.18.
③ Charles Roach Smith, *Illustrations of Roman London*, Cambridge: Cambridge University Press, 2015, p.9.

重要，伦敦则以商业经济胜出。① 特立诺维提斯是"波迪卡起义"所在地爱西尼的南邻，罗马人在他们的部落首都所在地建立了殖民城市科尔切斯特，并把周围大约数千公顷的农田给了退伍老兵。在公元 61 年左右的波迪卡起义中，它与伦敦、圣奥尔本斯都被摧毁。②

公元 1 世纪中叶，不列颠城镇发展相对迅速。一些原有的部落中心采用了罗马模式，而伦敦则因为杰出的战略地位而成为整个不列颠的中心，不久就取代科尔切斯特成为行省首都，尽管科尔切斯特一度仍然保持了行省的中心地位。在公元 69 年到 2 世纪中叶，不列颠建立的城镇数量大约有 25 个，此后没有建立新的重要城镇。罗马式城镇/城市不仅作为军事、行政基地，而且也作为市场和特殊的手工艺中心。虽然北部和西部的军事重镇发展到相当大的规模，但最大的城镇发展主要是在不列颠的东南部。③

罗马不列颠城镇模式不一。伦敦发展似乎更加"散漫"一些，公共建筑没有如一般罗马城市那么整齐有序。它的第一个宏伟的公共建筑是公元 1 世纪 70 年代中叶建造的石质公共广场，其规模要比圣奥尔本斯小些，广场采用石材和瓷砖，在广场的西北建造了木质的圆形剧场和浴场。随着时间的推移，许多建筑进行了翻新，公共广场大举扩展，成为阿尔卑斯山以北最大的建筑物。④ 著名的公共建筑有巨大的长方形会堂、靠近堡垒的圆形剧场、宫殿。波迪卡起义后，伦敦泰晤士河南边的萨瑟克得到开发。但这些建筑布局相对松散。相反，其他城镇更为规整些，如圣奥尔本斯有格子状街道，公元 80 年完成了巨大的会堂综合体。西尔切斯特有市民会堂、圆形剧场、堡垒、居住区。⑤ 科尔切斯特和罗克斯特的公共建筑物是作为附

---

① Charles Roach Smith, *Illustrations of Roman London*, pp.7-8.
② Barry Cunliffe, *Iron Age Communities in Britain: An Account of England, Scotland and Wales from the Seventh Century BC until the Roman Conquest*, London: Routledge, 2004, p.228. Malcolm Todd, *A Companion to Roman Britain*, p.163.
③ Michael J. Jones, "City and Urban Life", pp.171, 162-163.
④ John Creighton, *Britannia: the Creation of A Roman Province*, pp.104-105.
⑤ Michael J. Jones, "City and Urban Life", pp.171, 173.

属物的,但格洛斯特和埃克塞特的公共建筑物则建在老堡垒的核心地带,继承了原先的军营结构原则。① 总体而言,到 1 世纪末期,不列颠的罗马式城镇一般都有棋盘式的街道,形成一个个岛屿(罗马人称之为"岛屿",即现代人所称的"街区")的规划。虽然其大小和形状稍有差异,但有一些共性,比如城镇的中心是公共生活场所,有供公众讨论的广场,一个市场广场,最重要的建筑是长方形会堂,另外三边则是商店。② 城镇建筑以木质为主,石质材料较少。

罗马不列颠城镇化的原因多样。第一,是罗马的传统与罗马帝国的意识形态所致。罗马将征服的行省建立为城镇大概可以算是一种"文明的使命"。在罗马帝国初期,罗马人将城镇看成文明的象征,所谓没有城镇的罗马文明是不可想象的。罗马人认为自己带来了以城邦(civitas)为基础的更为先进的社会和定居地形式,而乡村只是城镇的附属物。③ 第二,是罗马帝国行政管理的需要。城镇是帝国进行行政管理的场所。第三,是当地人的应对之策。在被征服的情况下,城镇是进入罗马文明社会的一种途径。因此,当地的部落精英们依地中海城镇模式,建立了一系列城镇,并照搬了罗马城市的街道风格、供水设施、长方形会堂、公共浴池、圆形剧场、拱门等。④

罗马对不列颠实行分而治之的政策,把城市分成不同等级,采取不同的管理政策。一类是"公共的"城市,即充当某种行政管理功能的城市。公元 212 年,罗马皇帝卡拉卡拉(Caracalla,198—217 年在位)授予所有自由人罗马公民权的敕令(Constitutio Antoniniana)。⑤ 这种"公共的"罗马城

---

① John Creighton, *Britannia: the Creation of A Roman Province*, p.121.
② R. G. Collingwood and John Nowell Linton Myres, *Roman Britain and the English Settlements*, New York: Biblo and Tannen Publishers, 1998, p.190.
③ D. M. Palliser, ed., *The Cambridge Urban History of Britain*, Vol.1: 600 - 1540, p.18.
④ A. S. Esmonde Cleary, *The Ending of Roman Britain*, London: B.T. Batsford, 1989, p.51.
⑤ https://en.wikipedia.org/wiki/Constitutio_Antoniniana.

市可以分为殖民城市、自治城市和部落城市三个等级。

殖民城市(Colonia)为最高等级的城市。这种制度可以一直追溯到公元前4世纪的罗马传统,即罗马公民在新得到的土地上的"殖民"。殖民城市享有自治权,选举自己的官员和当地元老,居民有义务加入军事预备队,对周围的土地负有保护义务,管理模式复制罗马城市制度。殖民城市的起源与传统给居民带来一种身份地位上的优越感。① 当建立殖民城市时,通常会大兴土木,改变堡垒现有的地表地理,填充防御性的壕沟,按格子状建立新的居住地。② 据说最初有3个城堡获得这种地位,分别是科尔切斯特、林肯和格洛斯特。公元49年,科尔切斯特成为不列颠的第一个罗马殖民城市,"科尔切斯特恐怕容纳了所有在公元60年之前退休的军团老兵,此外,这里也是罗马不列颠最早的省会城市。所以,毫不奇怪,波迪卡在公元61年发动起义时……首先攻击和摧毁的就是这座殖民城市"③。公元92年,林肯成为殖民城市。公元97年,格洛斯特成为殖民城市。殖民城市的主要居民是享有完全罗马公民权的人,主要是退伍的罗马军团成员。后来,殖民城市的数量有所增加。约克在公元3世纪初成为北部的首都,237年肯定获得了殖民城市地位。④ 伦敦也可能在变成首都后就从部落城市上升为殖民城市。由于殖民城市设立的时间不一,其人口构成也有一定差异。比如科尔切斯特的人口中有50%为意大利人,但林肯和格洛斯特的意大利人却只有20%—25%。⑤

其次为自治城市(Municipium)。自治城市以许可方式确立,其居民是由外部进入不列颠的,是异族出身。居民享有拉丁公民权,即享有完全

---

① David Shotter, *Roman Britain*, p.59.
② Lacey M. Wallace, *The Origin of Roman London*, Cambridge: Cambridge University Press, 2014, p.61.
③ 钱乘旦主编,宋立宏、李家莉、张建辉著:《英国通史·第一卷 文明初起——远古至11世纪》,第114页。
④ D. M. Palliser, ed., *The Cambridge Urban History of Britain*, Vol.1: 600-1540, pp.18-19.
⑤ Michael J. Jones, "City and Urban Life", pp.166,169,172.

的或一半的罗马公民权。① 自治城市的拉丁市民成为罗马市民是有条件的,必须对罗马友好并服从罗马的政策,向罗马人提供兵员和承担费用。学界对罗马不列颠的自治城市情况了解尚少,其中圣奥尔本斯是唯一有记载的自治城市例子。不过,有人认为莱斯特后来也获得了这种地位,②约克和伦敦可能都短暂地享有过这个地位。

这两个等级都是实行自治的城市类型,区别在于各自出身不同。殖民城市的居民主要是罗马人,自治城市的居民则主要是外乡人。

第三个等级的城市叫部落城市(Civitas Capital)或异邦城市(Civitas Peregrinae)。一般来说,部落城市数量最多,大多是地方政府所在地。部落城市来源相对多元,既有依靠部落政治中心的区位发展起来的,如西尔切斯特、奇切斯特、坎特伯雷;也有在军团要塞基地上发展起来的,如埃克塞特和罗克斯特。而诺威奇的卡斯托等则作为独立的藩属国,多尔切斯特是一个部落的中心。③ 在某些方面,特别是形态与格局、建筑方面,它们与殖民城市和自治城市没有多大区别,只不过其成员不是罗马公民。因此,在部落城市里,做领导的主要标准是拥有大量财富,商人和制造商对城镇的发展做出了贡献,使这些城镇具有社会、政治和经济功能,④实际上,往往是原来的部落贵族担任了这些城镇的领导角色。罗马帝国给予这些部落贵族罗马公民权,让他们享有管理其领地的自治权等特权,这些部落贵族负责管理工作,包括建造与维护公共建筑、维护秩序、收税并弥补亏空。所以,随着地方管理的成本增加,特别是从3世纪晚期起,越来越难找到人来担任这个职位。⑤ 部落城市的主要居民是不列颠本土居民,大多数被列

---

① 拉丁公民权是罗马人赋予拉丁公民的特权,最主要的是与罗马人的贸易特权和通婚权,但不享有罗马城的选举权与罗马民众会议上的表决权。
② David Shotter, *Roman Britain*, p.61.
③ Michael J. Jones, "City and Urban Life", pp.173 – 174.
④ Sheppard Sunderland Frere, *Britannia: A History of Roman Britain*, London and New York: Routledge, 1987, p.231.
⑤ David Shotter, *Roman Britain*, p.61.

为乡下人或外来人,他们维持着对不列颠的认同感。① 有些是从城堡发展成部落城市的,如埃克塞特和罗克斯特。塔西佗提到的三个城市中,圣奥尔本斯和科尔切斯特是殖民城市,伦敦是商业城镇。②

殖民城市、自治城市和部落城市这三类城市就是罗马不列颠的行政管理中心,即通常所称的"大"城镇。从公元2世纪起,除了军事和行政功能外,这些城镇也逐渐发展成为人口中心、生产和销售中心。考古发现,在城镇建筑中出现了条状建筑物,即长长的矩形建筑群,短边一头靠着街面,往往用作商铺或作坊。而从2世纪中叶起,出现了许多宽敞舒适的豪宅。③这些都表明了城镇活跃的经济和社会生活状况。

如果说罗马不列颠行省建制经历了发展,那么它的城市等级制度也是稳中有变的。在2世纪晚期到3世纪期间,一些部落城市地位得到提升。从2世纪中期开始,新授予的自治城市或殖民城市日趋普遍,而且基层单位还被授予成立自治政府的权力。伦敦和约克可能就从自治城市升到了殖民城市的地位。到卡拉卡拉皇帝授予所有城镇自由居民公民权时,④实际上就取消了市民与非市民的区别,各类城镇似乎也基本"平等"了,殖民城市、自治城市和部落城市间的差别不再重要。

另一类是"平民"城市。其中 vici(单数是 vicus)是平民定居地,它们往往在堡垒附近成长起来,其主要功能是服务居民及堡垒里的人。罗马士兵是拿工资的,可以购买 vici 的生活用品和手工艺品,如罐子、工具、珠宝、宗教用品、衣服、鞋子、饮料、食物,也可以接受医生、雕刻家等群体以及酒吧、赌场、妓院、宗教场所等特定场所的服务。⑤ 有些 vici 在农村的庙宇周围成长起来,如牛津的弗利尔福德。北方的皮尔斯布里奇和达勒姆的塞奇菲

---

① Michael J. Jones, "City and Urban Life", p.166.
② Charles Roach Smith, *Illustrations of Roman London*, p.8.
③ A. S. Esmonde Cleary, *The Ending of Roman Britain*, p.51.
④ D. M. Palliser, ed., *The Cambridge Urban History of Britain*, Vol.1: 600 – 1540, p.19.
⑤ David Shotter, *Roman Britain*, p.72.

尔德有时就被看作小城镇。① 虽然大的罗马城镇主要在东南部,但科布里奇和卡莱尔显然是北方的重要城镇中心。前者发展成为一个12公顷的有城墙的城镇,后者可能是坎布里亚的区域中心。虽然vici的生存大多数依赖军事保卫,但南方的皮尔斯布里奇已接近经济上独立的城镇了。vici无疑充当了广大农村区域的市场。②

当然,有些小城镇其实是相当大的,如剑桥的沃特纽顿、埃塞克斯的埃尔姆斯法尔姆。有些城镇相当数量的家内职业也许表明了居民数量比较多,如巴斯和弗利尔福德。③ 小城镇也许没有大型公共建筑,但有庙宇、中央开敞空间、浴室。小城镇没有早期大城镇的纪念碑式宏大建筑和不同的空间谱系,但也展示了自身的活力。比如,在莱斯特周围可能就形成了一批小城镇,有的也许只是大的村庄,但毕竟是有一定规模的场所,像是海克劳斯(High Cross,罗马名Venonae)、曼塞特(Mancetter,罗马名Manduessedum)、威姆斯伍德(Wymeswold,罗马名Vernemetum)。它们有罗马名字,所以大致可以确认是罗马时的小城镇。更多的定居点不知其名,是不是小城镇也有待研究。④

当然,以今天的眼光来看,罗马不列颠的城市规模都不大。最大的伦敦城墙包围的区域不过是133.5公顷,赛伦塞斯特为97公顷,圣奥尔本斯和罗克斯特各占81公顷。其他主要城市只有这几座城市的一半大:温切斯特55.8公顷,坎特伯雷52.6公顷,科尔切斯特、奇切斯特、莱斯特、锡尔

---

① Barry Cunliffe, *Iron Age Communities in Britain: An Account of England, Scotland and Wales from the Seventh Century BC until the Roman Conquest*, p.160.
② Barry Cunliffe, *Iron Age Communities in Britain: An Account of England, Scotland and Wales from the Seventh Century BC until the Roman Conquest*, p.172.
③ Adam Rogers, *Late Roman Towns in Britain: Rethinking Change and Decline*, New York: Cambridge University Press, 2011, p.179.
④ Peter Liddle, "Roman Small Towns in Leicestershire and Rutland", in P.Bowman and P. Liddle, eds., *Leicestershire Landscapes*, Leicester: Leicestershire Museums Archaeological Fieldwork Group, 2012, pp.63-70.

切斯特和埃克塞特都在 40.5 公顷左右。林肯起先只有 16.6 公顷,后来才发展到 39.25 公顷,格洛斯特 18.6 公顷,凯尔文特 17.8 公顷,诺威奇附近的卡斯托 14.2 公顷。①

大约建于公元 190 年至 230 年间的伦敦城墙采取了最具雄心的路线,似乎扩大了原有的范围。整个城墙大约有 3 千米长,在建造过程中使用了大约 3 万立方米(约 8.6 万吨)的碎石。在伦敦的东南角,城墙覆盖了塔山的所有区域。在白塔下发现的石屋表明可能重新利用了跛子门堡西北角的城墙,加厚了该堡的北墙和西墙,以便使它们与伦敦城的其他城墙保持一致。在奥尔德门、主教门、新门和卢德门等主要入口建造了城门。在伦敦塔、塔山、库珀街和沃里克广场都发现了城墙内侧的小塔。从沃里克广场发掘的炮塔中可以看出,这堵墙在 3 世纪早期就开始使用了。修建城墙使数百人在数年内得以就业,并在经济明显衰退之际及时刺激了东南地区的经济发展。②

罗马不列颠时期的小城镇规模更小。从规模来说,最大的定居点是那些有城墙的地区,面积约为 10—35 英亩。例如,大的埃塞克斯郡的大切斯特福德有 36 英亩,切斯特顿有 45 英亩。中等的戈德曼切斯特约 20 英亩,北安普敦郡的厄切斯特约 20 英亩,剑桥有 25—28 英亩。较低的等级的城镇有今拉特兰郡的大卡斯特顿,围墙之内有 18 英亩,以及今林肯郡的安卡斯特,有 10 英亩。更小的设防城镇大概有 4—10 英亩。还有许多不设防的城镇,有的甚至不比设防的城镇小,如肯特的斯布林黑德。③

罗马不列颠晚期城镇的情况似乎比较复杂。一方面,不列颠仍然受到北方的哈德良长城和要塞以及东南沿海的一系列城堡的保护,因此城镇仍

---

① 钱乘旦主编,宋立宏、李家莉、张建辉著:《英国通史·第一卷 文明初起——远古至 11 世纪》,第 123 页。
② Dominic Perring, *Roman London: the Archaeology of London*, London: Taylor and Francis e-Library, 2003, pp.91-92.
③ Malcolm Todd, "The Small Towns of Roman Britain", *Britannia*, Vol.1 (1970), pp.116-117.

有发展。不列颠的各式居住地仍然构成从大到小的一系列城镇体系:从大型行政中心如伦敦,到外省首都的部落城市,再到更小的市场城镇。为应对各种威胁,更多的城镇开始构筑城墙、城堡、城壕、塔楼。公元3世纪,坎特伯雷和莱斯特这样的城镇开始构筑城墙,似乎印证了英国城镇用城墙圈围的习惯做法。① 圣奥尔本斯、坎特伯雷和约克等也是例证,特别是罗克斯特,这个部落城市有了持续的建筑活动。② 在奇切斯特、赛伦塞斯特、埃克塞特、林肯和罗克斯特的考古也似乎表明,城镇建筑的数量与范围都有所扩展,这种发展从3世纪一直延续到4世纪。③ 到4世纪,甚至一些更小的城镇也有了防御设施,如霍恩卡斯尔和米尔登霍尔。一些城镇建筑了外设的塔楼,通常还有新挖掘的宽阔的城壕。当然,也有的城镇没有塔楼与城壕,如部落城市莱斯特、西尔切斯特、温切斯特。④

城镇本身似乎也有发展。根据在圣奥尔本斯的考古发掘,公元3—4世纪城镇建筑的数量有所增加、质量有所提高,其中一座豪宅迟至370年才建造,并在390年或400年豪装改造。⑤ 城镇的公共设施似乎也在维护与使用中。到4世纪,从重要的城镇设施长方形会堂来看,赛伦塞斯特和格洛斯特的会堂仍在使用,而埃克塞特会堂的南端在4世纪后期大肆改建扩建,莱斯特的会堂似乎一直使用到罗马统治末期。城镇的街道网格、供水系统也仍然在使用。从公共设施浴室来看,在诺威奇的卡斯托、坎特伯雷、奇切斯特、多塞特、埃克塞特、莱斯特、林肯的浴室一直维护和沿用到4世纪。⑥

---

① A. S. Esmonde Cleary, *The Ending of Roman Britain*, pp.33,50.
② Alan Lane, "Wroxeter and the End of Roman Britain", *Antiquity*, Vol.88, No.34(2014), pp. 501 - 502.
③ A. S. Esmonde Cleary, *The Ending of Roman Britain*, p.55.
④ A. S. Esmonde Cleary, *The Ending of Roman Britain*, p.51.
⑤ Leslie Alcock, "Roman Britons and Pagan Saxons: An Archaeological Appraisal", *Welsh History Review*, Vol.3, No.3 (1967), p.238.
⑥ A. S. Esmonde Cleary, *The Ending of Roman Britain*, pp.56, 58.

所谓盛极而衰,罗马帝国本身的衰落意味着罗马不列颠的衰落,罗马式城镇也同样遭受困境。罗马公民权的扩大,其实也意味着增加了负担城市责任者的数量,原来的自愿捐助转为强迫征税,甚至担任元老也成为痛苦的负担。① 富人不再有为公众利益而纳税的意愿。② 同时,公民权的特权越来越少,对人们的吸引力也相应减小,于是有些市民和贵族选择逃离城市。"由于通货膨胀,货币已经崩溃。一个接一个的短暂的皇帝冷酷无情地使用强制手段获得尽可能装备最好的武器,使情况更加糟糕,城镇人口开始下降。人们离开城市,到森林避难。"③尽管西尔切斯特显示出的衰落的迹象并不明显,新建筑工程越来越少却是事实。④ 而且,原来用作市政目的的长方形会堂挪作他用:西尔切斯特的长方形会堂不再用于市政,而是用作工厂。在公元3世纪晚期,它用作青铜和白蜡作坊,从320—330年起用作铁加工作坊,但没有发现会堂被切分的证据。罗克斯特的会堂在3世纪晚期被烧毁后没有重建。⑤ 这样,"当军事基地不再被最谨慎地维持,乡村生活的地位上升时,不列颠的城市开始衰落"⑥。

　　可见,罗马不列颠城镇的衰落似乎是真的。然而,"如果不列颠南部没有经历罗马人的长期占领,中世纪和近现代的城镇模式与交通将会完全不同"⑦。而且,英国从20世纪60年代一直到90年代对西米德兰的罗克斯特——卡诺维部落城市的考古发掘,似乎表明了这里在公元400年后的城

---

① R. G. Collingwood and John Nowell Linton Myres, *Roman Britain and the English Settlements*, p.203.
② C. E. Stevens, "The Decline and Fall of Roman Britain", *History Today*, Vol.1, No.12(1951), p.54.
③ R. G. Collingwood and John Nowell Linton Myres, *Roman Britain and the English Settlements*, p.204.
④ C. E. Stevens, "The Decline and Fall of Roman Britain", p.55.
⑤ A. S. Esmonde Cleary, *The Ending of Roman Britain*, p.55.
⑥ R. G. Collingwood and John Nowell Linton Myres, *Roman Britain and the English Settlements*, p.203.
⑦ D. M. Palliser, ed., *The Cambridge Urban History of Britain*, Vol.1: 600 - 1540, p.24.

镇的主要建筑活动,城市生活一直延续到公元 6 世纪甚至 7 世纪。① 可见,罗马不列颠晚期城镇还是有所发展的。确实,英国中世纪的城镇发展,是有着罗马的渊源或影子的。今天的 city 一词,本质上就是罗马人带来的概念。从这个意义上说,尽管罗马不列颠的城镇是从外部植入的,但仍然构成了英国城镇的前奏,甚至是城镇发展的重要前奏。

当然,学界对罗马城镇是否继续存在争论不休,莫衷一是。有人认为其被迅速废弃,有人主张其逐渐衰败,也有人认为它仍有低水平的城市活动,直到公元 7 世纪盎格鲁-撒克逊人接管。有人提出了一个有影响力的例子,即罗马城镇在许多地点继续发挥"中心场所"的功能,如温切斯特就显示了罗马-盎格鲁的连续性。有人提出了对前罗马城镇的有限非城镇占用,即"在城镇里生活",而不是经济上的"城镇生活",这种看法得到了一些支持。不过,后来的分析得出了一个普遍的观点,那就是城镇并没有在罗马帝国的撤退中幸存下来,现在英国重新出现的原始城镇通常可以追溯到公元 7 世纪。② 虽然众说纷纭,但其实这指出了罗马不列颠城镇命运的多样性。

---

① Alan Lane, "Wroxeter and the End of Roman Britain", p.502.
② M.Biddle, "Towns", in D. M. Wilson ed. *The Archaeology of Anglo-Saxon England*, London, Methuen, 1976, pp.103-112. J. Wacher, *The Towns of Roman Britain*, London: Batsford, 1995, pp. 408-421. N. Faulkner, *The Decline and Fall of Roman Britain*, Stroud: Tempus, 2000. D. M. Palliser, "The Origins of British Towns", in D. M. Palliser, ed., *The Cambridge Urban History of Britain*, Vol.1: 600-1540, pp.17-24. D. Mattingly, *An Imperial Possession: Britain in the Roman Empire, 54 BC-AD 409*, London: Allen Lane and Penguin, 2006, pp.325-350.

二、英国中古城镇的兴起[①]

中世纪的英国,在罗马城镇或要塞的基础上,经盎格鲁-撒克逊人的缓慢发展,终于在诺曼征服后,获得了比较大的发展,推进了英国本土城镇的自然发展过程,实现了英国城镇发展的第一次真正转型。

虽然一般认为英国的第一次城镇化起源于诺曼王朝,[②]但英国曼彻斯特史学派的著名史学家詹姆斯·泰特(James Tait)[③]认为,英国的城镇化过程是一个更为古老更为缓慢的渐进过程。"英国的城镇生活出现于诺曼征服之前,甚至比阿尔弗雷德及其继承者建立的堡还要早,尽管那时的城镇范围是极其狭小的。"[④]大约从7世纪起,英格兰开始出现城市的萌芽以及与之相关的城镇词汇,如 ceaster、wic、wik、wich、burh、borough、port 等,虽

---

① 有关中世纪城镇数量及城镇人口的估算,参阅徐浩:《中世纪英国城市人口估算》,《史学集刊》,2015年第1期;徐浩:《中世纪英国城市化水平研究》,《史学理论研究》,2006年第4期。
② Colin Platt, *The English Medieval Town*, London: Secker and Warburg, 1976; Heather Swanson, *Medieval British Towns*, Basingstoke: Macmillan, 1999; Richard Holt and Gervase Rosser, *The English Medieval Town: A Reader in English Urban History, 1200 – 1540*, London and New York: Longman, 1990; Leo van den Berg, et al., *Urban Europe*, Vol.1, *A Study of Growth and Decline*, Oxford: Pergamon Press, 1982; R. H. Hilton, *English and French Towns in Feudal Society: A Comparative Study*, Cambridge: Cambridge University Press, 1992.
③ 他的主要著作有 *Mediaeval Manchester and the Beginnings of Lancashire*(1904)及 *The Medieval English Borough: Studies on Its Origins and Constitutional History*(1936)。
④ Susan Reynolds, *An Introduction to the History of English Medieval Towns*, p.16.

然具体含义各有不同,但都是用来指称各种城镇的。

盎格鲁-撒克逊人的统治还是给城镇发展奠定了一些基础,虽然那时还没有出现"城镇"这个词。前面说过,今天我们所指称的城镇,在那个时代有许多不同的称呼,如以 ceaster 结尾的地名就是将罗马城镇或罗马要塞重新利用的地方,以 wic 和 wik 等结尾的是贸易中心,以 port 结尾的地方是交易、监督和征税中心,以及以 burh(堡)和 borough(堡)为后缀的地名,表示具有军事和市场的双重性质。

这个时期的城镇具有政治、军事、宗教和经济意义与功能。比利时的亨利·皮雷纳认为,城镇的起源是这样的:在某一个或数个领主领地内,在交通要道交会处或教堂、城堡附近人流量大的地方,聚集着大量的消费者、商人,形成集市。同时,为了服务于商业,发展出了一些手工业和服务性行业,从而形成经济功能很强的"工商业中心",变成城堡的附属部分或"外城"。后来,为了摆脱领主束缚,商人们用交纳"地金"或"租金"的办法购买一张承认"自治"的"特许状",于是形成了正式的城镇/城市。① 这种解释在一定程度上给出了中世纪城镇诞生与发展的内在逻辑。

从政治意义看,自公元 7 世纪起,一些拥有便利的道路系统和高大坚固的城墙的罗马城镇被盎格鲁-撒克逊人用作王室住所。7 世纪晚期,英格兰 7 个王国的王室几乎全部设在这样的旧城镇内。在"坎特伯雷城有一个肯特国王设立的宫殿,伦敦有一个王室大厅,昔日罗马军队的总指挥部所在地约克也有王室住所"②,同时自然是管理中心。从军事意义看,为了抵抗北欧海盗的袭击,进一步恢复或加固了原来的罗马城墙。"这期间出于防御和征服目的而建立的堡的数量超过了 100 个。"③这些堡成为海盗入

---

① 参见[比]亨利·皮雷纳:《中世纪的城市:经济和社会史评论》,陈国梁译,北京:商务印书馆,2006 年,第 136 页。
② P. H. Sawyer, *From Roman Britain to Norman England*, p.221.
③ D. M. Palliser, ed., *The Cambridge Urban History of Britain*, Vol.1: 600-1540, p.173.

侵期间周围居民的防御和避难中心。同时,国王通过法律使这些地区的居民承担守卫义务。最早的例证来自麦西亚。威塞克斯明确阐述了9世纪防御组织"在面临攻击时,也承担着保护居民的责任和义务"①。到诺曼王朝前后的11世纪,有11个城镇的防御以罗马城镇为基础:坎特伯雷、切斯特、奇切斯特、科尔切斯特、埃克塞特、格洛斯特、林肯、伦敦、罗切斯特、温切斯特和约克。② 从宗教意义看,基督教重新利用和改造罗马城镇,王室中心与宗教中心互相毗邻,彼此支持。③ 牛津从几个修道院发展而来,阿宾顿、雷丁、圣奥尔本斯、考文垂、达勒姆也一样。④ 而宗教中心往往也有活跃的经济活动。所以,考古发现,8—9世纪"修道院哈特尔普尔、维尔茅斯、贾罗、惠特比等地方有各种经济活动"⑤。

最重要的是具有经济意义的市场与商业中心。国王对城镇司法管理、税收、造币厂、贸易活动进行监督与保护。⑥ 为此,王室往往在一些城镇设立造币厂。如阿尔弗雷德在温切斯特、埃克塞特、牛津和格洛斯特建立了新的造币厂,任命专职的王室官员负责监督管理。⑦ 盎格鲁-撒克逊时代晚期,英格兰的城镇有铸币中心、郡城镇、小造币场。忏悔者爱德华时期(Edward the Confessor),有70多个造币厂铸造货币。那时,不是所有的borough都有造币厂。⑧ 盎格鲁-撒克逊时期出现的ceaster、wic、wik、wich、burh、borough、port等多种形式的城镇,表明了不列颠自发的城镇要素的萌芽。它们为诺曼征服后的城镇发展奠定了基础。

英格兰在诺曼征服前夕,是欧洲最具城镇化特征的地方之一,城镇人

---

① D. M. Palliser, ed., *The Cambridge Urban History of Britain*, Vol.1: 600-1540, p.35.
② P. H. Sawyer, *From Roman Britain to Norman England*, p.226.
③ D. M. Palliser, ed., *The Cambridge Urban History of Britain*, Vol.1: 600-1540, p.29.
④ James E. Thorold Rogers, *Six Centuries of Work and Wages: the History of English Labour*, Kitchener, Ont.: Batoche, 2001, p.102.
⑤ D. M. Palliser, ed., *The Cambridge Urban History of Britain*, Vol.1: 600-1540, pp.31-32.
⑥ D. M. Palliser, ed., *The Cambridge Urban History of Britain*, Vol.1: 600-1540, p.29.
⑦ D. M. Palliser, ed., *The Cambridge Urban History of Britain*, Vol.1: 600-1540, p.36.
⑧ P. H. Sawyer, *From Roman Britain to Norman England*, p.213.

口至少高达总人口的 10%。这个数据在许多地方直到现代才达到。虽然有些城镇人口规模很小,如萨默塞特郡的兰波特和阿克斯布里奇,在 1086 年只有不到 35 个自由民(burgess)。中等的 26 个城镇人口在 1 000 人以上。但也有很大规模的,1065 年伦敦、约克、诺威奇、林肯、温切斯特都超过了 1 000 户,人口数大约 5 000 人。①

自 1066 年诺曼征服以后,英国进入了相对和平的发展时期。虽然有长达 100 多年的英法百年战争(Hundred Years' War,1337—1453 年),但战事绝大部分发生在法国土地上,持续 30 年的在英国土地上的红白玫瑰战争(Wars of the Roses,1455—1485 年),其实也只是几场大战役,并不是 30 年战火连绵不息的。总体而言,相对于英国古代历史上的动荡不安——罗马征服与统治,随后的盎格鲁-撒克逊人和肯特人(Kentish)的到来,再到北欧海盗维京人(Viking)的动掠——11 世纪以后的英国再也没有经历过大规模的外族入侵与征服,英国历史进入了相对和平的发展时期。这种和平发展,使英国的财富得以逐渐积累,免遭破坏。更重要的是,英国的经济得到持续改善与发展,也使城镇得以诞生与发展。

传统上认为中世纪是一个黑暗的、经济上落后的时段。② 但近几十年来的研究逐渐得出了不同的结论。③ 英国城镇复兴要比人们想象的早得多,虽然这时新兴城镇的规模和人口规模都不大。而且,还没有出现描述当时城镇的专门词汇。据《末日审判书》记载,当时有 14 个"城市"(civitates),还有许多叫 burgi/borough,有些城镇被描述成村邑(vills),还有 30 多个非城镇的市场,如萨福克的霍客森和克莱尔。④ 那时的城镇只是

---

① P. H. Sawyer, *From Roman Britain to Norman England*, p.204.
② M. M.Postan, *The Medieval Economy and Society: an Economic History of Britain, 1100 -1500*, London: Weidenfield and Nicolson, 1972; M. M. Postan, *Essays on Medieval Agriculture and General Problems of the Medieval Economy*, Cambridge: Cambridge University Press, 1973.
③ Christopher Dyer, *An Age of Transition? Economy and Society in England in the Later Middle Ages*.
④ P. H. Sawyer, *From Roman Britain to Norman England*, pp.204-205.

依贸易谋生、采用特别法律或习惯的场所。城镇看重的是贸易权（borough-right）而不是土地权（land-right）。有人通过档案研究发现，1066年的英国大约有66个城镇。① 在11世纪晚期，英格兰有110个城镇。②

学界一般认为，12—14世纪西欧各地出现了中世纪的"城市化"浪潮，就是"小城镇化"浪潮，形成了伦敦、外省首府及其他郡城镇、小城镇的城镇体系。其中，小城镇与内地贸易构成了中古英国城乡市场体系的重要一环。从11世纪中叶至14世纪中叶"黑死病"（Black Death）之前，城镇得到快速发展。而且，1180—1310年的130年，城镇发展要比前期1050—1180年的130年增长更快。③ 1100—1300年间，英国出现了大约140个新城镇。④ 难怪这个时期的许多地名中出现了"新"字，如新镇（Newtown）、新港（Newport）、新城堡（Newcastle）等。

史学家对英格兰中世纪城镇数量与规模的估算有较大的差异。从对城镇数量的估算看，有人认为1086年为118个，1200年为214.5个，1250年为349.5个，1300年为480个，1400年为575个，1500年为592个，此外还有17个城镇据推测可能存在于中世纪，因此至1500年英国城镇总数为609个。⑤ 对比12—15世纪的英国城镇地图和罗马不列颠城镇布局图，显然城镇的数量与密度大大超过了罗马不列颠时期。在米德兰地区，沃里克郡的拉格比和斯坦福郡的鲁奇利因适合于商业的发展而获得成功，获得自治市的地位。⑥ 13世纪末，城市规模稍有增加，但绝大多数英国城镇仍然

---

① M. Bereford and H. P. R. Finberg, *English Medieval Boroughs: A Handlist*, Newton Abbot: David and Charles, 1973, p.39.
② Heather Swanson, *Medieval British Towns*, p.14.
③ M. W. Beresford, *New Towns of the Middle Ages: Town Plantation in England, Wales and Gascony*, London: Lutterworth, 1967, p.330.
④ Edward Miller and John Hatcher, *Medieval England: Towns, Commerce and Crafts, 1086-1348*. London: Longman, 1995. p.73.
⑤ M. Bereford and H. P. R. Finberg, *English Medieval Boroughs: A Handlist*, p.39.
⑥ Christopher Dyer, *An Age of Transition? Economy and Society in England in the Later Middle Ages*, p.91.

是小城镇。在1270—1540年期间,大约52个城镇人口超过2 000人,有667座城镇属于小城镇行列。在这段时间的任一个时间点的小城镇数量,估计在600个上下。① 1300年,英格兰有500多座小城镇。大多数城镇人口不足2 000人,大约50座人口在2 000—5 000人,20座超过了5 000人。据估计,诺威奇14世纪30年代人口在15 000—25 000人。伦敦人口最多,14世纪初人口大约有8万人。②

虽然学界对13—15世纪英国的城镇发展情况有着不同的估计,但城镇得到发展是公认的事实。英国自由党议员、经济史家罗杰斯(James E. Thorold Rogers)教授在其著作《六个世纪的工作与工资:英国劳工史》中列出了13世纪中叶各类纺织业的特色城市,如制造布匹的林肯和贝弗利。林肯以产鲜艳色布见长,布莱以产羊毛毯见长,贝弗利以产褐色布(地榆花色)见长,科尔切斯特以产粗布(赤褐色)见长,沙夫茨伯里、刘易斯和艾尔舍姆以产亚麻织品见长。③ 到14世纪,乡村纺织业在英格兰西部、东盎格利亚、西约克郡和肯特郡的威尔特地区繁荣起来。④ 沃里克和布里德波特以产绳索见长,后者又以大麻织物著名。此外,威科姆、亨格福德和圣奥尔本斯供给精美的面包,马斯蒂特供给刀子,威尔顿供给缝针,莱斯特生产剃刀,班伯里以产饮料著名,希钦以产蜜酒著名,伊利以产麦酒著名。格洛斯特生产铁器,布里斯托尔是出产鞣皮的主要地点,考文垂生产肥皂,唐卡斯特是生产鞍带的主要地点,切斯特和什鲁斯伯里是出产皮革与毛皮的主要地点,科夫是出产大理石的主要地点。康沃尔出产锡矿,格里姆斯比供给鳕鱼,赖伊供给牙鳕鱼,雅茅斯供给鲱鱼,贝里克供给鲑鱼。里彭有马市,

---

① D. M. Palliser, ed., *The Cambridge Urban History of Britain*, Vol.1: 600-1540, p.506.
② Heather Swanson, *Medieval British Towns*, p.14.
③ James E. Thorold Rogers, *Six Centuries of Work and Wages: the History of English Labour*, p.104.
④ Michael Zell, *Industry in the Countryside: Wealden Society in the Sixteenth Century*, Cambridge: Cambridge University Press, 1994, p.228.

在16世纪仍是如此。在黑弗希尔买手套,诺丁汉有牛市,在北安普敦买鞍具。南安普敦是军港,诺威奇是港口,斯坦福德和邓斯托布尔以客栈著称。①

学者玛丽安娜对德文郡埃克塞特的商业联结进行研究,不仅仅提供了该城本身的发展情况,而且对以它为中心的城镇体系也有所涉及。早在11、12世纪,人们便认为埃克塞特一直是"壮丽的"和"富庶的"市场枢纽,"充满了各式各样的商品"②。黑死病以后,15世纪埃克塞特的恢复与发展得益于纺织业的发展,也得益于该地区农业、工业和海上贸易的多样性。德文郡的锡矿和银矿、畜牧业、农作物、沿海贸易、渔业和海上航行,给人们提供了多样的生活机会。在15世纪,埃克塞特所占英国海上贸易的份额,如渔业、锡和纺织品的份额进一步增强,促进了它的繁荣与人口增长,到1525年,它的人口大约有7 000人。玛丽安娜聚焦于这些商品的市场链,因而也提供了该地区的城镇体系。③她把埃克塞特的繁荣归功于"把海外、沿海贸易与内地贸易网络联结起来的市场链",认为"商业化对英格兰社会可能的渗透程度,要远远大于布罗代尔或大多数早期现代史家所认识到的"。④

长期担任《过去与现在》编辑的英国著名经济社会史家希尔顿,对西米德兰的城镇发展做过相当深入的研究。

他研究了南科茨沃尔德以赛伦塞斯特为中心的小城镇联结网络。南科茨沃尔德位于格洛斯特郡西部,赛伦塞斯特是科茨沃尔德地区最主要的城镇,1334年的税负评估几乎达到格洛斯特的一半。它在区位上是一个地区的中心,东南是泰晤士河谷,北部是羊毛生产区,西面是塞汶河谷,特

---

① James E. Thorold Rogers, *Six Centuries of Work and Wages: the History of English Labour*, p.104.
② Maryanne Kowaleski, *Local Markets and Regional Trade in Medieval Exeter*, Cambridge and New York: Cambridge University Press, 1995, p.82.
③ Elaine Clark, "Review: Local Markets and Regional Trade in Medieval Exeter", Maryanne Kowaleski, *Technology and Culture*, Vol.38, No.2 (1997), p.511.
④ Maryanne Kowaleski, *Local Markets and Regional Trade in Medieval Exeter*, pp.323, 332.

别适合作为一个贸易中心。于是,在赛伦塞斯特周围兴起了一大批卫星城镇。往东到泰晤士方向有费尔福德和勒克莱多,向西南往布里斯托尔方向有明津汉普顿、泰特伯里、马什菲尔德、奇平索德伯里、威克沃尔和霍斯利,向西北往格洛斯特方向有比斯利和佩恩斯威克,向北方和东北方向有北利奇镇、伯福德和"荒原上的斯托"(Stow-on-the-wold)等。当然,并不是所有这些"卫星城镇"都有明显的城市特征,有些只不过是有一个特许状许可的市场而已。但在费尔福德、勒克莱多、泰特伯里、奇平索德伯里、佩恩斯威克、诺斯利奇和波福德等地,均有一些"市民(burgages)群体"的存在。"荒原上的斯托"也有相当数量的非农业居民,尽管他们的身份还没有被描述成"市民",因此这些地方可以算是"小城镇",所有这些小城镇全靠科茨沃尔德高原的贸易生活。①

接着,他研究了向北去的一个城镇郡。这是与科茨沃尔德及河谷相连的另一个萌芽中的小城镇群。它们位于陡坡之下,控制着高原与低地间的通道。其中,温什科姆是一个非常古老的城镇。直到公元 11 世纪被并入格洛斯特郡之前,温什科姆一直是温什科姆郡的郡城。它位于河谷末端通向山地到安多弗斯福德的交通要道上。它还是一个古老教堂的所在地,这个教堂在山谷和河谷都有地产。再向西北去,伍斯特郡的百老汇是一个市场,也是未来的自治市。在丘陵上的洼地而不是在陡坡脚下的奇平卡姆登,则早已作为北科茨沃尔德羊毛集散中心而起着重要作用,未来将成为一个更重要的中心。同时,它又与埃文河和斯陶尔河谷,特别是与埃文河畔斯特拉特福德相连。接着从温什科姆沿斜坡脚下向西南方向,有联结荒原与河谷的另一批城镇。赫里福德庄园主教的佩斯贝瑞有一个市场,有市民,却被几乎近在咫尺的切尔滕纳姆自治市遮蔽了光辉。一路向西南走,接着到达的是"国王的斯坦利"(King's Stanley)。这有一个市场,并且刚刚

---

① R. H. Hilton, *A Medieval Society: the West Midlands at the End of the Thirteenth Century*, Cambridge and New York: Cambridge University Press, 1983, p.170.

成为一个自治市。接着再向南依次到达德斯利和沃顿安德埃奇。其中,德斯利是格洛斯特郡最古老的自治市之一,而沃顿安德埃奇也是一个市场城镇,有市民阶层。①

总之,到 13 世纪末,西米德兰地区东西两端形成了两个重要的制造业中心——布里斯托尔和考文垂。在本郡城中,格洛斯特和伍斯特是有特许状的自治市,是繁荣的河滨港口和制造业中心,格洛斯特要比伍斯特大许多。相比之下,由贵族主宰的沃里克经济停滞不前。该地区其他的皇家自治市有温什科姆和德罗伊特威奇。其中,温什科姆尽管受修道院大宅的控制,但该地还是发展出繁荣的工业。此外,工业与商业几乎都掌握在领主手中。到大约 1300 年,总计有 75—80 张市场特许状,大多是领主们从君主手中购买的。②

当然,许多封建领主还在自己的领地上设立了城镇或市场,史称"种植城镇"(plantation)。前述希尔顿研究的西米德兰城镇中,就有不少是领主建立的。据说英格兰领主建立的市场(market)和市集(fair)各有 2 000 处左右,其中有些发展成市场城镇。甚至有人认为,英格兰的大多数市场城镇,不管是"种植城镇"还是"有机城镇",大多(约 67%)属于教俗两界的领主,米德兰的比例还要高些,达 85%。③

再以埃文河畔斯特拉特福德为例。1196 年,庄园领主库坦塞斯的约翰(John of Coutances)从理查一世王室取得了一张特许状,在斯特拉特福德举办一周一次的市场,从而斯特拉特福德获得了市场城镇的地位。他本人则授予斯特拉特福德部分"市民特权"。到 1252 年,斯特拉特福德已经

---

① R. H. Hilton, *A Medieval Society: the West Midlands at the End of the Thirteenth Century*, pp.170-171.
② R. H. Hilton, *A Medieval Society: the West Midlands at the End of the Thirteenth Century*, p.176.
③ R. H. Hilton, "Medieval Market Towns and Simple Commodity Production", *Past and Present*, No.109 (1985), p.12.

是一个拥有大约240个"市民"的著名城镇了。①

领主的"种植城镇"命运各异。1263年，第六代德比伯爵罗伯特·德·费勒斯（Robert de Ferrers）在斯坦福郡的阿加斯利（Agardsley）庄园"种植"了一个新的自治市，后来就叫纽伯勒（Newborough，意为新自治市）。领主制定了良好的体制框架来吸引定居者，给予他们斯坦福郡郡城所拥有的特权，保证土地的自由使用权，收取中等的固定现金租金。该城镇由领主官员布局安排，每个租户有一块1英亩建筑房屋的土地的使用权，还有2英亩可耕地。城镇设在道路交会处，建设意图良好，措施也到位。然而，此地距离附近的两个成功城镇太近，它没有足够的腹地，因此失败了。②

所以，英国城镇社会的第一个转型期应该始于中世纪，至少从1250年左右算起。从这个时候起，英国就进入了漫长的转型期，农业发展、商业革命、原工业化、消费革命纷至沓来。所谓漫长的15世纪，即从14世纪晚期一直到16世纪初，也不是纯粹僵化衰退的，在瘟疫、战争、骚乱、城镇衰退以外，其实还有着相当创新和展现经济生机的一面，是"一个灵活和多样的阶段，它在13世纪经历了商业化进程，从14世纪危机震荡中涌现出增强的应变能力——削弱的贵族、流动的束缚少的农民、活跃的工业和城镇。该阶段的许多特征，从家庭结构到耕作方式，都与16世纪和17世纪有强烈的相似性"③。

在西米德兰，到1300年，有120个特许市场，其中80个是乡村市场，40个是市场城镇。④ 14世纪，3个西米德兰郡——格洛斯特郡、沃里克郡、

---

① The borough of Stratford-upon-Avon: Introduction and architectural description, British History Online, www.british-history.ac.uk.
② Christopher Dyer, *An Age of Transition? Economy and Society in England in the Later Middle Ages*, p.91.
③ Christopher Dyer, *An Age of Transition? Economy and Society in England in the Later Middle Ages*, p.40.
④ R. H. Hilton, "Medieval Market Towns and Simple Commodity Production", p.6.

伍斯特郡拥有共同的地理、文化和历史背景,一共有 47 个城镇(自治市),它们的职业结构有别于农业腹地。在农业腹地另有 112 个市场城镇。①

此外,还有原来就已经存在的城镇。因此可以说,在某种程度上,这个时期城镇的数量、功能都有了一定的发展。特别是各类领主"种植"的城镇,大大增强了领主的经济力量。到 16 世纪 20 年代,英国城镇数量增长到 650 个。虽然其间有衰落有低潮,但从长时段看,城镇还是处于发展中。虽然以前认为中世纪晚期城镇人口比例可能在 10% 以下,但通过对当时留存的一些经济史资料分析,特别是研究 1377—1378 年的人头税报告,研究 16 世纪早期的世俗补助税,似乎可以说明当时的城镇化水平大致在 15%—25%。②

实际上,英国当时"城市化"的主题正是"小城镇化",小城镇所联结的内地贸易构成了中古英国城乡市场发育的重要组成部分。在小城镇发展过程中,我们注意到:小城镇的兴起固然离不开商人和手工业者的推动作用,但是,小城镇的直接建立者却是历来被视为"城市压迫力量"的封建主……小城镇主要与周围农村发生紧密联系,虽然部分小城镇属于专业化的手工业城镇或商业城镇,但是,更多的还是依靠乡村农业发展起来的农村"集镇",在城乡经济关系中,城镇对乡村的需求远远大于乡村对城镇的需求,城镇为谋求生存对乡村的粮食依赖,使城镇与周围农村始终处于一种地方性的"共生"关系中。③

罗杰斯据 1377 年人头税数据,推测当时城镇人口为:伦敦近 35 000 人,约克近 11 000 人,布里斯托尔约 9 500 人,考文垂 7 000 多人,诺威奇近

---

① R. H. Hilton, "Lordsm Burgesses and Hucksters", *Past and Present*, No.97 (1982), p.5.
② Christopher Dyer, *An Age of Transition? Economy and Society in England in the Later Middle Ages*, p.24.
③ 谢丰斋:《12—14 世纪英国小城镇兴起初探》,《世界历史》,2002 年第 4 期,第 50 页。

6 000 人，林肯约 5 000 人。其他城镇人口都在 5 000 人以下。①

确实，当时的城镇化主要是小城镇发展。在当时，英国城镇中 90%以上都是小城镇。据有关研究，14 世纪德文郡 20 个纳税城市中，有 18 个是人口在 2 000 人以下的小城镇，占统计总数的 90%。在这 18 个小城镇里，1 000 人以上的只有 2 个，另 2 个人口超过 500 人，分别为 540 人和 534 人，而有 14 个小城镇人口在 500 人以下。② 从这 20 个城市的人口规模分布看，80%的城市人口不到 1 000 人，70%的城市人口不到 500 人。所谓"小城镇"，绝大多数是人口在"500 人以下"的城镇。

希尔顿的研究得出了类似的结论。在 14 世纪 70 年代晚期，人口在 8 000—15 000 人的城镇只有 4 个，5 000—8 000 人的有 8 个，2 000—5 000 人的有 27 个。另有 500—2 000 人的小自治市大约 500 个。可能还有更多的市场城镇并没有城镇地位。③

如果按经济学家界定的"城镇体系的成熟"来说，12—13 世纪英格兰还没有成熟的城镇体系。所谓成熟的城镇体系，指每个城镇把周围乡村民众前来买卖的区域界定为自身的腹地，城镇形成了等级体系，更大的城镇履行更广泛的功能，以奢侈品和特殊商品满足更为富裕的市场，比小的市场城镇服务更广阔的区域。④ 12—13 世纪，英格兰新增至 500 来个城镇中心。但是大多数城镇对自己的定位还比较模糊，腹地也有变动，在城镇等级体系中升降不定，城镇体系还不成熟。另外，领主们在乡村建立起 2 000 个周市场，另有 2 000 来个年度集市市场，期盼着催生新的城镇。⑤ 例如，

---

① James E. Thorold Rogers，*Six Centuries of Work and Wages: the History of English Labour*，p.116.
② Maryanne Kowaleski，*Local Markets and Regional Trade in Medieval Exeter*，p.71.
③ R. H. Hilton，"Lordsm Burgesses and Hucksters"，pp.4－5.
④ J. Galloway, ed.，*Trade*，*Urban Hinterlands and Market Integration*，*c.1300－1600*，Center for Metropolitan History Working Papers Series，3(2001); C. Dyer，"Market Town and the Countryside in Late Medieval England"，*Canadian Journal of History*，31(1996)，pp.17－35.
⑤ Christopher Dyer，*An Age of Transition? Economy and Society in England in the Later Middle Ages*，p.20.

1086 年时英格兰的五大城镇依次是伦敦、约克、林肯、温切斯特和诺威奇，但到 1334 年，除了伦敦不变还是第一位外，其他城镇排名变成了布里斯托尔、约克、纽卡斯尔、波士顿，①其中布里斯托尔、纽卡斯尔、波士顿都是新来者。

14 世纪初，英格兰的城镇体系才基本形成。首先，1300 年以前，英格兰已经形成了某种等级体系。戴尔认为 1300 年英格兰形成了四个层级组成的城镇体系。第一个层级的伦敦有 8 万人口，也是西北欧最大的城市之一。第二个层级是万人左右的城市，主要有布里斯托尔、诺威奇和约克。第三个层级是 2 000—10 000 人的城镇，主要是郡城和沿海的港口城市。这三类城镇有 50 个左右。还有 600 多个 2 000 人以下的市场城镇或小城镇，工匠和商人是其主要居民。② 有人估计的数量更高一些，认为 14 世纪早期伦敦人口有 8 万—10 万人；诺威奇、布里斯托尔、约克和温切斯特 4 个城市至少有 5 万人；3 000 人以上的 50—100 个城镇总计有 25 万人或更多；350—400 个自治市，1 000 人以上的其他市场城镇，以及人口少于 3 000 人的市场村庄大概有 50 万人或更多；总计 88 万—90 万人，占总人口的 15%。③ 中国人民大学的徐浩教授认为 14 世纪早期英国城市人口约为 80 万—90 万人。

其次，在一个给定的区域里，也形成了一个从小型市场城镇到大型省城的体系，大城镇商品通过小城镇分销出去。以米德兰为例，到 14 世纪初，考文垂成为整个地区的首府，东有波士顿港、西有布里斯托尔港口为它服务。第二等级的城镇有莱斯特和伍斯特，再下面有 100 多个依赖它们的更小的城镇。每个城镇有其自身的农业腹地，或者依赖交通便利，或者凭

---

① D. M. Palliser, ed., *The Cambridge Urban History of Britain*, Vol.1: 600-1540, p.124.
② C. Dyer, *Making a Living in the Middle Ages: the People of Britain 850-1520*, New Haven and London: Yale University Press, 2002, p.190.
③ Richard H. Britnell, *The Commercialisation of English Society, 1000-1500*, Manchester: Manchester University Press, 1997, p.115.

借位置优越,都有方圆6英里左右的村庄(小村庄)为腹地。在1350—1550年期间,这种模式有所变化但并未改观。波士顿和其他东海岸港口失去了许多生意,该地区受伦敦影响更大。一些更弱小的小城不再是城镇,斯坦福郡的贝特利就是一例。在13世纪的市场狂热中设立的村庄市场大多消失了,交易集中到市场城镇。而乡村工业的崛起,比如在南格洛斯特郡和北沃里克郡地区,激励着新的贸易中心的发展。有些是小型的非正式的,也有些发展成繁荣的小城镇,比如沃里克郡的斯陶尔布里奇和格洛斯特郡的斯特劳德。同样,萨福克郡等纺织业郡也一样经历了这种变迁,内兰德和拉文纳姆等小城镇便在这一过程中迅速发展壮大。①

西米德兰地区的城镇体系也在构建中。除了位于金字塔顶端的布里斯托尔、考文垂和格洛斯特在区域中享有头等重要地位外,赛伦塞斯特、图克斯伯里和沃里克曾经都是经济地位比较重要的中心集镇,经常有显赫的封建家族、修院团体、政府官员乃至王室成员到访。为了满足这些大家族的需要,这里的商人经常同来自伦敦和布里斯托尔的供应商直接接触。进入14世纪后期,伯明翰、奇平卡姆敦、德罗伊特威奇、圣布里维尔、伯克利、索恩伯里和埃文河畔斯特拉特福德也日益成为重要的地方经济中心。奇平卡姆敦是科茨沃尔德重要的羊毛输出地,德罗伊特威奇是著名的盐镇,它的井盐销往全国,圣布里维尔是一个冶铁业中心,伯克莱和索恩伯里则是两个著名的港口城镇,1347年王室对这两个"水道"出口的羊毛和布匹正式征收关税。②

再次,各个城镇也形成了自己的"微型城镇体系"。以莱斯特为例,莱斯特是郡城,周围分布着6个市场城镇:梅尔顿莫布雷、马基特哈勃勒、卢特沃斯、欣克利、阿什比和拉夫伯勒。

---

① Christopher Dyer, *An Age of Transition? Economy and Society in England in the Later Middle Ages*, p.193.
② R. H. Hilton, "Medieval Market Towns and Simple Commodity Production", pp.12-13.

城镇体系的形成与成熟离不开交通条件的改善，包括道路、河道与桥梁的建设。虽然人们常常抱怨中世纪的道路状况糟糕，但中世纪许多道路已经是铺砌而成的，有些道路质量毫不逊色于罗马大道。例如，从德文郡的奥克汉顿镇到康沃尔的朗塞斯顿的道路就堪与罗马大道相比。早在13世纪，格洛斯特伯爵从伦敦到莱斯特用了3天时间，从林肯到卡那封用了15天，从什鲁斯伯里到埃克斯霍尔姆用了7天。① 桥梁建设尤其重要，它对连接全岛的交通要道起了重要作用。在原来需要涉水而过或渡船的地方建筑了新桥梁，如阿宾顿、巴福德和克斯比。15世纪20—30年代，在约克郡的卡特里克、克斯比、斯基布里奇和桑顿都建筑了桥梁。② 16世纪初（甚至14世纪时）的桥梁与18世纪初工业革命前夜时一样多。例如，在塞文河什罗普郡的普勒斯顿·蒙特福德和格洛斯特之间，在1330年有8座桥，1530年有10座，到1700年仍然是10座。在绝大多数的大道与河流交会处，都建造了桥梁，而且石质桥梁越来越多，桥梁的宽度足够当时的马车通行。③

从通商的海港来说，英格兰也已经形成了一种港口体系。伦敦是英格兰的主要港口，也是中央政府所在地。英格兰的港口主要集中在南部，有达特茅斯、普利茅斯、布里斯托尔、桑威治、温切尔西、韦茅斯、卢港、肖勒姆、多佛和马尔盖特。东部的主要港口有纽卡斯尔、波士顿、赫尔、林恩和哈里奇。南部的港口主要从事与法国和佛兰德的贸易，布里斯托尔主要从事与爱尔兰的贸易。东部的纽卡斯尔是供应煤炭的中心，东部许多港口从赫尔到科尔切斯特从事与佛兰德、北欧和波罗的海的贸易，其中最重要的贸易对象是鱼类，如雅茅斯就是鲱鱼贸易的中心。各港口能力从他们在

---

① James E. Thorold Rogers, *Six Centuries of Work and Wages: the History of English Labour*, p.133.
② David Harrison, *The Bridges of Medieval England: Transport and Society*, 400-1800, Oxford: Oxford University Press, 2007, p.113.
③ Christopher Dyer, *An Age of Transition? Economy and Society in England in the Later Middle Ages*, p.23.

1346 年解"加莱之围"派出的力量中可见一斑。贡献最大的有北部的雅茅斯,派出了 43 条船,每船平均 25 人;南方的弗威,派出了 47 条船,每船约装备 16 人;伦敦派出了 25 条船,每船约 26 人。①

近代早期社会转型期所代表的一切,似乎在中世纪就已经具备了。戴尔这样分析:1350 年以后不久就有了道德改善,在黑死病前经济改善就很流行了,有些消费社会的特征可以一直追溯到 14 世纪。就业结构中,40%以上的人主要不是从事农业,这也远在 16 世纪晚期前就出现了。所谓的转折点只是为了组织我们的思想,让我们理解时序标志。如 1348—1349 年的黑死病,1375 年的谷物高价,1381 年的农民起义标志着农民的自信与独立,1540 年开始人口持续增长等。② 如果这种说法成立的话,那么英国中世纪的城镇化无疑是英国城镇社会的第一次转型。

当然,应该认识到,虽然在罗马不列颠时期和中世纪,英国的城镇已经有了一定的发展,但在整个社会中,城镇毕竟仍然只是一种"异数",是特例。从各级领主"种植"的城镇,到授予特许权的 borough 的广泛出现,说明了在这个阶段各种类型的城镇定居地仍然只是特例,不具有普遍性,它们终究只是乡村汪洋中的一个个"孤岛"。

---

① James E. Thorold Rogers, *Six Centuries of Work and Wages: the History of English Labour*, pp.121 – 123.
② Christopher Dyer, *An Age of Transition? Economy and Society in England in the Later Middle Ages*, p.244.

第二章
原工业城镇的崛起

如果说英格兰中世纪的"城镇化"是英国城镇化的萌芽阶段,那么到近代早期,即15—18世纪的"原工业化"——"工业化前的工业化"或"乡村工业化"时期,则是英国城镇化的破晓时光,特别是在原来没有城镇或城镇很少的山区丘陵地带出现了工业村庄或城镇。原工业化使制造业深入发展,特别是技术的进步和工业增长为英国从传统农耕世界转向近代工业世界奠定了基础。① "原工业化"(proto-industrialization)一词,国内也译成"原始工业化""元工业化""原初工业化"等。一般认为,原工业化是指一种主要为出口或为地方市场以外的需求而生产的乡村工业,往往是商业资本在农村的一种扩张,是商业资本控制生产者的形式。

"原工业化"是1969年美国威斯康星大学的博士生富兰克林·门德尔斯(Franklin F. Mendels)首先提出来的。他在博士论文《18世纪佛兰德的工业化和人口压力》中首次使用了"原工业化"这个概念。据他后来说,原工业化"主要是一种农村制造业活动的扩张",这种制造业的"'绝大部分'劳动力由有地的农民和无地的农业劳动者组成。不管有没有土地,他们在夏天通常都从事农业劳动,而不是亚麻布制造"。② 1971年,该博士论文的"摘要"部分发表。它简要分析了佛兰德斯的原工业化,提出乡村工业主要是在人口密度高、土地资源零碎的地方发展,从事原工业的往往是当时生存维艰的最为贫困的农民。③ 1972年,他的《原工业化:工业化的第一阶段》一文做了更系统的阐述,详细讨论了工业化的原工业化,即工业化第一阶段"工业化以前的工业"(pre-industrial industry),它"不仅标志着传统组织工业快速发展,而且是市场导向的、主要是乡村工业的迅速增长,它还伴

---

① P. Kriedte, et al., Industrialization before Industrialization: Rural Industry in the Genesis of Capitalism, Cambridge and New York: Cambridge University Press, 1981, introduction.
② 王加丰:《原工业化:一个被否定但又被长谈不衰的理论》,《史学理论研究》,2002年第3期,第122页。
③ Franklin F. Mendels, "Industrialization and Population Pressure in Eighteenth-century Flanders", Journal of Economic History, Vol.31, No.1(1971), p.269.

随着乡村经济的空间组织的变化"①。他的博士论文本身则在 1982 年才正式出版。

虽然原工业化已经成为学界耳熟能详的术语,但直到今天,原工业化在国际学术界依然是一个颇有争议的概念。一方面,学术界许多人大加赞赏,把原工业化概念应用到本国历史研究中,出版了大量的学术著作;另一方面,也有不少人极力批驳,或对其解释的对象和适用的范围提出质疑。其中,英国学术界对自身的原工业进行了广泛而深入的研究,认为原工业主要是在农业自然条件相对差、经济欠发达的地区,因此原工业化对英国城镇发展的贡献在于催生了一批特色工业村庄/城镇,并促进了英国原有的一些城镇进一步成长起来。它们既是农业社会中的另类,也是英国传统城镇体系中的新角色。

虽然英国的原工业化地区并没有全部成功转型,成为日后发达的工业区,但原工业的发展毕竟为一批新的工业城镇的诞生创造了条件,为英国从传统的乡村农耕社会最终走向城镇工业社会打下了一定的基础。因此,在某种意义上,英国的原工业化直接促进了城镇的转型——从传统的市场贸易型城镇转型到工业型城镇。

---

① Franklin F. Mendels,"Proto-industrialization: The First Phase of the Industrialization Process", *Journal of Economic History*, Vol.32, No.1 (1972), p.241.

一、原工业化地区

直到 1500 年,英国仍然是小城镇的天下。当时半数的城镇人口居住在小城镇里,主要是那些人口不足 2 000 人的小城镇。尽管那时有些小城镇的人口比 1300 年还少,但大多数市场城镇继续作为农业腹地的交易中心。① 也有人认为,1500 年英国仅有 1/3 的城市人口居住在 2 500 人以上的城镇中,不足 2 500 人的小城镇的人口占城市总人口的 2/3。② 或者认为,到 16 世纪下半叶至 17 世纪初,城镇人口占人口总数的 10%—15%。③ 到 1700 年,虽然城镇规模进一步扩大,大约一半的城市人口居住在 5 000 人以上的城市中,但仍有另一半人口生活在不足 5 000 人的小城镇。④

到 15 世纪中下叶,英国城镇似乎形成了某种稳定的秩序和序列。罗杰斯认为可以从城镇的税收评估考察城镇的经济实力。1453 年,即奥斯曼土耳其攻陷君士坦丁堡的那一年,英国的城镇体系中伦敦依然独占鳌

---

① Christopher Dyer, *An Age of Transition? Economy and Society in England in the Later Middle Ages*, p.130.
② [英]彼得·克拉克、保罗·斯莱克:《过渡期的英国城市:1500—1700 年》,薛国中译,武汉:武汉大学出版社,1992 年,第 10—11 页。
③ John A. Wagner, *Voices of Shakespeare's England: Contemporary Accounts of Elizabethan Daily Life*, Santa Barbara: ABC-CLIO, 2010, p.xxi.
④ [英]彼得·克拉克、保罗·斯莱克:《过渡期的英国城市:1500—1700 年》,第 10—11 页。

头,其人口规模分别是约克的7.5倍、诺威奇的9.5倍、布里斯托尔的12倍多、考文垂的15倍多、纽卡斯尔的21.5倍、赫尔河畔金斯敦的近23倍、林肯的24.5倍多、南安普敦的近28倍、诺丁汉的38倍。他认为这种状况是可以解释的,比如约克是红白玫瑰战争期间约克派的总部,故而排到了第二名;而考文垂是兰开斯特派的强大阵地,因此排名第五。①

15世纪起的英国原工业发展,逐渐改变着英国的城镇等级体系。50年后对英国17个城镇的再度评估,就已经显示了变化的苗头。伦敦虽然还是最大,但其他城镇与伦敦之间的差距明显缩小。这次,布里斯托尔因为与爱尔兰和北海的贸易而排名第二,伦敦只是它的3.75倍,是约克的4倍、林肯的5.5倍、格洛斯特的6倍、诺威奇和什鲁斯伯里的7.5倍、牛津的9倍多、索尔兹伯里和考文垂的9倍、赫尔的近10倍、坎特伯雷的10倍多一点、南安普敦的12倍多、诺丁汉的17倍、伍斯特的34倍、巴斯的47倍。② 城镇体系的这种变化,与原工业的兴起是分不开的。

刘景华教授和张卫良教授对原工业化时期的乡村工业颇有研究,我们这里主要借用他们的研究成果来说明原工业化时期的社会转型与城镇化进程。③

到15、16世纪,乡村工业已逐渐挤占农民原有的家庭手工业基础,在乡村经济中占有重要地位。原工业地区在16、17世纪特色已经非常鲜明,到18世纪工业革命前夕,乡村工业在全国已有广泛深入的发展,几乎遍及每一个村庄。这大概就是为什么至18世纪初,丹尼尔·笛福(Daniel Defoe)在游历英国各地时,对颇具特色的地方工业发出了强烈的

---

① James E. Thorold Rogers, *Six Centuries of Work and Wages: the History of English Labour*, p.115.
② James E. Thorold Rogers, *Six Centuries of Work and Wages: the History of English Labour*, p.115.
③ 刘景华:《乡村工业发展:英国资本主义成长的主要道路》,《历史研究》,1993年第6期;张卫良:《现代工业的起源:英国原工业与工业化》,北京:光明日报出版社,2009年。

感慨。①

根据各地自然禀赋的不同,英国涌现出一批特色非常鲜明的原工业化地区。到工业革命前夕,英国原工业的地区单元已经非常明显。英国的原工业大致可以分成轻工业和重工业两大类。在轻工业方面,有毛纺织业/呢绒、亚麻、棉纺、混纺各种类型,还有织袜、花边等各种针织和编织类。其中,毛纺织业是英国的"民族工业",各种混纺相对新近。在重工业方面,有小五金、刀剑等。

以乡村工业规模来衡量,英格兰大约有12个有一定规模的原工业化地区。毛纺织业是英国原工业化时期最主要的手工业部门。其中,四大毛纺织区分别为东盎格利亚、英格兰西部、西南地区和约克郡的西赖丁地区或称约克郡西区。也有人把英格兰西部和西南地区合称为一个区。

进入16世纪以后,大部分毛纺织业分布在农村,"无数的毛纺工人散布在英格兰的农村,散布在北自坎伯兰郡、南至康沃尔郡、西起伍斯特郡、东到肯特郡的数不清的农舍和村庄之中"②。16世纪后期至17世纪前期,东盎格里亚及其附近的剑桥、埃塞克斯郡的部分地区是英国最重要的毛纺区。到1700年,毛纺织业的中心主要是东盎格利亚、约克郡西区以及威尔特郡、德文郡、萨默塞特郡、格洛斯特郡等西南各郡,另外还有牛津郡的一部分。下面从东盎格利亚、西南部和约克郡的西赖丁三大片区展开分析。

东盎格利亚主要由诺福克郡、萨福克郡以及邻近的剑桥郡和埃塞克斯郡的部分地方构成。这些地方是15—18世纪英国主要的呢绒产区,并且是16世纪后期至17世纪前期英国最重要的毛纺区。这里有两个相对集

---

① 参见 D. Defoe, *A Tour through England and Wales*, London: Everyman's Library, 1927.
② W. G. Hoskins, *The Age of Plunder: King Henry's England*, 1500–1547, London: Longman, 1976, p.151.

中的毛纺织业中心：一个以诺威奇及周边为中心，另一个以萨福克郡的中南部地区为中心，包括斯陶尔河及其支流流域的城镇和村庄以及埃塞克斯郡北部。据估计，1696 年，仅诺福克郡就有 10 万人纺织制造了 2 万磅的羊毛，在萨福克郡和剑桥郡，也有 4 万多人为"绒线纱制造商"等各类商人雇主做工。①

诺威奇是诺福克郡的首府，早在 11 世纪就是英格兰仅次于伦敦的第二大城市。这一带的毛纺织业发展较早，羊毛贸易远及斯堪的纳维亚和西班牙。然而，经 16 世纪早期瘟疫和火灾的沉重打击，到 1503 年诺威奇降为英格兰第六大城市。16 世纪国外新教徒的到来，带来了斜纹布制造技术，这种"新呢布"使诺威奇得到复苏。根据农学家和旅游家阿瑟·杨（Arthur Young）所说，诺威奇虽然人口只有 3 万人左右，但当时已经拥有 1.2 万张织机和 7.2 万名纺织工人，②说明纺织业工作已经遍布周围乡村。笛福的记载也印证了这一点。他说在诺威奇附近，除一些工业城镇外，还有许多"很大而人口众多的，可以等同于其他国家中有市场的城镇"的村庄，其人口主要从事粗长羊毛的纺织。③

这一带的另一个毛纺织业生产中心——萨福克郡中南部地区，也较早发展起了纺织业。斯图亚特王朝早期，萨福克郡中南部地区是毛纺织业生产区域之一，人口稠密，制造各种优质白胚宽幅布和廉价色布。埃塞克斯郡北部的毛纺织业也十分活跃。1580—1619 年间，科尔切斯特有 23% 的职业男性从事纺织业生产。在 18 世纪初，埃塞克斯郡的许多城镇和乡村毛纺织业仍在发展。

英格兰西南部，主要包括格洛斯特郡、威尔特郡、多塞特郡、汉普郡、萨

---

① David Ogg, *England in the Reign of James II and William III*, Oxford: Clarendon, 1955, p.290.
② ［法］保尔·芒图：《十八世纪产业革命：英国近代大工业初期的概况》，杨人楩、陈希秦、吴绪译，北京：商务印书馆，1983 年，第 36、395 页。
③ ［法］保尔·芒图：《十八世纪产业革命：英国近代大工业初期的概况》，第 33 页。

默塞特郡、德文郡和康沃尔郡,有时候加上邻近的牛津郡和伯克郡,那样的话,英格兰西南部就有九个郡。也有研究者把英格兰西部和西南部分开研究,将其看成两个不同的原工业区。

英格兰西部毛纺区的毛纺织业有着悠久的历史传统。这里大呢绒商众多,生产规模也相对较大,使得英格兰西部的毛纺织业在相当长的时期里保持着优势地位。英格兰西部毛纺织业在 14 世纪就形成了两个生产区域。

一个是格洛斯特郡的格洛斯特城南部、东部的科茨沃尔德丘陵和山谷,以及远至伍斯特郡的塞文河上游流域。这里是 15—16 世纪英国最重要的乡村毛纺区。早在 12、13 世纪,由于西部山区的河流有利于漂洗厚重的呢绒,再加上水力漂洗机的使用,原来经济不发达的乡村和山区成为原工业的首选之地。12 世纪末至 14 世纪初,水力漂洗机在整个英格兰和威尔士的边缘区域广泛使用,它替代了用双脚踩(中国用"棒槌"敲击)的原始漂洗方法,难怪有人认为英国在 13 世纪已经出现了"工业革命"。[①] 加之科茨沃尔德盛产优质羊毛,斯特劳德河谷出产漂白土——优质羊毛原料、河流水力漂洗、充足的漂白土齐备,这就不难理解乡村毛纺业在这一带的迅速发展了。这种自然条件与物产,决定了科茨沃尔德地区在呢绒业各道工序中,以漂洗、染色和终端工序而闻名遐迩。到 15 世纪时,斯特劳德河沿岸已经布满了漂洗坊。15 世纪后期,科茨沃尔德地区已有许多呢绒制造商。[②] 17 世纪初,对科茨沃尔德地区的五个百户区居民职业的调查显示,从事纺织业者所占比例都很高,从高到低依次为:朗特里45.2%、比斯利39.4%、伯克利37.9%、怀特斯通31.6%、格朗博尔德萨什28%。[③] 再从经

[①] E. M. Carus-Wilson, "An Industrial Revolution of the Thirteenth century, Essays in Economic History", *Economic History Review*, Vol.11. No.1(1941), pp.39-60.

[②] E. M. Carus-Wilson, "Evidences of Industrial Growth on Some Fifteenth-century Manors", *Economic History Review*, Vol.12, No.2(1959), pp.190-205.

[③] A. J. Tawney and R. H. Tawney, "An Occupational Census of the Seventeenth Century", *Economic History Review*, Vol.5. No.1 (1934), p.64.

济实力来看,似乎也说明工业村庄/城镇财富的增长更快更强一些。从1334年到1523年,罗德伯勒税收增长了5倍,比斯利则增长了13倍之多。1334年,科茨沃尔德的首府赛伦塞斯特的税收是比斯利的6倍。① 1523年,在比斯利村,251个纳税人中,有112个是靠工资过活的人,②这在某种程度上也反映了乡村工业的发达情况。到亨利六世(Henry Ⅵ)统治末年,斯特劳德河谷已经成为一个知名的纺织业末端产品基地,成为专门进行漂洗、染色和精加工的中心。朗福德、沃克布里奇和查尔福德等地到处是繁荣的工厂。③

在1561—1562年经伦敦出口的呢绒统计表上,列举了格洛斯特郡的26个生产中心。其中,红呢布的主要产地为斯特劳德沃特村、罗德伯勒和明津汉普顿,白呢布来自明津汉普顿、高里、霍斯利、比斯利、德斯利、凯恩、伯克利、赛伦塞斯特、斯坦利、格洛斯特、莫顿韦朗斯、沃顿安德埃奇、奥德沃特、温特伯恩、索德伯里、奥尔德里、佩恩斯威克、泰特伯里……还有一些没有说明产地。提到的这些地名里只有几个是城镇,绝大部分是工业村庄。④ 再分析17世纪格洛斯特郡20—60岁男性的职业情况(见表2-1),乡村制造业的集中程度似乎也一目了然。从全郡范围看,农业人口几乎占一半(46.2%);从纺织业人口占比来看,该郡乡村比例要比三大城镇(格洛斯特、赛伦塞克斯和图克斯伯里)高,分别是15.8%和11.0%。若考虑人口绝对数,那么这个优势就更明显了。纺织业人口在三大城镇只有135人,而其他部分则达2 502人。

---

① E. M. Carus-Wilson,"Evidences of Industrial Growth on Some Fifteenth-century Manors", p.191.
② E. M. Carus-Wilson,"Evidences of Industrial Growth on Some Fifteenth-century Manors", p.192.
③ E. M. Carus-Wilson,"Evidences of Industrial Growth on Some Fifteenth-century Manors", p.195.
④ G. D. Ramsay,"The Distribution of the Cloth Industry in 1561 - 1562", *English History Review*,Vol.57,No.227(1942),pp.363-369.

表 2-1　17 世纪格洛斯特三大城镇及该郡其他部分 20—60 岁男性的职业情况①

职业	格洛斯特、赛伦塞克斯和图克斯伯里		该郡其他部分		总计	
	人数/人	所占比例/%	人数/人	所占比例/%	人数/人	所占比例/%
农业和地产服务	48	3.9	7 835	49.5	7 883	46.2
渔业、矿业和采石	3	0.2	187	1.2	190	1.1
纺织业	135	11.0	2 502	15.8	2 637	15.5
皮革业	59	4.8	142	0.9	201	1.2
女装制作	188	15.3	1 073	6.8	1 261	7.4
木工活	72	5.8	603	3.8	675	4.0
建筑	28	2.3	318	2.0	346	2.0
金属制品工作	73	5.9	493	3.1	566	3.3
食物与饮料生产	83	6.7	300	1.9	383	2.2
零售与交易	237	19.3	478	3.0	715	4.2
交通运输	40	3.2	238	1.5	278	1.6
其他杂项工作	25	2.0	38	0.2	63	0.4
乡绅、专业人员和官员	78	6.3	441	2.8	519	3.0
家内仆人	22	1.8	892	5.7	915	5.4
未写明的仆人	10	0.8	273	1.7	283	1.7
非农业劳工	131	10.6	—	—	131	0.7
总计	1 232	—	15 814	—	17 046	—

另一个是威尔特郡的西北部,靠近特罗布里奇和布拉德福德,并且延伸进入萨默塞特郡的东北部。这里主要生产中高档的呢绒产品。威

---

① A. J. Tawney and R. H. Tawney,"An Occupational Census of the Seventeenth Century",p.36. 表中所占比例四舍五入取一位小数,"总计"栏与各分栏的数据之和可能存在 ±0.1 的误差。——编者注

尔特郡西北部的卡斯尔库姆村是一个著名的工业村庄。这里离格洛斯特郡边界不远,拥有丰沛的水力资源,14世纪时已经确立了纺织业的主导地位,到15世纪工业增长更为快速。其纺织品走出了当地,在伦敦的市场销售,出售给国内外客商。到1457年,卡斯尔库姆已经成了一种"商品品牌"。①

17世纪中期,德文郡的斜纹哔叽布制造兴起。在德文郡中部逐渐形成了北至蒂弗顿、南到托普瑟姆、东到陶顿的呢绒制造业区域。蒂弗顿成为斜纹哔叽布最大的制造中心,并带动了埃克塞特郡的贸易活动。

第三个毛纺织业中心在英格兰北部的约克郡。在原工业化时期,约克郡所属区域空间范围很大,地理范围包括如今的约克郡、东约克郡、南约克郡、西约克郡和北约克郡五个郡。

在约克郡,毛纺织业主要分布于北部、西部和东部地区,其中西赖丁地区是毛纺织业发展最快速的区域。约克郡河谷地区自然条件好,水力资源丰富,适合水力漂洗呢绒。虽然约克郡从12世纪起就有毛纺织活动,但乡村毛纺织业的兴起是14世纪以后的事。早在1327年西赖丁地区就有11个漂洗厂,随后漂洗厂几乎很快遍布溪流两岸。随着漂洗选址向乡村的转移,其他呢绒生产工序也转到乡村,在利兹和韦克菲尔德以西,某种程度上,穿过奔宁山脉进入兰开夏的艾尔河、科尔德河和科恩河河谷的小村庄和茅舍都进行着呢绒生产。

约克郡西区的毛纺织业从15世纪起步,16、17世纪获得较大发展,18世纪该地成为英国毛纺织品的最主要生产区。18世纪,约克郡西区大致分为两个生产区:以利兹和韦克菲尔德为中心的普通呢绒生产区,以哈利法克斯为中心的绒线呢和哔叽呢生产区。笛福的游记中曾描述了18世纪

---

① 参见 E. M. Carus-Wilson, "Evidences of Industrial Growth on Some Fifteenth - century Manors", p.200.

初哈利法克斯乡村堂区①的毛纺织业情况:"随着我们走近哈利法克斯时……我们就能看到这个地方象是一个连续不断的村庄……不久,我们就看出居民的职业。……看到几乎每一屋前都有一个张布架,每个架上都有一块普通的呢绒,或者一块粗哔叽,或者一块夏龙绒,这些就是这个地方出产的三种商品。……不管我们的视线朝着哪一方向,从山下到山顶,到处都是同样的景色:无数的房屋和无数张布架,而每一架上都有一块白色的布帛。"②18世纪的一些数据也反映了约克郡毛纺织业的快速成长,在这个世纪最后1/3时间里的主要扩张是由约克郡和兰开夏的兴起体现的,英格兰西部地区和约克郡之间的巨大分离是从18世纪70年代开始的。就是到19世纪初年,乡村工业仍然是这一地区毛纺织业的主体,"大多数织造者都住在村庄里和孤立的住所里"③。

除了这三大毛纺织业区外,还有4个相对小的毛纺织品区:什罗普郡-威尔士边界地区;以肯德尔为中心的威斯特摩兰工业区;包括肯特郡的威尔德与萨里郡、伯克郡和汉普郡部分地区的南部工业区;以及一个零散的中部工业区,包括考文垂、北安普敦和林肯及周边地带。④

以威斯特摩兰工业区为例,市场城镇肯德尔的居民职业资料显示,在1578年前后,这里的纺织业人口占了优势。市民从事纺织业的占51%,皮

---

① 英国堂区是一种非常古老的空间单位形式,堂区原来是与庄园相关的一种地理单元,堂区与庄园往往管理相同的地域范围,庄园是主要的地方行政与司法管理单元,后来教会取代了庄园法庭成为乡村行政的中心,征收什一税,代表了民事和教会管理的领域。中世纪时,救济穷人之类的责任逐渐从庄园转到堂区。在亨利八世解散修道院后,1601年,征收济贫税的权力正式转到了教会当局。堂区的管理机构叫堂区会。到19世纪,古老的堂区变成泾渭分明的两种体系,1866年的济贫法修正法宣布,所有征收独立的地方税的区域,包括堂区外区(extra-parochial areas)、城镇区(townships)、小教堂堂区区域(chapelries),全部成为"民政堂区"(civil parishes)。国教会的堂区,则正式称为"教会牧区"(ecclesiastical parishes)。截至2015年12月31日,英国共有10 449个堂区。
② [法]保尔·芒图:《十八世纪产业革命:英国近代大工业初期的概况》,第37页。
③ [法]保尔·芒图:《十八世纪产业革命:英国近代大工业初期的概况》,第396页。
④ D. C. Coleman, "Proto-industrialization: A Concept Too Many", *Economic History Review*, Vol. 36, No.3 (1983), p.441.

革业占 20.5%，金属行业占 7.5%，销售占 11%，食品占 5.5%，服务业占 4.5%。即使到 1695 年，纺织业人口仍然占优势，从事纺织业的占 41.2%，皮革业占 21.2%，金属行业占 7.7%，销售占 9.2%，食品占 1.9%，服务业占 8.3%。①

而"汉普郡的主要工业也就是纺织业，它在汉普郡经济当中的重要性仅次于农业"②。汉普郡呢绒制造主要集中于北部，尤其是贝辛斯托克的周边。据记载，当时"在贝辛斯托克城镇，每周会制造出 30 匹绒面呢和 100 匹粗面呢。在那里工作的不仅有该城镇数量最为庞大的穷人，其他 80 个堂区的穷人也被雇佣过来，穷人们正是以此来维持其家庭生活"③。当然，除了贝辛斯托克之外，呢绒生产在温切斯特、新福里斯特和南安普敦也很发达。温切斯特"从 12 世纪到 15 世纪，就是一个呢绒制造中心，尤其是在呢绒完工程序上。在 1326 年至 1353 年的国际毛织品贸易方面，作为一个重要的城镇，温切斯特表现得很突出"④。新福里斯特和南安普敦等城市经济的发展在相当程度上依赖于呢绒业，民众的生活也主要依靠该行业。因此，在前工业社会中，呢绒业就是经济收入的重要来源和解决人口就业的主要工业部门。

还有两个其他种类的纺织区。一个是兰开夏。这里原来也是一个毛纺织业区，后来集中生产亚麻布和粗斜纹布。从约克郡西区再向西便到了兰开夏工业区。东部靠近西赖丁的乡村地带，是以洛奇代尔为中心的乡村毛纺织业区，也有棉、麻纺织业。再向西到了中部的棉麻混纺业

---

① C. B. Phillips, "Town and Country: Economic Change in Kendal c.1550 – 1700", in Peter Clark ed., *The Transformation of English Provincial Towns, 1600 – 1800*, London: Hutchinson, 1984, p.104.
② B. J. Richmond, "The Work of the Justices of the Peace in Hampshire 1603 – 1640", Mphil thesis, University of Southampton, 1969, p.7.
③ Joan Thirsk and J. P. Cooper, ed., *Seventeenth-century Economic Documents*, Oxford: Clarendon Press, 1972, p.38.
④ Adrienne Rosen, "Winchester in Transition 1580 – 1700", in Peter Clark ed., *Country Towns in Pre-industrial England*, Leicester: Leicester University Press, 1981, p.147.

地带,直到曼彻斯特—博尔顿—布莱克本一线的广阔乡村,形成了一个5—10英里宽的乡村工业带。再向西向南的广阔乡村麻纺织业工业区地带,南起柴郡,北接威斯特莫兰郡,其中普勒斯顿是当仁不让的地理中心与生产中心。

兰开夏飞跃的关键,是棉麻混纺引进的棉花,这也是它后来脱颖而出的秘密武器。从17世纪初起,棉麻粗布在布莱克本和博尔顿一带迅速发展,到1630年,在后来的奥尔德姆一带牢固地确立起来,到17世纪晚期正渗透曼彻斯特地区本身。这时,棉布也引进到传统的兰开夏亚麻业中,生产出了亚麻棉布的多种产品。在这个进程中,18世纪上半叶,棉花的重要性稳步凸显。到18世纪中叶,兰开夏东南和中部大多转向棉布生产和使用棉布的商品。纯亚麻布生产转到兰开夏西部,尤其是在普勒斯顿、柯卡姆和沃灵顿。毛纺织业仍然集中在兰开夏腹地,尤其是在洛奇代尔和科尔恩、伯里地区和罗森代尔。直到18世纪晚期棉布繁荣和早期工厂阶段,毛纺织业才开始衰落。特别是在洛奇代尔一带,毛纺织业直到19世纪初期仍然是很重要的。在1824年贝恩斯的兰开夏目录中,这里的羊毛分级商、梳毛商、起绒商、精呢商的数量要大大超过棉布商。在同一个类别中,曼彻斯特本身有四栏全是毛织品商和精纺羊毛商。[①] 丝织业也在发展,不仅在曼彻斯特,而且向北到米德尔顿,向西到利镇和奥姆斯科克地区,尤其是在19世纪20—30年代。所以,兰开夏地区的纺织业原工业包括了毛纺、棉纺、亚麻和丝织业等多种。[②]

18世纪70年代,兰开夏东南部早已建立起棉布制造业。作为一种特别的原材料,棉花可以制成多种多样的布料,适合出口到世界的任何一个

[①] John K. Walton, "Proto-industrialisation and the First Industrial Revolution: the Case of Lancashire", in Pat Hudson, ed., *Regions and Industries: A Perspective on the Industrial Revolution in Britain*, Cambridge: Cambridge University Press, 1989, p.46.

[②] John K. Walton, "Proto-industrialisation and the First Industrial Revolution: the Case of Lancashire", p.47.

角落。棉花供应也比羊毛或亚麻更为灵活。[①]

另一个是以特伦特河谷为中心的针织区,覆盖了诺丁汉郡、德比郡和莱斯特郡的部分地区。织袜业从 17 世纪中叶起在诺丁汉郡以及莱斯特郡的乡村兴起。舍伍德森林的边缘,诺丁汉郡和德比郡的交界地区,以及莱斯特南部人口稠密的村庄,都成为织袜业的主要中心。17 世纪 70 年代,莱斯特的一群袜商声称在城镇和邻近的村庄雇用了 2 000 名工人。[②] 18 世纪末,莱斯特郡的欣克利镇有 1 000 台袜机,与其毗邻的村庄也有 200 台,其中很多属于欣克利镇的老板。[③]

其他一些轻工业也主要在乡村发展起来。17 世纪,在德文郡东部,花边工业扩散到农村。17、18 世纪之交,花边生产又在贝德福德郡、白金汉郡和北安普敦郡兴起,成为低收入农民的家庭副业。[④] 此外,多塞特郡的手套制造,康沃尔郡的灯草席编织,也都是当时有名的乡村工业。康沃尔郡和德文郡也是长袜的生产地。

在乡村金属工业区方面,以伯明翰为中心的西米德兰,即后来以"黑乡"(Black Country)[⑤]著称的铁工业区最为著名。人们对"黑乡"地域空间目前还存在不同认识,有人认为是指"西米德兰有露天煤矿的区域",即今天伯明翰向西北方向延伸,包括桑德韦尔、达德利、沃尔萨尔和伍尔弗汉普顿;也有人认为还应该包括与金属工业相关的外围区域。我们这里基本采

---

① John K. Walton, "Proto-industrialisation and the First Industrial Revolution: the Case of Lancashire", p.64.
② Peter Clark, *European Cities and Towns: 400-2000*, Oxford and New York: Oxford University Press, 2009, p.148.
③ Peter Clark ed., *The Cambridge Urban History of Britain*, Vol.2: 1540-1840, Cambridge: Cambridge University Press, 2000, p.757.
④ E. L. Jones, "Agricultural Origins of Industry", *Past and Presant*, Vol.40, No.1 (1968), pp.62-63.
⑤ "黑乡"这个术语的出现要到 19 世纪 40 年代,用以指代当时这一带的煤炭、熔炉等工业带来的大量浓烟,表示的是欣欣向荣、热火朝天的繁荣景象。这里我们借用来指代金属工业和煤炭工业在乡村地带的发展。

用第二种观点,因此"黑乡"还包括了斯塔福德郡南部和伍斯特郡东北部的乡村。丰富的炼铁资源,使这里自16世纪起就发展了制铁业。这一地区(除伯明翰外)与炼铁相关从业人员比例高,铁器制造业人员占总人口的34%,而其他各种工商业人口总共占61%。除小城镇外,这里发展出20多个工业村庄。有些村庄从事制铁业人数的比例甚至超过了小城镇,如蒂普顿村就比斯陶尔布里奇和达德利这两个城镇比例高得多,蒂普顿村、斯陶尔布里奇和达德利从事制铁业人口的比例分别为56%、36%和22%。村庄一般以制钉工人居多,也生产刀片、铁锁和鞍具等工艺较为复杂的铁制品。①

原工业化时期,在"黑乡"和伯明翰的五金器具以及谢菲尔德的餐具制造业中,在熟练技术层面上很早就出现了地区差异,专业技艺非常重要。到17世纪末,伯明翰生产需要大量熟练技术工人的产品,只需要极少或低价的原材料,粗加工则迁移到南斯坦福郡的其他地方。餐具制造业也分成谢菲尔德的高端产品和乡村的低端产品。②

生产单元小、专业分工度高成为金属生产的主要特色。以枪支生产为例,不同的独立制造商生产不同部件,有枪管制造商、锁扣制造商、扳机制造商、推弹杆制造商、枪支设备制造商、卡销铸造商等。枪支制造商在枪支生产区域拥有一个仓库,生产半成品,并把它们分发出去,由专门的手艺人来装配完工。③

从16世纪中叶到17世纪中叶,西米德兰成为金属制品和玻璃器皿的全国市场。从17世纪中叶到18世纪中叶,西米德兰随着国内外市场的扩

---

① Marie B. Rowlands, *Masters and Men in the West Midlands Metalware Trades before the Industrial Revolution*, Manchester: Manchester University Press, 1975, pp.18-25.
② Maxine Berg, *The Age of Manufactures*, 1700-1820: Industry, Innovation, and Work in Britain, London and New York: Routledge, 1994, p.229.
③ Maxine Berg, *The Age of Manufactures*, 1700-1820: Industry, Innovation, and Work in Britain, p.229.

展而发展。①

西米德兰有着悠久的开采矿产资源的传统,也有利用水力推动铁锤的传统。到 16 世纪末,许多地主家庭建立起水力推动的铁熔炉和精炼炉。17 世纪初,引进了滚切机。到 1660 年,该地区有 15 个熔炉、轻便锻炉、滚切机生产铁。到复辟王朝时期,米德兰通常给英格兰、威尔士、爱尔兰及美国早期殖民地供应各种各样的金属器具。②

1801 年,11 个"黑乡"城镇和村庄有 8 万人,占斯坦福郡人口的 1/3。这里有大量的钉子工人。在米德兰,1800 年钉子业雇用了 4 万人,还有大量人口从事带扣、链子、纽扣、罐头、镀金、油漆、大头针等生产。③

18 世纪的新消费品工业中,伯明翰生产各式各样的新奇玩意,如纽扣、带扣和珠宝饰品。这种新奇东西被称为"小饰品"(toy)。生产这些小饰品的工厂并不依赖中央能源的供应,只需要很小的生产空间。因此,虽然伯明翰以瓦特蒸汽机的发明与生产著称,但自己很少使用蒸汽动力。④

小五金行业是一项新兴工业,以殖民地为主要市场,因此伯明翰在某种意义上是"原工业"区。五金商品在 1722—1724 年占出口工业品的 7%,1772—1774 年增长到 14%。另外,18 世纪初米德兰还出口了大量的时尚商品,1712 年向法国出口了大量的手表、锁、钟、带扣、纽扣和其他黄铜制品。随着时尚的变化,带扣制造业的衰落给纽扣业的兴起提供了空间、技术、原材料和劳动力。到 1759 年,伯明翰及周围区域的小五金行业就雇用

---

① Marie B. Rowlands, "Continuity and Change in an Industrializing Society: the Case of the West Midlands industries", in Pat Hudson, ed., *Regions and Industries: A Perspective on the Industrial Revolution in Britain*, Cambridge: Cambridge University Press, 1989, p.105.
② Marie B. Rowlands, "Continuity and Change in an Industrializing Society: the Case of the West Midlands industries", pp.107-109.
③ Maxine Berg, *The Age of Manufactures, 1700-1820: Industry, Innovation, and Work in Britain*, p.229.
④ Maxine Berg, *The Age of Manufactures, 1700-1820: Industry, Innovation, and Work in Britain*, p.175.

了 2 万人左右,每年装饰配件产品价格估计在 60 万英镑,仅出口价格就占 50 万英镑。①

伯明翰的大多数制造业规模很小,资本不到 100 英镑。但到 18 世纪下半叶,出现了一些大企业。1783 年,伯明翰有 94 家企业资本超过 5 000 英镑,80 家超过 1 万英镑,17 家超过 2 万英镑。②

亚当·斯密的《国富论》和马克思的《资本论》都用伯明翰的大头针生产作为分工的例子。《国富论》论及大头针的制作,说"一个劳动者……纵使竭力工作,也许一天也制造不出一枚扣针,要做二十枚,当然是绝不可能了。但按照现在经营的方法……一个人抽铁线,一个人拉直,一个人切截,一个人削尖线的一端,一个人磨另一端,以便装上圆头。要做圆头,就需要有二三种不同的操作。……这样,扣针的制造分为十八种操作。……像这样一个小工厂的工人,虽很穷困,他们的必要机械设备,虽很简陋,但他们如果勤勉努力,一日也能成针十二磅。以每磅中等针有四千枚计,这十个工人每日就可成针四万八千枚,即一人一日可成针四千八百枚"③。

这个描述一点都不夸张。1810 年,大头针的制作已经分解成 13 道不同工序——用机器把铁丝拉到适当的长度;另一机器拉直;切成需要长度;车轮削尖两端;再切成几段,每段构成几根大头针;车轮把铁丝扭动;扭动铁丝切断做头;头经火软化;手工安装头部;清洗;在牙石与锡液体中煮;干燥;包装。从 18 世纪晚期起,在伯明翰,针的生产分成 8 道工序:取尖、压模、修整、锉、淬火、加固、洗擦、抛光。④ 钉子制造一样也有复杂的原工业分工模式:金属压制成金属片,再把片切成金属细条,细条转动压制成钉子

---

① Maxine Berg, *The Age of Manufactures*, *1700 - 1820: Industry*, *Innovation*, *and Work in Britain*, p.232.
② Maxine Berg, *The Age of Manufactures*, *1700 - 1820: Industry*, *Innovation*, *and Work in Britain*, p.233.
③ [英]亚当·斯密:《国富论》,郭大力、王亚南译,北京:商务印书馆,2015 年,第 4 页。
④ Maxine Berg, *The Age of Manufactures*, *1700 - 1820: Industry*, *Innovation*, *and Work in Britain*, p.234.

所需的条状，然后外包给个人，在家庭熔炉里切割、做头、做尖。① 因此，钉子生产非常分散，虽然作坊单元小、工序简单，但也是按产品和区域进行专业划分的。到19世纪初，西米德兰有20个制钉地区，每个地区生产不同种类的钉子。到1770年，在西米德兰，钉子生产雇用1万人，1798年有了3.5万—4万人。五金商控制着制钉者的生产，控制着钉子的销售。不过，钉子贸易在1737年、1765年和1776年曾处于衰退状态。②

白金汉郡的朗克雷敦村（Long Crendon），顾名思义是一个窄长的村庄，早在1218年就获得了举办每周一次市场的皇家特许状，历史上一直是全英格兰的制针业中心。

谢菲尔德刀具业兴盛的根源在于该地区富有铁矿石，大概早在13世纪起就开采了。1296年，在现在的"城堡广场"（Castle Square）设立了一个市场，谢菲尔德逐渐发展成一个小集镇。14世纪，谢菲尔德已经以刀具生产著称，在杰弗里·乔叟（Geoffrey Chaucer）的《坎特伯雷故事集》中就提及了谢菲尔德的刀具。1378—1379年补助金记录列出了该地区的50多家铁匠和五金商。到16世纪，越来越多的铁匠和刀匠充分利用当地丰富的水力来提供锻造的动力。③ 虽然生产有很大一部分集中在谢菲尔德等城镇，但刀具制造在附近的乡村也有广泛的分布。它们从俄罗斯、西班牙和瑞典进口铁。据1655—1659年谢菲尔德的堂区结婚注册登记，新郎的职业非常多样。除传统的农业外，还有刀剪业、其他金属业、杂项制造业、皮革业、建筑业、呢绒与纺织业、食品、劳工、矿工等其他职业。④

为了保证产品质量和规范行业准入条件，谢菲尔德于1565年在刀具

---

① Maxine Berg, *The Age of Manufactures*, *1700-1820: Industry*, *Innovation*, *and Work in Britain*, p.234.
② Maxine Berg, *The Age of Manufactures*, *1700-1820: Industry*, *Innovation*, *and Work in Britain*, p.235.
③ Ian Taylor, Karen Evans and Penny Fraser, *A Tale of Two Cities: Global Change*, *Local Feeling*, *and Everyday Life in the North of England*: *A Study in Manchester and Sheffield*, London and New York: Routledge, 1996, p.37.
④ E. J. Buckatzch, "Occupations in the Parish Registers of Sheffield, 1655-1719", *Economic History Review*, New Series, Vol.1, No.2/3(1949), p.145.

业率先建立了规章,确立了地方垄断经营的条件,包括学徒期以及一年两个短暂中断期的正式制度。1590年的规章禁止刀具商在产品上使用未经配给的标志,并有专门的陪审团来鉴别与惩罚违法者。1624年,一项议会法令将这些刀具业的手艺人确立为一个自治的法人团体,叫作谢菲尔德和哈勒姆郡刀具公司(Cutlers' Company of Sheffield and Hallamshire)。该团体设有刀具"大师",每年选举一次,在当地几乎与市长一样是要人。该团体有权管理哈勒姆郡及其方圆6英里范围的所有工业,并在每年举办一次刀具商宴会(Cutlers' Feast)。[1] 这个传统一直延续至今天。

到16世纪末,谢菲尔德已经成为英格兰餐具生产的主要中心。18世纪40年代,由于发明了坩埚钢工艺,此时已能够制造出比以往质量更好的钢铁。同时,发明了一种餐具镀银的技术,将熔化的一层薄薄的银镀在铜锭上,使得"谢菲尔德餐具"广为人知。这些革新使谢菲尔德作为一个工业城镇发展起来。

因此,在原工业时代,谢菲尔德作为刀具和餐具的生产中心,有着良好的管理机制,不仅管理刀具生产,而且管理与之相关的其他行业。[2]

15世纪以来英格兰乡村工业的发展,使英国的工业地理发生变化。一方面,手工业从农村副业中脱离出来,成为独立的产业;另一方面,乡村原工业的发展,也改变了这些"穷乡僻壤"的经济状况,甚至改变了城乡经济地理。

乡村原工业的发展,有赖于外来需求的增长。17世纪国际市场的扩大,使呢绒工业迅速发展,产量增加了2—3倍,而西赖丁的家庭工业的呢绒产量增加了8倍,为英国提供了20%的出口商品。[3] 到17世纪和18世纪,随着粗斜纹布、亚麻布及棉布等新产品的出现,兰开夏的乡村纺织业迅

---

[1] Ian Taylor, Karen Evans and Penny Fraser, *A Tale of Two Cities: Global Change, Local Feeling, and Everyday Life in the North of England: A Study in Manchester and Sheffield*, p.37.
[2] Ian Taylor, Karen Evans and Penny Fraser, *A Tale of Two Cities: Global Change, Local Feeling, and Everyday Life in the North of England: A Study in Manchester and Sheffield*, p.37.
[3] R. G. Wilson, *The Supremacy of the Yorkshire Cloth Industry in the Eighteenth Century*, Oxford: Oxford University Press, 1973, p.613.

速发展。各种各样的五金生产集中到米德兰地区。

总之,到工业革命前夕,英国已经形成了特色鲜明的原工业地区,如东益格利亚、英格兰西部、西南地区和约克郡的西赖丁地区的毛纺织业区,兰开夏的亚麻布和粗斜纹布生产区,特伦特河谷包括诺丁汉郡、德比郡和莱斯特郡部分地区的针织区,西米德兰地区的小五金制造区。①

原工业化不仅仅是工业化的原型,在人类的谋生方式上也有巨大的创新,提供了解决人口和土地供求失衡的矛盾的途径。它使人们认识到,土地不再是唯一的谋生之路,土地权开始失去自古以来的重要地位。而且,乡村工业吸收农民从事原工业化生产,为土地资源贫瘠的丘陵山区提供了生存与发展的新途径。到 16 世纪,雇工人口相当于乡村全体人口的 1/4 至 1/3;到 17 世纪末叶,已经达到了 47%。② 最后,将农业中多余的劳动力转移到工商业,又为工农业产品创造出更为广阔的国内市场。

原工业化时期的产品面向全国市场,面向海外市场,由此促进了城乡交通体系的完善。城镇间内陆水系改善,构筑了连接到海边或泰晤士河水系的水路。在 1660 年到 18 世纪 30 年代期间,英国全国内河通航距离几乎增加了一倍,如 17 世纪 80 年代完工的从金斯林到贝德福德(Bedford)段奥斯河的通航,使后者在煤炭、麦芽酒和农产品交易方面获得发展。特别是 18 世纪 60 年代开始的运河热更是极大地改善了内河航运。18 世纪初,收费公路运输的扩展极大地改善了陆地交通,到 18 世纪 40 年代,在近畿诸郡和西米德兰形成了两个大型收费公路网。③

---

① D. C. Coleman,"Proto-industrialization: A Concept Too Many", *Economic History Review*, Vol. 36, No.3(1983), p.441.
② J. F. C. Harrison, *The Common People: A History from the Noman Conquest to the Present*, London: Fontana, 1984, p.129.
③ Peter Clark, ed., *Country Towns in Pre-industrial England*, p.18.

二、原工业城镇

原工业区诞生了全新的工业村庄和工业城镇。原工业的发展对英国城镇发展而言,起了两方面的作用。一方面,在原来农牧业经济相对落后、地理上以山地丘陵为主的"穷乡僻壤"催生了一批工业区,在工业区里出现了工业村庄、工业城镇,从而为英国的城镇增添了新的类型,城镇数量进一步增多。另一方面,原工业发展对一些老城镇提出了挑战,这些城镇有的成功应战复苏,也有的逐渐走向衰落。

从城镇空间分布来看,传统上英格兰东南部地势平坦、土地肥沃、经济发达,与伦敦距离近,需要供给伦敦的需求,因而拥有稠密的市场网络,市场城镇也比较发达。而英格兰西部、北部等山岳丘陵地带,往往人口相对稀疏,城镇相对不甚发达。但原工业兴起的地方,恰恰是在这些地带,因此原工业对城镇化的最大贡献在于给了这些地区城镇兴起和成长的机遇。

制造业城镇与原工业的发展有着极大的关系,"在很多情况下,制造业是如此重要,以至于完全可以称其所在地为工业或原工业城市"①。原先经济相对落后、自然条件和区位条件差的乡村地带,发展原工业以后,变成工业区,诞生了大量城镇及可能变成城镇的工业村庄。特别是在英格兰西

---

① [美]保罗·M.霍恩伯格、林恩·霍伦·利斯:《都市欧洲的形成:1000—1994 年》,第 120 页。

南部、米德兰地区、约克郡的西赖丁地区、威尔士北部和苏格兰的部分区域,由于原工业的发展,出现了比较密集的市场城镇。

英国最为出色的制造业城镇都位于英国的原工业化区域,这些区域主要是约克郡、兰开夏、特伦特河谷地区和西米德兰地区,还有东盎格利亚、英格兰西部等区域。因而,约克郡的哈利法克斯、利兹、庞蒂弗拉克特、布拉德福德和韦克菲尔德等,兰开夏的博尔顿、贝里、奥尔德姆和洛奇代尔,特伦特河谷地区的诺丁汉、德比和莱斯特,西米德兰地区的达德利、罗利雷杰斯和塞奇利等市场城镇快速成长,其中伯明翰、谢菲尔德和曼彻斯特可以说是市场城镇发展的传奇。

15 世纪,毛纺织业转移到萨福克郡南半部,不仅使原来的市场城镇生产起了毛纺织品,如伊普斯威奇、圣埃德蒙兹伯里、斯托马基特和萨德伯里,最重要的是使一些大村庄也繁荣起来,如拉文纳姆和朗梅尔福特就是著名的工业村庄。

一批原有的小城镇在原工业的刺激下得到了发展的新机遇。中世纪晚期,西赖丁、东盎格利亚、萨默塞特和德文的农村纺织品工业的增长,催生了新的制造业中心。13 世纪,诺威奇和埃克塞特相对繁荣,新兴纺织业城镇拉文纳姆和陶顿则发展很快。[①] 15 世纪和 16 世纪,西赖丁地区的毛纺织业扩张迅速,推动了原有城镇的扩展。从 1680 年起,约克郡精纺呢绒在西赖丁地区的哈利法克斯、利兹、庞蒂弗拉克特、布拉德福德、韦克菲尔德等城镇得到了发展。到 18 世纪中期,西赖丁地区出现粗呢和精纺呢专门化的趋势。如果从布拉德福德到哈利法克斯划一条从东北向西南的分界线,在线东南的主要是粗呢生产区,而线西北的 15 英里内则是精纺呢地区,位于艾尔河和科尔德河的上游。其中,哈利法克斯、基思利、霍沃斯和科尔恩是中心。当然,实际情况要复杂些,没有这么截然分明。

---

① Heather Swanson, *Medieval British Towns*, p.57.

利兹是一个重要的毛纺织业中心，也是最大的呢绒市场。早在 16 世纪，利兹就已经成为英国的羊毛交易中心，约克郡沼泽地出产优质原材料——羊毛。进入 17 世纪，利兹已成为西赖丁地区的毛纺织业中心。良好的市场制度使利兹的地位日益上升，利兹的人口迅速增加，从 1670 年的 6 000 人左右增长到 1801 年的 5.3 万人。1758 年，利兹建立了世界上最古老的由马牵引的铁路，这条 3.5 英里长的铁路为利兹人提供了米德尔顿煤矿的煤。在 18 世纪中期以后，利兹依然保持着自己的市场优势。有人把利兹描绘成一个比布拉德福德更活跃的市场。韦克菲尔德供应肉类、鱼和所有其他食品，比任何一个市场都好，一个老实人在那里能以两便士吃到一顿好饭菜。[①]

哈利法克斯也是一个精纺呢和粗呢的生产和交易中心。18 世纪，哈利法克斯地区生产的呢布大量作为军需物资提供给外国军队。

韦克菲尔德是西赖丁地区又一个重要的精纺呢中心。1699 年，艾尔河和科尔德河开始通航，河运的改善促进了货物的流通，更快地促进了韦克菲尔德的贸易发展。一方面，精纺呢制造商可以通过科尔德河运来林肯郡和莱斯特郡的长羊毛，在韦克菲尔德的羊毛市场上出售。另一方面，可以通过科尔德河运来大量的谷物。由于这些有利的因素，韦克菲尔德人口迅速聚集。进入 18 世纪，韦克菲尔德的毛纺织产品交易非常红火。在西赖丁地区，其他城镇也经历了相似的发展，专业化的呢绒市场通常是明显的标志。

坎伯兰郡的肯德尔在 13 世纪是一个市场城镇，16 世纪和 17 世纪肯德尔继续着以往的制造业角色，也涉及呢绒的远距离贸易。在那个时期，肯德尔的呢绒生产与乡村工业之间存在着互补关系，城镇支配染色，乡村控制漂洗。17 世纪后期，长袜编织业又在肯德尔发展起来。[②] 在 1730 年后

---

① W. G. Hoskins, "English Provincial Towns in the Early Sixteenth Century", in Peter Clark ed., *The Early Modern Town*, New York: Longman, 1976, p.100.
② C. B. Phillips, "Town and Country: Economic Change in Kendal c.1550 – 1700", pp.99 – 124.

的半个世纪里,肯德尔的人口增加到 8 000 人。① 很明显,制造业支撑着肯德尔的发展。

在英格兰西部乡村,毛纺织业快速发展,在科茨沃尔德地区涌现出许多新兴纺织城镇和纺织村庄,它们的经济地位甚至还超过了老牌纺织城市,如温什科姆和赛伦赛斯特。比兹利这样的村庄演变为新兴城镇,富有的呢绒商还在其中修建了豪华宅第及"羊毛教堂"。17 世纪后期,格洛斯特郡的图克斯伯里是当地针织产品的主要汇集中心,负责将针织品转运至格洛斯特城或布里斯托尔。②

笛福在游记中记述了英格兰西部毛纺织业区的城镇,威尔特郡从北往南依次是马姆斯伯里、切本哈姆、卡恩、迪韦齐斯、布拉德福德、特罗布里奇、韦斯特伯里。③

伯明翰原是沃里克郡的一个市场城镇。16 世纪中期,伯明翰人口大约 1 400 人;在复辟时代,伯明翰的居民仍不到 6 000 人。17 世纪后期,伯明翰的金属制造业异乎寻常地发展起来。17 世纪 90 年代,伯明翰的钢铁产品、马鞍、马勒在伦敦、爱尔兰等地已经很有声誉。④ 随着美洲市场对金属产品需求的激增,伯明翰人口激增,1680—1720 年增长近 50%,达到 9 000 人,到 1750 年达 23 000 人。1751 年,伍尔弗汉普顿人口大约 7 500 人。⑤ 伯明翰的崛起与金属制造业的快速发展有着密切的联系,专业化发展是其成长的重要路径。

---

① John K. Walton, "North", in Peter Clark ed., *The Cambridge Urban History of Britain*, Vol.2: 1540-1840, Cambridge: Cambridge University Press, 2000, p.129.
② Joan Thirsk, ed., *The Agrarian History of England and Wales*, IV, London: Cambridge University Press, 1967, pp.502-503.
③ D. Defoe, *A Tour through England and Wales*, p.280.
④ 张卫良:《现代工业的起源:英国原工业与工业化》,第 167 页。
⑤ Marie B. Rowlands, "Continuity and Change in an Industrializing Society: the Case of the West Midlands Industries", in Pat Hudson, ed., *Regions and Industries: A Perspective on the Industrial Revolution in Britain*, p.119.

谢菲尔德与伯明翰有着类似经历。作为一个市场城镇，谢菲尔德最初主要从事刀剑买卖，在文学家杰弗里·乔叟时代就有一定的名声，但是人口增长不快，17世纪仅为2 050人左右。18世纪以后，谢菲尔德的金属器具制造名声大振，人口也快速增长。1801年，谢菲尔德人口达到45 755人左右。①

还有一些受益于专业化优势的市场城镇快速成长起来。例如，在16世纪早期，北安普敦郡的昂德尔发展为一个专业的食品市场，韦灵伯勒是"一个优良的、发展快速的市场城镇"，伯克翰斯德被描写为赫特福德郡最好的市场城镇之一，金斯顿是萨里郡所有市场城镇中最好的。②

有些市场城镇模仿大城市建立起专门化的手工艺。如图克斯伯里从17世纪开始就有羊毛袜纺织的传统，随后发展出棉袜生产，销售到布里斯托尔。在东米德兰，欣克利织袜发达，而凯特灵以呢料纺织为主，花边生产则在附近的韦灵伯勒。17—18世纪，在西米德兰和北方其他一些地方，在市场城镇发展起来的工业成为主角，最终形成了工业城市。不过，市场城镇的工业部分通常是相当有限的。③

16世纪，西米德兰地区，即斯坦福郡南部、伍斯特郡北部和沃里克郡西北部，共有五个庄园自治市（seigneurial boroughs），即伍尔弗汉普顿、沃尔萨尔、达德利、黑尔斯欧文和伯明翰。此外，斯陶尔布里奇也逐渐成为城镇。西米德兰地区在16世纪中叶到17世纪中叶，人口增长了一倍多，其中有些工业村庄人口增长了四倍，而当时全国人口只增长了75%。④

中世纪时，米德兰的纺织业一直由考文垂控制。但是，伍尔弗汉普顿、伯明翰和金诺顿也有活跃的商业资本家。有些伍尔弗汉普顿和伯明翰人

---

① Peter Clark ed., *The Cambridge Urban History of Britain*, Vol.2: 1540－1840, p.474.
② W. G. Hoskins, "English Provincial Towns in the Early Sixteenth Century", p.100.
③ Peter Clark, ed., *Country Towns in Pre-industrial England*, p.30.
④ Marie B. Rowlands, "Continuity and Change in an Industrializing Society: the Case of the West Midlands Industries", p.105.

从西班牙进口铁,有些人则从水力推动的铁作坊购买铁,后来他们成为金属器具商(ironmongers),获得了财富与社会地位。不过,这时的伯明翰、伍尔弗汉普顿、达德利和斯陶尔布里奇本质上仍然是市场城镇,呈现混合经济形态。除了金属业,还有纺织业、木工业、服务业。而且,手艺人的社会地位要低于呢绒城镇精英人物,如布商和客栈老板。在工业村庄如阿斯顿、沙格利和劳利雷格斯,皮革匠、锁匠和锋利刀具商则既有钱又有地位。①

1660—1760 年期间,米德兰商品的海外市场扩展到全世界范围。西印度群岛开始从米德兰进口钉子和农用器具,那里的甘蔗生产需要大量木桶钉子、种植园锄头、镰刀以及奴隶的锁链、颈圈等。虽然直到 17 世纪中叶,英格兰和威尔士出口的商品主要是织物,但在 1699—1701 年期间,金属器具占到出口工业品的 3%,1722—1724 年为 7%,1752—1754 年为 9%。②

当然,原工业对曼彻斯特的影响可能最为典型。中世纪晚期,曼彻斯特仍不过是一个富庶的村落而已,丹尼尔·笛福在 1727 年还把它称为英格兰最大的村落之一。③ 1770 年,有人描述曼彻斯特"即将崩溃"④。其实,早在 13 世纪末,曼彻斯特就已经拥有了一定的纺织品贸易,如亚麻和毛织品。到 16 世纪,布料制造成为其重要的行业。16 世纪末,曼彻斯特开始向其他纺织品领域扩展,并生产不同的混纺织布料,如"曼彻斯特布料""棉绒""棉麻粗布",它们实际上是羊毛、亚麻、棉花的各式混纺布料。据说这一带湿润的气候、不含石灰的水流,使得曼彻斯特更适合发展棉纺织业。

---

① Marie B. Rowlands, "Continuity and Change in an Industrializing Society: the Case of the West Midlands Industries", pp.109 – 111.
② Marie B. Rowlands, "Continuity and Change in an Industrializing Society: the Case of the West Midlands Industries", p.115.
③ [法]保尔·芒图:《十八世纪产业革命:英国近代大工业初期的概况》,第 288 页。
④ Emily Cockayne, *Hubbub: Filth, Noise and Stench in England, 1600 – 1770*, New Haven and London: Yale University Press, 2007, p.249.

附近的城镇也日益成长,如在 1220 年获得成立特许状的麦克莱斯菲尔德有着繁荣的丝织业,同时获得特许状的斯托克波特有一个区域性的市场,古老的撒克逊定居点博尔顿也是一个非常成功的市场城镇。① 曼彻斯特拥有两个集市场地,是兰开夏"建得最好的、最快的和人口最多的城镇"②。到 18 世纪中期,曼彻斯特因为棉布和粗斜纹布的制造而快速成长,1717年居民总数约 8 000 人,1757 年估计居民总数达19 839人。③

兰开夏的前工业各地差异比较大,不同的区域擅长制造不同的布料,使用不同的原材料,但都属于纺织业。17 世纪初,兰开夏和西赖丁的毛纺织业与农业并行不悖。在克利瑟罗和里布尔谷上游,从布莱克本向南到博尔顿一线以东,从博尔顿到阿什顿安德莱恩一线以北,构成了一片毛纺织业区域。此外,曼彻斯特和索尔福德也制造粗毛制品,切斯特和博尔顿是毛纺织品终端程序的中心。另外,曼彻斯特还以生产亚麻布、小商品和丝绸闻名。④

18 世纪初,在纺织业的推动下,曼彻斯特有了较大发展,人口接近8 000 人。到 18 世纪中叶,曼彻斯特仍然不是重要的工商业中心。到1774 年,曼彻斯特人口达到了 22 481 人,主要从事手工织布和布料加工。布料通过利物浦港口运销到东部沿海城镇。⑤

1660—1750 年期间,外省首府达到了前工业阶段的顶峰时期。如诺威奇的精纺织业有相当专业的分化,成为最有生机的行业,而且它还是东盎格利亚的重要社交和物流中心。而约克则只能完全充当物流和服

---

① Ian Taylor, Karen Evans and Penny Fraser, *A Tale of Two Cities: Global Change, Local Feeling, and Everyday Life in the North of England: A Study in Manchester and Sheffield*, p.46.
② W. G. Hoskins, "English Provincial Towns in the Early Sixteenth Century", p.100.
③ L. W. Moffit, *England on the Eve of the Industrial Revolution*, London: Frank Cass and Co. Ltd., 1963, pp.140 - 141.
④ John K. Walton, "Proto-industrialisation and the First Industrial Revolution: the Case of Lancashire", p.45.
⑤ Ian Taylor, Karen Evans and Penny Fraser, *A Tale of Two Cities: Global Change, Local Feeling, and Everyday Life in the North of England: A Study in Manchester and Sheffield*, p.47.

务业分配地,有着大量新古典主义风格的大宅。其他外省首府在很大程度上只能依赖其港口功能。纽卡斯尔与伦敦的煤炭贸易一直是其摇钱树,还有如造船业和盐业,进而发展出重要的商业和航运业,两地甚至成为重要的购物中心和专业中心,为东北富裕的煤矿业主服务。① 17 世纪晚期,埃克塞特承担着附近生产哔叽的终端工序,以此为经济重心,包括染色、完工和出口;航运主要面向荷兰,还有德意志和伊比利亚半岛。17 世纪 80 年代和 90 年代对城市运河和码头的改善,有助于 18 世纪初的出口繁荣。②

到 18 世纪中叶,英国原工业地区中有些比较容易转型,如兰开夏的纺纱业"外作制"和苏格兰格拉斯哥与佩斯利的织工,都非常容易从亚麻纺织业转到棉纺织业,特别是佩斯利细毛披巾的生产,转型也相对容易。18 世纪 70 年代,格拉斯哥地区有几千台织机生产亚麻布、丝绸、细麻布,到世纪末迅速转变成生产优质棉布。格拉斯哥集中生产本色平纹布和印花平纹布,而佩斯利生产花俏布料。在兰开夏,纺纱集中在曼彻斯特南部,手工织布集中在东北部。③

城镇繁荣的主要支柱是工业。在早期,重要工业如纺织业常常集中在低成本的农村区域,只有几个城镇因确保生产某种专门商品而繁荣。然而,到斯图亚特王朝后期,乡村工资上涨,使城镇工业再度具有了竞争力。越来越多的城镇开始集中生产某种特定商品,如北安普敦以生产靴子著称,格洛斯特长于生产大头针,圣奥尔本斯擅长制造大啤酒杯和盆盆罐罐,威特尼生产毯子,伍德斯托克生产优质钢器皿,基德明斯特专心制造地毯,莱斯特和图克斯伯里擅长生产长统袜,梅德斯通生产纸张,麦克莱斯菲尔

---

① Peter Clark, ed., *Country Towns in Pre-industrial England*, p.26.
② Peter Clark, ed., *Country Towns in Pre-industrial England*, p.26.
③ Maxine Berg, *The Age of Manufactures, 1700−1820: Industry, Innovation, and Work in Britain*, p.185.

德生产纽扣及丝绸,斯托克波特生产帽子,科尔切斯特生产钟表,考文垂生产花边和手表,布里德波特生产绳索和网,班伯里生产长毛绒,迪韦齐斯生产哔叽。据说莱斯特城里的优质长统袜售给富人,而乡村的粗糙长统袜则卖给下层人。谢菲尔德也一样,城里手艺人生产高档金属器皿,而周围乡村生产粗糙金属制品。①

除了那些生产工业品的城镇外,还有一些城镇生产农产品深加工产品。雷丁、德比、埃文河畔斯特拉特福德、阿宾顿、亨利镇、曼斯菲尔德、斯坦福德、伊普斯威奇成为著名的麦芽酒制造城镇,而伯顿、利奇菲尔德、多尔切斯特、普利茅斯、布里奇诺斯、什鲁斯伯里和诺丁汉以生产啤酒著称。其他中等城镇也各有所长,如温切斯特利用王室历史渊源,成为英格兰南部的社交中心之一。到18世纪初,利奇菲尔德同西米德兰一样,因太靠近伯明翰和斯坦福郡的工业城镇,难以维持其传统手工艺,于是致力于开拓服务业,为乡绅服务。斯坦福德、沃里克、普勒斯顿、刘易斯、圣埃德蒙兹伯里、切姆斯福德、什鲁斯伯里等也一样。②

虽然原工业化时期发展出许多有一定专业特色的城镇,但总体而言,英国大部分城镇仍然是综合性的。时至17世纪70年代,人们还把英格兰1/3的小城镇描述为多功能城镇。在市场角色以外,大约1/10的城镇有专门化的制造业,而且扩展了城镇的服务功能,当时大约1/4的城镇自称有学校、酒吧、温泉或具备综合性的功能。③

在都铎和斯图亚特王朝统治时期,英格兰大约有760个市场城镇,威尔士大约有50个。④ 1660年到18世纪50年代标志着英国地方城镇繁荣

---

① Peter Clark, ed., *Country Towns in Pre-industrial England*, p.17.
② Peter Clark, ed., *Country Towns in Pre-industrial England*, p.27.
③ Peter Clark ed., *The Cambridge Urban History of Britain*, Vol.2: 1540–1840, pp.748–749.
④ A. Everitt, "The Marketing of Agricultural Produce", in Joan Thirsk, ed., *The Agrarian History of England and Wales*, Ⅳ, p.467.

的顶峰。① 1792年,英格兰和威尔士有722个市场中心(包括一些在新工业居民点的新市场)。② 这些城镇"虽然其中大多数并没有取得国王或领主所赐的特许状,甚至在当时就没有被当作城市看待,但就其经济功能说完全可属于我们所讲的城市范畴"③。按我们的界定,它们其实还是属于城镇的范畴。

就城镇的数量与规模而言,原工业化时期仍然是有限的。英格兰人口在5 000人以上的城镇/城市一直是屈指可数的。1520年大约有10个,分别是伦敦、诺威奇、布里斯托尔、约克、索尔兹伯里、埃克塞特、科尔切斯特、考文垂、纽卡斯尔和坎特伯雷。④ 到17世纪,连同威尔士和苏格兰一共也才27个。倒是小城镇的数量增长很快,17世纪就有978个。⑤ 1603年,伦敦是欧洲最大最富裕的城市,拥有大约20万人,而排名第二的诺威奇才有15 000人左右。英国大约1/8的人曾经在伦敦生活过,估计每年有3 000人移居伦敦。⑥

原工业化时期,英国的城镇仍然以小城镇为主导类型。到1700年,英国有市场的800个城镇中,大约有720个人口仍然不足2 000人。⑦ 而且,小城镇的腹地也不大,距离平均在10千米左右。从一份记录来看,14—15世纪期间城镇与其腹地的距离平均只有3.8—12.5千米。(见表2-2)

---

① Peter Clark ed., *Country Towns in Pre-industrial England*, p.26.
② Alan Dyer, "Small Market Towns 1540-1700", in Peter Clark ed., *The Cambridge Urban History of Britain*, Vol.2: 1540-1840, pp.432, 434.
③ 刘景华:《城市转型与英国的勃兴》,北京:中国纺织出版社,1994年,导言第7页。
④ E. A. Wrigley, "Urban Growth and Agricultural Change: England and the Continent in the Early Modern Period", *Journal Interdisciplinary History*, 15 (1985), p.687.
⑤ John Langton, "Urban Growth and Economic Change: from the Late Seventeenth Century to 1841", in Peter Clark ed., *The Cambridge Urban History of Britain*, Vol.2: 1540-1840, p.463.
⑥ John A. Wagner, *Voices of Shakespeare's England: Contemporary Accounts of Elizabethan Daily Life*, p.36.
⑦ Peter Clark, ed., *Country Towns in Pre-industrial England*, p.47.

表 2-2 城镇与其腹地的距离①

名称	年份	观察数量/个	10千米以内		10千米及以上		平均距离/千米	最大距离/千米
			数量/个	百分比/%	数量/个	百分比/%		
奥尔斯特	1424—1470	36	19	53	17	47	10.0	31.5
安多弗	1282—1469	27	15	56	12	44	8.0	108.0
阿瑟斯通	1350—1520	39	16	41	23	59	12.5	32.5
格洛斯特	1380—1423	84	37	44	47	56	10.5	35.0
格林姆斯比	1327—1509	29	14	48	15	52	8.4	40.0
赫登	1344—1473	62	26	42	36	58	12.0	210.0
纳尼顿	1350—1520	42	25	60	17	40	8.9	28.0
珀肖尔	1329—1390	18	12	67	6	33	3.9	19.2
希普斯顿	1314—1510	36	20	56	16	44	8.5	42.5

然而，原工业区城镇的发展，毕竟大大提高了英国的城镇化程度。里格利估计，原工业化时期英国城镇化水平有了比较明显的提升。有人估计，1520年，英国乡村非农业人口约占乡村总人口的20%，1600年约占24%，1700年占34%，1750年进一步上升到42%。② 当然，也有不同的估计，如认为1500年约为15%—20%，到1700年约为37%。③ 1600—1700年，居住在5 000人以上城镇中的人口比例从8%增长到了17%。在随后的100年中，又增长到了28%。④ 也就是说，仅计算原工业发展的17—18

---

① Christopher Dyer, "Market Towns and the Countryside in Late Medieval England", *Canadian Journal of History*, Vol.31, No.1(1996), p.13.
② E. A. Wrigley, *People, Cities, and Wealth: the Transformation of Traditional Society*, Oxford: Basil Blackwell, 1987, p.171.
③ 钱乘旦、高岱主编：《英国史新探：全球视野与文化转向》，北京：北京大学出版社，2011年，第128页。
④ E. A. Wrigley, "British Population during the 'Long' Eighteenth Century, 1680-1840", in Roderick Floud and Paul Johnson, eds., *The Cambridge Economic History of Modern Britain*, Vol.1: *Industrialisation*, 1700-1860, New York: Cambridge University Press, 2004, p.88.同期法国的数据依次是11%。

世纪的话,5 000人以上的大城镇的人口比例就增长了20%。这还没有计算5 000人以下的小城镇的人口数。由此可见,原工业对英国城镇发展具有巨大影响。虽然数据不一,但可以看出,总的城镇化率在提高。

漫长的18世纪是一个人口日益城镇化的时期,人口不仅向大城市迁移,也向小城镇聚集。1700年英格兰和威尔士居住在城镇中的人口比例不到20%,1750年增长到25%,1801年增加到约1/3。[1] 其中有不少居住在小城镇里,1750年的城镇人口中便有7%—8%居住在万人以下的小城镇里。[2] "到了18世纪以后,类似伯明翰和设菲尔德这样的城市随着煤炭在工业领域的应用途径日益多样化而快速发展起来。在各类工业当中,金属冶炼和锻造工业率先崛起,由此就为伦敦以外的城市通过其他方式推动经济走上持续增长的道路创造了条件。"[3]

据估算,在18世纪,英国2 500人以上规模的城镇人口出现了较快的增长,从1700年的520万增加到1750年的610万,1801年时约889万。[4] 农村城镇人口的持续增长既反映了英国农牧业人口向原工业的转移,也反映了英国农村地区城镇化程度的提升。

---

[1] Peter Borsay, ed., *The Eighteenth-century Town: A Reader in English Urban History*, 1688 – 1820, London and New York: Longman, 1990, p.6.
[2] C. W. Chalklin, *The Rise of the English Town*, 1650 – 1850, Cambridge: Cambridge University Press, 2001, p.8.
[3] [英]罗伯特·艾伦:《近代英国工业革命揭秘:放眼全球的深度透视》,毛立坤译,杭州:浙江大学出版社,2012年,第168页。
[4] P. J. Corfield, *The Impact of English Towns*, 1700 – 1800, Oxford and New York: Oxford University Press, 1982, p.8.

三、城镇命运交响曲

原工业化时期,英国城镇化的进程加快,城镇以及潜在城镇的数量持续增加。然而,原工业化时期英国的城镇发展是不平衡的,城镇命运各不相同,有成长的,有衰落的,也有挣扎着重新站起来的,构成了城镇命运交响曲。另外,城镇内部基础设施的改造与建设带来了"城市的复兴"。总体而言,原工业化时期是典型的"就地城镇化"时期,也是英国城镇化缓慢推进的时期。

在原工业城镇崛起的同时,许多城镇内部的基础设施得到了改善,使城镇具有了更多的"城镇性",从而提高了城镇地位。这个时期的城镇改造硬件建设,集中在改木板房为砖石、砖瓦建筑。18世纪,巴斯在老城西郊和北郊建起了漂亮的广场和豪华住宅。在市场广场四周,有金街、银街和羊街等主要街道。

英国老式的壁炉供暖设施、烘烤食物系统构成了一个火灾易发体系。城镇越大,火灾发生的可能性越大,波及面越广。16—18世纪,英国各城镇火灾频繁,损失巨大。莎士比亚的故乡埃文河畔斯特拉特福德在16、17世纪之交就遭遇了四次大火的袭击,每次都有数以百计的房舍被焚毁。

人为与自然的灾难也给城市改造与更新提供了契机,特别是火灾为城建提供了机遇。繁华市中心的棚屋被夷为平地,曲折的小巷失去了踪影,古老的城墙、巍峨的城门自然"在劫难逃"。许多城镇借此改善城市物质环境，把老式木材茅草房改造成更时尚、更抗火的砖瓦建筑。

令人谈虎色变的1666年伦敦大火，使13 200多所房屋化为灰烬，整条整条的街道成为废墟。1794年伦敦东区的另一场火灾则使600多个家庭沦落街头。然而，大火也在某种程度上成为城镇改造的契机。如1666年伦敦大火之后，在其废墟上重建了9 000多座标准砖石建筑物，伦敦东区也是在1794年大火后才开始以砖瓦代替木材建筑的。

北安普敦在1675年大火后，用砖石重建了房屋，拓宽了街道，建起了最时尚的伦敦风格的公共建筑，成为一个非常规整漂亮的城镇。而沃里克在1694年大火后，也按文艺复兴时期的意大利古典风格进行了重建。①

1785年，利物浦通过了第一个市政改革法令，拓宽了市中心的卡斯尔街、戴尔街和瓦特尔街，并继1795年1月18日大火后，扩建了宏大的市政厅，竖起了尼尔逊纪念碑，并拆除了周围的大片贫民窟。②

那些缺乏经济基础、机遇或动力进行广泛改善的其他城镇，则进行了更多零散的建筑改善项目。1700年，布里斯托尔市通过法令，允许开征铺路税。1750年，赫尔任命了一个负责人，主管铺设和维修大街小巷的路面。如格洛斯特把城镇土地以优惠价格租赁给愿意进行重建工作的绅士。17世纪90年代，城镇中心的三一塔重建，1733—1734年重建了古典风格的圣约翰教堂，同时拆除了旧的肉类市场。1759年，该城获得改善法令，被授权拆除了阻塞主街的几个建筑，随后的1777年和1781年改善法令则授权拓宽街道、拆除住宅和城门，建起一座新监狱。③

18世纪中叶起，城镇建设主要集中在公共设施的建设上，大到修建公

---

① Peter Borsay, *The English Urban Renaissance: Culture and Society in the Provincial Town*, 1660-1770, Oxford: Clarendon Press, 1989, p.18.
② J. R. Muir, *A History of Liverpool*, London: Williams and Norgate, 1907, p.278.
③ Peter Clark, ed., *Country Towns in Pre-industrial England*, p.20.

园,开辟适于散步消遣的林荫大道,翻新市政厅、办公楼,小至拓宽街道、铺设路面、安装路灯和治理下水道等等。从事城镇改造的主要有两股力量:一是城镇当局,二是根据议会法令设立的各种"改善委员会"(Improvement Committee)。从1690年到1799年,除伦敦外的城镇改善法案就有254个(见表2-3)。

表2-3 1690—1799年英国外省城镇的254个改善法案时段分布①

年份	数量/个	百分比/%	年份	数量/个	百分比/%
1690—1699	12	4.7	1750—1759	14	5.5
1700—1709	14	5.5	1760—1769	41	16.1
1710—1719	3	1.2	1770—1779	38	15.0
1720—1729	6	2.4	1780—1789	64	25.2
1730—1739	9	3.6	1790—1799	43	16.9
1740—1749	10	3.9			

英国历史上很长一段时间,城镇当局承担着城市管理的某些职能,诸如铺设街道与广场、雇人守更报时、清理城镇垃圾、疏导交通、阻止违章建筑、选择牲畜交易场所等等。从都铎王朝开始,一些市政当局开始为居民提供公共用水。而从18世纪中叶起的城镇改造运动则扩大了当局的管辖范围,加快了城镇建设的步伐。从某种意义上说,这场在原有城镇设施基础上进行的改造运动,是对传统城镇工作的进一步延伸。著名的内陆温泉城市巴斯,即完全改建了古老的市中心,赋予其旅游城镇的诱人外观。一般而言,拓宽街道往往与重建紧密相连,而且宏大的市政厅、宽阔的广场占地不小,所以拆房在所难免。到18世纪中叶,由于城镇当局的直接参与,各城镇建起了相当多的公共建筑,包括市政厅、交易所、市场以及教堂、监狱和舞厅等等。

---

① Peter Clark, ed., *Country Towns in Pre-industrial England*, p.21.

此外，城镇公用生活设施也逐步得到改进。1700 年以后，许多郡镇开始供应自来水，至少是富裕区域。同时，开始引进伦敦风格的街灯。17 世纪末，汽灯出现在伦敦的市中心。1735 年，伦敦当局承担起这一职责，并开风气之先，征收了一种特别的"照明捐"来支付照明费用，实现了"取之于民，用之于民"。由此，伦敦的夜间照明大大地得到改善。1694 年，路灯照明只从晚六点到半夜，一年中只有 117 天有路灯。从 1736 年起，夜间照明从年初到年终，从日落到日出。① 全国其他城镇以伦敦为榜样起而效仿。1700 年，布里斯托尔和诺威奇获准征收路灯税，巴斯、坎特伯雷、索尔兹伯里紧随其后。到 18 世纪 30 年代末，英国绝大部分的城镇（除诺丁汉和纽卡斯尔外）都有了某种形式的夜间路灯照明。

18 世纪下半叶的城镇改造更多地是与各种改善委员会联系在一起的。从 18 世纪 60 年代开始，每 10 年中新增城镇改善委员会数量都在 30 个以上，大大超过了 18 世纪上半叶。到 1800 年，英格兰和威尔士有 160 多个这类委员会。②

从历史上看，这些委员会的权限和职能因时因地而异，而且往往只是某一专门领域的委员会，如下水道委员会、路政委员会和警务委员会等，但它们都是经由议会法令授权的，因而有相当大的权威。它们的职责范围涉及铺路、照明（路灯）、清洁和守更等等，18 世纪 60 年代涉及面更广。

从其资金来源看，起初主要是依靠税收，像地方特别税、过桥费、市场税等，18 世纪 60 年代后更倾向于用贷款方式筹措建设资金。由于拥有权威、掌握雄厚的资金，所以它们能采取灵活机智的方法，取得骄人的成绩。1730 年，南安普敦改善委员会除一般性权力外，还有权拓宽街道、拆除东

---

① Peter Borsay, ed., *The Eighteenth-century Town: A Reader in English Urban History*, 1688 - 1820, p.134.
② Peter Borsay, ed., *The Eighteenth-century Town: A Reader in English Urban History*, 1688 - 1820, p.139.

城门,并监督街道两旁的建筑,查禁违法建筑物。1769 年,盖恩斯伯勒改善委员会可拓宽街道,必要时有权拆除两旁的房屋和商店。① 伦敦早在 1762 年就成立了"威斯敏斯特路政委员会"。它凭借手中的特权——举借贷款和开征特别税,得以修筑起用从阿伯丁进口的美丽的花岗石铺成的街道。到 18 世纪 70 年代,该委员会总共支出了 40 万英镑,大大改善了街道环境,美化了人行道。

城镇改造改变了英国城镇的外观。美观大方的砖石建筑逐渐取代了木板建筑,城镇基础设施的建设、市容市貌的美化使各城镇开始走出灰暗、狭小的中世纪,迎来近代都市的曙光。不过,值得深思的是,18 世纪的城镇改造大多集中在古老的城镇,集中在英格兰东南部,而原工业城镇往往处于自发生长状态。

为什么这些古老的城镇得到初步改造? 因为从某种意义上说,这些地方是精英阶层活动的"地盘",而原工业城镇是"下里巴人"和"打工仔"谋生的场所。到汉诺威王朝初期,许多郡镇充当了有产精英繁忙的社交舞台,季审法庭、巡回法庭提供了举行数天的盛大的政治和社交聚会的机遇,有舞会、音乐会、赛事等。音乐盛会是另一项城镇盛事。18 世纪 10 年代创办的三大合唱团音乐节(Three Choirs Festival)在格洛斯特、伍斯特和赫里福德这几个郡镇中心轮流举办。② 有人将这种情形定义为"城镇复兴"。③

18 世纪城镇有着比较活跃的社交生活,已经拥有了咖啡馆、音乐厅、戏院等设施。而且,也拥有了自己的社交季,为乡村上流阶级服务。有些地主为此在镇上租赁或借用房子,也有越来越多的乡绅在城镇或大城市拥有住宅,只在夏季才去温泉城镇或乡下。18 世纪晚期,在什鲁斯伯里的大

---

① Peter Borsay, ed., *The Eighteenth-century Town: A Reader in English Urban History*, 1688 - 1820, p.141.
② Peter Clark, ed., *Country Towns in Pre-industrial England*, p.21.
③ Peter Borsay, *The English Urban Renaissance: Culture and Society in the Provincial Town*, 1660 - 1770, 1989.

约 15 000 人中,仅城镇绅士及其仆从就多达 600 人。①

城镇改造使一些市场城镇的基础设施得到改善,提升了服务功能,增加了城镇的吸引力,扩大了腹地范围,从而使人口快速增长。15 世纪,斯特拉特福德的居民来自周围 25 英里范围内的 300 个村庄,还有超出这个范围的 100 个地方。在 1406—1416 年的 10 年间,外来居民在行会成员登记簿里占 30%,从 1436 年到 15 世纪末上升到 60%—70%。②

原工业的发展,使英国城镇出现了兴衰变化。从 1334 年到 1524 年,城镇财富排名有了较大变化(见表 2-4)。除了伦敦、纽卡斯尔、布里斯托尔变化不大外,约克从第 3 名变成第 11 名,雅茅斯从第 7 名变成第 20 名,诺威奇从原来的第 6 名提升到第 2 名,考文垂从第 10 名变成第 5 名,埃克塞特从第 28 名一举提升到第 6 名。

表 2-4 1334—1524 年英国城镇财富排名变动③

城市	1334 年	1524 年	城市	1334 年	1524 年
伦敦	1	1	约克	3	11
诺威奇	6	2	雷丁	40	12
布里斯托尔	2	3	科尔切斯特	53	13
纽卡斯尔	4	4	圣埃德蒙兹伯里	26	14
考文垂	10	5	拉文纳姆	—	15
埃克塞特	28	6	伍斯特	36	16
索尔兹伯里	12	7	梅德斯通	—	17
林恩	11	8	托特尼斯	—	18
伊普斯威奇	19	9	格洛斯特	18	19
坎特伯雷	15	10	雅茅斯	7	20

---

① Peter Clark, ed., *Country Towns in Pre-industrial England*, p.22.
② R. H. Hilton, *The English Peasantry in the Later Middle Ages: the Ford Lectures for 1973 and Related Studies*, Oxford: Clarendon Press, 1975, p.94.
③ D. M. Palliser, ed., *The Cambridge Urban History of Britain*, Vol.1: 600-1540, p.329.

1600年到1750年英国城镇兴衰(见表2-5)进一步表明了原工业城镇的强大影响力,预示了工业化时代城镇体系发展的方向。1600年,排名前五的城镇几乎都是首府和郡城,依次为伦敦、诺威奇、约克、布里斯托尔和纽卡斯尔。到1750年,约克跌出前10名,而伯明翰、利物浦、曼彻斯特等原工业化城镇排名迅速上升,分别排到了第5、6、7名。

表2-5 1600—1750年英国城镇等级体系①

(单位:人)

排名	1600年	人口	1700年	人口	1750年	人口
1	伦敦	200 000	伦敦	575 000	伦敦	675 000
2	诺威奇	15 000	诺威奇	30 000	布里斯托尔	50 000
3	约克	12 000	布里斯托尔	21 000	诺威奇	36 000
4	布里斯托尔	12 000	纽卡斯尔	16 000	纽卡斯尔	29 000
5	纽卡斯尔	10 000	埃克塞特	14 000	伯明翰	24 000
6	埃克塞特	9 000	约克	12 000	利物浦	22 000
7	普利茅斯	8 000	大雅茅斯	10 000	曼彻斯特	18 000
8	索尔兹伯里	6 000	伯明翰	8 000—9 000	利兹	16 000
9	金斯林恩	6 000	切斯特	8 000—9 000	埃克塞特	16 000
10	格洛斯特	6 000	科尔切斯特	8 000—9 000	普利茅斯	15 000

到1801年,原来的郡城里只有布里斯托尔、纽卡斯尔、诺威奇进入前10名,分别排在第5、9、10名。曼彻斯特、利物浦、伯明翰进一步提升到第2、3、4名,另一批原工业城镇利兹、谢菲尔德、普利茅斯也上升到第6、7、8名。②

总之,原工业化时期的城镇发展初步奠定了英国城镇体系演变的雏形。在这个雏形体系初期,英格兰城镇大致可以分成三个层级:第一个层

---

① E. A. Wrigley, *Energy and the English Industrial Revolution*, Cambridge: Cambridge University Press, 2010, p.62.
② E. A. Wrigley, "British Population during the 'Long' Eighteenth century, 1680-1840", p.90.

级是几个比较大的地区中心,除了伦敦外,还有英格兰东部的诺威奇、西部的布里斯托尔、西南的埃克塞特、中部的考文垂和北部的约克等。第二个层级是数量有限的郡城、区域次中心城镇和部分港口城市一类,即所谓"大而好的城镇"①。第三个层级是小城镇,这类城镇数量大、规模小、分布广,大多以市场城镇的形式存在,"人口有时低至600人"②。当然,这种三层等级的实用主义做法,由于人口数据不足,也是存疑的。③ 到原工业后期,原工业城镇和港口城镇的地位逐渐上升,行将彻底改变英国的城镇体系,建构现代城镇体系。

在第一个层级的城市中,16世纪和17世纪初,作为区域中心和地方首府的郡城发展相对较好。首都伦敦人口保持了持续的增长,从1500年的5万人左右逐渐增长到1550年的7万人,接着进入了迅速发展阶段,到1600年已达20万人,50年后到40万人,1700年达到57.5万人。④ "对于伦敦城的发展而言,羊毛的贡献厥功至伟。大批量的新型毛料从首都(伦敦)输往外地,到17世纪60年代,各类布料(含毛料)的出口额占伦敦城全部出口和复出口贸易总额的74%,布料贸易有力拉动了伦敦城市规模的扩张。到了18世纪初期,伦敦城大约有1/4的劳动力受雇于与贸易相关的运输业、港口物流业及其他辅助行业。"⑤"如果说17世纪伦敦城的发展依靠的是充当了新型毛料供货地这样一种有利条件,那么到了18世纪,推动伦敦城持续发展的新动力则来源于贸易活动,特别是英国对美洲、非洲和亚洲的贸易规模不断扩大产生了极为明显的刺激效应。"⑥

---

① Peter Clark ed., *The Cambridge Urban History of Britain*, Vol.2: 1540–1840, p.347.
② [英]彼得·克拉克、保罗·斯莱克:《过渡期的英国城市:1500—1700年》,第17页。
③ R. B. Dobson, "Urban Decline in Late Medieval England", *Transactions of the Royal Historical Society*, Vol.27 (1977), p.2.
④ Roger Finlay, *Population and Metropolis: The Demography of London, 1580–1650*, Cambridge: Cambridge University Press, 1981, p.51.
⑤ [英]罗伯特·艾伦:《近代英国工业革命揭秘:放眼全球的深度透视》,第166页。
⑥ [英]罗伯特·艾伦:《近代英国工业革命揭秘:放眼全球的深度透视》,第168页。

有些衰落的城镇靠原工业获得了一定程度的发展。诺威奇属于不断抗争、成功应战的例证。诺威奇精纺羊毛衰落后,在掌握新呢布技术的荷兰新教徒手里复兴了。从1565年起,诺威奇的低地国家难民引进新呢绒制造,使诺威奇很快地恢复了旧有的富裕和繁荣,到1670年其人口已经是1525年的2倍,超过2万人,从而保持了它在地方城市中的领头地位。①到17世纪和18世纪早期,诺威奇以精纺呢著称于世,也是英格兰最大、最富裕、最美观的城市之一。这种繁荣一直持续到大约18世纪60年代。科尔切斯特的繁荣同样受益于佛兰德移民建立的吊窗制造。另外,尽管坎特伯雷的瓦隆人建立的新呢布生产没有能保持活力,但随后开发的丝织业相对有利可图。伍斯特的呢绒商专门生产高端绒面呢。在17世纪中叶到18世纪初,诺威奇和纽卡斯尔人口分别增长了60%和100%。有些郡城如莱斯特和诺丁汉发展出新的特色行业,因此人口有了相当大的增长。②

纽卡斯尔的经济因外地煤炭需求而繁荣,布里斯托尔开拓了利润丰厚的地中海和大西洋贸易,埃克塞特通过对法贸易获利,诺威奇和约克扩展了集散功能,充当高端的伦敦商品和进口器具的区域性市场。约克也成为一个行政管理和司法中心。虽然在中世纪晚期和斯图亚特王朝早期,纽卡斯尔、约克、诺威奇均遭遇了经济动荡,但从16世纪中叶起,它们全都获得一定程度的恢复。③

原工业的发展除了直接促进工业城镇的崛起外,还促进了港口城镇的繁荣。港口城镇可以说是一类特别的城镇,直接为出口原工业制造的产品服务。港口较早为国家所垄断,一项1558年的英格兰法律把贸易限制在特别的地点和指定的港口。④ 这些港口大多位于英格兰的东部和南部,而

---

① Alan Dyer, *Decline and Growth in English Towns*, 1400-1640, Basingstoke: Macmillan, 1991, p.55.
② Peter Clark, ed., *Country Towns in Pre-industrial England*, pp.5,16.
③ Peter Clark, ed., *Country Towns in Pre-industrial England*, p.11.
④ Peter Clark ed., *The Cambridge Urban History of Britain*, Vol.2: 1540-1840, p.705.

其他区域的港口直到18、19世纪才开始发挥作用。

赫尔在经历16世纪初的困难后,经济稳步增长,进口粮食、木材和海军设施,向波罗的海出口西赖丁的纺织品。随着特伦托河、卡尔德河和亚尔河通航,1700年以后赫尔把内陆贸易触角伸到工业化的米德兰,经济飞速发展,人口从18世纪初的6 000人左右,增长到18世纪70年代的13000—14 000人。

再向南,雅茅斯在经历了前一阶段的发展后趋于稳定。随着对法贸易的衰落,渔业和港口贸易的衰落,它从远程贸易转向沿海贸易(尤其是煤炭贸易)和粮食出口贸易。① 从16世纪60年代起,雅茅斯通过与伊比利亚、法国和波罗的海的贸易而繁荣起来,成为西欧最大的鱼市场。另外,金斯林通过沿海煤炭与粮食运输而获利,朴次茅斯和普利茅斯由于军事订货,从斯图亚特王朝晚期起扩展成为相当大的城市。朴次茅斯和波特西的人口到18世纪40年代有10 000人左右,而普利茅斯则达到了14 000人。迪尔也一样受益。②

西海岸的布里斯托尔受益于殖民地贸易。主要是进行西印度群岛和非洲的烟草、蔗糖与奴隶贸易,以及英国本土西海岸的沿海与内河贸易,甚至直达西米德兰的工业城市的贸易。布里斯托尔商人出口到非洲和西印度群岛的许多商品,来源于内陆腹地的小城镇。如来自图克斯伯里的针织品和格洛斯特的大头针。在汉诺威王朝时期,新老城镇的贸易都日益以出口为导向。③ 布里斯托尔居民数从17世纪70年代的20 000多人,增长到18世纪30年代的45 000多人。④

利物浦作为兴旺的兰开夏纺织品工业和柴郡盐业的主要出海口,迅速

---

① Peter Clark, ed., *Country Towns in Pre-industrial England*, p.28.
② Peter Clark, ed., *Country Towns in Pre-industrial England*, p.28.
③ Peter Clark, ed., *Country Towns in Pre-industrial England*, p.17.
④ Peter Clark, ed., *Country Towns in Pre-industrial England*, p.16.

超过了老牌对手切斯特。在 13 世纪,利物浦是一个获得特许权的市场城镇。1565 年,利物浦仅有 138 户人家,16 世纪末也才增至 200 户人家,但 1700 年利物浦已达 5 000—7 000 人,1720 年达到 10 000 人,1750 年达到 30 000 人。① 到 1773 年,利物浦人口已经超过了 34 000 人。再向北去,怀特黑文和兰开斯特也多少从大西洋贸易中获利。汉诺威王朝时期是英国西海岸港口城市的黄金时代,只有切斯特是例外,但其也发展成为一个物流中心,作为传统的大教堂城市吸引了乡绅阶层的光顾。②

有些城镇因发展服务与休闲业获得新生。沃里克以服务业取胜。在中世纪和近代早期,沃里克是一个重要的市场,是沃里克郡的政治中心,即郡城。原工业化时期,沃里克与西米德兰比肩,到中世纪晚期,它逐渐衰落,但直到 16 世纪,仍然是该郡的重要政治和社交中心。直到 1660 年斯图亚特王朝复辟后,它成为绅士阶层的服务业中心,经济才再次繁荣起来。③

还有的城镇靠海滨或温泉休闲成长起来。斯卡伯勒本来在 17 世纪初已经衰落,但在复辟后获得了温泉城市的声誉,从 18 世纪中叶起,它发展成为新兴海滨浴场。韦茅斯和南安普敦也同样复兴成为海滨休闲城镇。④ 巴斯成为专门的休闲城镇,它不再强调本地区的物流和工业功能,而是以罗马浴室遗产为卖点,在舆论宣传与交通改善以后,成为全英国的主要温泉城镇。1700 年以前,巴斯只有 2 000 来人,在 1750 年居民有 6 000—8 000 人。⑤ 到 1801 年,达到了 33 000 人,⑥一个世纪的时间里增长了近 16 倍。还有其他的内陆温泉城镇和滨海城镇也是如此。如 17、18 世纪的埃普瑟姆、坦布里奇韦尔斯、斯卡伯勒。18 世纪三四十年代,滨海城镇兴

---

① 张卫良:《英国社会的商业化历史进程(1500—1750)》,北京:人民出版社,2004 年,第 162—163 页。
② Peter Clark, ed., *Country Towns in Pre-industrial England*, p.29.
③ Peter Clark, ed., *Country Towns in Pre-industrial England*, p.48.
④ Peter Clark, ed., *Country Towns in Pre-industrial England*, p.28.
⑤ Peter Clark, *European Cities and Towns: 400 - 2000*, pp.121 - 122.
⑥ Peter Clark, ed., *Country Towns in Pre-industrial England*, pp.27 - 28.

旺发达,像布莱顿、马尔盖特、斯卡伯勒和韦茅斯这样的沿海城镇迎来大量的游客,城镇也声名鹊起。有些城镇如巴斯一样发展休闲城镇特色。在格洛斯特郡,1700年仍然落后的切尔滕纳姆,到18世纪70年代成为一流的温泉城镇。在肯特郡,普普通通的小镇汤布里奇为坦布里奇韦尔斯的发展提供了一块跳板。南安普敦在18世纪初极为萧条,但在汉诺威王朝晚期成为海滨休闲城镇。内陆城镇如林肯,虽然从来没有获得时尚城镇的名声,但农业的扩展也给它带来了发展的机遇。①

有许多市场城镇得到了发展的机遇。"大多数活跃的市场城镇保持着相似的规模,每个市场城镇有200—300户居民,总的说在1 000人到1 500人之间。几乎在每个郡都能发现半打这样的城镇。"②其中,具有专门性或特色的市场城镇有着发扬光大的潜力。

繁荣的市场城镇一般是获得了某种重要专门性。到内战时,城镇的专业市场特色已经形成,并在随后的几十年中进一步强化。那些只有一个普通市场的小镇受到多方压力,如来自其他城镇的更专门化市场的压力,在大村庄兴起的综合商店的压力,还有走街串巷货郎的压力。只有专门的牲畜市场变化不大,牛津郡的沃特林顿的小牛市场、斯坦福郡的朋克里治的优质马匹闻名遐迩。③

例如,在莱斯特郡的七个城镇中,莱斯特最大,环绕莱斯特的是拉夫堡、梅尔顿莫布雷、马基特哈勃勒、卢特沃斯、欣克利和阿什比这六个小城镇,每个都控制了一定的腹地资源,此外还有一些乡村市场。克里斯托弗·戴尔根据一些市政和庄园法庭的档案记录,曾对位于西米德兰的沃里克郡和伍斯特郡五个毗邻城镇进行了比较深入的研究,即德罗伊特威奇、珀肖尔、奥尔斯特、埃文河畔斯特拉特福德和斯陶尔河畔希普斯顿。他同

---

① Peter Clark, ed., *Country Towns in Pre-industrial England*, pp.29-30.
② W. G. Hoskins, "English Provincial Towns in the Early Sixteenth Century", p.94.
③ Peter Clark, ed., *Country Towns in Pre-industrial England*, p.29.

时比较了汉普郡的安多弗、约克郡东赖丁的赫登、沃里克郡北部的阿瑟斯通和纽尼顿、牛津郡的泰晤士河畔亨利和萨福克郡的纽马基特。这些市场城镇的人口数据在1280—1520年间是不确切的,有时候有很大的变化。在市场城镇最末端的是奥尔斯特、纽马基特和希普斯顿,每个城镇居民大概有300—500人。中间的,纽尼顿和珀肖尔约1 000人,德罗伊特威奇和斯特拉特福德近2 000人。在市场城镇的最顶端,14世纪早期格洛斯特居民或许超过5 000人,格里姆斯比2 000多人,埃克塞特从1377年的3 000人左右增长到1520年的约7 000人。①

当然,即使是原工业化初期发展起来的工业村庄和城镇,也不一定意味着会永远发展。原工业区城镇间的相互竞争,也可能书写不同的成败故事。事实上,在伊丽莎白和斯图亚特王朝早期,格洛斯特和索尔兹伯里大为收缩,它们的呢绒业分别输给了斯特劳德村的织工和威尔特郡的混纺织业。不仅乡村工业的竞争可能导致某些城镇的衰落,海外贸易和消费者偏好的变化也会对其有一定影响。例如,在帽子的款式方面,16世纪初,在布里斯托尔、利奇菲尔德、格洛斯特和考文垂一带流行无帽檐男帽,但后来伦敦的有帽檐多变帽子款式占了上风。②

东盎格利亚和英格兰南部的市场城镇则一直在竞争。16世纪期间,大多数城镇有着类似的行当与职业。如东盎格利亚,约40%的小镇最多只有25个独立职业,而且大多数是基础性的,没有专业特性。即使在郡城,集市上也只能供应有限的专门商品。一般而言,直到17世纪,郡城才拥有了一些永久的零售商店。同时,市场上的专门化商品骤然增多。③

在原工业化阶段,随着制造业从原来的城镇转移到广阔的乡村和山区,带来了一些老城镇的挣扎与衰落,其中市场城镇的萎缩最为严重。有

---

① Christopher Dyer,"Market Towns and the Countryside in Late Medieval England", pp.21-22.
② Peter Clark, ed., *Country Towns in Pre-industrial England*, p.5.
③ Peter Clark, ed., *Country Towns in Pre-industrial England*, p.7.

些市场城镇无法适应新形势而快速衰落。例如,英国东米德兰和东北地区的市场城镇索尔兹伯里、什鲁斯伯里和圣埃德蒙兹伯里等是传统的羊毛出口重镇,但由于羊毛出口量锐降,呢绒出口量上升,原有的市场功能萎缩,城镇趋于衰落。有学者对英国 21 个郡的研究显示,到 1349 年有 1 003 处拥有一个市场或(非常普遍地)拥有一个皇家特许状(举办市场权),但到 16 世纪其中只有约 372 处仍然保留着市场,仅占总数的 37%。① 即使在乡村原工业发达的郡,也有相当数量的城镇衰落。比如诺福克中世纪一度拥有 130 个市场城镇,但在 16 世纪只剩下 31 个;格洛斯特郡原来至少有 53 个市场城镇,后来减少到 34 个左右;兰开夏特许状授给 85 个以上的市场和集市,然而到 1640 年却不到 30 个。② 这种状况在一些区域延续至 18 世纪。1700 年,德文郡从原来的 45 个市场城镇减少到 27 个,到 1720 年降到了 20 个。同时期,萨默塞特郡的市场城镇消失了 9 个,格洛斯特郡的市场城镇降到 8 个。③ 这样,说中世纪晚期英国城镇面临"危机"似乎不无道理。

在英格兰东部,斯坦福、圣伊夫斯和波士顿等城镇因低地国家大量商人涌入集市购买英国羊毛而走向繁荣,但又随着羊毛贸易的萎缩而衰落。进入 16 世纪以后,东盎格利亚地区的市场城镇也经历了相似的情形,由于呢绒交易的下降,在 18 世纪以后开始衰败。在约克郡西赖丁区域,虽然利兹在 1580 年以后因呢绒市场的繁荣而快速崛起,韦克菲尔德却因为失去专业市场的发展机会而走向衰落。④

---

① R. H. Britnell, "The Proliferation of Markets in England, 1200 – 1349", *Economic History Review*, 34 (1981), pp.209 – 221.
② Allan Everitt, "The Marketing of Agricultural Produce", in Joan Thirsk, ed., *The Agrarian History of England and Wales*, IV, p.469.
③ J. A. Chartres, "Road Carrying in England in the Seventeenth Century: Myth and Reality", *Economic History Review*, Vol.30(1977), p.48.
④ W. G. Rimmer, "The Evolution of Leeds", in Peter Clark ed., *The Early Modern Town*, pp.273 – 291.

更多的郡城,尤其是南部和东部的郡城,在 15 世纪末 16 世纪初遭遇了严重的经济困难。最典型的是考文垂,到 16 世纪初,人口下降了约一半,城镇半数荒芜。另外,坎特伯雷、布里奇沃特、里彭、桑威治、圣埃德蒙兹伯里也受到了很大影响。①

在汉普郡,许多城镇因呢绒业在 15 世纪和 16 世纪期间逐渐衰落而衰落。16 世纪晚期,此地的呢绒业陷入困境。1581 年的一份材料清楚地表明呢绒业从业人口的减少,"仅有 9% 的居民从事呢绒制造"②。呢绒销量也一样,温切斯特所生产的大部分呢绒产品主要销往国外。如 1565 年生产的呢绒 75% 以上出口到安特卫普,然后转运到意大利和利凡特等。随着安特卫普市场的衰落以及海外消费者的偏好变化,17 世纪早期温切斯特出口的粗呢数量急速下降,到 17 世纪晚期呢绒的出口量几乎为零。"1619 年,从伦敦和南安普敦用船运出口的粗呢,仅有 6 854 匹产自汉普郡。到 17 世纪更晚期,产自南部的粗呢已经消失。"③

内陆二流城镇中,斯塔福德在 17 世纪晚期严重衰落,它没能找到适合自身的角色定位,既没有与附近的利奇菲尔德竞争时尚社交中心的功能,又不能与新兴工业城镇伯明翰、伍尔弗汉普顿、沃尔萨尔竞争成为专业化制造业城镇。在一个有 2—3 个中等城镇的郡里,复辟后的一段时期往往是一个城镇超越其他城镇兴起的时候。因此,在肯特郡的坎特伯雷与梅德斯通之间的长期竞争中,后者取胜,即使坎特伯雷有大教堂的优势,也不能阻止乡绅们前往梅德斯通的脚步。

一般的郡城和市场城镇则很少发展或没有发展,如温切斯特、索尔兹伯里、格洛斯特等。有些城镇则人口减少了,如雅茅斯、斯塔福德和牛

---

① Peter Clark, ed., *Country Towns in Pre-industrial England*, p.12.
② Adrienne Rosen, "Winchester in Transition 1580 – 1700", in Peter Clark ed, *Country Towns in Pre-industrial England*, p.148.
③ Adrienne Rosen, "Winchester in Transition 1580 – 1700", p.149.

津。① 牛津曾是 13 世纪纺织业的重要中心，但在中世纪后期停滞不前，15世纪以后城镇纺织业衰落。也就是说，西赖丁地区乡村毛纺织业的发展，伴随着约克郡东区的约克、贝弗利等老城镇的衰落。英格兰三个最为重要的外省城镇——约克、布里斯托尔和诺威奇相继都经历了衰落，这绝不是什么偶然。② 大约从 15 世纪起，乡村纺织业的竞争导致约克、坎特伯雷、温切斯特衰落。③ 但约克城在 1660 年又重新成为第三大城市和北方王庭的所在地。

对港口城镇来说，16 世纪和 17 世纪早期则是多事之秋。在这个阶段，伦敦占了对外贸易的大部分，对外省港口城镇产生巨大影响。16 世纪中叶起，对外贸易日益多样化，促进了其他一些港口的兴起，如赫尔、布里斯托尔、埃克塞特、雅茅斯、切斯特等，但它们也在 16 世纪 90 年代至 17 世纪 20 年代期间经历了衰退。赖伊、南安普敦、奇切斯特、托特尼斯、莱姆因来自伦敦和其他港口的激烈竞争，港口设施跟不上时代，停滞不前。④ 桑威治、波士顿、敦威治、奥福德、巴恩斯特普尔、格里姆斯比也严重衰退。伊普斯威奇原来是东海岸煤炭贸易中转站，是萨福克-埃塞克斯边界纺织品出口波罗的海的重要港口，用于扩展与伦敦的沿海贸易，特别是萨福克的奶制品贸易。然而，从 17 世纪 20 年代起，其贸易受到了三十年战争和内地纺织业衰落的严重影响。

当然，衰落是更为普遍的现象。大多数城镇挣扎着生存，只能发展二流行业，包括制革业和其他皮革行业、金属器皿业等。⑤

总之，原工业化时期的英国城镇发展，突破了英国的传统城镇布局，向中部和西北部移动，初步奠定了日后工业化和工业区的基础。而且，原工

---

① Peter Clark, ed., *Country Towns in Pre-industrial England*, p.16.
② R. B. Dobson, "Urban Decline in Late Medieval England", p.21.
③ Peter Clark, ed., *Country Towns in Pre-industrial England*, p.4.
④ Peter Clark, ed., *Country Towns in Pre-industrial England*, pp.8, 28.
⑤ Peter Clark, ed., *Country Towns in Pre-industrial England*, p.5.

业城镇的崛起，为更多人提供了有别于土地的谋生渠道，这也在一定程度上预示了英格兰工业的发展走向。原工业城镇的出现，突破了乡村里习惯的"家庭副业"的局限，一种专业的职业和专门的经济类型逐渐发展起来，这也有助于英格兰率先在工业领域进行创新。

第三章

工业化时期的英国城镇(一)

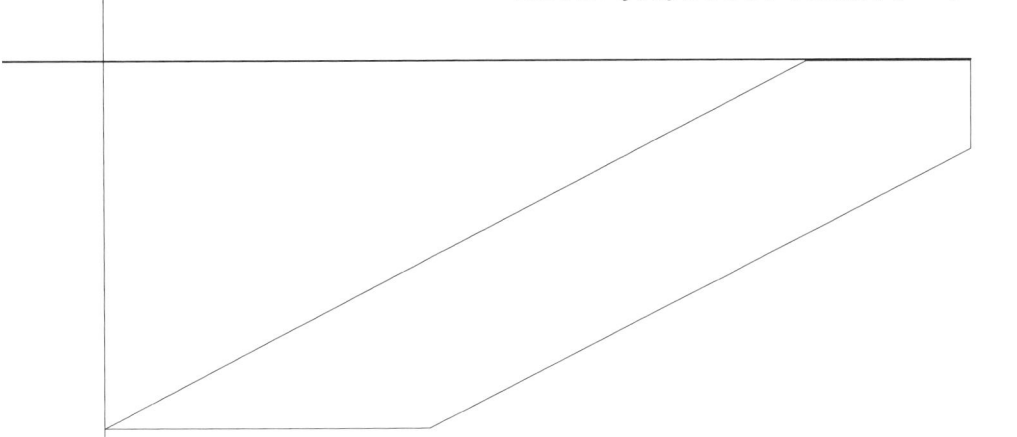

英国近代的城镇化是工业化推动下的自发进程。从圈地运动开始的土地大规模经营,逐渐消灭了传统一家一户的小生产经营方式,率先在乡村实践着大生产。农民失去了赖以生存的小块田地后,被迫充当他人的雇工,成为乡村无产者;更有许多人无以为生,到处流浪,由此产生了一批相当规模的流动人口。乡村纺织业等原工业的发展以及随后的工业革命,建立起新型的工厂制度,为四处流浪的人群提供了生存的机会。这样,以工厂制为核心,以千百万工人的工作和生活为需求,形成了新型的生活中心——工业城镇,并带动了一批新型城镇的诞生,促进了老城镇的新发展。

英国城镇化的进程是逐渐推进的。据估计,在18世纪早期只有约20%—25%的人集中在城镇,到1801年,亦即英国第一次人口普查时,确认全国有33%的城镇人口。[1] 英国城镇化的转折点和质变发生在1851年,该年的人口普查结果显示有一半以上的人居住在城镇里,英国成为世界上第一个城镇化国家,并逐渐形成近代城市体系。英国建立的现代城市文明社会,成为全世界模仿学习的样板。

---

[1] P. J. Waller, *Town, City, and Nation: England, 1850 - 1914*, Oxford and New York: Oxford University Press, 1983, p.1.

一、城乡社会新变动

英国近代城镇化,源于乡村经济的变动。英国乡村的圈地虽然萌芽于12世纪,但直到15世纪晚期才成为比较常见的现象,到17世纪末成为政府认可并加以推动的土地变动方式。这种在乡村表现出来的对土地的圈围,对土地的重新经营,对土地价值的新的看法,对农牧业的日益重视,构成了英国城镇化的隐约而遥远的前奏曲。

圈地运动经历了从非法到合法的过程,表明了经济领域变动的时代特征。托马斯·莫尔(Thomas More)在《乌托邦》里揭露了圈地运动的"羊吃人"的本性,使圈地运动的残酷性广为人知,并成为怀念旧式英国贵族生活方式者以及同情失地农民者痛恨这场运动的最好佐证。

在这场史无前例的农业生产的大变革中,无以计数的农民失去了家园,丧失了自己的独立地位,成为依附于他人的农业雇佣劳动者,更有许多人成了流浪者。英国传统社会"快乐的英格兰"消逝,社会结构出现了新的变化和振荡,处于一种无序状态,长期相对稳定的英国乡村社会变得动荡不安。

然而,我们也应该看到,圈地本身并非完全驱赶农民离开故土。圈地实际上包含两个层面:一是指圈围公用地,即圈占永久性的公共牧场、沼泽、荒地、山地等;二是指直接圈围农民的耕地,驱赶农民。所以,我们除了看到圈地的残酷性的一面外,还更应该注意到它的另一面,即圈围荒地,排干沼泽,从而扩大耕地面积,提高土地利用率。

由于圈地极大地冲击了传统的生产和生活方式,打破了英国农村相对稳定的经营方式,引起了朝野上下尤其是基层百姓的抱怨。因此,英国统治阶级在相当长的时间里对之持反对态度,一再颁布圈地禁令。然而,圈地带来的明显的利润,与欧洲市场的密切联系,使牧羊业异常有利可图,因此规模经营成为必然的选择。这样到17世纪下半叶,即英国革命后,圈地终于从非法行为变成合法的事业。由此,圈地运动进入了"议会圈地"时期,圈地在全国范围内以更大的规模进行。从1760年到1801年,议会通过的圈地法令达1 300个,1802年到1820年所通过的圈地法令接近1 000个。①

至此,英国圈地运动进入了最后阶段,最终大生产取代了传统的小农生产,资本主义的规模经营战胜了小块耕作,把古老英国以小生产者、自由持有农和自耕农为特征的乡村社会改变成为一个新型的农业社会,一个以资本主义生产方式经营的社会。

农业的大规模经营以及其他一些领域的变革,使农业的单位面积总产量大幅度提高。以小麦为例,1650年每英亩产量11蒲式耳②,1800年约19.5蒲式耳,19世纪50年代为34.8蒲式耳。1650—1800年的150年间,每英亩产量提高了77%。1800—1850年的半个世纪又提高了79%。③ 农业生产率也有很大的增长,1790—1815年间年增长率约为0.2%,1816—1846年约为0.3%,1847—1870年达到0.5%左右。④ 由此可见,农业的规模经营使英国的农业得到了很大的发展,有利于农业的机械化。而且,牧

---

① [英]阿萨·勃里格斯:《英国社会史》,陈叔平等译,北京:中国人民大学出版社,1991年,第211页。
② 蒲式耳(bushel),英、美制中计量干散颗粒的容量单位,1英蒲式耳=36.37升。
③ M. Turner, "Agricultural Productivity in England in the Eighteenth Century: Evidence from Crop Yields", *Economic History Review*, Vol.35, No.4 (1982), p.504.
④ R. Floud and D. McCloskey, eds., *The Economic History of Britain Since 1700*, Vol.1, Cambridge: Cambridge University Press, 1981, pp.70-71.

业的大发展比较适合英国的自然地理和气候条件,使英国的农业种植和畜牧业共同发展,相互促进,更能适应市场的波动,增强了农业的生存和发展能力。

阿瑟·杨认为,圈地既"改变了国家又改变了人"。事实的确如此,土地的大规模圈围,尤其是圈围农民的耕地,改变了国家的传统面貌。大片的树林和荒地消失了,树篱、石墙、栅栏和道路构建了新的英国乡村景观。不仅如此,它还根本改变了传统的农业生产方式,造就了大批的农场主,即以资本主义方式经营的农业资本家。

在15、16世纪,还没有一个成熟的能吸纳剩余劳动力的市场,乡村原工业显然只是小规模的家庭"作坊",吸纳不了这么多剩余劳动力。圈地使大量的农民沦为无业游民,再加上15世纪人口自然增长率的加速,更加剧了乡村劳动力的"过剩"。他们除了成为大牧场的雇佣工人,除了加入呢绒工业,更多的人只能沦为流浪者、乞丐乃至于盗匪。不过有证据显示,在16世纪初,农业地区的人口也有很大的增长,有些圈地实际上增加了对劳动力的需求量。例如,当圈地之后,需要劳动力来修筑篱笆和栅栏,开沟排水。尽管如此,大量流民的存在也是不容置疑的事实。据说伊丽莎白女王在巡视英格兰后,说过到处都是待救济的贫民。

由此,英国社会对人口流动从"禁"转变到"弛"。英国的生产生活方式已经出现了很大的变动,而社会结构仍是传统的。统治阶级希图以旧式的上层建筑来遏制新型的生产和生活方式,因此颁布了一系列旨在限制人口流动的"血腥立法",严禁流浪。凡能够工作而没有工作者一律处以严刑,乃至于处死。目的在于限制人口大范围的流动,防止流浪和失业危及政权稳定,维护现存的社会秩序,维持社会的基本稳定。

在处理早期流动人口方面,堂区是一支十分重要的力量。各堂区为求自保,不增加本堂区的济贫负担,往往在政府的协助下,将外来人口遣返原籍,尽力维持着旧的社会框架。它通过各地的修道院及城市中的慈善组织,给穷人提供衣物和食品。当然,亨利八世宗教改革之后,各地地方政府也开始提供社会救济,并开始征收济贫税。1531年的一项法令区分了流浪者与患病、失业的穷人,只允许后者在各自所在的堂区乞食。1552年的一项法令责令各堂区对当地穷人进行登记,并根据本堂区的财力、物力履行职责。到伊丽莎白统治末年的1601年,相关法令汇总成我们通常所说的"济贫法"。这些法令规定,堂区是实施济贫法的基本单位。法令对流浪的穷人区别对待,老弱病残可接受教会救济,孤儿进习艺所学手艺,流浪汉进教养所,授权治安推事征收济贫税,为有劳动能力的人安排就业和支付工资。① 由此可见,政府把那些流浪者视为极大的负担,因此各堂区有责任和义务把不属于本堂区的所谓"流浪者"驱赶出去,不得救济。1662年的《定居法》规定,当一个贫民迁移到其他堂区时,若该堂区认为他会增加其济贫税负担的话,就必须在40天内将他遣返原籍。

同时我们也看到,上述一系列禁止移民迁移的法令,并没有绝对化,它还为正常的人口流动留下了一扇窗口。它并不禁止一切有正当职业、能自由生存的人的流动,也不限制季节性的短暂流动。这样,在英国始终存在着一支流动人口队伍,相对流动的人口造就了英国这个既稳定又不僵化的社会组织。这也就是为什么在英国的"血腥立法"之下,尚能形成向附近的呢绒工业中心和城镇移民的原因。这种迁移以短距离为主,基本上围绕着最近的手工业中心和城镇进行。当然,这些法令毕竟从法律上限制了人口的远距离长期流动。

早期的有关限制人口流动的法令,语气干脆强硬。政府认为城乡各地的穷人人数增多,威胁着现存社会秩序,并没有认识到这是社会经济变动的必然趋势,没有认识到圈地只是人口流动的因,而人口流动不过是圈地的果,是圈地运动的副产品。政府既然无力阻止圈地,无法拔根塞源,而一

---

① [英]阿萨·勃里格斯:《英国社会史》,第132页。

味地"堵塞",用立法形式来硬性规定,其结果只能是加重人民的苦难。流浪无产者成为这场经济变动的牺牲品。

正如反圈地法令只是一纸空文一样,"血腥立法"也终究难行其道。既然人口过剩是必然的历史现象,那么人口流动是无法阻止的。随着农业中资本主义经营方式的盛行,随着乡村呢绒工业的兴起和发展以及城市对外贸易往来的增多,形成了对劳动力的新的需求,人口的迁移、人口的流动势在必行,而且必将大行其道。资本主义的生产方式呼唤着劳动力的自由流动,政府也逐渐进行调整,逐步放松对人口流动的限制。1697年的法律规定,如原定居堂区出具证明,愿在必要时负担起救济的责任,贫民就可以到其他堂区去谋生,但原定居堂区必须负担遣返的费用。

工业革命开始后,随着工业中心的形成,对劳动力的需求增多,原有的限制居民迁移的法令成为制约经济发展的瓶颈,松动与变革势在必行。1795年的《贫民迁移法》对《定居法》做了重大修改,进一步放宽了限制,新法禁止接收贫民的堂区在他们实际成为负担以前把他们遣返原籍。该法还规定,要求遣返贫民的堂区必须负担遣返费用,而不是由原堂区负担。1846年的《贫民迁移法(修正案)》规定,在一个堂区居住5年以上而未领取救济金的人,不许再被遣返原籍。[①] 从此,限制人口流动实际上就不太可能了。

工业革命的到来,彻底打破了地区间的樊篱,人口流动的涓涓细流汇成宏大的移民浪潮,人口迁移成为必然。这也就意味着以前以务农为主的人口,将转移到以工业为主的职业领域。

原工业的"外作制"或"家内制"中,那些条件好、资金足的作坊逐渐发展成手工工场,雇用更多的工人。工场手工业率先把一小批人集中到一起进行生产,后来规模越来越大,集中程度提高,形成了集中的手工工场。在手工工场阶段,分工日益精细,生产日益专门化,每人工作的内容越来越简

---

① 王章辉、黄柯可等:《欧美农村劳动力的转移与城市化》,北京:社会科学文献出版社,1999年,第17页。

单。这就促进了新技术的出现，而科技的发展又为更大规模的生产准备了必要的条件。

历史上，原工业之所以从城镇转移到乡村丘陵地带，一个很重要的原因是利用当地溪流的水力资源漂洗厚重的呢绒。事实上，在呢绒工业转移到乡村的过程中，漂洗这道程序最先转移到乡村，其他工序是随后才转移的。工业革命就是在英国分布最广、从业人员特别多的纺织业开始的。不过，不是从作为"英国民族工业"的呢绒纺织业开始的，而是从相对新颖的棉纺织业开始的。原因似乎不难分析。

一是棉布有着更为广阔的市场，尤其是海外市场。1500年前后，西方世界向大洋探索，逐渐建立了大西洋贸易圈和印度洋贸易圈。海上商路到达的地方，除了荷兰航海家探索的北方通道外，其余几乎都在比较温暖甚至炎热的地带。因此，轻薄的棉布有着更为广泛的市场。而从英国国内来说，除了呢绒以外，棉布主要是高档的进口商品，英属东印度公司在相当长的一段时间里都是从东方如印度和中国进口棉布。东方棉布质量好、质地轻、色彩美，与中国的瓷器与茶叶一道，成为从东方输入西方的"舶来品"，东方棉织品在当时的西方是非常高档的奢侈消费品。后来，棉布与呢绒一道，开始成为英国人的日常消费品，英国人的原棉消耗量开始增长。英国人均原棉消耗量在1698—1710年上升到90克，1750—1760年为200克，①反映了英国棉布消费的增长。

二是棉织品价廉物美、适用性广。在技术上，兰开夏的混纺及棉纺尝试并鼓励技术创造，英国得以生产出廉价棉织物。在乡村原工业发展中，特别值得注意的是棉纺织业的成长。然而，英国棉纺织业在一段时间里只能生产质差量少的棉纺织品，特别是模仿印度棉纺织业生产。当时英国棉布在质量档次上比不上东方棉布，所以就以数量取胜，用批量生产来弥补

---

① ［意］卡洛·M. 奇波拉主编：《欧洲经济史 第三卷：工业革命》，吴良健等译，北京：商务印书馆，1989年，第390页。

质量上的欠缺,实际上走的是错位竞争道路。

三是新兴的棉纺织业没有行会与规章的束缚。与传统的"民族工业"呢绒业相比,棉纺织业是新兴的行业,又首先在原工业区发展起来。它没有自中世纪以来城镇中所发展起来的一整套规章制度的束缚,特别是没有行会和行规的约束,因此具有相对大的发展空间。

当然,最直接的是各种发明创造与"专利制度"下棉纺织机械的发明创造。当时英国热衷发明创造,一些民间组织还悬赏征集技术发明。例如1754年成立的"鼓励工艺、制造和工业协会"(简称"工艺协会")就是英国众多的民间组织之一,它与"皇家协会"等一起鼓励人们进行科学发明与创造。工艺协会在1761年发布征求发明新机器公告:"本协会得知,当男女纺工因收获而在田间忙碌的时候,毛织品、麻织品和棉织品的制造者们便感到很难找到足够数量的工人,以便能够继续交活给织工去做。由于这部分的制造缺乏必要的速度,商人订货的交付往往延迟,致使商人、制造者以及一般人民都受到很大的损害。"因此,协会提出了促进发明创造的奖励措施,即设立两项奖金"来奖励最优良地发明一种能够同时纺出六根毛线、六根麻纱、六根棉纱或六根丝线的,并能仅由一个人操纵和看管的机器"[①]。英国的专利法在一定程度上保障了发明创造的"知识产权",刺激与激励人们去创造与发明。难怪各类新发明和新专利犹如雨后春笋涌现出来,而且几乎是呈加速度的增长态势。1771—1780年英国发明专利297项,1781—1790年增至512项,之后十年时间,专利总数更是高达655项。在工艺协会、皇家协会等的大力倡导下,整个社会弥漫着发明的氛围与激情。其中,以棉纺织业领域最为突出。

棉纺织业领域的技术革新,直接促进了英国工业革命的展开。英国棉纺织业领域里纺纱与织布技术的革新,两者的相互促进与推动是一个大家

---

① [法]保尔·芒图:《十八世纪产业革命:英国近代大工业初期的概况》,第168页。

耳熟能详的故事。1733年,约翰·凯伊(John Kay)发明"飞梭"(flying shuttle),迈出了用"机械"而非"臂力""肌肉力"等"人力"来进行生产的第一步。凯伊来自兰开夏棉纺织原工业区的伯里,他的飞梭不仅使用某种机械力来加快织布速度,而且增加了布的宽幅。这项发明打破了兰开夏织布的传统节奏,极大地提高了织布效率,吹响了棉纺织业大变革的前奏曲,为18世纪下半叶纺织技术革新的春天鸣锣开道。

首先是纺纱技术的突破。在世界各地,在英国的工场手工业阶段,人们往往使用手摇纺纱机,纺车、纺锤、手摇把手构成了纺纱机的主要部分,纺纱效率完全依赖人力。1764年,哈格里夫斯(James Hargreaves)发明了珍妮纺纱机,极大地提高了纺纱的效率。该项革新距离工艺协会的征求公告不过三年时光。珍妮机可同时纺好几根线,一举改变了纺纱历史上一次只能纺一根纱线的传统工艺。该项发明在1770年获得专利证书。1784年,珍妮机可以同时纺80个纱锭。这使珍妮机得到广泛使用。1768年,阿克莱特(Richard Arkwright)制成了水力纺纱机,取得了动力技术上的一个关键突破。他在1771年建成了第一家水力纺纱厂,从此纺纱机转动不再依靠人力,而是使用水力来推动。水力纺纱机的运转,需要借助水流的推动,所以纺纱厂也都建立在山岳丘陵的溪流旁,这样使原来兰开夏原工业的乡村基础得到进一步的巩固。阿克莱特依水力纺纱机的选址建立纺纱厂,并为工人建立了住房设施,这就产生了相应的工业社区。1779年,克伦普顿(Samuel Crompton)创造了名为"骡机"(spinning mule)的纺纱机,综合了几种纺纱机的优点,从而纺出了既细又结实的纱线。

其次是织布技术进一步发展。自飞梭发明以来相当长的时间里,在织布领域没有出现大的革新。直到1784年,卡特莱特(Edmund Cartwright)在木匠和锻铁匠的帮助下,发明了动力织布机,使织布领域出现了一次大的突破。他于第二年生产了一台样机,在此基础上,后人进一步完善织布技术,将织布效率提高了近40倍。

最后是解决动力问题。由于这些新发明全部采用的是水力推动,所以工厂需要设立在靠近河流的地方,这决定了当时的棉纺织厂也都只能建立在乡间丘陵地带,而不是在城镇。到这时为止,工业革命与后来的城镇大发展似乎关系不大。像阿克莱特水力纺纱厂,在一定程度上继续了原工业化时期的发展模式,即在靠近资源/能源的地方发展。所以下一个发展方向,是解决动力问题,这个问题是由天才詹姆士·瓦特(James Watt)和慧眼识人并坚持不懈的马修·博尔顿(Matthew Boulton)解决的。瓦特原是格拉斯哥大学的仪器修理工,他对蒸汽机技术产生了兴趣,并着手进行改进和完善。博尔顿当时是一个小有所成的企业家,对瓦特的发明创造给予了切实的鼓励与推动。1775年,瓦特蒸汽机走上市场,成为替代水力的动力机器。蒸汽机可以在任何地点给机器提供动力,从而为以后工厂以及城镇的发展提供了新的选择,人们无须再把工厂设在穷乡僻壤,而是可以直接建立在靠近市场的城镇了。

发生在棉纺织业领域的"纺"与"织"的创造发明竞赛,瓦特蒸汽机的推广应用,以及其他一连串的连锁反应,使英国的工业革命迅速展开。棉纺织业逐渐摆脱了对风力、水力等自然力的依赖,工厂主们得以在理想的地址建立起他们的棉纺织厂,进行大规模的生产经营。这样,区别于传统手工工场的近代工厂制度便在棉纺织业领域诞生了。上面说过,1771年阿克莱特建立的第一家水力纺纱厂——克劳姆福德纺纱厂,还是利用的自然力——水力,还得建在德比郡德文特河畔,但蒸汽机出现后,工厂便可迁往城镇。1789年,曼彻斯特建立了第一家蒸汽动力棉纺厂。到1800年便有了42家,[①]使其他所有对手相形见绌。曼彻斯特把蒸汽机技术运用在纺织机上,成为当之无愧的英国棉纺织业中心,发展成大型工业城市。

---

① Nevell, Michael, "The Social Archaeology of Industrialisation: the Example of Manchester During the 17th and 18th Centuries", in Casella, Eleanor Conlin and Symonds, James, *Industrial Archaeology: Future Directions*, New York: Springer, 2005, p.198.

英国的工厂制度逐渐确立。工厂制从18世纪80年代开始发展起来，19世纪早期棉纺织业的机械化程度进一步提高，19世纪20年代开始的织布业的机械化更使工厂制扩展开来。不过，一直到19世纪中叶，工厂制度才在织布行业完全确立起来。尽管英国的一些历史学家指出，英国棉纺织工厂的规模仍然是相对有限的，比如，1835—1850年全国从事该行业的人数从2 153万人增长到3 292万人，但每个棉纺织厂的工人平均人数只有170多人。① 不过，我们应该看到，工厂制度毕竟是一种更高效的全新的生产方式，毕竟日渐扩展，代表着历史前进的方向，并占据着越来越重要的地位。它把大批的工人，最初是大量的妇女和童工，集中到工厂里，共同进行生产，并对工人推行一种全新的纪律。这是工业领域的规模经营，它打破了手工工场的小规模生产的性质，实行大规模的生产劳动，在新的条件下实现进一步的分工与合作。

与手工工场相比，工业生产的规模经营具有毋庸置疑的优越性。工厂制度要求人力资源集中在工厂里，在生产过程中进行精细的分工和协作，从而发展专业分工及协作能力，降低成本，提高劳动生产率。工厂制度把一部分人力彻底从乡村分离出来，把工业从农业中彻底分离出来，形成全新的职业队伍和全新的职业领域，乃至于全新的社会组织模式。"由棉纺织业建立工厂而引起的各行业'工厂化'，对工业革命起的作用也许更大。它不仅用劳动集体化来增加产量、提高效率，而且彻底改造了工业结构。"②到19世纪中期，英国棉纺织业和毛纺织业工人的从业人数比例发生重大变化，棉纺织业工人的人数（482 000人）大大超过了毛纺织业工人的人数（282 000人）。③

---

① David Jenkins, "Factories and the Industrial Revolution", *Refresh 16*, p.2.
② 钱乘旦：《第一个工业化社会》，成都：四川人民出版社，1988年，第53—55页。
③ ［民主德国］汉斯·豪斯赫尔：《近代经济史：从十四世纪末至十九世纪下半叶》，王庆余、吴衡康、王成稼译，北京：商务印书馆，1987年，第295页。

工业革命带来了社会经济结构的大变动,人们的生产和生活方式都发生了巨大的变革。以乡村为中心的社会让位给以城市为中心的社会。城市这个生产和消费的新的中心,以其巨大的魅力吸引着人们。

蒸汽动力的采用使工业最终摆脱了对畜力、风力和水力等自然力的依赖,工业得以在地理位置优越的地方发展起来,形成生产中心。而这种生产中心一旦产生,就会形成一定的凝聚力和吸引力,吸引更多的工厂前来。由此可见,工厂制度把大批以前从事农业及手工业的居民转移到工厂,还把大批量的女工拉入工资收入者的行列,使她们没有时间操持家务,无论是食物还是衣物都得依靠市场供应,从而增加了依赖市场供应的人数,由此增加了对消费品的需求量,扩大了国内市场。这样,生产和消费相互促进,两者都得到发展。大量乡村人口及手工业人口向城市集中,扩大了生产规模,发展起大工厂制度,使城镇成为最大最有效的生产中心。而人口消费结构的变化,反过来又极大地扩大了工农业产品的销售市场,城镇居民对日用消费品的需求促进了农业的发展,也增加了对工业制成品的消费。

英国的工业城镇快速地从生产基本生活用品转向满足殖民地和国内市场多样化生活的需要。兰开夏和约克郡的棉麻粗布很快被各式各样的精棉布和轻质精纺毛织品所取代。伯明翰和谢菲尔德则更为出名。它们生产的廉价五金器具、枪、剑、刀具、钉子等为大西洋贸易提供了初期用品。随后,它们的"小饰品"、餐具、刀叉、银具和镀银器皿又为家庭构建了家庭礼仪,提供了在工业化英国及其殖民地快速扩展的中产阶级的奢侈品。这些制造业城镇,特别是伯明翰,处在制造业前沿。伯明翰也是新商品的发明者,制造进口货的替代品,特别是制造了荷兰和英国东印度公司出口到欧洲的东方风格的商品。[①]

---

① Maxine Berg, *The Age of Manufactures*, 1700 – 1820: *Industry*, *Innovation*, *and Work in Britain*, pp.114 – 115.

从19世纪初到19世纪中叶英国精炼金属和五金制品出口值增长来看,除了蒸汽机出口有了巨大增长外,其他增长较大的有日用品类的五金与餐具以及武器类的手枪与剑,这从一定程度上说明了出口市场的需求(见表3-1)。

表3-1 1814—1816年和1844—1846年英国精炼金属和五金制品出口值①

(单位:万镑)

成品与半成品	1814—1816年	1844—1846年	精炼金属	1814—1816年	1844—1846年
五金与餐具	161.2	218.1	铁	20.5	184.2
手枪与剑	12.3	26.8	钢材	3.2	26.6
金盘与银盘	11.2	13.1	铅	30.6	26.8
铜器、锡器	24.8	14.8	铜	5.5	75.9
铁钉	11.8	14.0	其他金属	14.7	9.6
钟表	5.5	7.8			
仪器	10.3	10.1			
机械:蒸汽机	—	31.9			
其他	2.8	61.4			
总计	239.9	398.0	总计	74.5	323.1

曼彻斯特的棉布满足了国内需要,成为其他相关工业的原材料。16世纪以来,棉纺织业是英国纺织业中发展最快的部门,到18世纪就成为仅次于毛纺织业的工业部门,兰开夏成为棉纺织业中心。18世纪10—40年代,英国棉纺织业产量年增长率为1.4%,40—70年代为2.8%,70年代—19世纪初为8.5%。② 它的优质纱线运往诺丁汉,制作地方特色产品,如各式丝带。优质耐用棉布被用来制作家具的覆盖面料。成匹的布料则给家

---

① Maxine Berg, *The Age of Manufactures*, *1700-1820: Industry*, *Innovation*, *and Work in Britain*, p.41.
② [意]卡洛·M.奇波拉主编:《欧洲经济史 第三卷:工业革命》,第158页。

庭主妇提供了制衣材料。到19世纪中叶,大量的棉布被送到伦敦和爱尔兰,成为服装工业的原材料。英国人的服装制作习惯也因此而改变,人们不再自己缝制衣服,而开始购买成衣,从而提高了城镇的消费水平,扩大了市场,进而促进了生产。

曼彻斯特还成为全世界的棉布工厂。棉纺织领域的技术革新,工厂制度的确立,使棉纺织品开始成为英国的王牌产品,与毛纺织品一道走出国门,并占据越来越大的份额。1800年,棉纺织品出口就占了全英国出口商品总值的25%。[1] 1827—1828年,棉纺织品出口额占到了英国出口总值的一半,为1 900万英镑,远远地超过了毛纺织品出口额的500万英镑。[2] 棉纺织品远销东方,开始占领中国和印度等东方国家的纺织品市场,甚至东方国家逐渐成为原棉的产地。英国的纺织机"吞食"着印度和埃及的原棉。布罗代尔说得非常有道理,"先在英格兰发生,很快就席卷整个欧洲的棉纺织革命,事实上首先是对印度工业的模仿,然后作为一种报复,赶上并超越印度"[3]。中国、印度、埃及甚至美国南部都变成了重要的棉花产地。

"棉业都市"曼彻斯特带动了周边城镇的发展,形成了一个巨大的棉纺织业工业区域。凯伊的"飞梭"和各种纺纱机造就了新型棉纺织城市曼彻斯特,纺织机械的链状革新和发明使棉纺织业的产量成百倍地提高。据研究,工业革命初期的棉纺织业生产,脱籽、漂洗、烘干、纺纱、织布、漂白、染色和印花等工序大多集中在一个工厂里完成,而且纺织厂几乎都集中在市中心。1785年,奥尔德姆有6家棉纺织厂,到1815年有47家,1839年有94家。1850年,伯里有26家棉纺织厂和12家毛纺织厂。1795年,棉纺织

---

[1] [法]费尔南·布罗代尔:《十五至十八世纪的物质文明、经济与资本主义 第三卷:世界的时间》,施康强、顾良译,北京:生活·读书·新知三联书店,1993年,第664页。
[2] [民主德国]汉斯·豪斯赫尔:《近代经济史:从十四世纪末至十九世纪下半叶》,第293—294页。
[3] [法]费尔南·布罗代尔:《十五至十八世纪的物质文明、经济与资本主义 第三卷:世界的时间》,第663页。

业发展到洛奇代尔、格洛索普和米德尔顿,不久就雇用了海德的劳动力,并改变了威根、利镇、沃斯利和西部边区的其他城镇。1846 年,仅威根就有 26 家棉纺织厂。① 1821 年,作为棉纺织厂的中心,曼彻斯特有 11 家纺纱厂厂房在 8 层及以上,当然大多数工厂厂房只有 4—7 层。② 据 1835 年的一项调查,英国的 1 113 家棉纺织厂中,西北地区就占了 943 家。③

如果说曼彻斯特是大型轻纺织业生产的典型的话,那么,伯明翰、谢菲尔德、伍尔弗汉普顿和沃尔索尔等则是五金工业的天下。伯明翰作为金属业的中心,历史比较悠久。在 18 世纪初,随着金属冶炼技术的进步,即从用木炭发展为用焦炭来熔化金属,金属冶炼变得更容易更廉价,伯明翰进入了快速扩展期,木材的短缺和沃里克发现了大量煤炭加速了这种转变。许多铁在伯明翰附近的小熔炉锻造,尤其是在"黑乡",包括附近的城镇如斯梅西克和西布罗姆维奇,然后铁片被运到伯明翰及附近的工厂进行加工。伯明翰位于米德兰地区,在当时还没有运河或铁路的情况下,商品流通不便。所以,伯明翰专门生产体积小、价格贵的物件,特别是纽扣和带扣,这些小物件后来以"小饰品"之名著称。④

在产业革命中,伯明翰传统的五金作坊的数量与规模得到扩展,其产品大到枪炮、黄铜制品,小到各类金属扣件、装饰品和珠宝。从 18 世纪中叶起,伯明翰的枪炮工业就已经高度专门化了,到 19 世纪中叶从中分化出了 32 种专门职业。同时,伯明翰还是黄铜业的中心,1800 年时,它已是全英国最大的黄铜贸易基地,1840 年时,成为世界黄铜制造业中的翘楚。枪

---

① L.P. Green, *Provincial Metropolis: The Future of Local Government in South Lancashire*, *A Study in Metropolitan Analysis*, London: Allen and Unwin, 1959, p.60.
② Maxine Berg, *The Age of Manufactures*, *1700 - 1820: Industry*, *Innovation*, *and Work in Britain*, p.163.
③ Ian Taylor, Karen Evans and Penny Fraser, *A Tale of Two Cities: Global Change*, *Local Feeling*, *and Everyday Life in the North of England: A Study in Manchester and Sheffield*, p.49.
④ Jenny Uglow, *The Lunar Men: Five Friends Whose Curiosity Changed the World*, New York: Farrar, Straus and Giroux, 2002; Shena Mason, *Matthew Boulton: Selling What All the World Desires*, New Haven, Ct.: Yale University Press, 2009, pp.1 - 6.

图3-1 埃文斯银制品工厂酒瓶商标生产空间与银制成品展示(陆伟芳 摄)

炮、黄铜制造业固然是伯明翰繁荣的主要原因,小小的金属扣件和装饰品工业也并非无足轻重,伯明翰生产了各式扣件、纽扣、鞋扣乃至于各色珠宝,以满足社会对日用消费品的需求,并逐渐形成了一个专门的"珠宝区"(Jewellery Quarter)。如1881年在伯明翰成立的埃文斯银制品工厂(J. W. Evans Silver Factory),既生产高端的银制餐具,也打造普通的酒瓶商标(如图3-1所示)。①

虽然伯明翰的小五金生产以小作坊居多,但也有一些大工厂。如马修·博尔顿的工厂就是一个大工厂。博尔顿在1759年父亲去世后,继承了位于伯明翰西北汉兹沃斯堂区的老工厂,当时工厂主要生产花哨的带扣

---

① 伯明翰的珠宝区直到今天依然是英国乃至欧洲最大的珠宝饰品制造中心。英国40%的珠宝首饰品都出产于此。埃文斯银制品工厂是该区现存最古旧的工厂,建于1881年,埃文斯家族工厂传承了四代。所谓厂房其实就是民居改造而成。2008年,英格兰遗产基金会接手保育,2011年开始对公众开放。工厂保留了当年的布置与格局,工作台放满了模具、机械、图案,墙上还有当年的账单及照片,最后是成品展览室。然而,从街面上看,完全是民居,几乎看不出是工厂,只是在一般大门边上,有一个朴素的门,供工人出入。

和纽扣。他很快租赁了索霍山的 13 英亩荒野,在这里建起了后来成为世界上最大五金制造厂的索霍制造厂(Soho Manufactory)。①

他与瓦特合作改进蒸汽机,最终成就了他在伯明翰的辉煌事业。1768 年夏,博尔顿邀请瓦特到他的工厂参观,并决心与瓦特合作。到 1774 年 5 月,瓦特终于来到这里,并且制成了蒸汽机的原型,从此开始了两人的历史性合作。②

这里生产制造了成千上万的博尔顿和瓦特蒸汽机,安装在矿井以及工厂。博尔顿还把现代铸造技术和蒸汽机运用到货币铸造中,为英国和其他国家铸造了大量货币。同时,他还生产银制器皿及其他装饰艺术品。博尔顿的异乎常人之处,在于其生产了品种多样的小五金产品,注重质优价廉,注重规模化生产、机械化生产。③

工厂的规模有所扩大。1816 年,英国各大城市工厂平均雇员人数分别是:格拉斯哥 244 人,卡莱尔 184.5 人,斯托克波特 418 人,曼斯菲尔德 211.4 人。在曼彻斯特,43 家工厂雇用 12 940 人,其中 7 家雇用人数不到 100 人,14 家雇用 100—200 人,13 家雇用 200—400 人,5 家雇用 400—700 人。不过,直到 19 世纪 40 年代,曼彻斯特仍有大量小型棉纺织厂。1841 年,每家工厂平均雇用 260 人,有 1/4 的工厂雇用的人数不足 100 人。大的工厂雇员超过 500 人,但绝大部分是在这两者之间。当时的亚麻厂平均雇员 93.3 人,丝织厂 125.3 人,棉纺织业 175.5 人,羊毛纺织业只有 44.6 人。④

---

① George Anthony Selgin, *Good Money: Birmingham Button Makers, the Royal Mint, and the Beginnings of Modern Coinage, 1775 – 1821*, Oakland: Independent Institute, Ann Arbor: University of Michigan Press, 2008, pp.79 – 82.
② George Anthony Selgin, *Good Money: Birmingham Button Makers, the Royal Mint, and the Beginnings of Modern Coinage, 1775 – 1821*, p.85.
③ George Anthony Selgin, *Good Money: Birmingham Button Makers, the Royal Mint, and the Beginnings of Modern Coinage, 1775 – 1821*, p.85.
④ Maxine Berg, *The Age of Manufactures, 1700 – 1820: Industry, Innovation, and Work in Britain*, pp.170, 201.

与曼彻斯特的大工厂生产模式不同,伯明翰基本上是小规模的生产,据说有些工厂也可被看成扩大了一些的作坊,雇员大多是技艺精湛的熟练工人及其学徒,人数大多在5—50人。①

以刀剑生产著称的谢菲尔德发展成钢铁业中心。林肯郡的钟表匠、贵格会教徒本杰明·亨茨曼(Benjamin Huntsman)对谢菲尔德的崛起功不可没。1740年,他来到谢菲尔德,致力于寻找更可靠的优质钢生产方式,用以制作钟表弹簧和钟摆。他开始科学试验,最后生产出了不易折断的优质钢材,用来制作剃须刀、刀具以及钟表配件。博尔顿和约翰·威尔金森(John Wilkinson)等迅速采用了他的方法。到1787年,该地区拥有了7座大型转换炉,生产亨茨曼模式的坩埚。1794年,谢菲尔德拥有了135家炼钢企业。1856年,亨利·贝塞麦(Henry Bessemer)进行了另一项重大革新,通过空气压力把熔化状态的生铁净化,并迅速投入生产。1862年,约翰·布朗(John Brown)采用此方法快速扩大生产规模,雇用了3 000个劳动力,1900年增加到了15 000人。这种方法迅速在全国推广开去。从19世纪直到第一次世界大战,谢菲尔德的钢铁制造经历了长期的增长与繁荣。②

这样,传统的刀具工业,再加上新兴的钢铁工业,造就了谢菲尔德的"双重经济"特征。传统小作坊式工作在刀具公司的规章保护下,维持着独立于钢铁业的自主权,而大型钢铁工业则吸引了越来越多的劳动力。

从18世纪60、70年代开始的工业革命改变着英国的乡村面貌,工业城镇在原先农业资源相对贫乏的西北部快速发展起来,改变着英国的经济地理。

---

① Eric Hopkins, *Birmingham: the First Manufacturing Town in the World*, 1760 – 1840, London: Weidenfeld and Nicolson, 1989, pp.47, 51.
② Ian Taylor, Karen Evans and Penny Fraser, *A Tale of Two Cities: Global Change, Local Feeling, and Everyday Life in the North of England: A Study in Manchester and Sheffield*, p.38.

二、城镇磁场

工业化促进了人口的流动,促进了城镇数量与城镇人口的快速增长。工业革命的展开,工厂制度的普及,使城镇成为吸引流动人口的磁场所在。以此为契机,出现了史无前例的人口的大规模流动,小镇居民迁往大城镇,乡村居民涌向中小城镇,许多移民来到如伦敦这样的大城镇。城镇成为吸引人口的磁铁,城镇越大,对流动人口的吸引力就越大,城镇人口越多,就会有更多的人口流向该处,形成所谓"城镇磁场"。

工业城镇是最早的一批城镇磁场。蒸汽机解决了机器动力问题后,工厂企业从偏僻的乡村山丘转移到城镇,转移到靠近煤铁资源及交通便利之处。于是,新兴的工业区在英格兰西北部、米德兰西部、约克郡西区、蒂斯河畔、英格兰东北部、威尔士南部和苏格兰南部这些自然资源丰富的地方兴起。就在这些煤铁矿资源密集区和工业发达的地区,崛起了一大批崭新的工业城市/城镇,英国的乡村田园诗风情让位于城市与工厂的繁华热闹。

正如恩格斯指出的:"(在工业革命之前约半个世纪——编者注)英国和其他任何国家一样,城市很小、工业少而不发达、人口稀疏而且多半是农业人口。现在它却是和其他任何国家都不一样的国家了:有居民达250万的首都,有许多巨大的工业城市,有供给全世界产品而且几乎一切东西都是用极复杂的机器生产的工业,有勤劳而明智的稠密的人口,这些人口有三分之二从事于工业。"①

曼彻斯特就是棉纺织工业产生巨大吸引力的结果。18 世纪初,曼彻斯特主要还是一个市场城镇,充当方圆 10—15 英里地区的市场和交易中心。人们将制造的呢绒、粗帆布、毡帽以及各种棉织品——从白洋布、粗棉布到各色鲜艳的花布运到这儿销售。

18 世纪 70—80 年代,曼彻斯特棉纺织工厂开始打造棉布繁荣。1776 年,一个名叫霍尔(N.Hall)的人在曼彻斯特东部的泰姆河边建设了第一家全棉纺织的工厂,随后在曼彻斯特及其周围开设类似的工厂,以利用当地的水力资源。工业革命中有关纺纱与织布技术的三大发明者都是兰开夏本地人:"飞梭"发明者约翰·凯伊是伯里附近的人,珍妮纺纱机发明者哈格里夫斯来自布莱克本,骡机发明者克伦普顿来自博尔顿。这些人都是土生土长的兰开夏人,就生活在兰开夏原工业纺织区,他们的发明创造与革新都是出于扩大棉纺织领域生产的需要。这样,在兰开夏东南一带,几乎刹那间冒出了几百家纺织厂。② 这些纺织厂的原料棉花,大约在 18 世纪晚期起,主要是从印度和埃及进口。19 世纪 20 年代开始,美国南部的棉花成为主要的来源。进口港从原先较为遥远的伦敦转到就近的利物浦。

工业的飞速发展使曼彻斯特日益繁荣,成为吸引人口聚集的大磁场。18 世纪 20 年代,它只有 12 000 人,1841 年则猛增至 40 万人。③ 曼彻斯特终于从一个市场城镇变身为大城镇,跻身于英国的大城市之列,并在 19 世纪成为市政自治市,后又成为郡级自治市。从经济到政治地位,曼彻斯特都获得了承认。

---

① 《马克思恩格斯全集·第二卷》,北京:人民出版社,1957 年,第 295 页。
② Ian Taylor, Karen Evans and Penny Fraser, *A Tale of Two Cities: Global Change, Local Feeling, and Everyday Life in the North of England: A Study in Manchester and Sheffield*, p.47.
③ H. C. Darby, *A New Historical Geography of England after 1600*, Cambridge and New York: Cambridge University Press, 1976, p.83.

工业化不仅使制造业城镇曼彻斯特成为吸引人口的磁场,而且也使伦敦成为当时世界上最大的城市磁场。伦敦的工业体系和工业特色,成为吸引人口迁移的重要因素。1851年在伦敦举办的首届世界博览会,不仅向世界宣布了英国是世界第一工业强国,而且也成为伦敦吸引劳动力的重要契机。

伦敦的制造业在伦敦经济中也占有相当的比重。从就业人数看,伦敦的制造业在19世纪一直处于增长态势。1851年英国人口调查统计数据表明,伦敦的男女劳动人口有111.5万人,其中有37.3万制造业工人,为伦敦劳动人口的1/3左右,占全国制造业人口的13.5%。① 1851—1911年,伦敦郡就业人口从110万人增长到220万人,略高于居住人口的增长率(88%:从240万人到450万人),就业率从46%上升到48%。从地理上说,伦敦仍然是英国制造业最集中的地方,制造业的份额不仅没有减少,从事制造业的人数还翻了一番,从43.2万人增长到82.6万人。机械工人在1841—1911年从1万人增加到3.3万人。② 拿造船业来说,直到19世纪60年代,伦敦一直是英国最主要的造船业中心。尤其是19世纪50年代和60年代,英国取代美国成为世界顶尖的造船业大国,海军军舰材质由木料变成铸铁后,泰晤士河造船厂空前繁忙。从1851年到1861年,再到1865年,造船工人从6 000人增长到13 000人,又增至27 000人。在最繁荣的1865年,英国商船中29%(按吨位计)是由伦敦造船厂制造的。③ 并且,第二次产业革命使伦敦的产业结构发生了重大变化,发展方向从以轻纺工业为主转向以重工业为主,重工业的发展为伦敦的快速发展奠定了坚实的技术基础。1851—1911年,制造业与建筑、电气、煤气和自来水产业就业人数的比例从47%下降为45%。制造业人数比例从40%下降到38%,交通

---

① Stephen Inwood,*A History of London*,London:Macmillan,1998,p.444.
② Michael Ball and David Sunderland,*An Economic History of London*,1800-1914,London and New York:Routledge,2001,pp.57,62,313.
③ Stephen Inwood,*A History of London*,p.462.

运输业却从9%增长到11%。19世纪80年代起增加了新型的电气制造工业,1896年伦敦开始生产商用汽车。① 因此,虽然传统行业略有下降,但新兴工业填补了空缺。直到1911年,伦敦制造业就业人口占英国制造业的人口比例仍然为12%,只比1851年减少了1.5个百分点。②

再来看19世纪下半叶伦敦工业部门的情况,就业人数最多的行业有服装与鞋类,交通与通信,食品、饮料及烟草,建筑,纺织等。虽然传统工业如服装与鞋类、建筑、造船、纺织等就业人数在这半个世纪里有下降的趋势,但交通与通信、机械制造、造纸印刷与出版、车辆、电气制造等制造业就业人数有了相应的增长。服装与鞋类就业人数只增长了43%,该产业在经济体系中所占的份额从14.8%下降到10.6%,而制造业总体而言增长了一倍。③

从具体的行业来看,伦敦有不少独具特色和优势的工业。19世纪初,伦敦是机械制造业的重要城市,当然伦敦的机械制造业主要是传统手工劳动,还没有美国式的标准化生产和流水线作业,因此规模不大。1825年,伦敦有400家机械制造厂,雇用1万多名工人。虽然来自北方工业城镇伯明翰的竞争使许多企业关门,但仍有不少继续生存下来。直到1851年,伦敦机械制造业的区位商还在1.2,到1911年其优势才完全失去。道路车辆的生产在伦敦有着悠久的历史,1861年伦敦道路车辆生产雇了9 500名工人,占英格兰和威尔士该行业总人数的20%。④

伦敦的工业区吸引了大量的就业人口。不仅伦敦东区的工业区和工人生活区成为人口密集的区域,而且19世纪中叶形成的工业内环(inner industrial perimeter)更是吸引劳动大军的磁场。这个工业内环从伦敦城

---

① Michael Ball and David Sunderland, *An Economic History of London*, 1800-1914, p.314.
② Michael Ball and David Sunderland, *An Economic History of London*, 1800-1914, p.65.
③ Michael Ball and David Sunderland, *An Economic History of London*, 1800-1914, p.64.
④ Michael Ball and David Sunderland, *An Economic History of London*, 1800-1914, p.314.

北的霍尔本和克勒肯维尔,到东面的弓街和狗岛,然后转到南面的德特福德和朗伯斯。而且,随着 19 世纪晚期工业开始外迁,逐渐形成了一个工业外环,这个工业外环吸引了更多的就业人口。

工业化的进程,制造业的发展,形成了对劳动力的巨大需求。城市自然的人口再生产满足不了这种人口需求,所以城镇人口主要来自城乡劳动力的迁移。由于经济条件和交通设施的制约,一直到铁路时代以前,人们的活动半径都不大,人口迁移以短距离为主。这样,就近的磁场——大城镇就成为人口迁移的最终目的地。因此,英国南部的移民总以伦敦为最后的归宿,从柴郡乡村向兰开夏城镇迁移,从斯坦福郡的外围或伍斯特郡向伯明翰迁移,从山区向谢菲尔德迁移,从威尔士各地向南部城镇迁移。[①]圈地和农业变动产生的巨大推力和城镇磁场的吸引,使英国的城镇/城市人口在短期内便急剧地膨胀起来。据统计,1776—1851 年这近百年间,除 1806—1811 年和 1836—1841 年城市人口自然增长率高于外来移民人口增长率外,其他年份的外来移民增长率都高于或等于城市人口自然增长率,其中 1781—1786 年和 1801—1806 年的外来移民人口占到城市人口的 88% 以上。[②] 由此可见城市大磁场的吸引力之大。

人口向城镇的迁移往往呈现出梯级向心趋势。当工厂汇聚到城镇后,附近的小城镇和乡村就成为提供劳动力的腹地。农民和工匠向这个工业中心会集,形成从四周向中心移动的向心型移民。他们留下的空间就由来自更远地区的移民来填补。这样,从边远地区到郊区再到大城市,形成一波又一波的移民浪潮,逐级推进,向城镇迁移,形成梯级向心移动模式。在伦敦工业区内,1861 年伦敦总人口中伦敦出生者占 69.71%,也就是说,

---

① T. S. Ashton, *The Industrial Revolution, 1760－1830*, London and New York: Oxford University Press, 1948, p.99.
② Jeffrey Williamson, "Coping with City Growth", in R. Floud and D. McCloskey, *The Economic History of Britain Since 1700*, Vol.1, p.238.

30.29%是外来移民;1881年伦敦总人口中伦敦出生者为73.04%,外来移民为26.96%。在伦敦的其他区域,1861年伦敦总人口中伦敦出生者为59.28%,外来移民为41.72%;1881年则相应分别为59.89%和41.11%。① 兰开夏的棉纺织城镇普勒斯顿,1851年总人口中只有48%的人出生在本城,20岁以上的成年人中,仅有40%的人出生在本城。同时,70%的移民来源于方圆30英里的范围之内。② 1851年,利物浦的居民中,只有42.4%的居民是本地人,20岁及以上人口中,则只有22.6%出生在利物浦自治市。③ 利物浦是爱尔兰移民的首选落脚点,特别是港口码头集中了爱尔兰人的主要工作岗位。到19世纪50年代,爱尔兰人占据了利物浦1/3的人口(另一说在1851年时爱尔兰人占22%)。④ 而格拉斯哥的济贫记录显示,约30%的格拉斯哥移民在向格拉斯哥迁移时,一般先在一个小城镇落脚,将其作为移居中转站,呈现出梯级向心移动的态势。

由此可见,快速成长的工业城镇大多吸引了短距离的移民。据专家估计,建立在寻找工作目的基础之上的移民一般很少超过方圆100英里的范围。⑤ 另外我们发现,城市越大,其吸引移民的辐射面也越大(见表3-2)。比如,伦敦就吸引了全英各地的移民,乃至于欧洲移民。在东欧反犹太人的浪潮中,有约10万—15万犹太人定居伦敦。1851年伦敦人口中有61.7%是外来移民,占各大城市移民人口比例之首,其中海外移民的比例

---

① P. J. Waller, *Town, City, and Nation: England, 1850-1914*, pp.27-28.
② R. J. Morris and Richard Rodger, *The Victorian City: A Reader in British Urban History, 1820-1914*, London and New York: Longman, 1993, p4.
③ Colin G. Pooley, "The Residential Segregation of Migrant Communities in Mid-Victorian Liverpool", *Transactions of the Institute of British Geographers*, Vol.2, No.3 (1977), p.364.
④ John B. Sharpless, "The Economic Structure of Port Cities in the Mid-nineteenth Century: Boston and Liverpool. 1840-1860", *Journal of History Geography*, Vol.22 (1976), p.134. Richard Dennis, *English Industrial Cities of the Nineteenth Century: A Social Geography*, Cambridge and New York: Cambridge University Press, 1984, p.36, Table. 1851年,利物浦的爱尔兰人口占22.3%。
⑤ James Walvin, *English Urban Life, 1776-1851*, London: Hutchinson, 1984, p.15.

也最高(1.7%)。快速成长的工业中心利兹、曼彻斯特、利物浦也是许多犹太人的最后定居之所。

表 3-2 1851 年英国城镇/自治市内移民人口百分比①

	利物浦	曼彻斯特	伯明翰	布里斯托尔	伦敦
外来移民	42.4%	45.4%	59.1%	50.9%	61.7%
爱尔兰人	22.3%	13.1%	4.0%	3.5%	4.6%
威尔士人	5.4%	1.7%	0.7%	3.6%	0.7%
苏格兰人	3.7%	1.6%	0.5%	0.7%	1.3%
海外移民	1.4%	0.6%	0.5%	0.9%	1.7%
总人口数	375 955 人	401 321 人	232 841 人	137 328 人	325 260 人

正是工业化产生的城镇磁场，吸引了大量的乡村腹地的移民，才出现了恩格斯所谓"如同魔杖一挥"一样呼唤出一座又一座的城市。在城镇化浪潮中，英国城镇从数量到规模都得到空前增长。如果说工业革命开始时，英国城镇尚是寥若晨星的话，那么到 19 世纪末，城市已经如繁星般布满英伦大地了。1801 年，英国有 1 036 个大小城市/城镇，1911 年达到 1 541 个(有的城市后来被吸收进大城市，故城市数不是简单的加减)。② 1841 年，新增城市/城镇的人口数占到全国城市人口的 9.3%。在新兴城市/城镇密集区，这个数字则更高，如西米德兰达到 19.1%，西北部为 14%，约克郡为 13.9%，近畿诸郡为 13.3%，北威尔士则高达 40.5%。③ 19 世纪上半叶，居住在万人以上城镇里的人口从 890 万人增加到 1 690 万人，净增 500 万人以上，年均增长率达 0.36%，是同期欧洲大陆城市增长率

---

① Colin G. Pooley, "The Residential Segregation of Migrant Communities in Mid-Victorian Liverpool", p.366.
② Peter Clark, ed., *The Cambridge Urban History of Britain*, Vol.2: 1540–1840, pp.466,468.
③ Peter Clark, ed., *The Cambridge Urban History of Britain*, Vol.2: 1540–1840, p.468.

的两倍。① 到1851年,数据显示,英格兰和威尔士5 000人以上的城镇有563个,苏格兰万人以上的城镇有36个。到1900年,大多数英国人是城里人,3/4以上居住在城里,到1950年,80%的人居住在城里。余下的20%里也有许多其实是通勤到城里上下班。今日的英国事实上是一个城市国家。②

新兴工业城镇的发展远远超过老城镇。1801—1851年间,英国纺织业城市人口增长率居首位,为229%,其他如港口城市为214%,制造业城市为186%,③城市发展速度惊人。增长最快的是在伦敦和近畿诸郡、工业化的西北、约克郡的西部、西米德兰的东北和东部。北方新兴工业城市曼彻斯特、伯明翰、利兹、谢菲尔德、布雷福德和诺丁汉的人口以前所未有的速度增长。曼彻斯特的人口在1811—1821年间增长了40.4%,在1821—1831年间,利物浦人口增长43.6%,利兹增长47.2%。④ "在这些工业城市中,仅就约克郡而言,就包括布雷福德和谢菲尔德这两个毗邻而又匹敌的城市,还包括许多像哈德斯福德和罗瑟勒姆这样的比较小的城市……根据1801年首次普查(这次普查是一个里程碑),该郡只有15个城镇,其人口总共2万多人;而到1891年,已经有63个城镇。从1820年到1830年,利兹、曼彻斯特、谢菲尔德以及伯明翰的人口增长率达40%以上。"⑤像曼彻斯特和兰开夏这样的棉纺织业城镇在19世纪早期有着最快的增长率,而米德兰的金属工业则在19世纪中叶发展最快,⑥伯明翰的人口在1841—1851年增长了22.3%,谢菲尔德增长了22.4%,伍尔弗汉普顿增长了21.8%。⑦

---

① Edward Royle, *Modern Britain: A Social History 1750 - 1997*, London: Arnold, 1997, p.22.
② Martin Daunton, ed., *The Cambridge Urban History of Britain*, Vol. 3: 1840 - 1950, Cambridge: Cambridge University Press, 2000, pp.67 - 68.
③ James Walvin, *English Urban Life*, 1776 - 1851, p.154.
④ J. John Burnett, *A Social History of Housing*, 1815 - 1985, London and New York: Methuen, 1986, p.9.
⑤ [英]阿萨·勃里格斯:《英国社会史》,第236页。
⑥ J. John Burnett, *A Social History of Housing*, 1815 - 1985, p.57.
⑦ S. G. Checkland, *The Rise of Industrial Society in England*, 1815 - 1885, London: Longman, 1964, p.239.

1811—1861 年间,普勒斯顿人口增长了 5 倍,而海滨休闲城市布莱顿则增长了 7 倍。① 工业化使毛纺织业的中心从诺威奇转移到西约克郡的利兹和布拉德福德,利兹居民从 1775 年的 17 000 人增至 1851 年的 172 270 人,增长了 9 倍多。② 18 世纪初,利物浦的人口刚过 5 000 人,1792 年达 6 万人,1831 年增至 16.5 万人,由此可见,在 18 世纪末 19 世纪初的 30 年中,利物浦人口增长了近 3 倍。③ 米德尔伯勒市则完全是 19 世纪人口大转移的结果。由于其地处矿区且通航便利,因而发展迅速。1801 年时米德尔伯勒只有 4 座房子,25 个居民,1831 年有 154 人,1841 年猛增到 5 463 人,1861 年为 19 416 人,1881 年为 55 934 人,1901 年为 91 302 人。④ 在 1861—1911 年间,米德尔伯勒的人口增长了 6 倍,而兰开夏的海滨休闲城市布兰克浦则更为惊人,它的人口增长了 17 倍。⑤ 18 世纪末,布拉德福德街道上还是野草丛生,到 1851 年已发展成为一个拥有 103 310 个居民的工业城市了。⑥

伦敦是最具吸引力的城市,1801 年到 1861 年,其人口占全国人口的比例从 9.7% 增长到 14%。伦敦不仅作为全国政治、经济中心的作用不断加强,而且发展成为世界贸易、金融的中心,人口也增长了 3 倍。⑦

城市的数量和规模都日益变大。如果说在 1851 年实现城镇化的年份里,英国绝大部分居民仍然居住在中小城镇里的话,那么到 19 世纪末,英国人越来越集中到中等城市和大城市里了。1760 年的英国,人口在 10 万人以上的城市只有伦敦一个。大的郡级城市虽说有 12 个,但其中只有布

---

① R. J. Morris and Richard Rodger, *The Victorian City: A Reader in British Urban History 1820 - 1914*, pp.2 - 3.
② H. C. Darby, *A New Historical Geography of England after 1600*, p.83.
③ J. R. Muir, *A History of Liverpool*, p.243.
④ Asa Briggs, *Victorian Cities*, London: Pengion, 1980, pp.231 - 247.
⑤ R. J. Morris and Richard Rodger, *The Victorian City: A Reader in British Urban History 1820 - 1914*, p.7.
⑥ H. C. Darby, *A New Historical Geography of England after 1600*, p.278.
⑦ [法] 保尔・芒图:《十八世纪产业革命:英国近代大工业初期的概况》,第 289—290 页。

里斯托尔人口在 5 万人以上。到 1801 年,郡级城市还没有一个人口达到 10 万人,但 5 万人以上的增到 5 个,2 万—5 万人的有 8 个。到 1851 年,有 7 个人口达 10 万人以上的城市,人口 5 万人以上的城市也增加到 13 个。另有大约 100 万人居住在人口 2 万—5 万人的城市。曼彻斯特人口达 33 万人,利物浦人口 35 万人,格拉斯哥人口也超过了 30 万人。①

经过工业革命的洗礼,伯明翰的人口有了巨大的增长。1750 年时,它的人口数估计在 23 688 人左右,1801 年则猛增至 73 670 人,②1851 年为 233 000 人③,其人口每 50 年增长 2 倍。

谢菲尔德从一个小打小闹的市场城镇,变成钢铁生产的中心。19 世纪谢菲尔德的人口几乎每 10 年增加 20%,从 1801 年的 4.6 万人,到 1821 年的 6.6 万人,再到 1841 年的 11.1 万人,1861 年的 18.6 万人,1881 年的 28.5 万人,1901 年达到 40 万人。④ 在这个过程中,它的发展也获得了法律的承认。1842 年,谢菲尔德成为一个自治市,1893 年获得城市特许状(City Charter),正式成为一个城市。

工业革命开始后,英国的城镇按照自身的地理和历史优势,发展各具特色。在首先实现机械化和工厂化的棉纺织工业区兴起了曼彻斯特、索尔福德、斯托克波特、博尔顿、奥尔德姆、伯里、普勒斯顿等纺织工业城市。诺丁汉、德比和莱斯特因织袜和花边工业的兴起而迅速发展。随着毛纺织工业的机械化,利兹、哈德斯菲尔德和布拉德福德等城市与约克郡西区成为新兴毛纺织工业中心。

在这些工业城镇飞速发展的同时,很快地发展出一批以陶瓷工业、盐业及金属矿业和煤铁矿业等矿产资源为特色的矿业城镇。1851 年,英国

---

① H. C. Darby, *A New Historical Geography of England after 1600*, p.159.
② Richard Dennis, *English Industrial Cities of the Nineteenth Century: A Social Geography*, p.31.
③ Richard Dennis, *English Industrial Cities of the Nineteenth Century: A Social Geography*, p.37.
④ Ian Taylor, Karen Evans and Penny Fraser, *A Tale of Two Cities: Global Change, Local Feeling, and Everyday Life in the North of England: A Study in Manchester and Sheffield*, p.39.

的制造业城镇有53座,矿业城镇有26座。① 其中,伯明翰附近的伍尔弗汉普顿(人口12万)、沃尔萨尔(人口2.6万)、威伦豪尔、温斯勃里、达德利(人口3.8万)以及著名的"黑乡"斯坦福都是有名的矿业城镇。在煤铁工业发达的威尔士南部,卡迪夫、斯旺西、纽波特、梅瑟蒂德菲尔迅速崛起。威尔士的梅瑟蒂德菲尔是在工业革命中崭露头角的纯粹煤铁矿业城镇。1750年时,它还几乎是不毛之地,煤铁矿的开发使之在1821年便一跃成为威尔士最大的城镇,有17 404人赖此为生。熊熊燃烧的炼铁熔炉,飞速运转着的工厂,构成了南威尔士的新景观,②它在威尔士的地位相当于曼彻斯特之于兰开夏。③ 还有陶器工业中心斯托克,1851年时有人口8.4万人。矿业城镇的发展构成了英国工业革命时期城镇发展的新的风景线。

工业城镇和矿业城镇是工业革命的先遣队和主力军,它们率先成为吸引移民的大磁场。工业城镇和矿业城镇互相促进,共同发展。工业革命是矿业城镇大发展的先决条件。英国很早以来就出产煤炭,在16世纪下半叶就已经利用机械来解决排水问题。17世纪上半叶,英国的煤产量可能是整个欧洲大陆的3—4倍,在欧洲遥遥领先。工业革命开始后,为满足冶铁工业煤炭燃料的需求,煤炭工业出现了新的飞跃。从18世纪80年代开始,采煤业中的技术改造加快,19世纪冶炼和铁路运输业的进一步发展更刺激了采煤业的发展。1800年,英国的煤产量为1 100万吨,1830年为2 240万吨,1845年则达到了4 590万吨。④ 由此可见,正是工业革命,尤其是机械工业中运输工业的发展,才促成了采煤业的大发展,才促使大批矿业城镇崛起。而矿业本身的繁荣又促进了工业城镇的发展。尤其是工业

---

① Ian Taylor, Karen Evans and Penny Fraser, *A Tale of Two Cities: Global Change, Local Feeling, and Everyday Life in the North of England: A Study in Manchester and Sheffield*, p.22.
② F. M. L. Thompson, ed., *The Cambridge Social History of Britain 1750 - 1950*, Vol.1, Cambridge: Cambridge University Press, 1990, p.29.
③ Harold Carter and C. Roy Lewis, *An Urban Geography of England and Wales in the Nineteenth Century*, London: Edward Arnold, 1990, p.55.
④ 蒋孟引:《英国史》,北京:中国社会科学出版社,1988年,第474页。

革命的第二阶段,当重工业发展起来以后,矿业的发展显得尤其重要。矿业城镇的发展直接促进了"黑乡"的繁荣,促进了伯明翰、谢菲尔德的兴起,促进了铁路城镇的出现。

工矿业城镇的发展带动了其他类型城镇的发展,使其他类型的城镇同样成为吸引移民的磁场。由于制造业城镇的迅速发展,其产品不仅用于满足国内的需要,而且也大批地向国外倾销,这就促进了国内外交通枢纽城镇的发展和港口城市的发展,如铁路城镇克鲁几乎完全是由于铁路在此交会而兴起的,利物浦港口极大地适应了兰开夏工业基地的进出口需要,威尔士的卡迪夫则几乎是为适应出口梅瑟蒂德菲尔的煤矿而兴起的港口城市。

交通运输网络体系的发展,特别是运河与铁路,把全国的城镇联系在一起。它们给城镇提供了快捷的、可靠的和有效的交通运输,并进一步为19世纪城镇的扩展和城镇郊区化的出现打下了基础。

运河运输以其无可比拟的优越性而独树一帜。它承载量大、方便安全,尤其是对运送笨重的煤炭作用非常大,特别有利于落后地区的开发。最初,运河的修筑是与降低煤价的意愿密切相关的。运河的修筑始于18世纪,到90年代"运河热"期间达到顶峰。桑基布鲁克运河是近代第一条运河,它于1757年连接了圣海伦斯煤矿与默西河;1761年,"运河之父"布里奇沃特公爵组织开挖了一条从兰开夏的沃尔斯利煤矿到曼彻斯特郊区的布里奇沃特运河,创造了"世界最伟大的人工奇迹"。这两条运河都是为了运送兰开夏的煤炭到默西河,为利物浦和曼彻斯特提供廉价的煤炭。

对廉价煤炭的需求刺激了大多数运河的修筑。在第一次运河修筑高潮中,一大批运河法案如雨后春笋纷纷涌现。1760—1774年间,议会至少通过了28项运河法案,大多集中于英国中部和西北部。在所谓"运河热"中,运河修筑更是遍及全国,1792—1795年间,至少通过了51项运河法案。[1]"陶都"

---

[1] Paul Lawless and Frank Brown, *Urban Growth Change in Britain: An Introduction*, London: Harper and Row, 1986, p.17.

北斯坦福郡与默西河连接起来了,形成了以伯明翰为中心的运河网,把默西河、特伦托河、塞文河和泰晤士河连成一体。著名的大联通运河即在此间修成,把伦敦与英格兰西北部有效地连贯起来。1835年,伯明翰—曼彻斯特运河通航。"到1840年为止的80年中,运河运输是英国大宗商品的主要运输方式,经由这种方式工业革命得以发生。"① 英国的运河体系基本形成。

如果说运河的修筑推动了已有城镇的发展的话,那么铁路的修建则不仅扩展了已有的城镇,而且创造了许多全新的城镇。诞生于1825年的斯托克顿—达林顿铁路是全英第一条铁路。1826年,英政府通过议会决议确定修建一条曼彻斯特通向利物浦的铁路。

"火车之父"史蒂文森(George Stephenson)的名字与铁路的兴起紧紧相连。1830年,他的"火箭"引擎在利物浦—曼彻斯特铁路上试车成功。以前通过走水运,利物浦到曼彻斯特需要4个小时;在铁路建成后,时速46千米的火车从利物浦到曼彻斯特只需要1个多小时,速度比水运快了许多。到1830年底,利物浦—曼彻斯特铁路运送旅客70 000人次,在1831年就有高达500 000英镑的总收入。蒸汽机车不仅加快了货运速度,而且也加快了旅客旅行的速度。蒸汽机车的运用极大地推动了曼彻斯特地区纺织工业贸易的发展,并降低了物流成本,给曼彻斯特带来了巨大的经济利益。铁路建设成了新的经济热潮,到1838年末,铁路里程已达500英里。19世纪40年代后期的"铁路热""席卷了从贵族到农民的一切阶级",仅1845—1847年间,就有576家公司获得了总长度为8 731英里的铁路修筑权。② 1841年,在英格兰人口逾2.5万人以上的41个城镇中,只有14个城镇尚未与铁路相连。到1855年,大约8 000英里的铁路把全国的主要城镇连接成了一个整体。自1825年英国第一条铁路通车后,到1835年,

---

① Charles Hadfield, *British Canals: An Illustrated History*, London: Phoenix House, 1959, p.180.
② [英]阿萨·勃里格斯:《英国社会史》,第256—257页。

全英已有471英里的铁路线,1845年达3 277英里,1850年达13 411英里,到1870年,铁路里程已达到了15 500英里,1885年则有30 853英里之长。[①] 密如蛛网的铁路线伸向英伦的城镇乡村、内地和海疆,把英国纳入了一个有效的铁路网中。

随着交通运输业的发展,运河和铁路的修筑,大批现有城镇获得新的动力。在"运河热"之后,全国的城镇鲜有不与河运体系相连的。伯明翰、曼彻斯特以及利物浦等无一不与运河相连,并部分地受运河之赐而发展起来。运河的开凿,使英国拥有了较为完备的运输网络,对煤炭等的运输起了巨大的作用,使不少城镇获得了生长的机会,迅速繁荣起来。不过,只有铁路时代的到来才最终使英国城镇发展出现了飞跃。巴罗弗内斯和米德尔伯勒几乎平地而起,谢尔顿、克鲁、斯温顿和沃夫顿成为重要的铁路枢纽城镇。

英国工业革命生产了无数的财富,把产品输送到全世界。特别是棉布,原来精品棉布主要从印度进口,但兰开夏的机器生产迅速打垮了东方的棉纺织业。英国不仅生产自己需要的棉织品,而且向外输出到全世界,成了"世界工厂"。英国的工厂生产什么产品,英国商人就把什么产品运销到全世界。而这离不开地理大发现以来英国的远洋探索,离不开大西洋贸易线路的开拓,也离不开英国的海洋霸权地位的建立。在这种背景下,英国的沿海港口城镇都得到了发展的机遇。除了伦敦以外,大西洋沿岸的其他港口城市也都得到了发展的天赐良机,从利物浦到布里斯托尔都抓住了机遇。

大航海时代开始,洲际贸易往来逐渐增多。大西洋成为主要国际商道,英格兰西海岸的布里斯托尔、切斯特和利物浦开始崭露头角。利物浦在不列颠的西海岸,面向大西洋,宽阔的默西河虽然有大西洋风浪,但利物

[①] James Walvin, *Leisure and Society*, *1830-1950*, London: Longman, 1978, p.21.

浦船坞建筑技术保证了港口的良性发展。再加上新航路的通航，近代运河、公路、铁路等交通运输基础建设的完善，使利物浦与内地的工业区紧密相依，陆海交通俱备。利物浦因其港阔水深，适于大型货轮进出，不久便取代切斯特，成了仅次于伦敦的大港。利物浦的传统外贸对象主要是爱尔兰。但从17世纪起，英荷、英法战火频繁，威胁着英格兰东部和南部各港口的安全，利物浦由此扩大贸易范围，增加商船队伍。1700年，利物浦已拥有70艘商船，[①]其海关关税收入占全英关税收入的1/3。到1702年时，就商船吨位和拥有的水手数量而言，利物浦已是全英第三大港口。[②] 随着1715年利物浦第一个湿船坞的启用及其成功，一系列的船坞纷纷修筑，港区设施的建设为利物浦外贸的繁荣打下了坚实的物质基础。利物浦不仅垄断了爱尔兰贸易，与欧洲大陆的贸易也在发展，在西班牙、法国甚至波罗的海各港口都能见到利物浦商船出没，它甚至控制了大部分美洲贸易。在早期，利物浦与美洲的贸易主要集中在两大区域：一是与英属西印度群岛及北美殖民地的贸易。主要商品为烟草、蔗糖和棉花。据统计，1704—1711年，由利物浦进口的烟草数量增加了约250%，糖则增加了约50%。到1785—1810年间，增长速度更加惊人，烟草的年进口量从250吨增加到8 400吨，糖则从16 600吨增加到46 000吨。[③] 二是与西属美洲——古巴和墨西哥的走私贸易。据说1757年时，利物浦有106艘商船涉足这类走私贸易，净年利润就有25万英镑。[④]

从18世纪中叶起，利物浦这个名字便与奴隶贸易须臾不可分了。虽然早在1700年就有关于利物浦商船从非洲向西印度携带黑奴的记载，但

---

① J. R. Muir, *A History of Liverpool*, p.181.
② Francois Vigire, *Change and Apathy: Liverpool and Manchester during the Industrial Revolution*, Cambridge, Mass: MIT Press, 1970, p.37.
③ Francis E. Hyde, *Liverpool and the Mersey: An Economic History of A Port, 1700 - 1970*, Newton Abbot: David and Charles, 1971, p.26.
④ J. R. Muir, *A History of Liverpool*, p.182.

直到 18 世纪 40 年代,大规模的奴隶贸易才开始。由于西班牙王位继承战争(1701—1714 年)、七年战争(1756—1763 年)等牵制了伦敦与布里斯托尔的贩奴船,利物浦的贩奴船包揽了大部分的黑奴贸易,以期尽可能地捞取财富。要知道奴隶贸易的利润最高达 500%!这样,利物浦与美洲贸易的贸易链中又加上了新的一环,演变成英国—非洲—美洲的三角贸易。仅仅在 1783—1793 年这 10 年间,利物浦大约有 878 个船次涉足奴隶贸易,总计贩卖了 303 737 个非洲黑奴到西印度群岛,获利 15 186 850 英镑。当 1792 年奴隶贸易达到顶峰时,利物浦独占了全英 5/8 的奴隶贸易量、全欧 3/7 的奴隶贸易量。①

工业革命时代,利物浦充当了兰开夏工业腹地的进出口基地。从进口情况来看,19 世纪 40—50 年代,兰开夏大约 75%—90% 的原棉由利物浦输入。1810—1850 年,由利物浦进口的原棉从 4 万吨增加到近 36 万吨,由美洲进口的小麦从 800 吨增加到近 75 000 吨,面粉从 900 吨增加到 10 万吨,蔗糖从 46 000 吨增加到 726 000 吨。从出口情况看,到 1852 年,由利物浦输出的煤为 25 万吨,铁锭、铁块等 32 500 吨,亚麻 25 000 吨,其他工业品 8 000 吨,陶器 54 000 吨,工业用铜 5 600 吨。1857 年,利物浦的出口总量达到了 5 500 万吨。②

由此可见,经过两个多世纪的发展进程,利物浦已成为重要的进出口商港,为英格兰西北部工业腹地提供着服务。

利物浦除传统的陶器工业外,18 世纪因港口的活跃而发展出一批相关工业,如造船工业、制绳工业、铸铁工业和制糖工业,并进入了陶器工业的辉煌时代,开始出产优质白釉蓝彩陶器,18 世纪中叶以后,甚至给陶都斯坦福郡运来的瓷器绘图上色。利物浦的钟表业也很突出。不过,到 18

---

① John B. Sharpless, "The Economic Structure of Port Cities in the Mid-nineteenth Century: Boston and Liverpool. 1840 – 1860", p.134.
② Francis E. Hyde, *Liverpool and the Mersey: An Economic History of A Port*, 1700 – 1970, p.41.

世纪下半叶和19世纪初,大部分的工业陷于衰落或迁出利物浦。首先,利物浦传统的制陶业日益衰败,大多数的陶瓷技术人员和工人迁往"黑乡"斯坦福郡。其次,造船工业虽然在18世纪末达到发展顶峰,但从19世纪开始也逐渐走向下坡路。最后,在1764—1823年间,利物浦还经历了捕鲸业及与之相关的炼油业的兴衰历程。到19世纪初,在利物浦工业中,尚值得一提的是炼糖业、制绳业及钟表业。

18世纪初,利物浦的人口刚超过5 000人。1750年,利物浦的人口已增至6万人,超过了格拉斯哥,成为仅次于伦敦的港口城市。在大城市序列中,利物浦仅居伦敦和曼彻斯特之后,名列第三。到1831年,则更加达到165 000人。城区如此,一些郊区的增长更为惊人,如埃文顿、西德比和托迪斯等,人口都超过了4 000人。①

布里斯托尔位于英国的西南部,埃文河从市区穿过,地理上通过布里斯托湾和大西洋与美洲大陆相望。政治上,早在1155年就获得了皇家特许状,1373年成为一个郡,这是英国历史上第一个获得这样地位的城镇。经济上,成为造船与制造业中心。13—18世纪,就税收而言,它是伦敦外的英国三大城市(包括布里斯托尔、约克和诺威奇)之一。布里斯托尔自中世纪开始就是英国重要的港口城市,是葡萄酒输送至英国内陆的必经港口。15世纪时,它是英国第二大港口,在随后的地理探索时代,它成为英国探索新世界的起点。1497年,从利物浦出发的船只首航美洲大陆。16世纪初,布里斯托尔商人从事一系列美洲探险活动,随后把海上商业活动集中在对美洲与欧洲大陆贸易上,尤其是走私贸易上。如1700—1807年布里斯托尔的奴隶贸易时代,有2 000多艘船只携带约50万个非洲黑奴到达美洲,因此布里斯托尔的地位一度仅次于伦敦。它与利物浦都成为三角

---

① E. A. Wrigley, "Urban Growth and Agricultural Change: England and the Continent in the Early Modern Period", in E. A. Wrigley, *People, Cities, and Wealth: the Transformation of Traditional Society*, pp.160 - 161.

贸易的中心。17世纪开始,布里斯托尔也转型进行玻璃与造船工业。工业革命开始后,它受到来自两方面的竞争:一方面,英格兰西北部工业兴起,曼彻斯特、伯明翰迅速崛起,超越了它。另一方面,从港口贸易来说,北边的利物浦同样涉足奴隶贸易,与它展开了奴隶贸易的竞争。从19世纪开始,布里斯托尔港口的地位受到利物浦的压制,从港口城市逐渐向工业城市转型。其间,建造了布鲁内尔(Isambard Kingdom Brunel)设计的伦敦与布里斯托尔之间的大西铁路(Great Western Railway)。原有玻璃和黄铜制造业开始衰落,但烟草进口和加工业繁荣起来。19世纪,布里斯托尔的人口增长了4倍,从6万多人增长到33万多人。

伦敦也是全国最重要的港口城市和交通枢纽,西接大西洋,东靠欧洲大陆,是全英最大的港口。从1666年到1821年,伦敦的人口从50万人增长到120万人。到1901年,伦敦的人口增长到了600万人。在工业化进程中,伦敦远远越出了旧城区的范围,城市沿着公路、河流、铁路向郊外伸展,包容了邻近的威斯敏斯特、格林威治等,从而形成了一个庞大无比的都市区——大伦敦。早在18世纪,丹尼尔·笛福就称伦敦为一个巨型怪物,那时每10个英国人中有1个是伦敦人。19世纪,伦敦人口几乎是以每10年增长20%的速度飙升。威廉·科贝特(William Cobbett)称伦敦是一个肿瘤。到1901年,伦敦的人口等于英国紧随其后的18个大城市人口的总和,几乎等于欧洲4个最大城市巴黎、柏林、维也纳和圣彼得堡人口的总和,这意味着每5个英国人中就有1个是伦敦人。难怪有人说,整个英格兰不过是伦敦的郊区而已!如果拿伦敦的人口与英国第二大城市相比,那么1801年伦敦是其10倍,1851年为6倍,1901年为5倍,1951年为4.8倍。①

工业化进程的推进,环境的污染,休养的需要,促使大众休闲城镇崛

---

① Martin Daunton ed., *The Cambridge Urban History of Britain*, Vol.3: 1840-1950, p.81.

起,成为吸引移民的另一类重要节点。大都市的环境污染成为普遍现象。因此,19世纪海滨休闲城镇的发展速度甚至超过了工业城镇。据1851年人口普查资料,英国的11个海滨休闲城镇在1801—1851年间的人口增长率为314%,①远远超过其他类型城镇的人口增长率。当时伦敦的人口增长率为146%,制造业城镇为224%,矿业金属业城镇为217%,海港城镇为195%,郡城为122%。② 在英格兰和威尔士,人口超过万人的海滨休闲城镇就有9座,到1881年时则达到23座(其中布莱顿已达10万人),1911年达到39座。③

英国是个岛国,位居大西洋北部,隔英吉利海峡与欧洲大陆遥遥相望,漫长曲折的海岸线,为英国提供了许多天然的优良港口和沙滩,给海滨休闲城镇的发展提供了极为优越的自然地理条件。铁路无疑成为海滨休闲飞跃发展的催化剂,促成了游客的迅速增多和城镇的勃兴。以从伦敦到布莱顿为例,在马车运输时代,1762年要用一整天,1791年减少为9小时,1811年为6小时,1833年仍要5—6小时左右。④ 铁路的出现则大大缩短了旅途时间,只要2个小时。

许多无足轻重的小渔村、日趋衰落的小港口转变成欣欣向荣的度假胜地,如布莱顿、斯卡伯勒、惠特比、威茅斯、黑斯廷斯、马尔盖特等。布莱顿得益于其距伦敦——英国最大的人口中心仅50英里,马尔盖特则因泰晤士河的水运便利而得风气之先。1802年,马尔盖特便有2万多游客。不久,汽船的运行更把大批游客带到泰晤士河口的海滨胜地。1830年时,汽船把10万多游客运到马尔盖特。所以,有人说马尔盖特是英国第一个现代意义上"大众的"海滨胜地,比火车把大批游客带到布莱顿还早。

---

① John K. Walton, *The English Seaside Resort: A Social History*, 1750-1914, Leicester: Leicester University Press, 1983, p.52.
② Edmund W. Gilbert, *Brighton, Old Ocean's Bauble*, Hassocks, Eng.: Flare Books, 1975, pp.2-3.
③ John K. Walton, *The English Seaside Resort: A Social History*, 1750-1914, pp.53,60,65.
④ John K. Walton, *The English Seaside Resort: A Social History*, 1750-1914, p.21.

19世纪的工业化和城镇化还创造了全新的海滨休闲城镇。有些海滨休闲城镇,如伯恩茅斯、布兰克浦、绍斯波特和索森德等,几乎是平地起城郭,这些海滨休闲城镇崛起的过程恰好与内地工业城镇的发展壮大遥相呼应。伯恩茅斯在1811年时仍是不毛之地,1812年才建起第一间房屋,1841年时仍不足30幢房子,但到1861年时已有居民近2 000人。1911年时,伯恩茅斯人口超过巴斯,从此开始进入飞跃发展时期,到1951年时,发展成一个14.4万人口的城市。① 布兰克浦在1700年时还几乎不存在,只不过是一条沿海的狭长地带,有几间农舍和民宅的小村子。而索森德(Southend)正如其名称一样,只不过是普列特威尔村的南部边缘。在18世纪,两者才渐渐发展成洗浴中心。

1851年,英国人口超过万人的海滨休闲城镇就有9座,它们分别是:布莱顿、大雅茅斯、多佛、黑斯廷斯、格雷夫森德、拉姆斯盖特、塔克威、斯卡伯勒和马尔盖特。到1881年,布莱顿的人口超过了10万人,有一大批城镇加入万人城镇中,如绍斯波特、伊斯特本、福克斯顿、伯恩茅斯、惠特比、威茅斯、布兰克浦和沃尔辛等。仅仅在1861—1871年间,英国48个海滨城镇的人口增长了10万人。②

城镇化的进程和大工业中心催生出相应的休闲胜地。英国的主要海滨休闲城镇集中在英格兰东南部,伦敦促进了肯特、苏塞克斯海滨的多佛、黑斯廷斯和马尔盖特的繁荣,布里斯托尔促成了滨海韦斯顿、克利夫顿和波茨黑德的海滨休闲城镇的兴起,泰恩茅斯则成了纽卡斯尔人的"布莱顿",利物浦促进了克罗斯比、滑铁卢和新布莱顿的崛起,甚至威尔士的阿勃列斯特韦斯也有了发展。

19世纪晚期,英国沿海发展起与工业区的布局大致吻合的海滨胜地

---

① Edmund W. Gilbert, *Brighton, Old Ocean's Bauble*, pp.21–22.
② John Urry, *The Tourist Gaze: Leisure and Travel in Contemporary Societies*, London and Thousand Oaks and Delhi: SAGE Publications, 1990, p.18.

近200个,初步形成大型海滨休闲城市、中等海滨休闲胜地和小型海滨休闲小镇的海滨休闲城镇网络。由北而南为:西北兰开夏工业区主要有莫克姆、布兰克浦、圣安尼斯、利松和绍斯波特等,约克郡和东北工业区有雷德卡、惠特比、斯卡伯勒、克利索普斯和斯凯格内斯,米德兰、瓷器区和"黑乡"及威尔士则有新布莱顿、阿布列斯特韦斯和斯克格尼斯,东南部伦敦工业区则有格雷夫森德、威斯特盖特、马尔盖特、拉姆斯盖特、多佛、福克斯通、黑斯廷斯、伊斯特本、布莱顿、沃尔辛、小汉普顿、康沃斯等等,西部郡则有韦茅斯、塔克威、滨海韦斯顿、克利夫顿和波蒂斯黑德。①

---

① John K. Walton, *The English Seaside Resort: A Social History, 1750–1914*, pp.55–58.

三、城镇等级体系

英国原有的城镇体系雏形,经过工业化的从分散到集中的进程,形成了新的城镇等级体系。除了伦敦外,涌现出一批大工业城镇,如曼彻斯特、伯明翰、格拉斯哥等。还有一批也相当有实力的工业城镇,如利兹、谢菲尔德等,它们在经济地位上迅速崛起,与许多郡府并驾齐驱。此外,还有各种等级不同的小城镇。

工业革命开始后,英国城镇的发展出现质的飞跃。一方面是中小城镇人口普遍有所增长,另一方面是英国城镇的地理分布发生变化。由于长期以来的原工业化发展和工业革命的启动,原来农业繁荣兴旺的东南部在国民经济中的比重开始下降,北部和西北部的荒凉山区工业成长起来,这就对城镇的发展产生了重大影响,小城镇的发展也不例外。于是,约克郡小镇的人口增长是东盎格利亚小镇的两倍,米德兰和北部的小城镇的增长速度比西南部和东南部快得多。[①] 苏格兰小镇的发展主要集中在新兴的格拉斯哥附近。

在这样的发展趋势下,到1811年时,原来不起眼的西北部小城镇中已经有67.4%的人口居住在5 000人以上的小城镇里。在约克郡、北部各

---

① Peter Clark, "Small Towns in England 1550 – 1850: National and Regional Population Trends", in Peter Clark, ed., *Small Towns in Early Modern Europe*, Cambridge: Cambridge University Press, 1995, pp.108 – 112.

郡、西米德兰,以前的小城镇有一半以上已经超过 5 000 人,跻身小城镇"大哥大"的行列,到 19 世纪中叶更是大多超出了小城镇的范围。相反,在东盎格利亚西南部和东南部,大部分仍然是人口稀少的小城镇,人口往往不到 3 300 人。随后 40 年的城镇化发展,大城市发展比小城镇快了两倍,英国进入城镇化时代。但即使如此,1851 年对英格兰的 788 个小城镇的统计中发现,虽然有 33.6%的人居住在人口 5 000—10 000 人的小城镇里,但人口在 3 300 人以下的小城镇仍然有 368 个,这些小城镇的居住人口占小城镇居民总数的46.7%,几乎是小城镇人口中的一半。①

一些小城镇借工业化和城镇化的浪潮迅速成长为城市。工业革命的发展,英国从农业社会向工业社会的转变,从乡村社会向城市社会的转变,为小城镇向城镇和大城市的发展创造了条件。19 世纪初的许多英国的小城镇后来发展成为城市,它们大多数是历史悠久的市场中心,因工业化而飞速壮大,如谢菲尔德、布莱德福得、伍尔弗汉普顿和帕斯利。另外一些则是港口,如利物浦、格林诺克和卡迪夫,还有些是工业城镇,如斯托克、柏斯勒姆和圣海伦斯,它们迅速地越过小城镇的界线,进入城市行列。1851 年,在伦敦周围和一些工业郡就是这样,许多小城镇已经发展成为城市。在以伦敦为中心的近畿诸郡地区,由于首都的发展,把许多原先的小镇吸收了进来,这样伦敦周围的小城镇似乎骤然减少。另外,在工业化发展比较早的地区,主要是英格兰西北部地区,城镇化水平提高了,小城镇数量减少了。如果我们画一个圈的话,大致以德比郡为中心,从诺丁汉郡沿逆时针方向,经过约克郡的西赖丁—兰开夏—柴郡—斯坦福郡—沃里克郡,包括北威尔士的格拉摩根郡。这里,原先的许多工业小镇人口过万,进入了城镇或城市的行列。即使在小城镇中,人口5 000人以上的也占多数。再比较一下两个人口不相上下的郡的小镇发展走向,工业区的诺丁汉郡到

---

① Peter Clark, ed., *The Cambridge Urban History of Britain*, Vol.2: 1540 – 1840, p.740, Table 22.3.

19世纪中叶只剩下了6个小镇,农业区的威尔特郡却仍然有25个小镇。①

1851年英国实现城镇化的时候,典型的英国城里人居住在小城镇里,半数的城镇人口不到5 000人,极少数超过10万人。那时,英格兰和威尔士23%的人口、苏格兰26%的人口居住在人口不到5万人的城镇里。当然,伦敦以人口260万人高居榜首,但利物浦、格拉斯哥、曼彻斯特和伯明翰也成了大城市。到1900年,这几个城市的人口超过了50万人,10万人以上的大城市比比皆是。到1950年,只有极少数英国人居住在人口不到1万人的小城镇里,几乎有40%的人移居到人口50万以上的大都市里。②

从18世纪中叶到19世纪中叶,英格兰城镇发展趋势中,新的工业中心、港口城市继续了原工业化以来的人口发展趋势并不断超越。制造业城市伯明翰、曼彻斯特不断上升,特别是工业革命的摇篮曼彻斯特,从第7名上升到1801年的第2名和1851年的第3名,作为主要港口的利物浦也从第6名相应上升到1801年的第3名和1851年的第2名。谢菲尔德和布莱德福德进入了十大城市行列。相反,那些老的郡城和城市中心逐渐落伍成为中等城镇。老郡城诺威奇从第3名跌到1801年的第10名,到1851年则完全跌出了前十。切斯特、考文垂、埃克塞特也都失去了相对重要的地位(见表3-3)。

表3-3 1750—1851年英格兰城镇等级体系③

(单位:人)

排名	1750年	人口	1801年	人口	1851年	人口
1	伦敦	675 000	伦敦	960 000	伦敦	2 685 000
2	布里斯托尔	50 000	曼彻斯特	89 000	利物浦	376 000
3	诺威奇	36 000	利物浦	83 000	曼彻斯特	367 000
4	纽卡斯尔	29 000	伯明翰	74 000	伯明翰	233 000

① Martin Daunton, ed., *The Cambridge Urban History of Britain*, Vol.3: 1840-1950, p.158.
② Martin Daunton, ed., *The Cambridge Urban History of Britain*, Vol.3: 1840-1950, pp.68-69.
③ E. A. Wrigley, *Energy and the English Industrial Revolution*, pp.62-63.

续表

排名	1750年	人口	1801年	人口	1851年	人口
5	伯明翰	24 000	布里斯托尔	60 000	利兹	172 000
6	利物浦	22 000	利兹	53 000	布里斯托尔	137 000
7	曼彻斯特	18 000	谢菲尔德	46 000	谢菲尔德	135 000
8	利兹	16 000	普利茅斯	43 000	纽卡斯尔	114 000
9	埃克塞特	16 000	纽卡斯尔	42 000	布莱德福德	104 000
10	普利茅斯	15 000	诺威奇	36 000	普利茅斯	90 000

19世纪全英主要大城市人口增长也体现类似的特性。除了伦敦保持第1名外,工业城市与港口城市保持增长态势,利物浦保持在第2—3名,格拉斯哥逐渐上升,从第4名上升到1851年的第3名和1901年的第2名。相反,爱丁堡则从第2名下降到第6—7名。工业城市与港口城市的增长势头显然要超过爱丁堡这样的苏格兰首府城市(见表3-4)。

表3-4 19世纪英国主要大城市人口增长表①

(单位:万人)

城市	1801年	排名	1851年	排名	1901年	排名
伦敦	108.8	1	249.1	1	456.3	1
爱丁堡	8.3	2	19.4	6	39.4	7
利物浦	8.2	3	37.6	2	68.5	3
格拉斯哥	7.7	4	34.5	3	76.2	2
曼彻斯特	7.5	5	30.3	4	54.4	4
伯明翰	7.1	6	23.3	5	52.2	5
布里斯托尔	6.1	7	13.7	8	32.9	9
利兹	5.3	8	17.2	7	42.9	6
谢菲尔德	4.6	9	13.5	9	38.1	8

① B. R. Mitchell and Phyllis Deane, *Abstract of British Historical Statistics*, Cambridge: Cambridge University Press, 1962, pp.20-27.

比较1750年和1850年的英国前151名城市,立即显示出巨大的差异。新兴的制造业城镇谢菲尔德、布莱德福德、邓迪成为大城市,曼彻斯特、利物浦、格拉斯哥、伯明翰成为大都市。19世纪中叶,英国的城市等级由首都、大港口、制造业中心这几个因素支配。不仅是前五名大城市稳如泰山,在随后的一个世纪里,诺丁汉、斯托克和莱斯特三个城市也位置不变,朴次茅斯和索尔福德进入前列,随后才又后移。这些大工业区中心坐落在北方和米德兰。1900年后,英国东南部在伦敦外发展出一批中等规模的城镇。①

在整个19世纪,英国的大城市主要是工业城市、港口城市。除了伦敦和爱丁堡分别是英格兰和苏格兰的首都外,其他都是工业和港口城市,是工业化时代以来的主要磁场。从19世纪上半叶英国城镇人口信息增长情况(见表3-5)可知,年增长率最高的是滨水城镇、制造业城镇、矿业与五金工业城镇。

表3-5 1801—1851年英国城镇人口信息增长表②

城镇类型	城镇数量/个	1801年平均人口数/人	1851年平均人口数/人	年增长率/%
首都伦敦	1	959 000	2 362 000	1.82
郡城	99	6 000	14 000	1.61
滨水城镇	15	5 000	19 000	2.56
海港	26	16 000	49 000	2.19
制造业城镇	51	14 000	46 000	2.38
矿业与五金工业城镇	28	13 000	42 000	2.34
总计	212	14 000	40 000	2.05

---

① Martin Daunton, ed., *The Cambridge Urban History of Britain*, Vol.3: 1840-1950, p.71.
② Richard Dennis, *English Industrial Cities of the Nineteenth Century: A Social Geography*, Cambridge and New York: Cambridge University Press, 1984, p.22.

工业化时代英国城镇化发展的另一个典型特色是大量小城镇的发展，专业性小镇尤其是工业特色城镇异军突起。

由于运河、公路及铁路的逐渐发展，一些位于交通要道上的具有区位优势的居住点转变成小城镇，如陆上的斯托尔波特和沃尔弗顿，滨水的船坞城镇希尔尼斯，还有一些休闲城镇如坦布里奇韦尔斯、巴克斯顿、利明顿和哈罗盖特。①

其中最引人瞩目的还是从工业村庄与集镇发展起来的工业城镇。工业城镇的经济"以某项或某几项手工业长足的、专门的发展为特色，同时又对周围地区乡村工业初级产品进行高级和最后加工"②。伴随着19世纪工业革命的进一步展开，18世纪那些专业化小城镇和工业村庄发挥了独特的优势。在工业小镇中，英格兰走在最前面，小城镇中的工业城镇在发展中的西米德兰和北部地区迅速崛起，金属制造业在伍斯特郡北部和沃里克郡西部推广开来。在斯坦福郡北部，纽卡斯尔成为一批专业小镇的中心，花边制造纺织业则集中到考文垂地区。在西北部地区，城镇化进程加快，在兰开夏东部创造了一些迅速发展的纺织业城镇及随后的棉纺织业城镇，如伯恩利和布莱克本，在西南部则还有一批矿业城镇，如圣海伦斯、普雷斯科特和沃灵顿。小镇在英国城镇体系中充当着不可或缺的重要环节，尤其是在工业生产中起着重要的作用，充当了乡村家庭工业原料和资本的流通中介。在西赖丁地区，乡村工业与当地城镇则是共生的关系。③

曼彻斯特周围发展出的棉纺织业城镇群最为典型。从19世纪起，棉布生产的每个部门都发展成独立的专业生产工厂，甚至于打包、运输都发展成独立的行业，形成专业性很强的一系列轻工业城镇。曼彻斯特的市中心成为专门的商品交易和金融业中心。这些专业性生产向周围分散开来，

---

① Peter Clark, ed., *The Cambridge Urban History of Britain*, Vol.2: 1540 - 1840, p.739.
② 刘景华：《城市转型与英国的勃兴》，第76页。
③ Peter Clark, ed., *The Cambridge Urban History of Britain*, Vol.2: 1540 - 1840, p.751.

逐步向市郊及邻近地区扩展。纺纱业大多集中到兰开夏南部和柴郡北部，棉被业集中到博尔顿，奥尔德姆、布莱克本、伯里和普勒斯顿则精于织布。① 虽然博尔顿与奥尔德姆都以纺纱取胜，但两者还是有区别的：奥尔德姆以小企业居多，通常为从前制帽或从事棉麻编织的人创业，他们生产粗支纱；而博尔顿的工厂规模宏大，通常为实力雄厚的厂主建立，精于生产精细纱线。② 因此，不仅是曼彻斯特，兰开夏其他的工业村庄或城镇也得到了巨大发展机遇，人口迅速增长。1851 年，普勒斯顿有 7 万人，索尔福德 6.4 万人，博尔顿 6.1 万人，斯托克波特 5.4 万人，奥尔德姆 5.3 万人，布莱克本 4.7 万人，威根 3.2 万人，伯里 3.1 万人，阿什顿 3.1 万人。另外，丝织业城镇德比、麦克莱斯菲尔德、考文垂，鞋袜业城镇莱斯特、诺丁汉、北安普敦，毛呢业城镇利兹、布拉德福德、哈利法克斯、哈德斯菲尔德和韦克菲尔德也一样发展喜人。③

乡村小镇大多发生了质变。18 世纪初，英国 2 500 人以下的小城镇大约有 930 个，其中英格兰 730 个，威尔士 50 个，苏格兰 150 个左右。④ 按其重要性来说，这种小城镇分为下列三个层次：在顶尖的是一些历史悠久的城镇，有些是自治城镇，如奇切斯特、斯坦福德、利奇菲尔德、亨廷顿和切姆斯菲尔德；然后是中等的市镇；最后是一批小集市、集散中心和微型城镇。如果按地区分布来看，繁荣的市场城镇（简称市镇）主要集中在农业发达的英格兰南部，中等小城镇则集中在东盎格利亚和西米德兰地区，微不足道的小镇主要集中在偏僻荒凉的西北部各郡及西南部地区的丘陵地带。⑤

---

① Gary S. Messinger, *Manchester in the Victorian Age: the Half-known City*, Manchester: Manchester University Press, 1986, p.118.
② Pat Hudson, "Industrial Organisation and Structure", in Roderick Floud and Paul Johnson, eds., *The Cambridge Economic History of Modern Britain*, Vol.1: *Industrialisation*, 1700 – 1860, New York: Cambridge University Press, 2004, p.45.
③ Richard Dennis, *English Industrial Cities of the Nineteenth Century: A Social Geography*, pp.30 – 31.
④ Peter Clark, ed., *The Cambridge Urban History of Britain*, Vol.2: 1540 – 1840, pp.735 – 736.
⑤ Peter Clark, ed., *The Cambridge Urban History of Britain*, Vol.2: 1540 – 1840, p.739.

从数量上看,到实现城镇化的 1851 年,全英国仍然有着 923 个小城镇,①似乎城镇数量变化不大,维持着动态的平衡,但是本质上已发生了巨大的变化。

东南部地区小城镇发达。在工业革命前,英国的小城镇主要集中在南部,尤其集中在东盎格利亚、伦敦周围等,而在北部、西部的小城镇则是无足轻重的。小城镇的地理布局与农业国家的经济重心相一致。在 18 世纪和 19 世纪上半叶,由于工业革命带来的经济变动,城镇本身的发展和交通运输的变革,国家的经济重心发生了转移,移到了西北部,这样小城镇布局与重心也发生了很大的变化。在西北部的山陵地带,那些原先无足轻重的小城镇迅速成长起来,尤其是带有专业性的工业小镇开始崭露头角,而位于传统农业区的小镇则陷于衰落的境地。小城镇布局的变化还体现在小城镇中 5 000 人以上的小城镇比例的增加和 3 300 人以下的小城镇比例的下降。17—18 世纪人口稀少的小城镇占主导地位。例如,17 世纪末的小城镇中,绝大多数人口在 2 750 人以下。但工业革命在很大程度上改变了这一点,从 1811 年到 1851 年,居住在 3 300 人以下的小城镇里的人由 67%下降到 36.7%,而居住在 5 000 人以上的小城镇里的人则由 18.8%增长到 33.6%。②

无论是在农业英国,还是在工业英国,小城镇始终是英国社会不可缺少的重要组成部分。到 19 世纪中叶英国实现城镇化的时候,小城镇仍然构成一个完善的体系,在英国社会发挥着独特的作用。小城镇把英国各地串联起来,使英国城乡、南北有机地结合在一起。如果说在工业革命期间迅速崛起的大城市是炫目的光华日月,那么遍布全国的小城镇则是满天的夏夜繁星。而且从某种意义上说,随着城镇化的推进,小城镇的地位不但

---

① Martin Daunton, ed., *The Cambridge Urban History of Britain*, Vol.3: 1840 – 1950, p153.
② Peter Clark, ed., *The Cambridge Urban History of Britain*, Vol.2: 1540 – 1840, pp.740 – 741.

没有下降，反而有所上升。1750年，英国只有7%—8%的人居住在小城镇里，到1851年，居住在小城镇里的人上升到15.5%，也就是说，大约有276万人居住在923个小城镇里。①

小城镇传统的市场和服务作用继续存在和发展。在农业时代，城镇相对于广袤的乡村而言，是汪洋中的孤岛。这种孤岛又如磁场一样吸引着人口的聚集、市场的交易，为广阔的农业腹地提供农产品和手工艺品的交易场所，为乡村提供各种服务，它们一般是农业社会一定交通半径内的人口汇聚点。由于人口的定期汇聚，小城镇自然而然地发展出一定的社交功能，设有酒吧、旅店、杂货铺甚至教堂这些不可或缺的设施。从中世纪以来，小城镇的这种集市功能就比较明确，作为乡村集市，为乡村农产品提供交易场所，19世纪英国著名作家哈代（Thomas Hardy）的《卡斯特桥市长》(*The Mayor of Casterbridge*) 中就描述了卡斯特桥小镇是主要的农产品干草和粮食交易的场所。此外，小城镇还充当联系乡村社会和城市社会的桥梁，是沟通乡村经济生活和城市经济生活的重要渠道，是乡村和城市社会经济生活方式的交会点和接合部。② 在1850年的386个小镇中，在工业不太发达的地区，在具有多种经济要素的小城镇里，主要以市场交易为主的城镇比例较高：在东盎格利亚是76.8%，在东米德兰为91.8%。最惊人的要算西南部纺织业的衰落了，那儿有84.7%的小镇退化成为市场集镇了，是18世纪末的两倍。③ 当然，在北部、西北部和约克郡（西赖丁）则主要是制造业和矿业城镇。因此，在农业经济占主导地位的地区，农产品的交易仍然有一定的市场，市场集镇还有其生存的空间。

小城镇的专业服务功能进一步加强。最初的服务业，只是小城镇市场

---

① Martin Daunton, ed., *The Cambridge Urban History of Britain*, Vol.3: 1840-1950, p.160.
② 刘景华：《城市转型与英国的勃兴》，第83页。
③ Peter Clark, ed., *The Cambridge Urban History of Britain*, Vol.2: 1540-1840, p.761, Table 22.8.

交易的副产品,是在市场之外的补充。但是,随着工业化和城镇化进程的发展,对现代服务业的需求增强了,于是擅长服务的小城镇成长起来。有些大城镇成为时尚的社交城镇,为乡村士绅和专业人士提供一系列的服务设施,如新住宅、报纸、自来水、城墙、赛马场、集会厅、保龄球场、杂货铺以及社交设施。贝弗利、利奇菲尔德、沃里克、鲁德卢和斯坦福德都是18世纪的社交中心。18世纪60年代,鲁德卢近10%的家庭是绅士和专业人士家庭,为他们服务的食物与饮料占14%。到乔治三世治下,不少英国市场集镇也拥有了一些社交服务设施,如戏剧、舞会、音乐活动场所及俱乐部等。如同在大城市里一样,淑女们参加小镇舞会,以逃避乡村的单调、乏味、沉闷。比如在东盎格利亚地区的10来个小镇,轮流举行舞会与音乐会,为乡绅和淑女提供娱乐。在彼得伯勒、波士顿以及其他市场集镇,各种学术沙龙团体会聚着博学多才之士,而在北安普敦郡和牛津郡则有园艺盛会和歌咏比赛。18世纪末,英国的小城镇大约有60个学友俱乐部和文学社团,特别集中在米德兰地区。1781年,起码有50个英国的小城镇举行赛马活动,这往往是当地的重大社交场合。许多矿泉和海滨城镇是专业休闲中心,它们或者是新兴的城镇,如埃普森、巴克斯顿、哈罗盖特、顿布立奇威尔斯和马尔盖特,或者是从原先的小镇发展而来,如切尔滕纳姆、梅特洛克。它们主要充当了夏季旅游地。在18世纪,许多英国小城镇扩展了自己的经济作用,如制造业、商业和服务业功能。其次,地区间的差异日益明显,在工业地区,如米德兰、约克郡以及北部、西北部的城镇充满活力,并结成体系。在苏格兰低地、威尔士南部也一样。而农业区的小镇则走向衰落。① 不过,在工业化和城镇化早期,休闲小镇的发展还是有限的,直到19世纪30年代汽船与火车的到来才为其腾飞创造了有利条件。

再以前面提到的莱斯特周围的城镇群为例。1851年,有6个重要小

---

① Peter Clark, ed., *The Cambridge Urban History of Britain*, Vol.2: 1540 – 1840, p.763.

城镇散落在郡城莱斯特周围:阿什比和马基特哈伯勒是传统市场集镇。卢特沃斯也是较为传统的乡镇,它的居民中,仍有 16% 以农业为生,但已经有 46% 从事服务业,包括商业、工业、行政和文化活动,使之成为一个乡镇而非乡村。它的星期二集市有着悠久的历史。① 其他小镇的发展快一些,如欣克利擅长针织。② 拉夫伯勒也开始工业化了,梅尔顿莫布雷有所改变,但仍保持着与乡村的联系,它的农产品加工业、服务业和娱乐业有一定影响,吸引着猎狐的绅士们光顾。此外,随着矿藏的开采,科尔维尔从矿业村庄发展成小镇,市场也随之发展起来。在低档消费品方面,郡城莱斯特只能吸引约 1/3 的本城人,而那些小镇却能吸引乡村 3/4 的消费者,说明小镇仍然起到了传统的城市—乡村的中介作用。③

因此,那种认为西方尤其是英国的"城镇化"主要是大城市的发展的观点,是巨大的认知错误。在工业化期间,在城镇化的初期,英国从大城镇、普通城镇到小城镇都有所发展,并形成了一个城镇等级体系。无论是从经济实力,还是人口规模来说,英国的发展实实在在是一场"城镇化"。

英国的城镇空间地理发生了变化。19 世纪英国的城镇化,不仅使城市/城镇代替乡村成为不列颠经济生活的主体,而且彻底改变了英国原有的经济地理。英国传统的经济重心在以伦敦为中心的东西部地区。现在,新兴的西北部工业区机器轰鸣,涌现出大批工业城市,英国的经济重心和人口在向北移动。往日繁华的东南部(伦敦除外)发展相对迟缓,手工毛纺织业曾经比较发达的东南部和西南部地区逐渐衰落,如一度是英国第三大城市的诺威奇在工业革命中停滞不前。再如蒂弗顿、弗罗姆、埃克塞特这些城市,历史上也曾经是很重要的城市,可在城镇化浪潮中明显落伍,跟不

---

① Martin Daunton, ed., *The Cambridge Urban History of Britain*, Vol.3: 1840-1950, p.160.
② Martin Daunton, ed., *The Cambridge Urban History of Britain*, Vol.3: 1840-1950, pp.160-161.
③ Martin Daunton, ed., *The Cambridge Urban History of Britain*, Vol.3: 1840-1950, p.161.

上时代步伐,逐渐沦为悲哀的荒凉处所。1801—1841年间,东南部和米德兰地区有32个休闲城镇,人口增长了4.85%,①成为英国东南部(伦敦除外)人口增长最快的地区。有些地方虽然也有所发展,如从1801年到1851年,牛津的人口翻了一番,从1.2万人增加到2.87万人,约克则从1.7万人增加到3.6万人,②但在其他城市竞相飞跃之际,这些城市相对迟缓的增长实际上就等于衰落。

当然,在英国城镇化地区,发展速度也极不平衡。以19世纪90年代为例,在当时的1 012个城镇中,伦敦的75 442英亩土地上生活着423万人,而64个都市的347 889英亩土地上生活着759万人。238个市场城镇在667 529英亩土地上有336万人,另外的709个城市里,在广袤的2 181 995英亩土地上只栖息着571万人。根据当时的人口统计资料,城市里平均每一平方英亩有4 068人,而乡村地区为154人。当然,实际情况则要复杂得多,大约有360个城镇居民过万,但也有194个城镇人数不足3 000人。③

城镇化进程使英国出现了许多专业性的工业村庄、矿业村庄。以英国著名的煤矿业中心纽卡斯尔以北的诺森伯兰为例,出现了几十个矿业村庄。包括西顿、西顿赫斯特、西顿伯恩、康布瓦、博马尔森德、西斯利克伯恩、东斯利克伯恩、滑铁卢、哈特利、达德利、霍利韦尔、坎普尔顿、基林沃斯、新约克、默顿、本顿广场、朗本顿和旭日等。④

也有一些小城镇降为村落。仅在英格兰,到19世纪中叶,有100多个小城镇衰落了。它们大部分集中在东盎格利亚,只有极少数是在西米德兰。在东盎格利亚有1/3以上的小城镇衰落了,人口下降到1 650人以

---

① Peter Clark, ed., *The Cambridge Urban History of Britain*, Vol.2: 1540-1840, p.479.
② [英]阿萨·勃里格斯:《英国社会史》,第236页。
③ P. J. Waller, *Town, City, and Nation: England, 1850-1914*, p.4.
④ Alan Metcalf, *Leisure and Recreation in A Victorian Mining Community: the Social Economy of Leisure in North-East England, 1820-1914*, London and New York: Routledge, 2006, p.xvii.

下,在东米德兰和西南部也差不多。比如梅瑟沃尔德到 1830 年时已经衰落成为一个"大村庄"了;而梅德尔汉也从一个市镇变成了一个"居民主要从事农业"的地方;鲁格希尔本是小有名气的市镇,现在也"仅仅是个村庄";苏格兰和威尔士的一些小镇也遭受了类似的命运。[①]

总之,在工业化的推动下,英国的城镇化几乎是全面发展,逐渐形成了近代城镇体系。从城镇属性来说,形成了制造业城市和矿业城市、交通枢纽城市和休闲城市等类型。从城市规模来说,以制造业为主的新兴大城镇崛起为一流城镇,而郡城大多成为第二等级的城市,它们的发展相对迟缓。小城镇得到了广泛发展,特别是专业性的小城镇,甚至一些地区还出现了工业村庄和矿业村庄。

[①] Peter Clark, ed., *The Cambridge Urban History of Britain*, Vol.2: 1540 – 1840, p.740, Table 22.3.

第四章
工业化时期的英国城镇(二)

英国具有了城镇国家的有形外貌,而且城镇化的浪潮席卷全英,把整个英国全部纳入了城镇化的体系之中,英国的生产和生活水平逐渐地城镇化,人们的行为、思维方式也逐渐地城镇化了。英国城镇化足音由弱变强,由远而近,由点到面,从而汇成了城镇化的强音。这样,英国成为世界农业文明中的城镇文明的明星,也从而确立起了对世界其他国家的优势,坚船利炮伴随着西服、文明棍和圆顶礼帽对全世界形成强大的冲击波。城市的兴起对英国产生了很大的影响,在经济、文化、政治等方面都能很直观地表现出来。因为城市数量增多,英国城乡人口的比例产生了翻天覆地的变化:1801年,英国城市人口仅占全国人口的32%;到了1851年,居民2万人以上城市的总人口就占全国人口的一半了。其中,居住在大城市的居民占全国人口总数的1/3,而同时期的法国却只占10.5%。

工业化时期的城镇化,不仅表现在城镇数量的增长、城镇种类与体系的完善上,更表现为城镇化空间郊区的扩展、城镇内部空间的城镇化以及城镇治理模式的探索。

一、城镇化空间郊区的扩展

工业化时期英国城镇从数量到规模都得到了很大的扩展,其中城镇空间向外扩展、城镇规模扩大是城镇化的基本特征。在这个过程中,近代城镇的郊区应运而生。

郊区几乎与城镇/城市一样古老。在古代,在城墙外的地方就是郊区。现代郊区作为富裕者的恬静家园所在,在公元前6世纪的古巴比伦就出现了。在古希腊,城郊可能更多地以城邦的形式出现,体现了城市与乡村社区的相互依赖关系。古罗马政治家西塞罗(Marcus Tullius Cicero)也把富裕的罗马贵族在城外建筑的大型别墅和庄园豪宅称作郊区。[①] 近现代的城市郊区发展则是工业化和城市化以来的新趋势。一方面,人口大量向城镇迁移;另一方面,城市的中产阶级新贵则开始在大城市的市郊购置地产和别墅。在首都伦敦,这个现象从18世纪末就开始出现,到19世纪,几乎所有迅速扩展的大城市都经历了这种郊区发展进程,如曼彻斯特等。

城市的郊区扩展使人们对居住地的地理空间观念发生了变化,从传统城镇穷人在城郊居住、富人在市中心居住的地理形态向"富人的郊区"转

---

① "Suburb: History of Suburbs", *The Columbia Electronic Encyclopedia*, 6th ed. New York: Columbia University Press, 2012. https://www.infoplease.com/encyclopedia/literature-and-the-arts/art-and-architecture/architecture/suburb/history-of-suburbs.

变。而这种转变反过来又促进了更多的人向郊区迁移,从而进一步拓展了城镇化空间。

直到 18 世纪中叶,传统城郊观念仍然占支配地位,上流社会富裕者居住在市中心,穷人居住在破烂市郊。这时,有钱人通常在郊区乃至于乡村或海滨拥有夏季别墅,在此度过炎炎夏日。18 世纪末 19 世纪初,出现富裕者同时拥有城里和郊区住宅的现象,而商人与高级专业人员开始把郊区别墅当成其永久居住地。19 世纪初,中产阶级毕竟还大多居住在市中心,但逐渐与穷人拉开距离,伦敦东区(穷人区)和西区(富人区)的空间格局由此诞生。

从住宅形态上看,新兴的实业家与专业人员的郊区别墅和城镇广场住宅,是以土地贵族的乡间城堡和城镇豪宅为模式的,而为职员和技师等中产阶级下层所建立的农舍和联排式住宅则是同类住宅具体而微的模仿。① 中产阶级上层住豪宅,相对宽大,银行家和律师的住宅在办公室的上面,商人和企业家的住宅则在仓库和工厂附近。也有的富人在市中心除了有办公室外,还有分开的住所,带漂亮的花园和马厩,甚至还有温室花房。即使如此,乡间别墅仍是他们的梦想家园。伯明翰的洛考克一家即很典型。詹姆士·洛考克是一个白手起家的珠宝商,靠努力工作在城里拥有了一家独立的珠宝店,妻子儿女在店中料理帮忙,他的理想是拥有一个与工作分离的带花园的住所。当事业有了起色,他雇用了一个住店的伙计,在近郊埃德巴斯顿建了两所住房,一所自住,一所出租。此时,他的妻子已不再参与店里的业务,做起专职家庭主妇。工作与生活分离,他的后代很快跻身于伯明翰的上流社会。② 洛考克家对住所的选择与安排,走的是典型的城市中产阶级生活道路。在伯明翰向郊区的迁移中,牧师、律师和商人一马当先,比如,1853 年埃

---

① Ellen Jordan, *The Women's Movement and Women's Employment in Nineteenth Century Britain*, London: Routledge, 1999, p.32.
② Derek Fraser and Anthony Sutcliffe, *The Pursuit of Urban History*, London: Edward Arnold, 1983, pp.289-332.

德巴斯顿只有 3 座教堂,却有 21 个牧师住在此地。① 医生、企业家和零售商则相对落后,仍滞留在市里的富人区。早在 1844 年,有人观察到,在曼彻斯特市中心已见不到资产阶级居民了。商人和企业主在乡间拥有独立式住宅,掩映在花园中。② 对那些一时无法实现梦想的人来说,新月形住宅③就是较好的选择,它与生意区域较接近,但又不过分靠近城市的喧闹区。到 19 世纪中叶,拥有郊区住宅成了中产阶级家庭生活的常态。

随着时间的推移,"郊区"的范围也在变化。由于人口的日益增多和城市的扩大,在近郊要保持自然与独立越来越难了,因此从近郊逐渐向距离市区更远的"远郊"发展,从而推动了城镇化空间的扩展。

这个进程早在 19 世纪上半叶就已经出现。原先优雅的新月形住宅变得过于靠近闹市,伯明翰的带美丽花园的奥尔德姆广场住宅也不再是中产阶级独住的地方,而成了混合居住区。因此,中产阶级只能向发展中的远郊迁移,在那儿,既可保持其优雅的生活,也不妨碍城里的工作。1818 年,伦敦葡萄酒商人拉斯金(Ruskin)先生搬到了一幢 5 层楼的联排式住宅里,租用一座郊区的夏季别墅,1823 年搬到了一座更远的半独立式住宅里,有马厩和前后花园。④

19 世纪上半叶的郊区有两种截然不同的类型,破烂市郊与高档郊区并存。在破烂市郊(城乡接合部)充斥着工资劳动者和小商贩,在时髦的高档郊区住满了高级商人。伦敦的大商人开始往西或南迁移,中小商人跟随其后,继而店主也开始迁移。成批向郊区迁移是和 1824—1825 年间的工商业繁荣相伴而来的。有人记载了伦敦的人们如何从带有小平台和小花园的那些由投机商人按一式图样建造的近郊房舍,每天骑马或乘四轮或两

---

① Derek Fraser and Anthony Sutcliffe, *The Pursuit of Urban History*, pp.289-336.
② Harold Perkin, *The Origins of Modern English Society, 1780-1880*, London: Routledge and Kegan Paul, 1976, p.173.
③ 新月形建筑也许可以说是一种独特的联排式住宅,它依托河流和山岭的自然形态,建成略呈新月形或 S 形的联排式建筑,增添了周围的自然风光和开阔的视野。
④ Mark Girouard, *The English Town: A History of Urban Life*, New Haven: Yale University Press, 1990, p.285.

轮马车进城上下班的有趣情景。① 此时伦敦开风气之先,北部工业城镇的郊区化才刚刚露头。

到 19 世纪中叶,郊区住宅向宽敞的住宅模式演变。中产阶级的独立和半独立式住宅(类似中国的双拼别墅)日益普及。半独立式住宅增加了一侧采光面,出现了两户共有的小花园,算是一个半私密化的娱乐空间。到 19 世纪末,演变成完全由私人享有的小花园。从分享的小花园到独立的花园,再到前后花园,栽种庭树、树篱,为人们营造出一个个具有私密性的家园。只有在郊区才有真正的花园,有用冬青等树篱围成的边界,有庭树和花木可置身其间,真正构成了具有高度私密性的中产阶级生活空间。这时的住宅在建筑风格上仍以哥特式建筑为主,用石板铺顶,千篇一律的山形墙,稍有变化的是开始使用装饰材料,在窗户四周用精制砖头镶边,在山形墙顶加上顶饰。② 炊具、缝纫机以及洗衣机等发明,使中产阶级主妇们既得以摆脱雇用仆人的麻烦,又能从繁重的家务劳役中解脱出来。至此,"英国人的家就是他的城堡"才名实相符。

郊区的扩展就是房地产业的大发展时期。与经济领域中的其他部门一样,房地产业也随经济周期波动而呈振荡态势,有景气有疲软,但总的趋势是逐步增长,并在 19 世纪中叶形成房地产热。19 世纪 30—40 年代伦敦和利物浦的房地产建筑提供了很好的样本。先看 1831—1842 年间的伦敦:1831 年建房 991 所,1832—1836 年间徘徊不前甚至停滞倒退,每年新建住宅仅 600 余所。从 1837 年起进入快速增长期,到 1842 年达到 1 603 所,其间有低谷有繁荣。③ 而在利物浦,1839—1842 年建筑业处于上升时

---

① [英]克拉潘:《现代英国经济史 上卷:早期铁路时代 1820—1850 年》,姚曾廙译,北京:商务印书馆,1964 年,第 65 页。
② [英]克拉潘:《现代英国经济史 中卷:自由贸易和钢 1850—1886 年》,姚曾廙译,北京:商务印书馆,1975 年,第 626—627 页。
③ A. K. Cairncross and B. Weber, "Fluctuations in Building in Great Britain", in E.M. Carus-Wilson, *Essays in Economic History*, Vol.3, London: Edward Arnold, 1962, p.329.

期,住宅建筑从年建 927 所增加到 2 027 所,只在 1843 年有短暂的回落 (1 390所)。尽管从全国范围看 1844—1846 年建筑业停滞,但利物浦的建成住宅从 2 450 所增加到 3 460 所。① 房地产市场随着经济的波动因时因地而有变化。

伦敦的郊区推进比较早也比较典型。1801 年,切尔西仍然是离群索居的幽静郊区,帕丁顿和威斯特伯恩还是乡间小村庄,肯辛顿也是僻静郊区。汉普斯特德是一个有些大宅和美丽花园的村庄,在圣潘克拉斯老教堂的后面是一个农场,伊斯灵顿还几乎只有一条街。弓街只是一个小村子,斯特拉特福德还不存在,西汉姆还是一片开敞荒地,哈克尼是个迷人的郊区,托特纳姆是一个农业村庄,是伦敦人夏日傍晚光顾的休闲地。直到 20 世纪初,还有些年长的老人记得南肯辛顿的开敞田野,记得贝斯沃特的市场花园,记得海格特、霍恩西、托特纳姆的田野和林地。② 从 19 世纪初起,伦敦富人开始在如萨默斯小镇、卡姆登镇、沃尔沃思、阿加小镇、布罗姆利和本顿维尔的郊区建筑豪宅。城市土地开发也延伸到了巴特西、克拉珀姆、坎伯威尔、布里克斯顿、贝斯沃特和佩卡姆。19 世纪 20 年代,伦敦外围的坎伯威尔、贝思纳尔格林、斯托克纽因顿、海布里、切尔西、骑士桥和肯辛顿都成为伦敦的郊区。③

在 19 世纪头 40 年,伦敦中产阶级向西向北扩展,利用伦敦紧邻的大地产一步步向外推进。以住宅广场开发为主要标志,诞生了郊区的独立住宅模式。如贝德福德广场、塔维斯托克广场、戈登广场和费茨罗伊广场。艾尔地产首先建立起英国郊区半独立式住宅,从此独立与半独立式住宅成为英国郊区住宅的主导形式。④ 1839 年,在乌克斯桥路和大十字路之间的

---

① A. K. Cairncross and B. Weber, "Fluctuations in Building in Great Britain", p.326.
② William A. Robson, *The Government and Misgovernment of London*, London: Allen and Unwin, 1948, pp.25 - 26.
③ William A. Robson, *The Government and Misgovernment of London*, pp.26 - 27.
④ 城内主要是排房/联排住宅,在中国称联排别墅;独立与半独立式住宅在中国称别墅与双拼别墅。

一半地产已经开发或部分建成。①

19世纪20年代,在原先相对低洼的贝尔格莱维亚,建筑商开始开发全新的时尚住宅区。19世纪伦敦最伟大的建筑商之一托马斯·邱比特(Thomas Cubitt)成为关键人物,他认为此地地理位置优越,有巨大的开发潜力。这里不仅靠近国王乔治四世在20年代开始居住的白金汉宫,而且也靠近威斯敏斯特,自然会吸引议员们来居住,所以有成为高端时尚区的潜力。事实确实如此,到40年代,在贝斯沃特,一个个广场、一条条街道的新伦敦西区风格的房地产建筑起来了。② 到1850年,德特福德已经成为伦敦的有机组成部分。富勒姆和肯辛顿也开始开发。在东区,到1850年,哈克尼、波普拉和卡别兹镇也建设起来。

在19世纪40年代和50年代这20年中,伦敦郊区在四周全方位扩展,中产阶级甚至其他各阶级也全面参与了城市的空间扩展进程。1847年,新牛津街建成;1851年,建起了维多利亚街。

到19世纪60年代,伦敦西部高档时尚新区的发展已经远远超出了今天的海德公园的老边界。60年代起,肯辛顿郊区的时尚街区发展起来。随着对伦敦西区豪宅需求的旺盛增长,房地产主、投机开发商开始在诺丁山进行布局,在20年代起沿着荷兰公园大道建成的"旧"别墅和排房带后面,开发拉德布鲁克和诺兰的房地产。③ 到19世纪70年代,诺丁山已经成为设施良好的中产阶级郊区。④

在19世纪中叶,白赛姿公园和乔克农场逐渐开发,形成了从汉普斯特德经圣约翰林地直到真正的伦敦西区的时尚广场。⑤ 1877年起,汉默史密斯

---

① Jerry White, *London in the Nineteenth Century: A Human Awful Wonder of God*, London: Jonathan Cape, 2007, pp.71, 76.
② Gavin Weightman and Steven Humphries, *The Making of Modern London*, London: Ebury Press, 2007, pp.24-25.
③ Gavin Weightman and Steven Humphries, *The Making of Modern London*, p.26.
④ Stephen Inwood, *A History of London*, p.576.
⑤ Gavin Weightman and Steven Humphries, *The Making of Modern London*, p.26.

也变成一个中产阶级郊区。① 当区域地铁公司线路延伸至里士满后，1881年的新增人口中，有20%是医生、律师、军官、学者等职业的中产阶级。②

郊区扩展已经开始从住宅转向其他设施的建设。到19世纪晚期，房地产商为提升住宅的价值，还开始建筑教堂、学校、公园等公共设施。布里斯托尔商人詹姆斯·洛克尔（James Lockier）在北郊克里弗顿的陡坡一侧的半月形地带，花几千镑先期建设了地下基础设施，为中产阶级住宅建筑打下良好的基础。接着他们直接建房，或者通过个人契约行为，或在拍卖行卖给他人进行住宅建筑。一些富有的商人或店主，把住宅建设当作投资，希望通过出租或出售房屋来获利。但更多的是建筑业中的小建筑商，有些就干脆是建筑业中的手艺人，如木工或细木工，他们通过贷款等方式筹措资金，自己独立完成整个工程，或自己完成部分工程，而把其他部分转包给他人，房屋建成后出售或出租。③

在当时的历史条件下，建房是投资较大、收益相对缓慢的事业，因而进行成片开发的现象并不多见，以小规模开发居多，极少有建筑商能同时开发两三幢以上的房子。例如，在19世纪下半叶，莱斯特有70%的住宅是由小开发商完成的，平均每个建筑商只开发5幢或更少的房子。谢菲尔德的一半房地产建筑商只建了不到3幢房子。苏格兰则是另一种情况，那儿盛行成套的公寓楼，房屋建筑相对庞大，投资多，因而有54%的建筑商通常只做一个工程。④ 在牛津的圣艾比斯，一片地产被分块进行房地产开发，在19世纪20年代早期的一系列拍卖活动中被拍卖商、建筑商和木材商人买走，有人购买了一块地，由此建设了一条街，有面包铺和5幢房子，获得

---

① Sheila Taylor, *The Moving Metropolis: A History of London's Transport since 1800*, London: Laurence King Publishing, 2002, p.16.
② Kevin F. Bradley, *The Development of the London Underground, 1840-1933*, Atlanta: Emory University, 2006, p.102.
③ Derek Fraser and Anthony Sutcliffe, *The Pursuit of Urban History*, pp.293-294.
④ R. J. Morris and Richard Rodger, *The Victorian City: A Reader in British Urban History, 1820-1914*, p.19.

了可观的收益。还有人以 48 镑购得了另一块地，建了几幢房子，自己住一幢，余者出租。① 当然，英国城镇里也有个别大建筑商，进行土地的成片开发，建筑几百幢房子，如帕雷先生一身二任，既做建筑商，又做房东，他在利兹东面建造并拥有 275 幢房子，并出售了 290 幢房子，②最后经营失败，宣布破产。也有成功的例证，如利兹的克罗丝代尔先生，拥有两三百幢房子，经营状况良好。③ 不过，这种情形是非常罕见的例外。

相对而言，除了伦敦以外，19 世纪英国其他城镇的郊区扩展规模还是比较小的，而且速度慢、周期长。例如，前述的伯明翰的埃格伯斯顿，直到 19 世纪 80 年代，一处 20 多年前地产商购下的房子仍未竣工。在利兹，一个建筑单位花 17 年时间建了有 28 幢房子的一条街。在博尔顿有一块 4.5 英亩的土地，花 54 年的工夫才建成 157 幢房子。谢菲尔德有一块购于 1873 年的地皮，直到 1899 年才有 14 幢房子建成。④

住宅建设向郊区推进，避开了市中心昂贵的开发成本，较快地适应了市场的需求。19 世纪中下叶伦敦的加速发展，使得宽敞的居住地只有在真正的郊区（远郊）才能得到，其他城镇也大同小异。

第一批郊区围绕着城市成长起来，给那些希望逃脱工业城镇肮脏和嘈杂的环境的中产阶级提供了居住与生活空间，到 19 世纪末，随着公共交通基础设施的逐渐发展和完善，更多的人选择居住于城区以外，在家庭与工作场所之间通勤。

郊区的扩展，扩大了城镇的外部空间。

---

① Derek Fraser and Anthony Sutcliffe，*The Pursuit of Urban History*，pp.293-294.
② Richard Dennis，*English Industrial Cities of the Nineteenth Century: A Social Geography*，p.161.
③ Derek Fraser and Anthony Sutcliffe eds.，*The Pursuit of Urban History*，p.294.
④ Richard Dennis，*English Industrial Cities of the Nineteenth Century: A Social Geography*，p.148.

二、城镇内部空间的城镇化

近代英国在工业化的带动下,迅速实现了城镇化。到 1851 年,英国人口中超过半数的人已经居住在城镇里,英国由此成为世界上第一个城镇化国家。从此,英国的城镇化进程进一步加快。到 1880 年时,英国有近 80% 的人口集中到了城镇。1800 年全英还没有一个人口超过 10 万人的大城镇,1837 年维多利亚女王登基时已有 5 个,1891 年则达到了 23 个。[①] 英国城镇化的速度与规模都是史无前例的。但是,对城镇化来说,城镇数量的增多与城镇空间的扩展仅仅是浅层次的城镇化,只是量的增长,是最初步的城镇化,也是不完全的城镇化。城镇化的深入,需要在城镇内部空间实现完全的城镇化。

此时英国不完全的城镇化表现在:城镇建设粗糙无序。"这一时期中的英国城市看来好象是疲惫得不堪举步的一个时代的产物,却实在是一个充满精力而不顾到秩序、空间或设计的时代的产物。"[②]从传统农业社会跨入现代城镇社会中,英国的"鲁滨孙"们各显神通,精力充沛地投入到工业社会中,全神贯注地发展生产,追求利润,而对周围的世界——城镇和环境等无暇顾及,经济发展与城镇建设和城镇管理严重脱节。

---

① Asa Briggs, *Victorian Cities*, London: Odhams Press Ltd., 1963, p.57.
② [英]哈孟德夫妇:《近代工业的兴起》,韦国栋译,北京:商务印书馆,1959 年,第 203 页。

城镇发展和建设毫无规划可言。城镇街道曲折狭窄,住房拥挤不堪。在《英国工人阶级状况》中,青年恩格斯这样描写曼彻斯特:"只要哪里还空下一个角落,他们就在那里盖起房子;哪里还有一个多余的出口,他们就在那里盖起房子来把它堵住。……东一排西一排的房屋或一片片迷阵式的街道,像一些小村庄一样,乱七八糟地散布在寸草不生的光秃秃的粘土地上。……街道既没有铺砌,也没有污水沟,可是这里却有无数的猪群,有的在小院子或猪圈里关着,有的自由自在地在山坡上蹓跶。"[①]恩格斯描述的城镇景观,显然是不完全城镇化的表现。

英国不完全城镇化的最显著表象,是大量贫民窟住宅区或住宅的出现。城镇的迅速扩大,人口的急剧膨胀,给城镇住房带来很大的压力,迫使人们追求单位面积土地的最大利用价值,以期在狭小的空间里建造尽可能多的住宅,由此出现了大批联排式房屋、大杂院式房屋、"背靠背"式房屋——这些房屋都是隔 10 英尺或 15 英尺而面面相对,并且背靠着同样的一些房子。住房空前拥挤,有时三至五个家庭一起挤在一间 12 平方英尺乃至更小的房间里。[②]

后来臭名昭著的背靠背住宅,其实有着非常显赫与辉煌的起源。英国城镇住宅是从尊贵的联排住宅开始的。联排住宅模式可能起源于 17 世纪,是 17 世纪 30 年代从意大利引进的建筑形式,旨在使主仆同住,成为当时英国城镇豪宅的主流。如伦敦中心地带的摄政公园周边的豪宅(如图 4-1 所示),特别是巴斯的新月形及圆形广场的联排住宅(如图 4-2 所示)。巴斯的皇家新月联排住宅共有 30 户。联排住宅的特点是各家各户左邻右舍分别共用一道墙壁,整个建筑群气势雄伟。到 19 世纪,由于有着容纳高密度居住的潜力,联排住宅成为英国各大城镇普遍采用的住宅建筑模式,就是沿街建造一长排房子,有的依地势建成弯月形。

[①] 《马克思恩格斯全集·第二卷》,第 335—336 页。
[②] [英]阿萨·勃里格斯:《英国社会史》,第 296 页。

图 4-1 伦敦摄政公园旁的豪宅(陆伟芳 摄)

图 4-2 英国巴斯圆形广场的联排住宅(陆伟芳 摄)

联排住宅是向空间发展、节约地皮的建筑形式。通常有几层高,有地下室和阁楼,1—2 间屋进深。所以,一般联排住宅也被人称为 2 上 2 下式,有一楼和二楼,每层 2 间。楼下靠门一间一般称为会客间,后面一间为起居室。许多联排住宅在后面突出一块,高度不一,有的与主屋一样高。联排住宅的前后都有窗户。豪宅的会客室很大,是主人向客人炫耀展示的场所。

联排住宅在 19 世纪中叶最为流行。工人阶级居住的联排住宅,虽然形式上与 18 世纪的联排别墅类似,但规模大为缩小,房屋形式简化,以便在较小的空间内容纳大量的居民,而且一般没有连接下水道系统的浴室和厕所,只有茅坑,用灰土掩盖臭味。

现存的利兹索伍德街背靠背住宅区,如果仅从外表看,它们与中国的居民住宅楼群很相似,都是一幢幢的住宅楼,难以看出是一种背靠背住宅,可能会觉得是拥有前后院的住宅。但事实上房子前后两边分属于不同的

图 4-3 利兹班克费尔德路的背靠背住宅区(陆伟芳 摄)

住户,中间是两户合用的后墙。班克费尔德路两旁,几乎是清一色的背靠背住宅,路南的背靠背住宅一直伸向远方(如图4-3所示)。

一般而言,这些背靠背住宅"每幢有一批房子,四所在前面,四所在后面,没有一所有独立的卫生便利设施。厕所在该幢的尽头"①。

还有一种大杂院住宅,即在原先住宅的院子里建造的住宅,其特点是杂乱、空间小。如图4-4所示,即是莱斯特现存的一个大杂院住宅,位于罗丁巷的1号和2号,通过街道上的一个门洞进入。

图4-4 莱斯特罗丁巷的大杂院住宅(陆伟芳 摄)

---

① Hansard,HC,Deb 01,Vol.12(1909),cc 1548—59.

有时,背靠背住宅还与大杂院住宅结合在一起,形成特殊的联排住宅。以伯明翰为例,现存英格街50—54号/赫斯特街55—63号的住宅,就是两者兼而有之的形式。目前,这里已成为历史住宅博物馆(如图4-5所示)。

图4-5　伯明翰英格街/赫斯特街拐角的住宅正面①

图4-6是19世纪中下叶与20世纪初伯明翰珠宝产业区的典型建筑,一共14所住宅,形成了背靠背住宅与大杂院住宅的结合体。这里的14户共享一个院子,院子一角有公用的一排厕所,有两个洗衣间,有汲水用的储水管。其中的12所住宅是背靠背的,即两排房子的后墙靠在一起。每4户房子构成一组,前后各两所住宅,从而形成了两条窄小的通道,供大门开在院子里的背后一排居民出入。

---

①　图片来源:https://en.wikipedia.org/wiki/Hurst_Street.

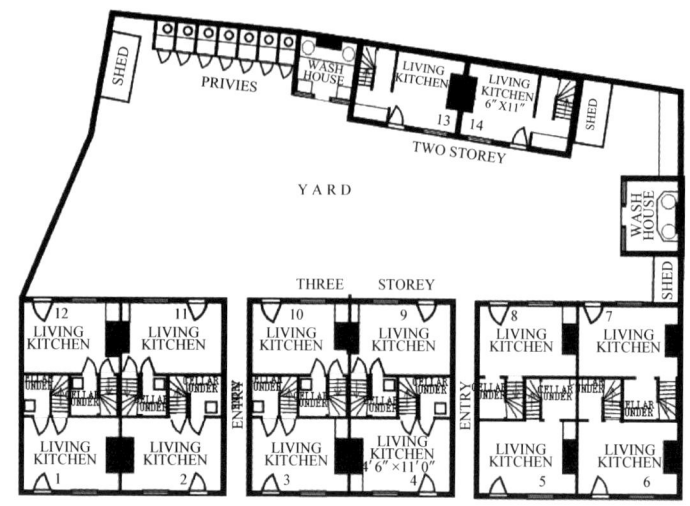

图4-6 伯明翰珠宝产业区典型建筑①

一幅1844年的诺丁汉背靠背住宅规划图(如图4-7所示)很好地展示了两排四组住宅的设计思路。图中的单双数表明了两排背靠在一起的住宅。更有住房的剖面图展示背靠背住宅的内部结构。这张图在英国"臭名远扬",它被收入1894年议会调查大城镇报告中。它是一个完全封闭的院子,只有两个隧道似的入口,其中一个不足一米宽。背靠背住宅只有通过前面墙上的窗户通风,图中右手边的房子每层有一间,让在顶层工作的花边匠有更多的光线,而在左手边的住宅由3个房间相互叠加,厕所间安排在院子的尽头,尽头的两座房子下面有一个狭窄的通道。诺丁汉仍然使用室外茅厕,厕桶常常漫溢,得拿到外面的街道上去清空。

有些城镇地下室也住满了人。地下室成为贫困者负担得起的住所,这里卫生状况差、阴暗潮湿、不能通风、过度拥挤。地下室对于肺病和斑疹伤寒病患者来说简直就是死亡陷阱,对于关节炎和风湿症患者而言无疑是雪上加霜。尽管如此,极度贫困者只能居住在地下室中。1841年,利物浦的

---

① 资料来源:https://cn.wikipedia.org/wiki/Back-to-back_house.

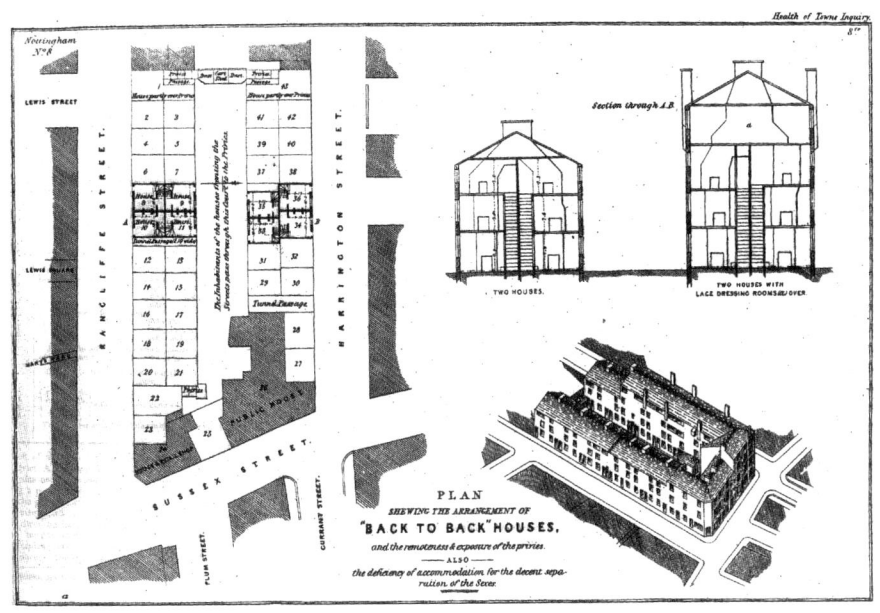

图 4-7　1844 年诺丁汉 Narrow Marsh Courtyard 的背靠背住宅规划图①

17.5 万人中,有 3.8 万人住在地下室。② 同期,曼彻斯特大约 12% 的人口居住在地下室。③

英国不完全城镇化的另一个表象,是公共设施缺失,城区环境恶劣。且不用说公园、绿地、博物馆、艺术馆之类,连最基本的生活设施都无法保障。供水仍然是很不充分的,据说在南威尔士,市民阶级"必须走一英里的路,费了大半夜的时间在排队等待取水"④。曼彻斯特的发展和其他城镇的相应变革,曾经使方圆几英里的地区内空气不洁、水流不清、草木不长。⑤ 在城镇的最热闹的地区,即在商业中心区,满是肉庄、厕所和垃圾,城

---

① 资料来源:https://en.wikipedia.org/wiki/Back-to-back_house.
② "Report of the Condition of the Hand-loom Weavers", *Parliamentary Papers*, Vol. X (1841). p.74.
③ Anthony S. Wohl, *Endangered Lives: Public Health in Victorian Britain*, New York: Harvard University Press, 1983, p.296.
④ [英]哈孟德夫妇:《近代工业的兴起》,第 205 页。
⑤ [英]哈孟德夫妇:《近代工业的兴起》,第 209 页。

里人畜共居，垃圾遍地，臭水塘触目。正如英国 19 世纪伟大的城镇改革家埃德温·查德威克（Edwin Chadwick）在《不列颠劳动人口卫生状况报告书》中所说，"在我国的某些城镇里竟如此缺乏市政管理，以致清洁方面之糟，几乎和一个野营的游牧民群或一支无纪律的军队不相上下"①。19 世纪 40 年代，在首都伦敦，污水池依然随处可见，而工人的工作场所"一般是不卫生的，工厂的建筑师对于卫生和对于美观同样是不关心的。天花板很低，以期尽可能地少占空间，窗户狭小并且几乎经常关闭着"②。

如果说缺乏规划、缺乏秩序仅仅使城镇缺乏悦目的外观和整洁的环境的话，那么缺少必要的公共卫生设施则直接威胁着人们的健康和生命财产安全。恶劣的生活、工作环境极大地影响了居民的健康，城镇居民的寿命很短，与农村人口平均寿命 50 岁左右相比，工业城镇工人的平均寿命只有 30 多岁。1864 年，卫生官员乔治·布坎南（George Buchanan）对利物浦所做的调查表明，居住在地下室的居民死亡率比工人阶级平均死亡率要高 35%。③ 他在 1879 年被任命为英国的首席卫生官员。另据 1837 年被任命为总登记处长的威廉·法尔（William Farr）调查称，在普勒斯顿，19 世纪 40 年代 1 岁以下婴儿死亡率分别为：卫生状况良好的区域是 15%，卫生状况一般的区域是 21%，卫生状况差的区域为 30%，而卫生条件极端恶劣的区域则高达 44%！④

在 1909 年议会讨论禁止背靠背住宅时，来自巴特西的工会议员约翰·艾略特·伯恩斯（John Elliot Burns）做了长篇发言，坚持禁止背靠背住宅。他引用了大量数据，证明了背靠背住宅对健康的巨大影响。在没有背靠背住宅的区域传染病得病率为 4.5%，背靠背住宅区为 8.7%，而

---

① ［英］克拉潘：《现代英国经济史　上卷：早期铁路时代　1820—1850 年》，第 657—658 页。
② ［法］保尔·芒图：《十八世纪产业革命：英国近代大工业初期的概况》，第 337 页。
③ "The Seventh Annual Report of Medical Officer of the Privy Council, for 1864, Appendix Ⅷ, 'Report by Dr. George Buchanan on an Epidemic of Typhus in Liverpool'", *Parliamentary Papers*, Vol.ⅩⅩⅥ(1865), p.479.
④ Harold Carter and C. Roy Lewis, *An Urban Geography of England and Wales in the Nineteenth Century*, p.202.

肺病得病率则分别为 2.8% 和 5.2%,儿童因腹泻死亡率分别为 1.4% 和 3.4%。他引用了当时曼彻斯特卫生官员詹姆士·尼文(James Niven)提供的数据说,曼彻斯特背靠背住宅区比通透住宅区死亡率高 40%,传染病得病率高 93%,肺痨病和肺病得病率分别高 86% 和 30%。谢菲尔德的卫生官员称,到 1909 年 7 月,该地有大量的背靠背住宅,可能占住房总数的 1/6。利兹卫生官员的数据显示,直到 1909 年 8 月,全英格兰和威尔士相比,男女的肺结核死亡情况每百万人分别为 1 936 人和 1 444 人,而利兹分别为 2 334 人和 1 605 人。就 5 岁以下的儿童来看,排除肺结核,那么死亡情况每百万人全国为 2 566 人,利兹为 3 904 人。如果包括肺结核,那么相应为 2 839 人和 4 337 人——相比之下,工业结构类似的布拉德福德为 2 550 人,伯恩利为 2 627 人,巴特西为 2 657 人,伦敦为 3 681 人。其他形式的肺病中,英格兰和威尔士男性为 582 人,利兹男性为 801 人,女性分别为 487 人对 371 人,5 岁以下儿童分别为 2 839 人对 4 337 人。谢菲尔德为 3 721 人。①

英国城镇的管理依然停留在传统状态,需要根据城镇化的初步进程进行改革,以适应城镇化社会的需要。

因此,英国城镇化的社会,需要从人口聚集和规模扩张的浅层次城镇化,转向更深入的内部城镇化。事实上,在 19 世纪中后期,英国各城镇确实进行了质的城镇化,从环境、管理、空间规划等方面都实现城镇化,彻底摆脱"乡村的"自然状态。城镇改造是使英国城镇空间形态走出中世纪走向现代的重要步骤。

从时间上看,19 世纪英国的城镇环境建设分为两个阶段:19 世纪 40 年代以前是起步阶段,主要由自治市、改善委员会和堂区委员会②从事路

---

① HC,Deb 01,Vol.12(1909),cc1548—59.
② 由于特殊的历史和宗教原因,堂区委员会虽然也从事城镇环境改造,但其侧重点在于城区的穷人阶层。

政、照明、沟渠等专项改造,工作重点在市中心和通衢大道。19世纪二三十年代,英国大多数城镇的主要街道已开始铺砌起来,夜间得到照明,街道的清洁工作也已起步。像曼彻斯特的干道每周清扫一次,陋街小巷也大约每月清扫一次。不过,这个阶段的城镇环境改造是局部的,缺乏全面的考虑和总体规划,比如一个中产阶级家庭新的盥洗室常常会将污水排放到工人家庭的供水处。从19世纪40年代起,城镇改造无论在深度上还是广度上都大为扩展。城镇环境问题引起了从中央到地方、从官方到民间的广泛关注,中央颁布各种条例,责成地方当局担负起更多的职责,处理城镇的自来水、下水道、垃圾和建筑问题,以改善城镇的卫生状况和提高人民的健康水平。

19世纪英国城镇环境改造工作涉及面广,各城镇的情况千差万别,没有统一的模式。

在城镇规划及环境建设方面,利物浦是第一个关注城镇环境改造的大城镇,其任务是美化市容,改造现存的居民住宅,规范并确保新建筑的标准。从18世纪末到19世纪初,它主要致力于对市中心的改造,拓宽市中心的街道,铺设人行道。不过,在美观的市中心以外,大杂院住宅仍在批量建造。1841年,利物浦大约有1/3的人居住在大杂院里。在如图4-8所示的大杂院住宅里,入口的通道仅有6英尺宽,而且圣奥古斯丁街的另一边就是坟地。从19世纪40年代起,利物浦着手处理居民住宅问题,1840年的《关于调整利物浦房屋建筑的条例》以及1842年的《关于提高利物浦居民健康的法令》(通常以《利物浦建筑法》出名)对利物浦的居民住宅提出了一些基本要求,试图缓解大杂院住宅的拥挤状况。它们规定:凡大杂院式建筑,院子的宽度不得少于15英尺,入口的宽度不得少于5英尺,底楼的房子高度不得低于8英尺,院中必须有卫生设施。这些规定对大宅院式建筑的大小、高低、生活空间和卫生设施做了初步的要求。

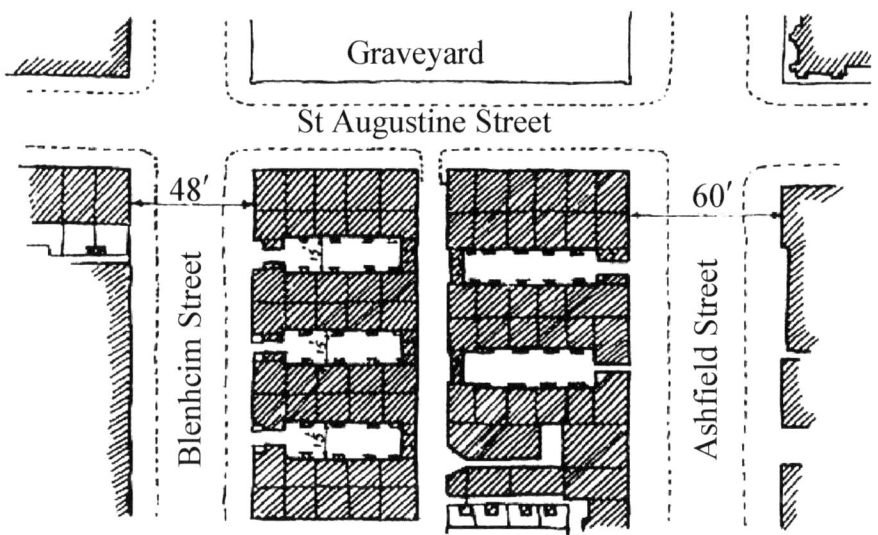

图 4-8 利物浦的大杂院住宅(6 英尺宽度的入口)①

1846 年《卫生条例》又做出两项新规定:禁止宽 15 英尺院落的房子超过 8 所,如果超过 8 所,那么每增加 1 所房子,院子必须相应地加宽 1 英尺,院子的入口必须与院子本身一样宽。1864 年《修正条例》规定:除非院宽至少有 25 英尺,否则不准建造封闭式院子。换言之,新建的院子必须两头都是开放的。利物浦消灭大杂院式建筑的最后一项措施是 1889 年《地方条例》,它规定:大杂院式建筑的最低标准是院宽 30 英尺,长不超过 100 英尺。显然,这些条例使得建造封闭式院子意义不大了,因为院子的宽度几乎等于街道的宽度,而且,院子两头的开放也事实上使院子成了任由行人通行的街道。

利物浦城镇环境建设的另一个侧面是解决屋子的"背靠背"问题。1864 年《修正条例》规定:每所房子的屋后必须有一个 10 英尺进深、面积约 150 平方英尺的后院。这样既增加了生活休闲空间,利于空气流通,还

---

① M. J. Daunton, *House and Home in the Victorian City: Working-Class Housing*, 1850-1914, London: Edward Arnold, 1983, p.88.

可以在此造厨房、厕所等附属房屋,从而拉开了"背与背"之间的距离,大体上解决了"背靠背"的问题。

利物浦改造城镇环境的举措稳健而卓有成效,并且对以后英国城镇街道、住宅的模式产生了深远影响,诞生了流行于19世纪下半叶的典型工人住宅:沿着30英尺宽的街道两旁,造着一排排房屋,屋后一个至少150平方英尺的后院,以及院外一条至少宽9英尺的小巷。简言之,在19世纪,利物浦的环境建设从市中心开始,最后转向普通居民住宅,形成了由通衢大道和小巷组成的街巷体系以及合乎卫生健康标准的居民住宅,消灭了大杂院式建筑及"背靠背"现象。

曼彻斯特则早在19世纪40年代就解决了背靠背住宅问题。1866年,利兹改善法案为新建住宅提供了规范,包括设有大门的院子、宽阔的街道、改善的内部设计等。虽然1875年《公共卫生法》允许市政当局禁止建造背靠背住宅,英国背靠背住宅问题逐渐得到解决,不过,利兹是个特例,它选择不采纳该法。因此,利兹继续建造背靠背住宅。1899年的数据显示,利兹每年建造的住宅中,有72%是背靠背住宅,直到1914年这个比例也没有减少,而且一直持续到20世纪30年代。

不过,总体而言,工业化时期的英国,越来越多的城市采用1875年《公共卫生法》的授权,制定地方法,解决住房问题,这种住宅有个专门的名称"地方法住宅"(byelaw terraced house)。这也是一种联排住宅,它要求所有住宅必须是通透的,不再建背靠背住宅。三年后的1878年《建筑法》提出了更详细的建筑规范,明确了屋基、防潮程序、墙壁的厚度、天花板的高度、房子之间间隔距离、地下室通风、房间的通风和窗户的尺寸等。"地方法住宅"拥有独立的厕所。起初,厕所或茅厕设在屋后的院子里,使用的是类似马桶的设施,由专门的收粪人收集运走。随着下水道建设,"地方法住宅"也建起了抽水马桶,不过一般仍然建在室外。总之,"地方法住宅"必须满足最低的建筑标准、通风标准、卫生标准和人口居住密度。① 1871 年成立的地方政府部（Local Government Board）于 1877 年颁布了第一个《模范住房法》。地方当局可以直接采用它，或者起草适合当地情形的法规。这些法规的最重要贡献，是确定了工人阶级住房的标准。

利物浦通过逐步的变革来进行城镇环境改造，而格拉斯哥则运用立法机关的力量大刀阔斧地进行城区改造工程。1866 年，格拉斯哥市政会通过改善法案，拆除市中心约 88 英亩的建筑物，进行重新规划，计划建 39 条新街，改造 12 条旧街，筹建公园绿地。为完成这一庞大的工程，格拉斯哥市征收了特别税，并举借了 1 250 000 英镑贷款。② 从 19 世纪 80 年代起，新建的街道是居住与工作的结合体，即以底楼为商店，楼上为居住和生活区。到 19 世纪末，格拉斯哥基本上完成了市中心的重建。爱丁堡也在 1850—1875 年期间修建了钱伯街，从而连接了两条南北向主街，避开了繁华的商业街，把原先拥挤不堪的场所改造成文化街，街两旁有大学、苏格兰教会学校、瓦特研究院和科学艺术博物馆等文化学术机构。

城镇基础设施的改造在更大程度上实现了城镇内部空间的城镇化。

1843 年，皮尔政府任命了一个皇家委员会来全面调查城镇卫生状况，并于 1844、1845 年发表调查报告。皇家委员会对下水道、清洁、供水、建筑等的管理工作提出建议，认为卫生管理应交由直接隶属于英王的地方当局单独负责，在任何排水方案实施之前，应先有适当规模的计划和测量，一切下水道应由这个地方当局统筹建造。主管排水的当局也负责铺路，一切尘埃、灰烬、街道垃圾均归该当局管理，并且由当局负责污水池和厕所管理。③ 根据该委员会的建议，政府于 1848 年颁布了第一个《公共卫生条

---

① Judith Allen, Teri Okoro and Orna Rosenfeld, "Race, Space and Place: Lessons from Sheffield", *Architecture, City and Environment*, No.17 (2011), p.258.
② Harold Carter and C. Roy Lewis, *An Urban Geography of England and Wales in the Nineteenth Century*, p.119.
③ ［英］克拉潘：《现代英国经济史　上卷：早期铁路时代　1820—1850 年》，第 666 页。

例》,把公共卫生管理置于国家的监督之下,开创了中央干预地方事务,解决城镇问题的先河。它首倡中央卫生委员会,进行必要的清洁、铺路、排污和供水工作。1848—1854 年,全国共成立了 182 个地方卫生委员会,此后 25 年中,又有数百个地方卫生委员会面世,它们负责城镇的排污、供水和清洁等工作。像伦敦、曼彻斯特、利兹和利物浦等大城镇,还分别据此颁布了地方卫生管理法规。由此,各大城镇陆续改进了供水、排污和垃圾处理办法。

同时,卫生保健也日渐引起人们的重视。1847 年,利物浦任命了第一个卫生官员。次年,约翰·西蒙(John Simon)被任命为伦敦城区的卫生官员。"到 1854 年,保健医官成为必须任命的职务,这一职务不仅在争取城市制定供水、排水、贫民窟的清洁规划方面起了重要作用,而且对确保有关建筑和人口过份拥挤的规章的执行具有重要意义。"①1872 年颁布的《公共卫生条例》规定,在城镇必须任命保健医官。

19 世纪中叶一批公共卫生条例的颁布,显示了国家对城镇卫生状况的持续关注。1866 年《卫生条例》规定,卫生检查是地方当局的义务,城镇必须任命卫生检查员,把人口过分拥挤视为一种公共障碍,并首次授权一个阁员在收到投诉时,有权强制地方当局消除障碍,并提供供水排污设施。1875 年《公共卫生法》则是卫生建设事业上的又一个里程碑,它不仅授权城镇卫生当局制定地方法规,确保住宅符合最低标准,而且授权在地方政府部(1871 年成立的中央的一个部)的指导下采取改善卫生条件方面的措施。此后,地方政府部颁布一系列相应条例,就专门事项做出有关规定。正是由于卫生条件的改善,城镇卫生面貌大有起色,19 世纪 60 年代后,城镇居民的死亡率显著下降。

伦敦的城镇改造主要是下水道建设与河堤建设工程。19 世纪早期,

---

① [英]肯尼思·O.摩根主编:《牛津英国通史》,王觉非等译,北京:商务印书馆,1993 年,第 468—469 页。

泰晤士河实际上是一个开敞的下水道汇聚处，是伦敦卫生状况好坏的晴雨表。各种生活与工商业污水的排入，使河水变黑发臭。泰晤士河对伦敦公共卫生产生了灾难性的影响，包括无数次的霍乱。自40年代起，伦敦就如何解决排水问题争论不休。一是关于管道问题。那时，主持公共卫生工作的埃德温·查德威克固执己见，坚持要采用小管道系统，认为管道小、水流急，便于把泥沙带走，减少管道内淤泥堆积，而大多数人坚持大管道系统。到50年代末，查德威克的小管道意见已经被放弃。二是关于下水管道的经费问题。虽然那时已经从技术角度解决了深浅不一的下水管道衔接问题，但建设费用甚巨。于是，该不该花这笔钱、该花多少钱的争论旷日持久，一直持续到1858年。① 所以，虽然在1856年就提出了下水道系统的现代化建议，但因资金无法到位而落实不了。三是排水口的位置问题。也就是北岸管道和南岸管道把污水排到泰晤士河的什么位置的争论。有人赞同排到巴金溪流和普拉姆斯泰德沼泽地，而霍尔则担心涨潮时污水逆流到上游，所以坚持管道深入河道。

漫无边际的争论在持续，泰晤士河的污染在加剧。首先，伦敦人口的剧增，特别是19世纪中叶人口仍然以每10年两成的速度增加，使生活污水持续增多。其次，19世纪中叶的经济繁荣，维多利亚黄金时代的太平盛世，人民生活水平的大大提高，特别是现代抽水厕所的使用，在一定程度上增加了污染的可能性。抽水厕所用水量很大，其中有一部分漫溢到了下水道，最终流入泰晤士河。再加上伦敦工商业的发展，大量工业污水排入河流。凡此种种，使泰晤士河的恶臭一年比一年糟糕。特别是1858年7月的酷热天气，使泰晤士河简直成了巨大的臭水河，从此，这一年就以"大臭年"(Great Stink)著称于世。泰晤士河的臭味，使议会大厅里异味难耐，即使遮上厚厚的帘子，点上许多熏香、洒上许多香水也无济于事，不得不另找

---

① 1855年《地方管理法》规定，当都市工务委员会的项目开支超过5万镑时，必须经过政府批准，超过10万镑，则必须通过议会批准。

地方开会。① 在这种情况下,议员们立即着手解决伦敦的卫生问题,决定帮助解决都市工务委员会(Metropolitan Board of Works,简称 MBW)的经济困扰,给予其借贷 300 万英镑合理花费这笔款项的权利,以建立一个现代下水道系统,从而在源头上杜绝泰晤士河的污染。

经费问题一经解决,其他枝节问题也就迎刃而解。伦敦立即采纳了工程师约瑟夫·巴泽尔杰特(Joseph Bazalgette)②的计划,建造了 5 条相互衔接的下水道。泰晤士河以北 3 条,以南 2 条。整个下水道系统建设用了 10 年时光,到 1868 年才完工,总共花费了 460 万英镑(比预期的多花了 160 万英镑),但堪称现代机械的辉煌胜利。到 1887 年,在公众抗议污水出水口河流水质恶化的情况下,又决定用化学沉淀法来分离固体垃圾和液体垃圾,把沉淀过滤后的污水排入河流,而把固体沉淀物运送到海洋里。这种做法一直持续到 20 世纪 80 年代。当然,对穷人来说,把下水道连接到这个宏大的下水道系统是个漫长的过程,直到 20 世纪,对许多伦敦人来说,粪池和扫粪工人在处理垃圾方面比抽水厕所更管用。③

另一项基础设施的伟大成就是泰晤士河堤综合工程。给伦敦中心的泰晤士河构筑河堤有着漫长的尝试历史。17 世纪 60 年代,克里斯托弗·雷恩(Christopher Wren)最先提过这个设想。1824 年,乔治四世的助手弗雷德雷克·特伦奇(Frederick Trench)建议构筑从黑修士桥到查令十字路的"特伦奇河堤"。他向议会提交了一份提案,却被泰晤士河的利益集团所挫败。19 世纪 30 年代,画家约翰·马丁(John Martin)建议把河堤与下水道建设合二为一。1842 年初,伦敦采纳詹姆士·沃克(James Walker)的设计,由女王陛下森林委员会修建了从切尔西医院到米尔班克的仅 1 英里长

---

① Stephen Inwood, A History of London, p.433.
② 约瑟夫·巴泽尔杰特是 19 世纪英国市政建设的伟大设计师之一,他的最伟大的成就是在 19 世纪中下叶为伦敦铺设下水道和建设泰晤士河堤,从而彻底解决了伦敦环境污染导致的河水发臭问题,为改善伦敦的外观和提高人民生活质量做出了巨大贡献。
③ Stephen Inwood, A History of London, p.434.

的河堤。这段河堤实用性强而美观性不足,缺乏起码的建筑风格。

后来,在工程师约瑟夫·巴泽尔杰特的技术指导下,逐渐建造起了现代美观实用的泰晤士河堤。第一段是河北岸的维多利亚河堤。这段河堤从威斯敏斯特桥开始,向北经过赫格福德桥,经滑铁卢桥折向东,到黑修士桥结束。它从1864年2月动工,并在6年后完工,全长1英里。从河滩收复的土地部分用于构筑100英尺宽的道路,部分用于建设装饰性用地。这条河堤的建设为伦敦铁路提供了低成本建筑的机会,更无须干扰公众或私人的生活与出行。第二段是位于泰晤士河南岸的阿尔伯特堤。它有4 300英尺长,原打算再修1 000英尺,但由于缺乏资金而中断。这次从河滩收复的土地用于建造圣詹姆士医院,一条70英尺宽的车道,以及在医院与河流间的20英尺宽的河滨人行道。此处始建于1865年9月,1868年5月通行。第三段是切尔西堤。该工作推迟到1871年8月才正式动工,1874年5月9日正式开放。整个工程,包括低水位的下水道,共计花费了大约134 000英镑,无须购买地面产业和补偿拆迁的费用。[①] 这样,伦敦在近10年的时间里,共计修建了近3英里的河堤与大道,并从河滩稀泥地获得了52公顷土地。在设计这些河堤时,不仅要求坚固耐用,而且要求赏心悦目,使之具有某些建筑特色,安排多余土地作为装饰性花园,路旁种植行道树,模仿时尚的法国最新花样。于是,原先污浊不堪的烂泥变成了漂亮的大道和装饰性花园,泰晤士河不仅得到了美化,而且成为更易通航的商业要道。

事实上,这两项工程有时是交叉在一起的,有时甚至是一种综合工程。比如泰晤士河堤工程,在地下把流经伦敦西区低水位的下水道、一条地铁

---

① Metropolitan Board of Works:Chelsea embankment:opened by their Royal Highness the Duke and Duchess of Edinburgh on the 9th May, 1874), London, no publisher name, 1874. http://www.archive.org/stream/chelseaembankmen00metr/chelseaembankmen00metr_djvu.txt, 2008 - 09 - 30/2009 - 08 - 25.

线整合在一起,在地面上相应修建了一条宽阔的马路与河滨人行道。维多利亚河堤下面整合进了地铁线的区线和环形线,地面上还整合进了堤坝花园的一部分,它为伦敦心脏地区提供了一个宁静的绿洲。花园里有许多雕塑,包括建筑工程师巴泽尔杰特的塑像。

城镇公共空间观念的出现及公园建设,为城镇居民提供了在家庭与工作场所之外的"公共生活空间"。从公园到绿地的建设,是城镇内部空间城镇化的又一个重要环节。

城镇公共空间是城镇整体的有机组成部分,是城镇赖以生存和可持续发展的重要条件。公共空间主要是指满足城镇居民的公共娱乐与休憩需要的场所,如城镇街道、广场、绿地和公园。城镇公园是城镇公共空间的重要组成部分,是"供公众消遣游憩的场所"。

早在中世纪,许多城镇就有自己的公地(也称开敞地)①供当地居民集体使用。城镇居民可以在此放牧、拾柴火、挖掘泥炭,可以在此散步,可以进行各种活动,孩子们可以在这儿踢足球、做游戏。冬季结冰时节,还可在此滑冰。有些公地还是举行夏季集市的场所。

到 17、18 世纪,一些公地发展成"社交走廊",是上流社会的绅士淑女"社交漫步"(Promenading)②的场所。这种"漫步"的主要目的是"看与被看"。每天特定的时间,上流社会人士来此"漫步"。在优美的环境中,绅士淑女气定神闲地交谈,并展示时髦的衣着,展示各自的丰采和优雅的举止。为此,在公地和海滨、河滨建筑了许多"人行漫步大道"(Promenade,尤指海滨、河滨漫步大道),栽种了许多花木,为上流社会服务。同时,在伦敦皇家

---

① "公地"在英美财产法中指供公众使用的地块。在封建时代的英国,当时贵族庄园或领地中未开发的土地可以用作公共道路或贵族佃户的放牧场,后来把所有这些可供公共使用的土地都称为公地。
② 这种"社交漫步"与今天的散步(Walking)是不同的。Promenading 主要是在优美的环境里,穿着得体、举止优雅、谈吐文明,是一种较为正式的场合,展示的是某种文明社会的内涵。为此,英国建造了许多专门的"人行漫步大道",又译为林荫道或海滨、河滨漫步大道,与今天城市里的林荫道有所区别。而今天的散步,主要是以闲适、轻松、随意为特色的。

花园里还出现了正式的"公共走廊",也就是把原先的皇家猎园或其他用地向公众开放,但服务对象仅局限于上流社会。18世纪发展出了另一种娱乐公园,在美景中还提供音乐、饮食等商业性设施。几乎每个大城镇都有了自己的娱乐公园,收售门票,但还不是现代意义上的公园。

18世纪下半叶以来,工业革命的展开、城镇化的发展,使城镇人口异常密集,尤其是新兴的工业城镇人口更是以前所未有的速度增长。由于英国城镇化完全是自发的、没有规划的,所以城镇化初期的环境问题较之我们今天的状况是有过之而无不及的。城镇的急剧扩展吞没了许多公地、草地和空闲地,连片的厂房、住宅和街道开始占据公地与空地。城镇成了建筑的堆积与蔓延,根本没有规划与设计。于是,19世纪30年代,英国任命皇家委员会来调查处理公共空间问题。该委员会的任务是"考虑以最佳的方式,保留在城镇人口密集地附近的开敞地,作为公共散步和锻炼之所,以提高居民的身体健康与生活舒适度"[1]。1833年,皇家委员会提出报告。报告认为,城镇现状不佳,需要进行大规模的公共空间建设,建议由私营业主来负责具体的建设工作,由政府给予必要的支持。

据此,1835年议会通过了"私法令"[2],允许在任何一个大多数纳税人要求建公园的城镇建立公共园林。1838年,议会要求在所有未来的圈地中,必须留出足够的开敞空间,"足够为当地居民的锻炼和娱乐之用"。1859年,通过《娱乐地法》,允许地方当局为建设公园而征收地方税。在全国上下达成共识的情况下,英国开始了公共造园运动。

到19世纪中期,英国进入资本主义的成熟时代。英国的经济实力空前强大,政治民主进程已经展开,国家加强了对社会管理与组织的干预力度,加强公共空间建设即为其中重要的一环。就个人而言,也从早期的单

---

[1] Mark Girouard, *The English Town: A History of Urban Life*, p.271.
[2] 由议员个人提出的议案,在议会通过后成为法令,即私法令。相对的则是由政府提出的法案,称政府法令。

纯追求个人经济利益,转向关心营造健康的人居环境。于是,各城镇加紧了公共空间建设的力度,除了进行市中心的改造、拓宽街道、建设大型公共建筑外,还掀起了公园(public park,公共园林,简称公园)建设的热潮。可以说,今天我们所见到的英国的大多数公园均是19世纪下半叶开始建设的。

实际上,至少从19世纪30年代开始,英国有些城镇政府就开始为民众提供"合理娱乐"设施,如公园、图书馆、博物馆、画廊,以满足人们追求健康、欣赏自然景色的需求,提高人们对文学、科学、艺术等"高雅"文化的鉴赏力。① 但较大规模的建设则是从19世纪40年代开始的。1845年,柴郡切斯特市获得议会法令,建设公园与娱乐用地。1846年,曼彻斯特获得此项权利。② 公共园林在英国各城镇发展起来:1845年,伦敦东区的维多利亚公园正式开放;1846年,曼彻斯特的菲力普公园、王后公园建成,索尔福德的皮尔公园开放;1847年,伯肯海德公园开放。这些公园有的是由自治市当局建设与管理,有的是由专门委员会管理。

公园设有大门,由专人管理。园内有供车子行驶的道路、曲折有致的小道、环境舒适的小湖、大量灌木和鲜花带,还有宽敞地带,供人们嬉戏、奔跑、放风筝。安全的草地,孩子们可以蹦蹦跳跳、摸爬滚打。还有供"漫步"的林荫道,两边有优美的雕塑和整齐的树木。设有中国式的亭子,供遮风避雨之用。公园一般还有出售饮食的小店,有小船可以泛舟湖上。这些公园与我们今天见到的西方公园面貌相差无几,大多是充满自然情调的宽敞的园林,人工雕琢的痕迹较少,也不像中国园林那样有大量的假山、回廊,更多的是自然情趣。

苏格兰的城镇公共空间建设起步较晚,当英格兰在19世纪30—40年

---

① Philip Waller, ed., *The English Urban Landscape*, Oxford and New York: Oxford University Press, 2000, p.287.
② Harold Carter and C. Roy Lewis, *An Urban Geography of England and Wales in the Nineteenth Century*, p.196.

代对公共空间的建设兴趣正浓时,苏格兰还在"各人自扫门前雪",富裕者根本不愿意为穷人兴建什么"公园"。直到1848—1849年的瘟疫之后,格拉斯哥的一些既得利益集团才意识到城镇公共空间的建设不仅有益于穷人,从长远看对富人也有好处,于是着手干预公共空间的建设。在格拉斯哥,与全英国的城镇一样,公园与城镇开敞空间的建设和城镇的改造更新联系在了一起。虽然各个利益集团在是否建设公园以及公园选址、规模、风格等问题上也有意见分歧,但"市政福音"(Civic Gospel)掩盖或消弭了各种政治利益集团间的冲突。

实际上,就格拉斯哥而言,对城镇公共空间的管理也不能完全说是新鲜事。该市早就对城镇公地——136英亩的格拉斯哥绿地(又译格拉斯哥公园)进行管理。绿地并不依赖公民捐税作为支撑,而是由城镇"公益基金"来维持。①

19世纪50年代格拉斯哥公园的发展,得益于时代发展提供的机遇,也是人民思想转变的必然结果。1846年,格拉斯哥城镇区域进行调整,城区面积几乎扩大了一倍,城镇当局拥有了更多的土地,从而获得了开发南部和西部土地的机遇。同时,从19世纪50年代开始,一些公共卫生改革家开始宣传公园建设的必要性与公益性,例如苏格兰出生的自然园艺师约翰·克劳迪斯·路登(John Claudius Loudon)就鼓吹公园是城镇的"呼吸空间"。1852年,另一位苏格兰人查尔斯·史密斯(Charles Smith,曾为伦敦的公园建设立下汗马功劳)解释了公共空间的区位功能:最佳位置的公共空间,有利于减轻烟雾的污染和其他空气不洁情况。还有人说,公园是"城镇之肺",能恢复市中心被破坏的自然平衡。但格拉斯哥绿地本身已经受到明显的污染,这里除了大量的贫民窟外,还靠近东区的工厂群,无法充当新鲜空气的储存所。因此,如果格拉斯哥想要建设另外一个公园的话,

---

① Irene Maver,"Glasgow's Public Parks and the Community,1850 – 1914:A Case Study in Scottish Civic Interventionism",*Urban History*,Vol.25,No.3(1998),pp.323 – 341.

那么应尽可能离工业区远些,要有良好的环境和自然景观。

当时,在英国城镇改造过程中,一般采取两手措施,一是清除贫民窟,二是建设公园与开发房地产。格拉斯哥市议会率先创立城镇改善基金,对市中心的拥挤区域进行改造。在格拉斯哥的改造规划中,通风被当作一个重要的因素来考虑,所以这儿街道宽阔,间以布有乔木与灌木的公共广场公园,而且设置了一些公共空间,以利于空气的自然流通。到19世纪末,格拉斯哥基本上完成了市中心的重建。城镇街道、公园、绿地、广场等宽敞空间的建设,把新鲜空气和灿烂阳光带到了拥挤的市中心,大大地改善了城镇人居环境,使大众有了便捷的体育锻炼之场所和良好的休闲空间,格拉斯哥在城镇公共空间建设方面取得了显著的成绩。

后来,为了城镇整体的协调发展,还在格拉斯哥东面建设了市政公园。格拉斯哥亚历山德拉公园是英国几个以威尔士王妃命名的公园之一,占地85英亩,由邓肯·麦克雷伦(Duncan McLellan)负责设计规划。不过,与格拉斯哥绿地一样,此地靠近工业区,新鲜空气流通不是很好。但它体现了公园发展的时代新特色,这里有了更多的运动设施,如游泳池、高尔夫球场、一个供船模航行的小池塘。另一个公园的建设则与詹姆士·伯恩·罗素(James Burn Russell)有关。1872年,格拉斯哥任命罗素为全日制的卫生官员。他把公园建设与提高居民的身体健康水平联系在一起,用扩大公共空间来满足人们的健康需要。他认为"户外运动的爱好对体质和精神都是健康的"[①]。他扩大公共娱乐空间的主要举措,是在城镇西北建了罗切尔公园,以缓解该城人口最为稠密的工业区的环境状况。他特别强调公园要建成一个公共娱乐场地,而不是中产阶级的景观式园林。由于经济方面的原因,该计划一拖再拖。后来张伯伦在伯明翰的"市政社会主义"及英国其他城镇的大规模城镇改造,促使格拉斯哥再次加紧城镇空间建设,毕竟

---

① Irene Maver,"Glasgow's Public Parks and the Community,1850 – 1914:A Case Study in Scottish Civic Interventionism", pp.323 – 341.

格拉斯哥人不想落伍。1892年，格拉斯哥终于花费35 700英镑购买了53英亩土地。新的公园管理人詹姆士·威顿(James Whitton)对公园进行了规划。但由于所购地块地势陡峭，无法建成预期的娱乐设施。这个偶然实际上暴露了造园运动中的一个问题，即大规模的公园建设未必是解决城区居民健康问题、缓解城区人口高密度的最佳途径。罗素的过人之处，在于其不仅进行大型公园建设，而且还着手将城镇本身建成"公园"，满足社区健康和娱乐的需求。他认为小块绿地、开敞地与公园一样有价值。为贯彻这种精神，罗素领导的公共卫生委员会在格拉斯哥市划出了许多公共用地，并给予补贴。如工人区的凤凰广场公园，就是一个他引以为豪的有益于社区健康的成就。格拉斯哥的公园有了长足的发展，到第一次世界大战前，这里已经拥有了许多大型市政公园。由西北向东南穿过格拉斯哥市的克莱德河把城镇一分为二，在克莱德河北面有罗切尔公园、斯伯林伯恩公园、维多利亚公园、凯文格拉夫公园、格拉斯哥绿地、亚历山德拉公园和托尔克劳斯公园，在克莱德河南面有艾尔德公园、贝拉赫斯顿公园、马克斯韦尔公园、里查蒙德公园和女王公园。再加上绿地、广场、绿化带，格拉斯哥市拥有了充足的城镇公共空间。

随着公园日益增多，对公园等公共空间的管理也日益专业化。1855年初，格拉斯哥任命邓肯·麦克雷伦为公园管理人，他一直任职到1893年。他的继任者詹姆士·威顿任职到1923年，显示了管理的延续性。当时任命邓肯·麦克雷伦只是为了管理凯文格拉夫公园的植树和景观建设，但随着公园本身的发展，他的管理领域也随之迅速扩展，包括格拉斯哥绿地和后来的女王公园。女王公园是为纪念苏格兰女王玛丽而建，该园选址在城区之外，所以，建设该园带有很明显的扩展城区的意图。女王公园使市议会支付了3万英镑。[①]

---

① Irene Maver, "Glasgow's Public Parks and the Community, 1850 – 1914: A Case Study in Scottish Civic Interventionism", pp.323 – 341.

在公园管理资金方面,到1857—1858财政年度,为维持凯文格拉夫公园的正常运转,已支出129 000英镑。所以,市政府重新对公园管理做出安排:首先是征收每镑2便士的市政税,用于公园开支。其次是把公园置于特别基金的管理下。这就意味着格拉斯哥不仅用市政资金购买和建设公园,而且由纳税人来维持公园的运行。这在英国还是很有独创性的。

早在1838年,伦敦建成摄政公园向公众开放;1845年,维多利亚公园开放;1858年,巴特西公园开放。到1869年,伦敦已经开设了两个市政公园:芬斯伯里公园与萨瑟克公园。诺丁汉采取了不同的城镇公共空间形式。据1838年议会通过的一个决定,允许用1%的税收给市政当局建设公共空间。诺丁汉没有像其他城镇一样建大型公园,而是分成几个部分,组成了一个园林带:一个19英亩的植物园区,一块77英亩的体育、娱乐用地,两个坟地,一条1英里长的林荫道。所以,诺丁汉有着一条由北而南的长长的绿色走廊,沿途建了不少雕塑、铁艺作品。[1]

经过半个世纪的造园运动,英国的公共园林有了很大的发展。持续半个多世纪的公园建设,为烟雾弥漫的英国城镇披上了一层温情脉脉的面纱。近代英国在机器物质文明的基础上,努力建设着精神文明,城镇公园的建设使市民为之自豪。1888年,格拉斯哥国际展览会在凯文格拉夫公园开幕,凯文格拉夫公园也因此成为格拉斯哥市的象征,就像1851年水晶宫世界博览会使海德公园成了伦敦的象征与骄傲一样。

公共园林显然不同于过去的私家花园,它们既是城镇发展的必然结果,也是以满足广大群众的需要为目的的。作为公共空间重要组成部分的公园建设,在英国的城镇历史上留下了一笔宝贵的财富。

英国近代公共空间的发展首先是城镇化发展的必然结果。新兴的工业城镇日益扩展、城镇边界日益向远处延伸,使普通民众几乎不可能再在

---

[1] Mark Girouard,*The English Town: A History of Urban Life*,p.277.

步行的距离内到达开阔的乡野。大城镇的涌现提出了一个新问题,那就是城区规模的扩大,隔绝了都市与乡野的接触,所以现在有必要在城镇内为公众提供公共的绿地和休闲空间。由此,在进行城镇改造的过程中,公共空间改造成为重要内容,城镇的发展、改造、美化被放在一起考虑,公共空间——公园、绿地、广场的建设被当作改善人居环境、提高人民身心健康水平的重要步骤。

城镇公共空间还具有教育和教化功能。近代英国曾建立了不少以教育为目的的园林,如动物园、植物园。随着英帝国的对外扩张,英国人对世界的认识也越来越广泛,建立大型的动植物园,搜罗世界珍禽异兽、奇花异草,自然能增加参观者的知识。

1825年在布莱顿的东方公园、1831年在伯明翰的植物园、1834年在谢菲尔德的植物园都建设了林荫道供人们"漫步",后来的公园就更不用说了。当时的英国中上层阶级似乎对工人的健康与道德比对其就业与生存更为关注。他们认为,在新鲜空气中"漫步",既有利于工人的身体健康,也有利于提高工人的道德素养。换言之,在优美的环境中"漫步"被当作教化下层民众的重要途径。罗伯特·斯雷内(Robert Slaney)在皇家委员会作证时说:"一位携家带口外出散步的工人……自然要衣着得体,妻子与孩子也一样。从经验看,如果被适当地规范和指导,这种愿望在文明教化和激励勤奋方面最有效力。"[①]公园还能让人们亲近自然、陶冶情操,并且远离酗酒赌博等恶习。英国人兴建公园的目的之一,就是把工人从小酒馆和赌场里拉出来,让工人们走向大自然、亲近大自然,而不是给他们提供酗酒和赌博的地方,所以英国的公园绝对禁止售卖酒水,绝对禁止赌博行为,连英国人热衷的赛马也不得在公园举行。总之,中上层人士把公园视为改善下层工人的道德教养的场所。城镇公共空间建设还有利于营造一种协调

---

① Mark Girouard, *The English Town: A History of Urban Life*, p.272.

和谐的气氛。人们普遍相信,公园这个公共空间有助于实现人们的和谐相处。正如查尔斯·史密斯所说的那样,"看看英国大都市的公园,我们发现所有各阶级济济一堂,上白班的官员,熬夜的议员,忙碌的生意人,时髦的女郎,甚至王室成员,都来感受新鲜空气和进行锻炼活动"①。

城镇公园的建设还具有一定的政治功能。19 世纪的城镇政府利用造园机会,把一些传统的政治动乱的场所改造成欢乐祥和的公园,有意识地改变了城镇公共空间的使用方式。比如,宪章运动中,1848 年伦敦的示威活动发生在伦敦南部的肯宁顿公地。这个地方经过改造,成了政治中立的场所。1852 年,肯宁顿公地变成肯宁顿公园,园内建设了林荫道、花圃、草地、儿童嬉戏场所。不会有人想在这样的环境里举行抗议活动。1845 年,在伦敦东区建设的维多利亚公园则消除了另一个激进的政治抗议场所。现在,海德公园充当了表达英国言论自由的主要场所。

英国城镇公共空间建设还学习了其他国家城镇的经验。城镇改造中,在建设和发展城镇公共空间方面,英国各城镇不断相互学习,而且还以其他国家的城镇为榜样。如拿破仑三世的巴黎,就是当时人们模仿的样板。1866 年,一个旨在了解城镇改造与造福民众的健康与福利方面成就的英国代表团访问巴黎,代表团把巴黎描绘成一个"就它的外表看来,也许是古往今来最伟大的城镇",其居民"整洁与自尊",自拿破仑三世掌权后,激烈的政治骚动消失了。"在格拉斯哥,一个人也许……在繁华的街道步行几英里,而看不到开敞的空间,没有雕塑或方尖碑可以给人赏心悦目的感觉。在巴黎,几乎是不可能走过这么长的路程——即使是最繁忙的闹市——而不见自然美景,这儿是一个休息处,那儿是林荫道,有着树木和开敞空间,相对安静——也许有几把椅子或小咖啡店,或至少有一些座位,那儿,妇女、孩子们和疲劳的工人可以在他们的旅途中稍事休息,

---

① Irene Maver, "Glasgow's Public Parks and the Community, 1850 – 1914: A Case Study in Scottish Civic Interventionism", pp.323 – 341.

呼吸新鲜的空气。"①1894年,詹姆士·威顿造访伦敦,伦敦巴特西公园的布局和设计给他留下了特别深刻的印象,他认为这是理想公园的典范:足够大的运动和游戏空间,诱人的林荫道和花园。1897年,他对欧洲国家的公园进行了考察。1899年对英格兰公园的考察证实,格拉斯哥公园在提供饮食等公共便利方面还远远不够。因此,建造公园过程中各国各城镇的相互学习、相互促进是城镇公共空间得以改善的重要因素。

最重要的是,公园等公共空间的建设为居民提供了宽敞的活动空间,有利于居民的身心健康。19世纪下半叶,尤其是19世纪末,英国有组织的体育活动大量出现。传统的足球变成两大门类:足球和橄榄球。1863年,形成了足球协会;1871年,形成了橄榄球联盟。19世纪70年代,曲棍球成为中产阶级的运动,1886年,形成了曲棍球协会。此外,60年代发展起业余体育运动,并在1866年形成了业余体育俱乐部。50年代,在伦敦的布莱克希思出现了第一个高尔夫俱乐部,到第一次世界大战前伦敦已有了100来个俱乐部。板球日益成为中产阶级的运动,一战前伦敦至少有1 100个板球俱乐部。②

这种体育大发展的原因中,城市化是一个重大因素。随着伦敦发展成为一个重要的帝国港口和工商业中心,伦敦人口从1851年的270万人增长到1911年的730万人。闲暇时间的增多也是一个因素。从19世纪中叶起,普通人有了更多闲暇时间,如增加了周六半天休息日,还有1871年《银行假日法案》确定的公假日。生活水平的提高也是一个因素,促使公众产生更广泛的休闲要求。19世纪90年代,伦敦出现了专门的休闲运动场

---

① Irene Maver, "Glasgow's Public Parks and the Community, 1850–1914: A Case Study in Scottish Civic Interventionism", pp.323–341.
② Peter Clark, Salla Jokela and Jarmo Saarikivi, "Nature, Sport, and the European City: London and Helsinki, 1880–2005", in Dorothee Brantz and Sonja Dümpelmann, eds., *Greening the City: Urban Landscapes in the Twentieth Century*, Charlottesville: University of Virginia Press, 2011, p.117.

地,公园里也出现了大量运动场地。80年代,伦敦的公园只有100来个板球、足球和网球场地,但在1888年伦敦郡议会创立后的几年内,就有了400多个板球场,300多个网球场,100来个足球场。①

南伦敦的巴特西公园在19世纪40年代开放。最初这个公园只有一个小湖和花园,是适于中产阶级的公园,几乎没有运动设施。1856年起,公园有了一个板球俱乐部。后来体育运动有了很大扩展,1888年起人们开始在公园里踢足球,1891年有了网球场。本质上属于中产阶级的网球运动成为公园里最热闹的运动,1904—1905年网球运动有7万人参与,板球运动则有2.2万人参与,足球运动有1.6万人参与。不过,在一战前,发展体育运动并不是公园当局的当务之急。②

1892年起,邓肯·麦克雷伦遍访英国城镇公园,比较各地的户外娱乐设施,认为英格兰的户外运动设施远远领先于苏格兰。当时伦敦有个"都市公园协会",其目的是鼓吹建设城镇公共娱乐用地,并认为这是一个"社会经济和效率"问题。英国这个阶段建设的公园,主要是为了满足群众体育活动的需要,这也就是被称为"公共体操房"的本意所在。公园内主要不是小桥流水、假山叠石、亭台楼阁,而是宽敞的空间,有些学校的学生就在这样的公园里上体育课。可见,当时的公园主要不是受经济利益的驱动,而更多是出于大众健康方面的考虑,所以在设计公园时,特别注意保留大片的草地。这些草地不是用来观赏,而是作为人们的运动场地。正如罗素所说的那样,"不要让我们忙着照料公园里整齐的草地,只用来让人们隔着栅栏欣赏"③。1892年,格拉斯哥派出一支访问团赴伦敦取经,以证明公共

---

① Peter Clark, Salla Jokela and Jarmo Saarikivi, "Nature, Sport, and the European City: London and Helsinki, 1880 - 2005", p.118.
② Peter Clark, Salla Jokela and Jarmo Saarikivi, "Nature, Sport, and the European City: London and Helsinki, 1880 - 2005", p.119.
③ Irene Maver, "Glasgow's Public Parks and the Community, 1850 - 1914: A Case Study in Scottish Civic Interventionism", pp.323 - 341.

娱乐用地对民众的健康和活力有不可估量的好处。公园里除了有宽阔的草地供人们跳跃、奔跑，还提供了清洁的饮用水。为了解决大众健康问题，当时在公园建设中特别注意设置饮水处，许多从事慈善工作的世家，如科纳家、巴克斯顿家等贵格会教徒，在1859年赞助了"都市饮水协会"，为公众提供水杯和水源。供水处往往建成优美的建筑，如小亭子，还雕刻上美丽的图案。

当然，19世纪英国以公园建设为主题发展城镇公共空间还只是处于起步探索阶段。因此，对城镇公共空间的处理仍然关注于"块"（公园、广场）的发展，或"带"（景观大道）的发展，还没有注意到对城镇整体公共空间的规划与设计。到19世纪末，霍华德（Ebenezer Howard）提出"田园城镇"理论，试图对整个城镇的建筑与公共空间进行总体规划，英国的公共空间观念才逐渐走向成熟。但是，通过公园寻求阶级和谐的目标也没有完全达到，不仅城镇里有东区（工人区）和西区（富人区）的划分，公园也有明显的阶级特色。如格拉斯哥的凯文格拉夫公园和格拉斯哥绿地就有明显的阶级特性：凯文格拉夫公园有优美的自然景观，是西区中上层人士的休闲之地，旨在提高市民的精神与身体健康水平。而格拉斯哥绿地主要是工人的休闲场所，因此具有更加务实的考虑。除了休闲娱乐外，1819—1870年，这儿还是充当格拉斯哥集市的场地。这个集市是仲夏之季的工人假期集市，相当于中国的庙会，因此有许多流动的演出、马戏，还有算命、魔术等等。人们认为这儿是个"人民公园"，没有凯文格拉夫公园那样的中产阶级特性，如人为的景观，以及"请勿践踏草地"之类的告示。1860年，有个东区激进的参事员对此进行了挑战，他率领一支示威队伍来到凯文格拉夫公园，不顾地方法规，示威性地"践踏草地"，从而成了一个"政治问题"。格拉斯哥东区工人还有意识地保护公共空间，反对破坏，为此挫败了投机商在格拉斯哥绿地挖掘煤炭的企图。

英国空想社会主义大师罗伯特·欧文（Robert Owen）的"新和谐村"，

试图在大型社区层面上进行建设与管理,是英国城镇内部空间城镇化的最高级形式。

欧文的"新和谐村"是在整个城镇社区意义上的内在提升版本。英国人求实的经验理性传统,使他不仅成为新型城镇的设计师,而且还是新城镇的建设者,其设计方案具有很强的可操作性。

欧文出生在威尔士中部的一个叫纽敦的小镇上,10岁便离家去伦敦独自谋生,边打工边学习,以弥补正规教育的不足。1787年,欧文来到曼彻斯特工作,两年后便与人合伙开办第一家工厂,旋又独立开办一个只雇用3个人的小厂,因管理出色,不久便被聘为一个拥有500人的大纱厂的经理。在此过程中,他成为棉纺织业方面的资深人士。1799年,欧文买下格拉斯哥的新拉纳克纺纱厂,使他拥有足够的资金和实验场所来进行改造人性和社会的试验。在改善工人生活的同时,他还获得了巨额利润,使新拉纳克闻名遐迩,欧文本人也成了大慈善家。

白手起家的欧文没有满足于个人的钱财和地位,他思考着如何改造这个工业社会。在1817年《致工业和劳动贫民救济协会委员会报告》中,欧文首次正式提出他的"新和谐村"计划,以矫正工业社会的弊端。

欧文生活的时代,大城镇正以惊人的速度开始发展,城镇贫困现象和城镇畸形扩展对人们形成一种视觉和心理上的困扰。他在格拉斯哥试验的成功,成为其日后进行城镇规划的思想来源,他的"新和谐村"实际上是扩大的和理想化了的新拉纳克纺纱厂。从规模上看,他的"新和谐村"人数在1 000—2 000人左右,其规划的城镇单元占地1 000—1 500英亩左右,他称之为"方形村":

> 在方形村中有许多公共建筑物,把村子分成一些平行四边形。
> 　中央建筑物包括一个公共厨房、若干食堂,以及经济而舒适的烹调和进餐所必需的一切其他房屋。

右边另有一座建筑物,一楼将作幼儿园用。二楼则用作讲堂和礼拜堂。

左边的建筑物将用作年龄较大的儿童的学校,一楼设有委员会办公室,二楼有一个图书馆和成人室。

方形村里的空地将辟作若干运动场和游泳池。这些划定的场地应种植树木。

每一个方形村的三边打算设置住所……

村的第四边打算设置宿舍……

在外边和方形村四周房屋的后面,有许多周围铺设道路的菜园。

紧接在这一切设施的外面,一边是机器厂房和制作厂房。屠宰场、牲口棚等等则和村子分开,中间隔着一片田园。

在另一边,则是浆洗房和漂白室等等。离村子更远的地方有几间农业作坊,其中有培植麦芽、酿酒和磨谷等设备;周围是田园和牧场等,围篱用果树栽成……[①]

欧文的城镇模式是从中央到外围,即由"公共设施—住宅—菜园区—工厂区—农村"构成的环带状格局。

欧文虽然是一位空想社会主义者,但他没有仅仅停留在"理想"层面,而是寻找付诸实施的机会。1825年,他赴美国的印第安纳州购地试验其新村计划,建设"新和谐村",进行城镇建设的亲身实践。虽以失败告终,但他把城镇作为一个社会经济实体,把城镇建设与改造社会联系起来的思路,无疑在城镇规划史及人类社会的进步和发展中占有一席之地。况且,他主要失败在社会改造上,而不是在城镇规划上。就技术上讲,他的方案具有极强的可操作性。恩格斯说:"他从技术上规定了各种细节,附上了平面图、正面图和鸟瞰图,而这一切都做得非常内行,以致他的改造方法一旦

[①]《欧文选集·第一卷》,柯象峰、何光来、秦果显译,北京:商务印书馆,1997年,第184—185页。

被采纳,则各种细节的安排甚至从专家的眼光看来也很少有什么可以反对的。"①

确立城镇公用事业市营观念,采取公用事业的市营行动,是实现城镇内在城镇化的重要一环。19世纪期间,英国城镇公用事业从完全私有的分散经营方式,逐渐向集中的方式过渡,从单纯追求利润向主要体现公众利益的现代城镇管理方式过渡。

长期以来,在资源配置的过程中,人们将市场机制界定为"看不见的手",而将政府的作用界定为"看得见的手"。从市场经济产生之日起,市场机制这只"看不见的手"和政府干预这只"看得见的手"之间就存在着难以调和的矛盾。如果按照经济学的发展脉络来看政府与市场的关系的话,它走过了一条从自由主义到国家干预再到新自由主义的道路。近代英国社会在如何对待公用事业的管理方面经历了一个探索过程,"看不见的手"和"看得见的手"都在不同的阶段发挥过独特的作用。从自由放任政策逐渐向干预的方向过渡,即从依赖"看不见的手"向"看得见的手"的发展方向过渡,这个过程经历了一个多世纪。

有关城镇市民日常生活的公用事业从"私"变"公",经历了从观念上到行动上的改变历程。

众所周知,城镇公用事业是为生产、生活提供基础设施及基础条件的产业,它在经济社会发展中扮演着不可或缺的角色。与一般的工业产品不同,这种产品有着一定的公益性,是一种公共产品。英国是世界上第一个实现城镇化的国家,起初他们把城镇公用设施建设与城镇工商业的发展等同看待,并没有认识到在考虑利润的同时,还应该考虑其公益性。因此,政府对公用设施建设大多采取自由放任的态度。英国城镇公用事业的发展最初走的是一般工业发展道路,即完全私有和完全自由竞争,由私人主宰。

---

① 《马克思恩格斯选集·第三卷》,北京:人民出版社,1972年,第415页。

因此,城镇的建筑、自来水、下水道和煤气照明等,都是资本家个人意志的产物,追求利润成为最大的经济动因。

城镇的发展,城镇环境问题及瘟疫的打击,使人们逐渐认识到公用事业的特殊性,因此各个城镇在发展过程中逐渐地进行公用事业经营管理方面的摸索。在差不多长达一个多世纪的岁月里,对城镇公用事业的经营管理经历了一个逐渐集中的过程,先是在某些城区,接着在城镇里,然后发展成区域性乃至于全国性的。当时,与人民生命和健康密切相关的饮用水问题首先引起人们的关注。饮水成为最早实现城镇政府经营的项目。根据1835年《城镇自治机关法》选举产生的市政府逐渐成为公用事业发展的重要载体。1846—1865年,一共有51个市府新建或购买了私人供水公司。① 19世纪60年代起,供水的市营过程进一步加快。1866—1895年,又有176个城镇实现了自来水市营。② 经过19世纪中下叶的供水市营后,英国大体上解决了城镇的用水问题。当然,这个过程仍是充满争议的,比如利兹市府于1852年购买私营自来水公司时,就被攻击为市政机关对私营企业的干涉。

19世纪50—60年代,煤气作为城镇人民生活和生产的要素越来越重要,于是,煤气市营又成了新的热点。作为一种自然垄断行业,煤气收归市营顺理成章,没有遭遇多少非议。1867年,格拉斯哥市政府一致同意购买两家私营煤气公司。到1875年,全英已有76个市政府拥有了自己的煤气公司。③

19世纪中叶,英国每年对公用事业的投资额达500万英镑,主要集中在自来水和煤气的供应上。公用事业投资的增长与工业城镇特别是自治

---

① Asa Briggs,*Victorian Cities*,p.59.
② Harold Carter and C. Roy Lewis,*An Urban Geography of England and Wales in the Nineteenth Century*,pp.208-209.
③ Harold Carter and C. Roy Lewis,*An Urban Geography of England and Wales in the Nineteenth Century*,p.209.

城镇的增长紧密相关。公用事业的发展最初主要是城镇现象,因为最初的公用设施如煤气管道、自来水管线等技术比较适合在人口稠密的城镇地区运用,也比较经济。而自 1835 年《城镇自治机关法》实行以来建立起来的城镇政府,特别适合发展城镇公用事业——它是选举产生的,拥有城镇自治权力。在英格兰和威尔士,1837—1888 年间,德文波特、博尔顿、曼彻斯特、伯明翰等获得自治的城镇达到 100 多个。到 19 世纪末,随着电力事业的发展,在市内轨道交通、电灯照明、电力供应等方面的年投资额高达 800 万英镑。到 1900 年,在电力、煤气、公交方面的私营及市政所有的企业达 1 135 个,水力机构约 1 000 个。公用事业耗资甚巨,市府不得不为此大量举债,1875 年就达 9 500 万英镑,1898 年上升到 26 200 万英镑。①

尽管有人认为市政社会主义作为一种意识形态主要是 20 世纪初的现象,但不可否认,19 世纪的公用事业的市营——即市政社会主义已经初露端倪。到 19 世纪末,市政府已经介入电力事业,依照 1894 年《地方政府法案》建立的都市当局和随后的其他市政机关也都介入电力事业。1895—1900 年,电力公司从 91 个增长到 229 个,其中有 71% 为地方政府所拥有。② 这就是所谓的"煤气与自来水的社会主义",费边社则称之为"市政社会主义"。③

到 19 世纪末,水、煤气、电力的市营使自来水日益在工人中普及,煤气也不仅用来照明,而且用来炊煮了。当然,19 世纪中叶以来的城镇公用事业的市营进程,仍然只是触动了英国私营城镇公用事业的冰山一角而已。首先,19 世纪的公用事业市营主要在城镇展开,尤其是在自治城镇展开,广阔的农村主要留给私人企业。其次,即使在城镇里也还存在庞大的私营

---

① Martin Daunton, ed., *The Cambridge Urban History of Britain*, Vol.3: 1840 - 1950, p.317.
② Martin Daunton, ed., *The Cambridge Urban History of Britain*, Vol.3: 1840 - 1950, p.324.
③ 刘成:《理想与现实:英国工党与公有制》,南京:江苏人民出版社,2003 年,第 42 页。

公用事业,许多城镇的公用事业仍然保持"私营"。1845年,英格兰和威尔士有10家市政自来水公司,而自来水股份公司则有67家。到1865年,市营的有65家,而股份公司增长到147家。煤气公司的增长更为惊人。1851年,英国已经有145家煤气公司,到1871年,增长到330家。迟至1900年,英国还有632家私营的电力、煤气、公交等联合股份公司。①

19世纪晚期和20世纪初期是英国城镇公共设施发展最为活跃的时期,而且技术的发展使城镇公用事业得以在更广阔的范围内发展。如果公用事业的技术水平还停留在只能供应相对狭小的城镇区域如外省城镇规模的情况下,那么以城镇为单位的公用事业市营就会繁荣兴旺,这种规模经济使格拉斯哥、利兹、曼彻斯特和伯明翰的公用事业发展领先于邓迪、斯旺西、牛津等较小的城镇。

---

① Martin Daunton, ed., *The Cambridge Urban History of Britain*, Vol.3: 1840-1950, pp.322, 316.

三、城镇治理模式的探索

英吉利民族崇尚自治传统,恪守"小政府"的"无为而治",尊重地方自治。18世纪以来,英国政府对地方事务介入越少越被认为合乎传统。在经济领域,自17世纪革命以来,亚当·斯密等人宣扬的"自由放任"取代重商主义而深入人心,几乎成了英国经济生活的金科玉律。人们深信市场这只"看不见的手"会自然地调节和推动社会经济的发展,视国家干预为对政治自由和市场经济的粗暴干涉。因此,到19世纪,城镇治理大多是历史遗留下来的传统模式,分为没有取得自治权的城镇和自治城镇,其治理方式各异。

一类是没有取得自治权的城镇。它们没有特许状,也就没有自治政府。从治理角度来讲,它们与周围的乡村一样,依然处于郡守和治安法官的统治之下,需要缴纳郡税(county rate)。[①] 换言之,它们虽然在物质形态上已发展为城镇,但在治理结构和精神状态上仍然停留在乡村,以古老的堂区、采邑为基础,行政管理的幅度较窄,职能有限。

另一类是自治城镇。在英国历史上,自治城镇有着悠久的传统,它们不少是从中世纪的自由城镇发展而来的,其共同点是得到了王室的特许状,有权选举自己的市政官,由市政官主持管理城镇内部事务,还有权选举自己的

---

① Derek Fraser, *Power and Authority in the Victorian City*, Oxford: Basil Blackwell, 1979, p.2.

市长。"自治城市还有一个市议会,由 12 或 24 人组成,负责监督城市管理及并备顾问。"①随着时间的推移和历史的发展,自治城镇的市政官多为城镇豪门大族所把持,他们往往视市政如家政。于是,市政当局成为城镇上层手中的工具,父子、翁婿、兄弟、表亲、连襟接二连三地进入市政当局。他们只关心自身的利益,无力应付日渐繁杂的城镇事务,更与近代民主精神完全相悖。虽说市政官的统治也不乏有效者,例如利物浦城镇当局,但作为一个整体,旧式的城镇自治体是以低效、封闭为特色的。这些市政衙门往往成为某些私人的囊中之物,缺乏公开性与透明度,不能随着城镇的发展转变职能,成为为城镇大众服务的机构,走上民主之路。它只为城镇有产者利益着想,不关心城镇大众的福祉,与城镇建设与发展严重脱节,与时代格格不入。

以布里斯托尔为例,其管理机构是布里斯托尔市政法团(Bristol Corporation),给领航员、搬运工人、马车、渡轮等颁发执照,检查集市贸易、市场、骚扰、妨碍等情况。其中,管理监狱占大头,占 1820—1835 年该市总开支的 11%,另有 2% 用于监督城市巡察吏和守夜人。市政法团的参事也是治安法官,虽然是两个不同的机构,但普通堂没有这个权限。还有行使有限公共职能的私人机构,如布里斯托尔的商人冒险家会和码头公司。18 世纪初,布里斯托尔市政法团把城市码头的管理权交给了商人冒险家会,该会负责从市政法团租赁的布里斯托尔港口的管理事宜,负责征收起重机费、码头费、垫板租用费和停泊费。商人冒险家会用这些税费维护港口的湿船坞、码头和起重机,也给领航员颁发执照、监督领航员。1803 年,码头公司建立,监督当时著名的重大改善工程叫"浮码头"(Floating Harbour),该公司的收入主要来自使用浮码头设施的费用。尽管它们行使有限的公共职能,但本质上是私人机构,前者为商人成员寻求商业利益,后者最关注业务管理,给股东合理的红利。布里斯托尔的基层组织为堂区,由选任堂

---

① 朱寰主编:《亚欧封建经济形态比较研究》,长春:东北师范大学出版社,1996 年,第 300 页。

区会管理。它是一个准公共机构。布里斯托尔共有17个堂区,每个堂区有一个选任堂区会,一直可以追溯到17世纪初或更早。选任堂区会不仅执行明显的社区职能,包括修路、济贫、组织守望,而且也行使私人的和宗教的职能,维护布里斯托尔的教堂。①

事实上,商人寡头控制了市政法团。在1820—1835年间,市政法团的69名成员中,有20名同时是商人冒险家会的成员。虽然市政法团由5 000多名自由人组成,但只有1%的人在市政法团做出决策,普通堂和参事堂空缺都是指定的,即现有在任成员任命新成员,其任期都是终身。同样,市政法团每年从190名堂区提名人中任命21名铺路委员会成员。商人冒险家会还指名1/3的码头公司董事。在1825年前任命的参事平均任职为21.3年,普通堂议员平均任职为25.3年。堂区会与济贫委员会有些民主元素。选任堂区会从结构来说是最为民主的,由地方税纳税人选举管理堂区的委员会成员,但1818年《堂区会法》改变了选举体制,创造了复票制,据纳税层次有1—6张选票。由此,布里斯托尔的富裕纳税人得以在堂区会选举中施加更大的影响。而济贫委员会成员则由几种方法选举产生。在堂区由地方税纳税人选举48个济贫委员会,另外市长与参事是当然的济贫委员会成员。1714年起,高级堂区委员成为济贫委员会成员。②

从表4-1中可以看出,1835—1850年布里斯托尔市议员的职业相当多样化,工厂主与商人占据了多数。在老的市政法团里占主导地位的商人,到新市议会里被工厂主取代。工厂主占了议员的40%,而商人只占不到25%的席位。工厂主与商人两者占有市议会的近2/3席位,而律师、内科医生、酿酒与蒸馏酒者等专业人士成为第二个职业群体。

---

① Alan DiGaetano, "A Comparison of Political Modernization in Boston, Massachusetts, and Bristol, England, 1800 - 1870", *Journal of Urban History*, Vol.35, No.2 (2009), pp.262 - 263.
② Alan DiGaetano, "A Comparison of Political Modernization in Boston, Massachusetts, and Bristol, England, 1800 - 1870", pp.265 - 267.

表 4-1　1835—1850 年布里斯托尔市议会成员的职业构成①

职业	普通堂与参事堂数量/人	占议员与参事总数的百分比/%
商人	29	23.2
工厂主	50	40.0
造船者	3	2.4
银行家	5	4.0
保险经纪人	1	0.8
酿酒与蒸馏酒者	6	4.8
律师	10	8.0
内科医生	7	5.6
批发商	3	2.4
零售商	2	1.6
印刷与出版	1	0.8
船舶经纪人	2	1.6
仓库/货栈主	1	0.8
军官	3	2.4
其他	2	1.6

布里斯托尔的经济精英逐渐掌握了城市管理的大权。随着 1828 年《宣誓法》的颁布，天主教获得了竞选堂区会的机会。1834 年，非国教徒获得了竞选新济贫法委员会的权利。1835 年，非国教徒又获得了竞选市议员的权利。从此，城市关键问题的解决成为公共问题，如城市公共安全体系、码头设施、供水、垃圾市营问题等，因为这些是由纳税选民选举产生的市议员在做决策。②

在新创立的布里斯托尔市议会，市议员和参事任期较短，两者平均任

---

① Alan DiGaetano, "A Comparison of Political Modernization in Boston, Massachusetts, and Bristol, England, 1800–1870", p.269.
② Alan DiGaetano, "A Comparison of Political Modernization in Boston, Massachusetts, and Bristol, England, 1800–1870", p.270.

期为 9.3 年,即 3 个任期多一点。所有成员的平均任期为 10.5 年,因为有的人先后任过普通议员与参事(见表 4-2)。布里斯托尔城市政府职能相当有限,到 1851 年仅行使两项重要社会管理职责,一是 1836 年按《城镇自治机关法》建设了市政警察力量,二是 1851 年建立了市垃圾处理系统。另外,1848 年,城市购买码头,开启了向地方公共领域的扩展;1871 年,建立了公共学校体系;1877 年,建立了职业化的市政消防部。

表 4-2 布里斯托尔城市管理者平均任期①

市府	机构	平均任期/年	当选官员的数量/人
市政法团 (1798—1825 年)	参事堂	21.3	3
	普通堂	25.3	11
市议会 (1835—1850 年)	参事堂	9.3	35
	普通堂	9.3	160
	市议会总计	10.5	150

严重的城镇问题并非"无为"而能"治"。面对日益复杂和尖锐的城镇问题,各城镇恪守在经验中求实的原则,因地制宜,大多以议员向议会提出"私法案",即提请议会通过地方法案的方式,建立各式各样的改善委员会,征收地方特别税来应付必要的开支,以解决专门问题。他们成立了约 300 个城镇改善委员会,还有名目繁多的专门组织。其中,伯明翰和曼彻斯特的改善委员会工作较为成功。早在 18 世纪下半叶,伯明翰的改善委员会就成功地清除了街道边有碍交通的障碍物,如凸肚窗、门前的石阶、地下室入口等,从而得以铺设人行道、安装街道照明设施。19 世纪初,委员会获得了新的权力,有权征收新税和举借贷款,经济实力增强,工作更有成效。曼彻斯特的第一个改善委员会是 1765 年成立的警务委员会。到 19 世纪

---

① Alan DiGaetano, "A Comparison of Political Modernization in Boston, Massachusetts, and Bristol, England, 1800-1870", p.271.

40年代，它已涉足铺路、照明、拆迁、消防、供水、清洁和煤气供应等领域。1806年，经英国议会同意，设立了布里斯托尔铺路委员会，从事街道照明、垃圾处理、街道铺设等工作。按议会法令，该委员会是由布里斯托尔市政法团任命的。① 不过，改善委员会的工作是一种"头痛医头，脚痛医脚"的治疗方案，只能进行专项治理工作，无法全面应对城镇问题。因此，城镇政府的改革势在必行。

同时，英国经济基础的变动迫切需要政治上层建筑的相应变革。18世纪下半叶以来，英国经济生活中的由传统农业社会向现代工业社会的巨大变动，使工商业资产阶级的经济力量急剧增长，19世纪城镇化进程的加快又增强了资产阶级的力量。北方一些工业城镇，如伯明翰、曼彻斯特等，本身是非国教徒的天下，其兴盛繁荣全赖非国教徒。但城镇政府仍然受旧的《宣誓法》和《市政社团法》的制约，非国教徒被剥夺了政治权利，没有参与地方管理的权利。工商业资产阶级的强大经济实力与政治上的无权状态极不相称。

这样，英国城镇政府或已沦为某些私人的产业，或停留在乡村统治体制下，无法为日益扩展的城镇提供服务，城镇政府的改革确实势在必行了。此时，英国社会民主化运动已逐步走上稳健的正常轨道。18世纪下半叶以来的资产阶级激进派运动风起云涌，但毕竟没有发展成法国那样的狂风暴雨式的革命，而是通过统治阶级的理智退让，让中产阶级分享权力而获得和谐。这种英国式改革开创了在体制内消弭乱源的先例，使19世纪成为政治民主化取得突破性进展的世纪。在这种历史大背景下，英国城镇政府的改革也就可能以民主的方式来解决，从而构成英国政治民主化的重要组成部分。

从改革的决策主体来看，19世纪英国城镇政府改革主要有中央立法

---

① Graham Bush, *Bristol and Its Municipal Government*, 1820－1851, Bristol: Bristol Record Society, 1976, pp.7－10, cited in Alan DiGaetano, "A Comparison of Political Modernization in Boston, Massachusetts, and Bristol, England, 1800－1870", p.263.

和城市地方立法两种。在中央,以1835年的《城镇自治机关法》为开端,它实质上是1832年议会改革的续篇和尾章,其基本原则是在民主的基础上改建自治城市政府。1832年议会改革解决了中央层面的民主化问题,1835年的《城镇自治机关法》则解决了城镇层面的民主化问题。该法规定:第一,在178个城镇里,取消200多个陈旧过时的市政自治团体(法团),代之以选举产生的城市政府。城市政府由市议会、市长和市参事会构成。市议会是城镇自治机关的权力机关,其成员由该城所有缴纳地方税①,并有3年居住资格的成年男性投票选举产生,从而为全国统一了市政选举的资格标准。市议会再选举市长、市参事会。市议员任期3年,每年改选其中的1/3,参事员任期6年,每3年改选其中的1/2,市长任期1年,可连选连任。以布里斯托尔为例,新市议会由普通堂与参事堂组成,其中市议会由48个市议员组成,每个市议员任期4年,每年改选其中的1/3。参事16人,任期6年,由市议会任命。市议会还每年任命一个市长。② 第二,废除市政官和法院的职权,将司法权转交给治安法官和郡法庭,在城市层面实现司法权和行政管理权的分离。第三,市府财政公开,市政收入必须用于当地居民,不得用于私人利益或娱乐,从而增加了市府财政透明度,有助于减少腐败现象。第四,地方政府可以制定必要的法规。第五,市议会的讨论公开,允许公众旁听。这样,通过1835年的市政改革,自由、公开、民主的城镇政府取代了封闭的旧式城镇寡头的统治,打破了城镇寡头对城镇的行政控制。

在自治城市,市政府在其权限内制定地方法规,征收地方税收以平衡收支,负责环境建设,等等。③ 新建立的市政府,其权力和职能日渐扩大,

---

① 地方税建立在财产税基础上,它由地方当局根据当年度的开支需要和地方财产总值来确定。
② Alan DiGaetano,"A Comparison of Political Modernization in Boston, Massachusetts, and Bristol, England, 1800 – 1870", p.274.
③ R. K. Webb, *Modern England: from the Eighteenth Century to the Present*, New York: Harper and Row, 1975, p.223.

社会服务保障功能日益加强。从理论上说,原来的各式改善委员会的职能已转归新市政府所有。但在实际政治生活中,这些机构并未立即消失,而是仍继续存在了一段时间。在法律上,新市政府有权继承旧市政府财产,成为城镇的实权机构,但实际上,城镇寡头不愿轻易放弃自己的权力和财产,因此城市议会只是逐步确立起其领导地位。在此过程中,城镇的社会职能仍在不断地扩展。如果说在19世纪30年代只有市政府、议会和参事会等屈指可数的几个机构的话,那么,19世纪末,又增加了煤气、自来水、电力、街道、下水道、公园、卫生、浴室、市场、图书馆和博物馆等方面的新功能及其机构,完善了政府体系。另外,市政府还比较成功地建立起了城镇警察力量,以维持地方秩序。随着城市功能的扩展,城市政府的职责日益扩大,以适应变革的城镇社会。新的城市政府较之旧的市政官,更能胜任城市的管理工作。19世纪英国市政方面的大部分问题是通过地方性立法解决的。当然,由于政府对城市的管理还处于探索阶段,其立法大多是对城市问题的即时回应,缺乏总体规划。

从城镇管理的方式来看,1835—1870年为分散式的管理阶段,1870—1900年为集中阶段。在第一个阶段,针对城镇事务的繁杂和地方事务的专门性,创设了许多专门机构。如早在1834年就成立了济贫法委员会,1835年成立了公路局,1848年成立了卫生局,1870年成立了教育局。到19世纪70年代,各式的地方性局、委有700多个。[①] 但缺陷是许多中央的法令、条例大多是"任意性"的,采用与否全在城镇自己,"未能通过中央控制作用来改变自治市大小不等、区域划分和地方管理多样化的局面。所以,当时的多数地方政府仍然存在腐败和低效问题"[②]。19世纪70年代后为权力日益集中阶段。1871年,中央地方政府部成立,开始统一规划指导地方政府工作,英国的地方自治传统才受到真正的冲击。1872年,设内政

---

① Derek Fraser, *Power and Authority in the Victorian City*, p.153.
② 阎照祥:《英国政治制度史》,北京:人民出版社,1999年,第365页。

部，以加强中央对地方的指导和监督，并逐步充实中央政府的管理机构，开始了中央政府部门对地方政府的统一协调过程，建立起现代政府架构。

英国城市政府的改革初步建立了城市专业化的管理机构，并将权力日益集中化，加强了中央对地方的行政管理。这与19世纪资本主义制度走向成熟密不可分。随着资本主义的日益成熟，经济领域中垄断与集中思想抬头，政治领域中国家机器也日益加强，对社会生活各方面进行干预。"国家开始处理经济增长中出现的经济和社会问题……设法缓和日益明显的社会紧张、城市问题和工业成熟所产生的问题，后两个问题要求国家进行更多的福利立法和社会改革……政府不得不以全力应付社会动荡、贫穷和城市扩展等等难题。"① 前述《城镇自治机关法》即是从上而下由议会立法通过，各城镇遵照执行。除明确列入其中的城镇外，其他城镇只可申请援引该法，因此其立法不带有强制性质，而是授权地方当局自行斟酌执行，执行与否取决于各个城镇，故而有人称19世纪下半期为英国自治市的"黄金时代"。② 但它毕竟已是中央立法对城镇事务的有力介入。当然，自由放任的思想依然根深蒂固，对于政府的干预还时有一些非议。例如，当1848年《公共卫生条例》颁布时，《经济学家周刊》（1848年5月13日）的编辑抱怨道："疾苦和灾害"，"乃是自然的诰诫；是无法免除的；在善心人士还没有领悟它们的目的和结局以前，要迫不及待地试图以立法把它逐出世界，其结果往往是利少而害多的"。③

英国地方政府改革以1835年改革为起点，在民主基础上建立起新的市政府，以适应日益变动的城市社会，逐步发展成现代城市政府，履行日益扩大的社会管理职责，对城市社会的各类问题做出回应。城镇越发展，城市规模越大，那么城市的公共设施建设和管理任务就越重，城镇政府机构

---

① ［意］卡洛·M.奇波拉主编：《欧洲经济史　第三卷：工业革命》，第275—276页。
② Mark Girouard, *The English Town: A History of Urban Life*, p.205.
③ ［英］克拉潘：《现代英国经济史　上卷：早期铁路时代　1820—1850年》，第667页。

便越扩大:从市政公共设施到街道、供水、垃圾和交通,再到精神生活的基础设施,如公园绿地、学校建设、图书馆和博物馆。由于其从一开始就建立在权利(选票)与义务(纳税)相统一的基础上,重在其职责——为城镇大众服务,而不在其官位和个人得失,因此这种新的市政官员已不再是旧式的城市寡头,而是现代"文官"了。到19世纪末,英国城市地方政府建设基本完成。

英国城市政府改革不仅仅是对市政府上层建筑的有形改革,而且还在地方层次上开创了无形的民主化进程,为城市和整个社会带来了民主、自由、开放的精神。

首先,城市政府改革与三次议会改革一道构成了19世纪英国政治民主化进程的重要组成部分。18世纪以来,伴随着工业化和城市化的进程,工商业资产阶级人士在经济上取得了巨大的成就,其经济实力空前增强。如北方巨大的工业城市伯明翰的工匠们、棉业城市曼彻斯特的棉业巨头、海港城市利物浦的"商人王子",虽富甲一方,在政治生活中却因非国教徒而没有发言权,政治大权操纵在土地贵族手中,国家的政治上层建筑与经济基础严重失衡,因而获得政治权力就成为19世纪英国资产阶级的主要历史使命。由于英国政治生活中自1688年光荣革命以来所形成的渐进变革的传统,激进运动的压力迫使统治阶级逐渐退让,打破土地贵族的权力垄断,摆脱市政寡头对城镇的控制,建立起较为民主、开放的政治统治,所以民主与改革便成为19世纪英国政治发展的主要篇章,并诞生了密尔所宣扬的自由主义思想体系。在他看来,所谓政治自由就是自由地讨论公共问题,并让公众参与政治决定。[①] 而下层人民则提出了《人民宪章》,要求普选权,把获得选票、参与政治当作提高自己地位的手段。

这样,从1832年的议会改革到1884年的改革,选民人数不断增加,不仅中产阶级,甚至工人大众也开始分享政治权利。这虽然不是真正意义上

---

① [美]乔治·霍兰·萨拜因:《政治学说史》,刘山译,北京:商务印书馆,1990年,第780页。

的普选权,但其民主化的总趋势是无可否认的。资产阶级开始在议会中占据优势。据统计,1865年,在议会中的土地利益代表有436人,工商业、金融界的代表有545人,占一半以上。到1900年时,后者增加到了77%。① 在中央的办事机构中,通过文官制度改革和军队改革,中产阶级代替了世袭的腐败官僚。在地方的政治生活中,1835年的《城镇自治机关法》使那些经济强人在市镇领域取得与之相应的领导地位,尤其是在新兴工业城镇中,工商业资产阶级很快掌握了政权。如以曼彻斯特周围的工业城镇为例,洛奇代尔和索尔福德的市议会中,从1856年到1890年,工商业资产阶级的比例从52.5%上升到80.35%,在布莱克本和博尔顿的市长中,有60%以上是工商业资产阶级出身。② 在19世纪初的英国中央和地方政治生活中所表现出来的上层建筑与经济基础相脱节的矛盾,通过改革、调整,逐步改变国家的政治上层建筑,使之最终适应了经济基础的发展变化,体现了一定的民主原则。1869年的《市政选民法》给予所有拥有1年居住资格的纳税人投票权,最主要的是所有未婚女性享有同等的权利。③ 到1894年,男女纳税人都有权在郡、行政堂区投票,在妇女选举权方面打开了一个缺口,难怪科布登说"《城镇自治机关法》是我们法律中最民主的措施"④。

一些历史学家认为,1835年《城镇自治机关法》规定的纳税人资格条件事实上使当时的英国城市大部分居民失去了选举权,城镇纳税人数目甚至大大少于1832年《议会改革法》的选民数目,因而并不能说明其民主性。⑤ 也有人强调说,它与1832年改革法案一样,都是党派斗争的产物,是两党政治斗争在地方上的反映,是辉格党在地方上排挤托利党势力,与民

---

① [美]乔治·霍兰·萨拜因:《政治学说史》,第359页。
② 李宏图:《英国工业资产阶级与社会政治现代化模式》,《世界历史》,1992年第2期。
③ G. I. T. Machin, *The Rise of Democracy in Britain, 1830 - 1918*, Basingstoke: Macmillan, 2000, p.75.
④ Derek Freser, *Urban Politics in Victorian England: the Structure of Politics in Victorian Cities*, Leicester: Leicester University Press, 1976, p.115.
⑤ Derek Fraser, *Power and Authority in the Victorian City*, pp.15 - 16.

主相距甚远。但是我们认为,虽然从选民数量上来说,也许1835年的市政选民确实不多,但问题的关键不在于这些数字,而在于其基本原则,它以纳税人的资格取代了议会选举中的财产资格,体现了纳税义务和投票权利之间的辩证统一的关系,变拥有财产收入之多寡的选民资格为向城镇公共事业贡献大小的纳税人资格来确定投票权利,体现了历史的进步。虽然从数量上说,1835年纳税人只占成年男子的3%—10%,直到1869年也才达到20%,[①]但如同13世纪的大宪章在初期只是一份封建性的文件汇编,随着时间的推移,其民主自由的性质才愈来愈体现出来一样,1835年市政改革中的纳税人选举权的资格,恰恰是奠定英国现代民主政治制度的基石之一。与中央的议会改革不同的是,从19世纪60年代开始,女性也加入了城镇选民的行列,况且也是在城市率先实行了成年公民选举权。[②] 到19世纪末,选举权已扩展到全体公民,民主选举赋予城市政府极大的政治合法性和权威性,市政官员对选民而非上级负责,在相当程度上体现了现代民主精神。

其次,城市政府的改革还具有指导性和现代性。它不仅把民主和代表原则运用到所有城市,而且还推广到郡县等农村地区,从而提供了一个具有现代政治精神的起点。随着19世纪城市化进程的推进,广大农村地区的生活也日益城市化,推行民主化改革就顺理成章了。因为这时的乡村居民已经接受和享受到城市文明,况且从中央一级来说,农业工人在1884年取得了议会选举权,农村地方政府的民主化改造也就水到渠成。1888年和1894年的《地方政府法案》,其宗旨即在于此。1888年法案规定设立郡和郡级市政府,1894年法案则规定设立都市区、农村区及堂区的地方政府,在郡、郡级市设立民选的议会,区设区级议会,堂区有堂区议会。所有成年男女全部参加地方议会选举,并拥有表决权,从而使民主和开放性原

---

① Mark Girouard, *The English Town: A History of Urban Life*, p.203.
② 王振华、刘绯主编:《变革中的英国》,北京:社会科学文献出版社,1996年,第129页。

则在基层得到贯彻。由此,从中央到地方,从城市到乡村,都按民主原则选举产生了新的政府机构。

由于城市所具有的匿名性、民主性、公开性和自由性等社会属性,英国的地方民主就由城市开其端,在有着自治传统的城市率先试行。在城市,人们的民主意愿最为强烈,城市化快速发展使得民主思想的传播极为容易。城市先行、农村随后的民主和代表制政府机构改革的方向与做法既符合英国的传统,还回应了英国的激进派运动和其后的宪章运动。因此,城市成为大众基层民主的摇篮和发源地。

再次,1835年的《城镇自治机关法》具有开放性特点,并体现了行政管理公开化的趋势。改革法虽然只涉及了178个自治城市,其目标和对象是对自治城市的市政团的改造,但它的意义不仅仅在此,它还为非自治城市的相应改革打开了大门。它规定非自治城市可申请援引1835年的改革原则,这就为非自治城镇政府的全面改革提供了可能性。因此,1835—1855年这20年中,就有22个城镇(其中绝大部分是新兴工业城镇)据此组织了新的市政府,到1900年,英国已经有了313个新城市政府。[①] 由此可见,1835年的改革法并不仅仅涉及它所提及的178个城镇,更为其他城镇的相应变革做了准备,尤其是为工业革命以来发展起来的新型城镇提供了进行有效治理的方式和途径。

改革还体现了城市政府行政管理的公开性。首先是决策程度的公开性。以19世纪中下叶各城镇建设市政厅为例,当时市政厅被当作城市的标志性建筑,就如同教堂是中世纪城市的标志性建筑一样。市政厅建筑的风格、建筑地址、预算、招标等都在公开的原则上进行。人们不仅仅把市政厅当作宏大的办公楼,而且把它当作进行盛大的招待会、音乐会的场所,因此市政厅客观上具有议会厅、法庭、音乐厅等其他功能。更为重要的是,市

[①] Derek Fraser, *Power and Authority in the Victorian City*, pp.150-151.

政厅建筑还体现出城镇民众日益表现出来的市民自豪感,其往往成为一座城市的标志,纳税人用自己的钱,建筑起精美、雄伟的市政厅,在建筑规模、装饰、布局方面相互攀比,体现了城市市民急于改变新兴工业城镇的形象的愿望。大部分的市政厅都有大型的风琴,以举行大型的群众性音乐会,把雄伟的建筑物与提高大众的艺术欣赏和审美能力结合在一起。其宽敞的厅堂、巨大的规模、成组的风琴,表明了市政厅所具有的公众性质。很显然,这样的市政厅不纯粹是上流社会的官府衙门,音乐也不再仅仅是体现上流社会身份地位的象征,更是群众提升其自身境界的工具。为了使新的市政厅真正成为城市标志性建筑物,哈利法克斯在1848年设立市政府时决定,市政厅应该是城市生活与精神的体现,应位于市中心,建筑在制高点上,应有一个令人注目的高塔,一个巨大的钟楼。① 市政厅的竣工揭幕往往是充分表达市民自豪感的典型活动,王室成员的光临、盛大的集会、隆重的庆典,成为固定的场景。哈利法克斯市政厅竣工剪彩时,威尔士王子光临,还有174节火车带来的6.6万名观众,该市组织了1万名主日学校的学生表演节目,一支500人的大型乐队演奏乐曲。② 1858年9月7日利兹市政厅竣工剪彩时,还举行了产品展销会与大型音乐会,女王夫妇的到来更把庆典推向了高潮,城内到处彩旗招展,横幅临空,花团锦簇,人们个个喜气洋洋。正如水晶宫世界博览会成为1851年的标志一样,利兹市政厅成了1858年的象征。③ 它体现了市民时代的自豪感,显示了公众精神和城镇生活的开放性。直到今天,我们仍然能在英国大选时的计票处领略到19世纪市政厅建筑的风采。19世纪中叶建成的市政厅还成为与乡村地产斗争中的堡垒。④ 如果说乡间城堡曾是农业英国的势力所在,那么这一时期

---

① 阎照祥:《英国政治制度史》,第211页。
② Mark Girouard, *The English Town: A History of Urban Life*, p.215.
③ Asa Briggs, *Victorian Cities*, pp.174-176.
④ Derek Freser, *Urban Politics in Victorian England: the Structure of Politics in Victorian Cities*, p.22.

市政厅在很大程度上成了现代英国的时代标志。其次,市议会的会议允许市民旁听,体现了现代政治过程中的大众参与。最后,在市政府经费上实行公开原则,定期公布账目和年度预算,进行账目审计,审查地方政府开支情况,审计员由市民选举产生,市镇司库受命对账目进行摘要,其备份由纳税人公开审查。可见,19世纪的城市政府改革增强了城镇行政决策和日常工作的透明度。

1835年的地方政府改革改变了新兴工业城镇的管理模式,城镇从寡头统治变成民选机构管理。不过,伦敦由于首都的特殊地位及空前的人口地域规模而徘徊在改革法之外,成为英国大城镇中最后一个建立起现代城镇管理机构的城镇。从19世纪30年代到1899年,伦敦为城镇管理的现代化进行了漫长而艰苦的探索,其中都市工务委员会的探索最为艰难,最为曲折。

直到19世纪中叶,伦敦仍然沿用传统的管理模式,缺少任何形式的全城范围的政府组织。伦敦的管理工作由伦敦城的伦敦法团和其他地方的堂区委员会负责。伦敦法团由伦敦市市长、参事堂和普通堂组成,负责伦敦市中心1平方英里左右范围的古老的伦敦城的管理。其他地方基层组织是堂区,规模较大的由选举产生的选任堂区会管理,规模小的则由几个堂区组成区委员会管理。[①] 这些是伦敦的传统管理机构,都有着强烈的自治色彩,它们管理着处于农业社会汪洋中的首都伦敦的事务。不过,随着19世纪的城镇化进程,城镇日益扩展,城镇公共事务日趋繁多。于是,为了应付日益增多的城镇新事务,伦敦逐渐依法设立了专门机构,如卫生委员会、教育委员会、警务委员会、路灯委员会等,名目繁杂,各司其职。到19世纪中叶,整个伦敦在大约250个地方法的指导下,设立了300来个委

---

① William Blake Odgees, *Local Government*, London: Macmillan, 1913, p.223.

员会,①处于多头多层又各自为政的管理状态。

1835年《城镇自治机关法》并不包括伦敦的管理问题。为此,1837年提出了皇家委员会后续调查报告,对伦敦的管理问题提出建议。报告认为,不管实践上和历史上有多少障碍,整个伦敦应该选举产生一个单一民选政府,伦敦各个部分应该由"独立而单独的组织"来统治,抛弃铺设街道、下水道和照明无须统一的陈腐观念。报告的目标和意图很明显,即经过民主程序,在各区建立既相对独立又经过民选的统一伦敦政府。这个建议沿用了1835年《城镇自治机关法》的基本原则,可惜没有被采纳。究其根本原因,首先是它在一定程度上触犯了伦敦的既得利益者。像伦敦法团等传统势力,不愿意失去他们的权力,不甘心在民主选举中受制于平民百姓。况且当时的英国首相辉格党的墨尔本(Viscount Melbourne),偏爱享受安静的政治生涯,与世无争,所以在与伦敦传统势力的较量中败走麦城。其次,那些推动了1835年地方政府改革的民主激进力量,早已满足于伦敦1831年堂区委员会民主选举的措施,失去了继续奋斗的动力与决心。另外,很多人仍然相信,伦敦城是地方民主的模板,而不存在需要立即解决的时代问题。② 最后,还有对中央化的恐惧。人们对1834年新济贫法改革引进的中央化模式产生了怀疑,因而决心保护地方主义,反对中央的介入。如富裕的马里波恩和威斯敏斯特堂区坚决抵制民选单一政府的做法。在这种背景下,伦敦政府的改革被束之高阁。于是,到19世纪中叶伦敦还缺少任何形式的全城范围的政府组织。

这一耽搁,伦敦的管理改革直到1854年才再次提上议事日程。皇家委员会再次调查伦敦管理问题。委员会吸取了以往的经验教训,认为管理如此巨大的地方(78 000公顷)和多样化的人口(230多万人)会是一项"艰

---

① J. Renwick Seager, *The Government of London: under the London Government Act, 1899*, London: P. S. King and Son., 1899, introduction, p.11.
② Stephen Inwood, *A History of London*, p.432.

巨的工程",因此不再设想创立一个覆盖全伦敦的单一市政当局。相反,这次报告把重点放在基层组织的构建上。20 多年的实践证明,伦敦的堂区委员会没有能成为高效的地方基层政府,所以他们建议组建 7 个自治市议会,取代这些堂区委员会。每个市议会管理的范围大致对应伦敦的 7 个议会选区,每个自治市议会向单一的都市工务委员会派遣代表,都市工务委员会负责符合公众利益的公共工作。当时的公共卫生部长本杰明·霍尔(Benjamin Hall)爵士接受了皇家委员会认为伦敦太大、不能为一个当局所统治的意见,但他并不认同皇家委员会的干预伦敦城或放弃所有堂区委员会权威的想法。他的意见成为 1855 年《都市地方管理法》的基础。该法开宗明义:"为了首都在下水道、排水、铺路、清扫、照明和改善上进行更好的地方管理而制定本法。"[①]该法创造了一套表面上的两级体制:在基层,它保留了 23 个较大的堂区,把 55 个较小的堂区组织到 15 个区,从而挽救了堂区制度并使之长期存在。在上层,设立了都市工务委员会,主管伦敦的公共工程,尤其是相互衔接的下水道系统。[②]这样,划分成自治市的想法被放弃,但是委员会终于在 1855 年建立起来了。经历了漫长的等待与探索后,伦敦总算有了自己的覆盖全城范围的管理机构——都市工务委员会,为日后成立单一政府奠定了一定的基础。

作为一个覆盖伦敦范围的管理机构,都市工务委员会的产生如此困难重重,其成员由基层组织推荐,而不像其他工业城镇那样由民选产生,缺乏民意基础,其实际的工作又大多得通过议会法令来展开。因此,其建立伊始就成了一个既没有权力,在议会又没有自己的代表,也没有群众基础的机构。这对其担负的首都伦敦的基础设施建设工作产生很大的制约。

[①] Edmund Humphrey Woolrych, *The Metropolis Local Management Acts: to Which is Added An Appendix Containing Other Statutes Relating to the Powers and Duties of the Metropolitan Board of Works*, *Vestries… with Table of Cases*, *Notes*, *and Index*, London: Father and Son Shaw, 1880.
[②] Stephen Inwood, *A History of London*, pp.432 – 433.

都市工务委员会的主要职责就是管理伦敦的公共事务,特别是迫在眉睫的基础设施的建设和改造工作,像修筑街道、堤坝、下水道,街道命名,住房编号,实施1835年《建筑法》等。在都市工务委员会存在的30多年(1855—1889年)中,它一方面不负众望,历经艰难,建立了造福伦敦人的伟大功绩,但另一方面,也因为种种原因,出现虽然费尽心血但一无所成的尴尬局面。

都市工务委员会的一个杰出成就是创建了伦敦下水道系统的核心,包括75英里的主道和1 000英里的街道支网。构筑了泰晤士河两岸的河堤,清除贫民窟,开辟新街道以缓解交通拥堵。开拓了查令十字路、加里克街、诺森伯利亚大道、沙夫茨伯里大街、萨瑟克街。从1869年起,都市工务委员会掌管横跨泰晤士河的桥梁,废除了收费桥梁,并新建了塔桥、维多利亚桥,重建了巴特西桥和滑铁卢桥。另外,还建了不少花园。几乎从一开始,都市工务委员会就有权获得土地建立公园,到1888年,它已经创建了2个公园——芬斯伯里公园和萨瑟克公园,两者都在1869年开放。都市工务委员会保留和控制了几个大型公地和荒地,包括布莱克希思、哈克尼荒地、托丁贝克公地、克拉珀姆公地、汉普斯特德公地和议会山。[①] 在19世纪70—80年代,伦敦的许多工作都是由它来负责执行的,都市工务委员会也日益像一个羽翼丰满的城镇政府。

都市工务委员会在30多年的生涯中取得了一定的成绩。不过,它也遇到了很多致命的失败。19世纪中叶,英国工业城镇大多在控制与居民日常生活密切相关的煤气与供水方面实现了市营,都市工务委员会面临着更顽强的抵抗。

伦敦的供水市营困难重重。1871年,一份提案提出都市工务委员会购买伦敦的8个高利润的供水公司,但由于阻力太大而不了了之;1878

---

① Stephen Inwood, *A History of London*, pp.435-436.

年,第二份类似提案也被否决。尽管人们抱怨伦敦的自来水昂贵、断断续续、有时不干净,议会仍然怀疑都市工务委员会的野心,怀疑其缺乏民主的可靠性,怀疑自来水公司的游说力量,怀疑许多都市工务委员会成员不乐意向纳税人收取高额税收,因而一再延缓市营的尝试。1880年,都市工务委员会有机会以3 300万英镑买断自来水公司,这笔钱完全可以用以后的水费偿还。但是它犹豫不决,政府也漠不关心,机会就这么丧失了。19世纪80年代又一个供水提案被否决。直到1902年,《都市供水法》创立了一个新机构——都市供水部,用4 000万英镑购买了8家供水公司,向自来水市营方向发展。①

都市工务委员会也没有能控制伦敦的煤气供应。② 19世纪50年代,给伦敦供应煤气的有20来家竞争激烈的公司,主要给街道和公共建筑提供照明服务。其中,最古老最大的公司是煤气照明与科克公司,它自1812年起就给伦敦中心的街道和桥梁提供照明服务。1837年,这些公司放弃了竞争,把伦敦分成13个地方自治区,实行分地段垄断经营,并提高价格和红利。到19世纪60年代,伦敦法团利用其强大的游说力控制了伦敦城煤气的价格和质量,1868年成功通过了伦敦《煤气法》。1875年,当有些区的煤气价格上涨1/3时,都市工务委员会也只能学习伦敦城的样板,不得不满足于控制质量,而非其价格,更不用说像其他城镇一样的市营了。③

城镇管理现代化的尝试并不是一帆风顺,权力集中产生的腐败与滥用权力也没有离开正在进行管理现代化探索的伦敦。

伦敦城镇管理现代化的艰难探索,既有首都的特殊原因,也有传统大城镇既得利益者与改革者之间的权力博弈问题。首都伦敦管理问题的产

---

① Stephen Inwood, *A History of London*, p.436.
② 到1875年,英国已经有76个市政府拥有了市营煤气公司。参见 Harold Carter and C. Roy Lewis, *An Urban Geography of England and Wales in the Nineteenth Century*, p.209.
③ Stephen Inwood, *A History of London*, pp.436-437.

生,客观上源于其持续发展的速度之快与规模之大。历史悠久的自治传统,成为伦敦管理现代化的阻力之一。伦敦的城镇管理中,伦敦城由传统的伦敦法团自治,其他地方主要依靠地方自治,特别是基层堂区的自治。早在1831年,伦敦就为堂区自治提出了方案,由堂区纳税人选举产生堂区委员会,实现了某种程度的基层民主。所以,伦敦法团与堂区基层组织的自治与民主,使之成为躲开1835年《城镇自治机关法》约束的重要砝码。作为世界上第一个城镇化国家,突然要对如此巨大的城镇、如此庞大的人口实行有效的管理,确实不是一蹴而就的事。因此,伦敦城镇管理的艰难的确源于城镇化时代和首都的特殊地位。当然,伦敦管理的艰难在主观上源于伦敦各种传统势力和既得利益者的顽固抵抗。当19世纪30年代各工业城镇通过《城镇自治机关法》建立民选市议会时,伦敦就以特殊性而游离于外。当19世纪50年代都市工务委员会成立之际,伦敦对皇家委员会提出建立统一民选政府的建议大力反对。所以说,在某种意义上,成立一个联合委员会性质的都市工务委员会本身,就是对既得利益集团的让步。

都市工务委员会的最终废除,既是由于内部腐败招致民众敌意,也是伦敦民主管理的最终需求所致。正如阿克顿勋爵(Lord Acton)的名言所说,"权力导致腐败,绝对的权力导致绝对的腐败"[①]。在工务委员会存在的30多年里,作为主管首都伦敦的公共事业、基础设施建设的部门,存在一些腐败现象大概是不足为奇的,奇怪的倒是最后揭露出来的腐败事件并不多。皇家委员会的调查结论是都市工务委员会存在腐败现象,但驳斥了腐败盛行之说。这应该是比较客观公允的。不过,腐败事件产生的后果是极为严重的,人们对都市工务委员会本身产生了怀疑,这才是问题的严重性所在。

---

① 阿克顿勋爵(Lord Acton,1834—1902)的名言"Power tends to corrupt and absolute power corrupts absolutely",一般译为"权力导致腐败,绝对的权力导致绝对的腐败"。1887年,阿克顿致伦敦主教雷顿·曼德尔(Bishop Mandell Creighton)信中语。

直到1888年《地方政府法》颁布，首都伦敦与英国其他地方一样，成立了民选的伦敦郡议会政府，产生了下属的自治市议会，这才终于把伦敦包括在地方政府改革法之内，从而给伦敦创造了一个建立自己的地方政府的机会，伦敦郡、伦敦郡议会由此在1889年正式诞生。伦敦郡议会是一个民主选举产生的机构，拥有合法的权力来源，也是伦敦大都市历史上第一次真正拥有一个权力集中机制。然而，到19世纪末组建都市自治市，增强了这个基层机构的权力，似乎又在走分散的路线。看起来，伦敦城镇政府权力的集中，往往是每前进一步，都要往回退半步。

伦敦郡的诞生是与保守党索尔兹伯里（Salisbury）政府里的里奇先生（C.T.Ritchie）分不开的。他是新法案的建筑师、地方政府部部长。一个覆盖全伦敦的城镇政府，虽然姗姗来迟，但总算在19世纪末走上了历史舞台，这就是伦敦郡议会。

1888年3月19日，里奇在下院提出了地方政府改革法案。法案建议创建一个选举产生的郡议会，接管季审法庭的地方法官的行政管理职能。国内10个最大的城镇本身成为一个地方政府的郡——利物浦、伯明翰、曼彻斯特、利兹、谢菲尔德、布里斯托尔、布莱德福德、诺丁汉、赫尔河畔金斯顿和纽卡斯尔。每个郡以卫生区（1872年设立）为基础划分为城镇区和乡村区，由区委员会管理。当然，后来关于区委员会的相关内容，直到1894年的《地方政府法》才解决。

在伦敦，原来由都市工务委员会管理的米德尔塞克斯、萨里、肯特的共117平方英里区域，被指定为伦敦郡，由直接选举的新伦敦郡议会管理。新的郡议会权力比都市工务委员会多。

伦敦郡是按1888年《地方政府法》建立的英国诸多郡中的一个，全称伦敦行政郡，不过习惯上一般称伦敦郡。这看起来似乎使伦敦郡与英国其他郡一样，但实际情况要复杂得多。1888年《地方政府法》主要应对的是英国农业地区的情况，英国城镇的改革早就在1835年的《城镇自治机关法》及随后的立法中解决了。伦敦毕竟不是一个普通的郡,它是一个城镇区域,面积巨大,人口众多,拥有如伦敦城和伦敦学校委员会、大都会警察区等各种机构,它在按 1888 年《地方政府法》建立的郡里简直就是一个另类。伦敦郡其实不是伦敦"郡",它是从周边郡里人工切割出来的部分,接管和继承了都市工务委员会的工作。因此,有人说,它是"一个郡政府改革的偶尔的副产品"①。

这样,伦敦郡议会就成为 1889 年到 1965 年期间伦敦郡的主要地方政府机构,它是伦敦历史上第一个直接选举产生的全伦敦范围的普遍城镇政府,成为当时英国最大、最重要、最具雄心的城镇政府。伦敦郡也是伦敦地方政府历史上第一次真正实现某种程度的管理权力的集中舞台。

虽然说 1888 年《地方政府法》解决了郡级的设置,1894 年《地方政府法》完成了除伦敦外的地方政府改革,但只有 1899 年《伦敦政府法》才是真正解决大都市——伦敦城市政府的法律规范,攻克了英国城市政府的最后堡垒。它规定,在 1888 年建立的伦敦郡区内重新建立 28 个首都自治市议会和伦敦城,以取代原有的 38 个堂区委员会。②

工业化推动的城镇化进程,不仅使英国的城镇数量、城镇空间得到极大扩展,不仅有大量的工矿业城镇崛起,出现了大批中等工业城镇,而且促成了大批小城镇或工矿业城镇诞生,使城镇的内部空间及管理方式都进行了重大改革。这样,英国工业化时代的城镇化就逐渐成为全方位的城镇化。从时间上说,从工业化初期的粗糙城镇化,逐渐发展成改造后的全面城镇化。

---

① S. K. Ruck and Gerald Rhodes, *The Government of Greater London*, London: George Allen and Unwin, 1970, p.19.
② C. Douglas, *English Historical Documents*, 1874-1914, London: Eyre and Spottiswoode, 1977, p.477.

第五章

当代英国再城镇化(一)

如果说工业化时期英国城镇社会的转型主要体现在"外形"的转变,即从乡村社会转向城镇社会,那么20世纪以来的英国城镇社会转型更多地体现在"内在"的转型,即英国整个社会转向城镇化社会。换言之,20世纪以来的英国当代城镇化体现在深度城镇化上,即城镇空间向更广泛的地域扩展,从单纯的向郊区逐渐推进,到在大城市周围规划新的城镇来分散大城市的人口压力,而且城镇化深入乡村,使乡村地区也逐渐城镇化,享受城镇社会的基础设施与生活方式,因此乡村成为城镇居民的理想家园,甚至是具有更高生活水准的家园。这就是英国的再城镇化。

一、城镇化空间的大扩展

20世纪以来的英国城镇化不仅在于量的增长,更在于质的飞跃。一方面,英国的人口城镇化速度放慢企稳,直到20世纪晚期才有新的增长。另一方面,城市空间得到了空前的扩展。也就是说,20世纪以来的英国城镇化在很大程度上是以空间城镇化为特征的。城镇化不仅使城市郊区具有城镇特性,而且兴建起了新的城市,提高了城市化率,甚至乡村也日益城镇化,基本实现了城乡无差别,因此这是英国的深度城市化时期。城镇化向全英国的扩展,成为这个时代的重要主题。

20世纪以来,英国人口城镇化速度放慢甚至保持相对稳定。根据人口普查数据,1901年英国的城市化率大约是77%,1911年为78.1%,以后直到1971年,城市化率基本保持在这个水平上(77%—79%)。[1] 例如,二战后的第一次人口普查显示(见表5-1),英格兰和威尔士半数以上的居民生活在人口5万以上的城市里,80%以上的人生活在城市地区,只有不到20%的人生活在乡村地区。其中,伦敦行政郡和伯明翰超过100万人,分别为3 347 982、1 112 685人,随后的三大城镇都超过了50万人,利物

---

[1] C. M. Law, "The Growth of Urban Population in England and Wales", *Transactions of the Institute of British Geographers*, Issue 41 (1967), p.126.

浦、曼彻斯特、谢菲尔德人口分别为 788 659、703 082 和 512 850 人。① 直到 20 世纪晚期，英国的城市化率才再度提升，至 2001 年达到了 89%。②

表 5-1 1951 年英格兰和威尔士的城镇规模统计③

	规模	人口/人	人口百分比/%
城市地区 （包括郡自治市、 市政自治市、城镇区）	100 万人及以上	4 460 667	10.2
	50 万人及以上	2 509 810	5.7
	25 万人及以上	2 450 822	5.6
	10 万人及以上	7 393 093	16.9
	7.5 万人及以上	2 122 710	4.9
	5 万人及以上	4 100 435	9.4
	以上小计	23 037 537	52.7
	2.5 万及以上	5 809 070	13.3
	1 万人及以上	4 568 309	10.4
	1 万人以下	1 920 805	4.4
	总计	35 335 721	80.8

1951 年人口普查表明，英格兰和威尔士的城镇类型与 19 世纪工业化时期的城镇类型相比有着很大的延续性。有研究者把当时英国 5

---

① C. A. Moser and Wolf Scott, *British Towns: A Statistics Study of Their Social and Economic Differences*, Edinburgh: Oliver and Boyd, 1961, p.23.
② 如果依万人以下作为农村地区的界定的话，那么 2011 年英国城市化率则为 85%。参见 Anthony Champion, *The Changing Nature of Urban and Rural Areas in the UK and Other European Countries*, United Nations, United Nations Expert Group Meeting on Population Distribution, Urbanization, Internal Migration and Development, New York: United Nations, 14 January 2008, p.5. http://www.un.org/en/development/desa/population/events/pdf/expert/13/P07_Champion.pdf.
③ General Register Office, *Census 1951*, *England and Wales*, *General Tables*, London: H.M.S.O., 1956. C. A. Moser and Wolf Scott, *British Towns: A Statistics Study of Their Social and Economic Differences*, p.4. 英国人口普查不是依地方政府辖区进行，而是依城镇化地区。比如 1951 年 50 万人以上城市地区有 7 个，包含了 6 个地方政府辖区；10 万人以上城镇有 40 个，涉及 60 个地方政府辖区；2.5 万人以上城镇有 101 个，涉及 254 个地方政府辖区。总计 148 个城市地区，涉及 320 个地方政府辖区。

万人以上的城镇进行了详细的分类,分成海滨胜地、行政管理与商业城镇,工业城镇,郊区和郊区类型城镇及其他等四大类 15 种城镇类型(见表 5-2)。

表 5-2 1951 年英格兰和威尔士 5 万人以上城镇类型①

类型		城　镇
海滨胜地、行政管理与商业城镇	海滨胜地	沃辛、霍夫、黑斯廷斯、伊斯特本、伯恩茅斯、托基、绍斯波特、哈罗盖特、布莱顿、布兰克浦
	温泉城镇、专业与行政管理中心	巴斯、切尔滕纳姆、普尔、牛津、剑桥、埃克塞特、梅德斯通、贝德福德、科尔切斯特、索森德
	商业中心兼有某些工业	朴次茅斯、普利茅斯、布里斯托尔、格洛斯特、大雅茅斯、诺威奇、伊普斯威奇、林肯、彼得伯勒、雷丁、北安普敦、兰开斯特、伍斯特、约克、卡迪夫
工业城镇	包括大多数传统铁路城镇	克鲁、达灵顿、斯温顿、唐卡斯特、德比、塞奇菲尔德、切斯特菲尔德、巴罗弗内斯、曼斯菲尔德、考文垂、谢菲尔德、韦克菲尔德、斯托克波特、纽卡斯尔、安德莱姆
	包括许多大港口及两个"黑乡"城镇	伯肯海德、利物浦、格里姆斯比、赫尔、泰恩茅斯、纽波特、斯旺西、泰恩河畔纽卡斯尔、伍尔弗汉普顿
	主要为约克郡和兰开夏郡的纺织城镇	哈德斯菲尔德、哈利法克斯、利兹、迪尤斯伯里、布拉德福德、基思利、博尔顿、伯恩利、布莱克本、伯里、曼彻斯特、奥尔德姆、普勒斯顿、洛奇代尔、莱斯特、诺丁汉
	包括东北海滨城镇和威尔士矿业城镇	盖茨黑德、南希尔兹、桑德兰、西哈特尔普尔、巴恩斯利、西汉姆、西布罗姆维奇、索尔福德、沃灵顿、梅瑟蒂德菲尔、朗达
	包括最近的金属制造城镇	蒂斯河畔斯托克顿、斯肯索普、米德尔伯勒、瑟罗克、纽尼顿、罗瑟勒姆、布特尔、达德利、沃尔萨尔、斯托克、圣海伦斯、威根、斯梅西克、奥尔德伯里

---

① C. A. Moser and Wolf Scott, *British Towns: A Statistics Study of Their Social and Economic Differences*, pp.17-18.

续 表

类型		城 镇
郊区和郊区类型城镇	卧城郊区	科尔斯顿-珀利、埃普森-尤厄尔、伊舍、布罗姆利、萨顿-奇姆、旺斯特德-伍德福德、贝肯汉姆、芬奇利、索思盖特
	混合居住老郊区	伍德格林、霍恩西、伊灵、亨顿、温布尔顿、伊尔福德、赫斯顿-艾斯沃斯、特威克纳姆、克洛伊登、瑟比顿、克罗斯比、沃拉西
	混合居住新郊区	奇格韦尔、奥尔平顿、索利哈尔、霍恩彻奇、奇斯尔赫斯特-锡德卡普、赖斯利普-诺斯伍德、贝克斯利、哈罗、卡苏顿、温布里、默顿-莫登
	轻工业郊区、全国防卫中心、大都市影响范围内的城镇	戈斯波特、吉林厄姆、罗姆福、卢顿、乌克斯桥、沃特福德、斯劳、恩菲尔德、米查姆
	工人阶级和工业老郊区	威尔斯登、托特纳姆、东汉姆、雷敦、布伦特福德-奇斯威克、索撒尔、埃德蒙顿、沃尔瑟姆斯托、阿克顿、斯特雷德福德
	更新的工业郊区	海斯-哈灵顿、巴金、达格南
其他	其他	伦敦行政郡、海顿及罗比

从19世纪开始,英国城市逐步向周边区域扩展。人口从城市中心区迁移到市郊,郊区化成为城市化的基本趋势,郊区化使高度的集中型城市向低密度的郊区化城市演变。"第一次转变导致农村向城市迁移,造成大集中的城市,第二次转变则表现为这些大城市的人口逐渐分散,作为大都市不经济的解脱方法。"[①]郊区化是城市化的继续,是空间城镇化的一种表现形式。大城市人口从城市中心地区向城市边缘迁移,郊区化使高密度的集中型城市向低密度的郊区化城市演变。大城市的人口和各项职能活动包括具有向心倾向的商业、服务业纷纷向郊区迁移,使郊区迅速成为一个具有多项市区功能的地域综合体。

---

① 《经合组织国家对城市化的总看法》(*Urban Concerns in Urbanization for OECD Countries*, *An Overview*),联合国教科文组织,1980年,第12页。

19世纪的郊区以高密度的联排住宅为主,独立半独立式住宅为次。然而,第一次世界大战后,郊区住宅变小,只有两层,而且没有地下室,但前院的花园变大,屋前变宽,主要的类型是半独立式住宅,19世纪30年代后有了车库。两次世界大战间,尽管伦敦的人口只增加了10%多一点,但建成区面积增加了一倍。19世纪的郊区住宅为租住,但两次世界大战间的住宅是为产权拥有设计的。建筑业因为资金充裕、建筑低成本、交通发达及东南部的富裕而繁荣昌盛,促进了郊区的蔓延。

公共交通的发展,为远郊的蔓延提供了准备条件,为城市文明向广域发展创造了机会。某些新"地铁"线路(到郊外往往是在地面上)同时也成为能够为失业者提供就业机会的公共项目,如1924年地铁延伸至埃德韦尔,1932年到达斯坦莫尔,1933年到达科克福斯特。在泰晤士河南面,铁路和电力化也日益扩展,1925年到达杜金,1933年到达布莱顿,1937年到达朴次茅斯。[1] 20世纪30年代,地铁延伸至伦敦远郊,向北延伸至哈福德郡边缘的科克福斯特斯,向西则至白金汉郡边缘的阿斯布里奇,在亨登、哈罗、金斯伯雷等市郊社区,到处是时髦商店网、新电影院和足球场,半独立式住宅从大马路两旁延伸到郊区农村。[2] 1921—1939年,伦敦建成区面积扩大了3倍多,50万居民移居郊区,沿交通干线分布大量低密度住宅。

战后小汽车的普及为郊区化提供了新的动力。小汽车的日益普及使城市向周围区域不断扩展——从城市(urban)到郊区(suburban),再从郊区到大都市(conurban),再到城市远郊(exurban)。城镇化空间也从城市的点状形式向四周扩散开去。1980—2000年,英国人口增长并不明显,但建设面积增加了两倍以上。

由此,20世纪以来英国的城镇化空间在不断扩展。如1931—1951年这20年间,从英格兰和威尔士人口增减最显著的城镇列表(见表5-3)可

---

[1] Martin Daunton, ed., *The Cambridge Urban History of Britain*, Vol.3: 1840-1950, p.110.
[2] [英]肯尼思·O.摩根主编:《牛津英国通史》,第568页。

以看出,大城市、近郊的城镇人口减少,远郊增长,表明了英国城镇化向更广阔的空间扩展。仅仅在伦敦周围,伦敦东郊的西汉姆人口减少了41.9%,伦敦郡本身也减少了近1/4人口,另一个郊区托特纳姆人口减少了19.5%。人口增长最快的五大城镇主要在大城市的远郊区,除了利物浦的远郊城镇海顿外,其余四个全部在伦敦远郊——西北郊的赖斯利普、北郊的奇格韦尔、东南郊的奇斯尔赫斯特和西郊的海斯。

表5-3 1931—1951年英格兰和威尔士人口增减最显著的城镇(按行政区)[①]

序号	增速最快五大城镇	增长率	增速最慢五大城镇	增长率
1	海顿(利物浦东郊)	973.2%	西汉姆	-41.9%
2	赖斯利普(伦敦西北郊)	325.9%	伦敦郡	-23.9%
3	奇格韦尔(伦敦北郊)	217.1%	朗达(南威尔士)	-21.2%
4	奇斯尔赫斯特(伦敦东南郊区)	208.8%	索尔福德(曼彻斯特)	-20.2%
5	海斯(伦敦西郊区)	185.6%	托特纳姆(伦敦郊区)	-19.5%

从伦敦地区的空间范围考察,也一样可以看出这种趋势。这个阶段全国人口增长率为9.5%,但大伦敦集合城市只增长了1.6%,而且在随后的几年中出现了负增长情况(1951—1958年下降了1.5%)。这个情况再次说明了人口增长越来越向远郊迁移,甚至迁移出了伦敦大都市区的人口统计范围。[②]

英国20世纪人口增幅不大,保持着缓慢增长的态势,全国人口从4 000万人左右增长到21世纪的6 000万人左右,但人口从城市、从都市区向郊区和乡村迁移,开始了更大的空间城镇化进程。郊区的人口呈现快速增长态势,郊区的范围在不断扩大,不断地创造着郊区的新边界,郊区成为英国城市扩展的边界和先锋队。20世纪初,各大城市都开始了人口的减少进程,开始了人口向郊区迁移的进程。英格兰和威尔士北部8个大城

---

① C. A. Moser and Wolf Scott, *British Towns: A Statistics Study of Their Social and Economic Differences*, p.25.
② C. A. Moser and Wolf Scott, *British Towns: A Statistics Study of Their Social and Economic Differences*, p.25.

市人口1901—1911年减少了9万人,北部22个纺织城市人口1891—1901年减少了4.1万人,北部14个工业城市人口1871—1901年减少了14.6万人,南部11个工业城市人口1841—1891年减少了4.8万人。①

英国的大城市郊区化表现最为突出,特别是伦敦商业中心区及其毗邻地区,在一定程度上验证了中心地和增长极理论。20世纪起,伦敦郡开始流失人口,以至于大伦敦人口增长速度跟不上英国人口增长速度。1901年,伦敦人口占英国人口比例达到顶峰,为21.4%,伦敦城人口逐渐从1861年的112 000人下降到1921年的14 000人。② 在1914—1951年期间,有100万人离开了伦敦,搬到了城郊。1951年后,伦敦人以每年3万人的速度离开伦敦,居住到伦敦远郊,甚至超出了伦敦的行政区域范围。③ 1981年的人口普查表明,大伦敦地区在过去10年里失去了10%的人口,内伦敦失去了20%的人口,外伦敦失去了5%的人口。威斯敏斯特的人口减少了23%以上。④

其他城市的情况类似。20世纪30年代起,英国大城市都逐渐走进了人口减少的行列。从表5-4可知,利物浦、曼彻斯特和格拉斯哥这三个工业化时期的明星城市,在1931—2001年期间,几乎都失去了近一半的人口(分别为48.8%、48.7%、46.8%)。

表5-4 20世纪英国(北爱尔兰以外)十大流失人口最多的城市⑤

序号	城市	人口顶峰年份	顶峰人口/万	2001年人口/万	较顶峰下降/%	年均减少/%
1	利物浦	1931	85.7	43.9	-48.8	-0.951
2	曼彻斯特	1931	76.6	39.3	-48.7	-0.949

---

① M. S. Teitelbaum, *The British Fertility Decline: Demographic Transition in the Crucible of the Industrial Revolution*, Princeton, N.J.: Princeton University Press, 1984, p.31.
② Martin Daunton, ed., *The Cambridge Urban History of Britain*, Vol.3: 1840-1950, p.98.
③ François Bédarida, *A Social History of England*, 1851-1990, London: Routledge, 1991, p.232.
④ "Cities: Regeneration Problems", Hansard, HL, Deb 31, Vol.428(1982), cc1389.
⑤ Selected International Historical Core Municipalities with Declining Population, http://demographia.com/db-intlcitylossr.htm, retrieved July 1, 2018.

续 表

序号	城市	人口顶峰年份	顶峰人口/万	2001年人口/万	较顶峰下降/%	年均减少/%
3	格拉斯哥	1931	108.8	57.9	-46.8	-0.897
4	利兹	1961	51.1	42.4(1991)	-17.0	-0.62
5	考文垂	1981	33.7	30.1	-10.7	-0.563
6	谢菲尔德	1981	55.8	51.3	-8.1	-0.42
7	卡迪夫	1981	28.2	27.3(1991)	-3.2	-0.324
8	布里斯托尔	1951	44.4	38.1	-14.2	-0.306
9	伦敦	1939	861.5	717.2	-16.7	-0.295
10	伯明翰	1951	111.3	97.7	-12.2	-0.26

到20世纪中叶，英国城市走到了历史的转折点。200多年来的城市发展势头受到挑战，城市发展的长时段宣告结束。郊区化改变了区域人口地理，市中心人口集聚程度下降，外围区域的人口集聚程度上升。1960年以后，大都市中心人口普遍开始流失，而城市周边人口增长越来越明显。

城市空间的不断扩展，形成了城镇区域与形态的不断更新发展。这样，在城镇化进程中，英国的小城镇变成大城市，大城市发展为城市群，又从城市群发展到卫星环绕的大都市或几个城市发展融合而成的集合城市，最终成为巨型都市/特大城市/都市人口密集地带(megalopolis)。这是郊区的巨大增长，并为市中心的离散化所增强。

以城市群/集合城市为中心的城市化区域吸引了大量人口。1951年，英国1/3的地表(大多数是草地山丘)为2%的人口占有，有近40%的人口集中在六大城市群里。[①] 但城市群人口在总人口中所占的比重开始下降。20世纪初，英国六大城市群所占城镇人口比例很高，1901年占到了一半以上(52.8%)。在20世纪的其他岁月里，其比例似乎逐渐下降，到1951年和1971年分别占城镇人口的38.7%和32.8%(见表5-5)。这个数据，

---

① François Bédarida, *A Social History of England*, 1851-1990, p.231.

表 5-5　1891—1971 年英国城市群的人口及占总人口的比率①

(单位:万人)

城市群	1891 年	占总人口百分比/%	1911 年	占总人口百分比/%	1931 年	占总人口百分比/%	1951 年	占总人口百分比/%	1971 年	占总人口百分比/%
大伦敦	563.8	19.4	725.6	20.1	821.6	20.6	834.8	19.1	737.9	15.2
兰开夏东南部城市群	189.4	6.5	232.8	6.5	242.7	6.1	242.3	5.5	238.9	4.9
西米德兰城市群	126.9	4.4	163.5	4.5	193.3	4.8	223.7	5.1	236.9	4.9
西约克城市群	141.0	4.9	159.0	4.4	165.5	4.1	169.2	3.9	172.6	4.6
默西地带城市群	90.8	3.1	115.7	3.2	134.8	3.4	138.2	3.2	126.3	2.6
泰恩地带城市群	55	1.9	76.2	2.1	82.7	2.1	83.6	1.9	80.4	1.7
六大城市群总计	1 167	40.2	1 472.6	40.8	1 640.5	41.1	1 691.8	38.7	1 592.8	32.8

① B. R. Mitchell and Phyllis Deane, *Abstract of British History Statistics*, p.19. R. Lawton, Population and Society 1730–1900 in R. Dodgson and R. Butlin, *An Historical Geography of England and Wales*, London: Academic Press, 1978, p.32. Martin Daunton, ed., *The Cambridge Urban History of Britain*, *Vol.3: 1840–1950*, p.72.

表明了英国人口进一步扩散的趋势。

以英国城镇化程度最高的大伦敦为例,大伦敦分为内伦敦和外伦敦,内伦敦指原伦敦郡议会的区域,外伦敦则指内伦敦外的自治市。1891—2001 年,虽然大伦敦人口绝对数在增长,从 500 多万人增长到 800 多万人,但从占英国人口比例来看,则显示了集中度的稳步减少,从 24.72% 下降到 12.13%,这也许从一个侧面说明了人口从大城镇向其他地方扩散的事实。

再从大伦敦范围内 20 世纪人口数量与人口密度来看,也可以明显看出空间城镇化的趋势以及城市郊区逐渐城镇化的情形(见表 5-6)。大伦敦范围,1939 年是峰值,无论是人口总数(约 862 万人)还是人口密度(13 857 人/平方英里)都是这样。若把内、外伦敦分开考察的话,1901 年,内伦敦人口密度最高,达 38 476 人/平方英里,以后逐步下降,到 1981 年最低,为 20 574 人/平方英里。但外伦敦则相反,从 1901 年的 3 912 人/平方英里,增加到 20 世纪中后期的 8 000 多人/平方英里。可见,大伦敦的人口增长主要发生在伦敦郡议会管理区域之外,即所谓的外伦敦地区。

表 5-6 大伦敦(内伦敦和外伦敦)的人口与人口密度①

年份	大伦敦		内伦敦		外伦敦	
	人口/人	密度 人/平方英里	人口/人	密度 人/平方英里	人口/人	密度 人/平方英里
1881	4 713 441	7 582	3 830 297	32 488	883 144	1 753
1891	5 571 968	8 962	4 227 954	35 861	1 344 014	2 668
1901	6 506 889	10 466	4 536 267	38 476	1 970 622	3 912
1911	7 160 441	11 518	4 521 685	38 352	2 638 756	5 238
1921	7 386 755	11 882	4 484 523	38 037	2 902 232	5 761
1931	8 110 358	13 045	4 397 003	37 294	3 713 355	7 371

① Greater London,Inner London and Outer London Population and Density History,http://demographia.com/dm-lon31.htm,retrieved July 1, 2018.

续表

年份	大伦敦		内伦敦		外伦敦	
	人口/人	密度 人/平方英里	人口/人	密度 人/平方英里	人口/人	密度 人/平方英里
1939	8 615 050	13 857	4 013 400	34 041	4 601 650	9 134
1951	8 196 807	13 185	3 681 552	31 226	4 515 255	8 962
1961	7 992 443	12 856	3 492 879	29 626	4 499 564	8 931
1971	7 368 693	11 852	2 959 315	25 100	4 409 378	8 752
1981	6 608 598	10 630	2 425 630	20 574	4 182 968	8 303
1991	6 679 699	10 744	2 504 451	21 242	4 175 248	8 288
2001	7 172 036	11 536	2 765 975	23 460	4 406 061	8 746

20世纪下半叶,英国城镇化进一步向外围扩展,核心地区人口减少与城镇外围人口增长同样互为因果。从20世纪60年代开始,英国核心地区也开始了人口减少的历程。1961—1971年,英国城市核心地区失去了32.8%的人口,而大都市环则增长了17.2%,城市外围区增长了39.8%。首都伦敦地区,人口增长超过20%的区域半径从距市中心10—50千米扩大到60—100千米。

从伦敦城市群①可以看出更清晰的图景,这里的人口增长进一步说明了城镇化向乡村腹地扩展的情况。伦敦地区从内到外分成几个层次:大伦敦、伦敦城市群、伦敦通勤区。伦敦城市群是英国官方统计上的英国9个区域之一,占全国人口的比例从1891年的16.28%上涨到2001年的23.59%,而以伦敦为中心的英格兰东南地区占全国人口的比例则从20.47%提高到31.1%。如果考虑到大伦敦地区所占英国人口比例的下降

---

① 伦敦城市群,指大伦敦都市区加上伯克郡、白金汉郡、埃塞克斯郡、赫特福德郡、肯特郡和萨里郡等与大伦敦绿带毗邻的几个行政区构成的区域,面积16 262.54平方千米(6 279平方英里),占全国总面积的6.67%,2001年普查人口为1 394.5万人,占全国总人口的23.72%;伦敦城市群区域再加上周边的贝福德郡、埃塞萨克斯郡、汉普郡、怀特岛(Isle of Wight)、牛津郡和威塞克斯郡等行政区构成东南英格兰地区。

情况,这个数据进一步印证了东南地区城镇化的扩散程度。伦敦都市区的人口从 1965 年的 1 293 万人增加到 2001 年的 1 394.5 万人,其中核心城市的人口从 317.5 万人下降到 276.6 万人,而郊区人口则从 975.5 万人增加到 1 117.9 万人。[①]

由此可见,20 世纪以来的英国城镇化进程,经历了从向心型到扩散型的历史性转变。在城市人口比例大致稳定以后,城镇的空间仍然在不断扩展,也就是城镇化的内在扩张。直到第二次世界大战为止,基本上是传统的向心密集型城市化,主要是人口从农村、小镇向大城市不断迁移的过程。20 世纪下半叶以来,铁路网的完善、汽车与公路交通条件的发展,使城市居民和工厂企业开始向乡村和小镇迁移,大城市人口外流趋势在一定程度上促进了小镇与乡村地区的发展。结果大城市人口出现负增长,而中小城市、小镇人口增长加快。以伦敦为例,20 世纪初,伦敦的交通线开始具有现代形式,有轨车、地铁给人们提供了前所未有的流动便利性。20 世纪末,伦敦地铁拥有相对完善的网络系统。1961—1991 年期间,伦敦大都市区的人口处于负增长状态,而且越是城市中心地带,人口流失越多。伦敦人口不断迁出,到了周围的小镇甚至乡村。虽然政府在 70 年代终止了疏散城市人口政策,人口向小镇及乡村的转移却没有停止。从另一个方面看,人口从大城市向外的迁移,正是深度城市化的表现之一,即城市生活方式向乡村与小镇的转移。

不过,从 20 世纪末开始,似乎城镇内外人口都开始增长。若仔细观察 1991—2001 年的人口变动(见表 5-7),虽然可以清晰地看出其中人口增长最快的是毗邻绿带各郡,其增长份额(28.7%)超过了外伦敦(24%),表明人口增长主要发生在远离伦敦的乡村地区,但内伦敦人口也开始增长,而且增长率达到了 10.5%。

[①] World Metropolitan Areas Over 5 000 000: Population Change from 1965: Total, Core and Suburbs, http://demographia.com/db-worldmetro5m-1965.htm, retrieved July 1, 2018.

表 5-7　1991—2001 年英格兰东南地区人口变化趋势①

区域	1991 年	2001 年	增加人口/万人	增长率/%	增长份额/%
内伦敦	250.4	276.6	26.2	10.5	27.2
外伦敦	417.5	440.6	23.1	5.5	24.0
毗邻绿带各郡	649.7	677.3	27.6	4.2	28.7
外围各郡	424.9	444.2	19.3	4.5	20.1
英格兰东南部	1 742.5	1 838.7	96.2	5.5	100.0

空间扩展趋势一直在逐渐加强。到 20 世纪末，伦敦已经扭转了 20 世纪中下叶以来的衰退态势，从伦敦城、内伦敦到外伦敦再到大伦敦，人口全部处于增长态势中。不过，在 1991—2001 年这 10 年中，其他城市仍然在流失人口，其中曼彻斯特人口减少了 2.09%，而大曼彻斯特人口减少了 0.65%。在大都市里，利物浦、纽卡斯尔的人口在减少；在都市郡里，默西赛德、西米德兰、泰恩和威尔也在流失人口（见表 5-8）。

表 5-8　1991—2001 年英国都市郡及大城市人口变化表②

都市郡	1991 年人口/人	2001 年人口/人	增长率/%	城市	1991 年人口/人	2001 年人口/人	增长率/%
大曼彻斯特	2 498 618	2 482 328	-0.65	曼彻斯特	401 207	392 819	-2.09
默西赛德	1 403 422	1 362 026	-2.95	利物浦	452 340	439 473	-2.84
南约克郡	1 263 153	1 266 338	0.25	谢菲尔德	500 900	513 234	2.46
西约克郡	2 013 516	2 079 211	3.26	布雷福德	457 132	467 665	2.30
西米德兰	2 561 684	2 555 592	-0.24	伯明翰	969 846	977 087	0.75
泰恩和威尔	1 096 072	1 075 938	-1.84	纽卡斯尔	259 668	259 536	-0.05
大伦敦	6 679 332	7 172 091	7.38	内伦敦	2 504 165	2 766 114	10.46
				外伦敦	4 175 167	4 405 977	5.53
				伦敦城	5 473	7 185	31.28

① Southeast England Population Trend by Area：1991-2001，http://demographia.com/db-lon9101.htm，retrieved June 12，2017.
② 资料来源：英国 2001 年人口普查数据。

20世纪下半叶以来,尤其是20世纪晚期起,非都市区的发展较为突出。20世纪末到21世纪是英国整个都市区对非都市区的全面扩展阶段,人口与生产要素开始向非都市区扩散。因此,从全局来看,这个阶段区域发展的基本特征就是非都市区的人口增长与都市区的人口增长持平,或甚至超过都市区的人口增长。人口迁移方面,向非都市区迁移的人数超过向都市区迁移的人数。例如,伯明翰在1990—1991年净丧失人口为3.89‰,1999—2000年为2.88‰。① 这实际上意味着区域发展达到了一个全新的阶段。

据约翰·阿林森(John Allinson)对1991年度和1999年度人口变迁的分析,在都市区内部,纽卡斯尔和利物浦、伯明翰、谢菲尔德这些大城市都是向非都市区迁移的人数超过来自非都市区的迁移人数,即处于丧失人口状态。到1999年度,利兹加入了丧失人口的地区的行列,谢菲尔德以增加86人的数字逃脱了丧失人口的命运。总体来看,这两个年度中,中心都市总体上都处于丧失人口状态,分别总计减少4 504人和3 424人。②

回头再考察这10年间都市区与非都市区间人口迁移情况,从表5-9可知,10年间从都市区向非都市区移民的数量明显超过从非都市区向都市区移民的数量,都市区始终处于丧失人口的状态,而且数量呈现越来越多的趋势,从1991年的6.2万人上升到2000年的10.3万人。

可见,英国20世纪人口从市中心向郊区迁移,20世纪末人口从都市区向非都市区迁移。这种人口迁移倾向表明,英国在经历了城市的大发展之后,城镇化向更广泛的空间扩展。在20世纪最后10年中,人口向都市区和非都市区的迁移几乎持平。

---

① http://www.allbusiness.com/professional-scientific/architectural-engineering-related/214284-1.html#ixzz1ao4IDvLK.
② John Allinson, "The Beginnings of An Urban Renaissance? Recent Migration Flows into and out of English Cities, As Revealed in A New Study, Just May Be the Glimmerings of A New Pro-urban Movement", *Town and Country Planning*, 73(2004), p.228.

表 5-9　1991—2000 年在都市区与非都市区间迁移人数

(单位:千人)①

年份	从都市区向非都市区	非都市区向都市区	都市区净丧失人口
1991	301	239	62
1992	338	260	78
1993	335	259	76
1994	343	257	86
1995	356	271	86
1996	366	282	84
1997	377	280	97
1998	385	284	101
1999	375	289	85
2000	388	285	103

到 20 世纪末 21 世纪初,虽然有些城镇地区迁出人口仍然高于迁入人口,如从 2011—2015 年数据看(见表 5-10),大伦敦迁出人口高于迁入人口 3.08%。不过,其他城镇迁出和迁入人口几乎相当。不管属于哪种情况,这种现象进一步说明了"郊区"的扩展与延伸。

表 5-10　2011—2015 年英国城市国内人口迁移数与增减百分比②

序号	城市	迁入/万人	迁出/万人	增减百分比/%
1	大伦敦	9.87	12.96	-3.08
2	西米德兰	9.98	10.95	-0.98
3	西约克郡	10.13	10.80	-0.67

---

① John Allinson,"The beginnings of An Urban Renaissance? Recent Migration Flows into and out of English Cities, As Revealed in A New Study, Just May Be the Glimmerings of A New Pro-urban Movement", p.228.

② https://www.ons.gov.uk/peoplepopulationandcommunity/populationandmigration/populationestimates/articles/populationdynamicsofukcityregionssincemid2011,2016-10-11.

续　表

序号	城市	迁入/万人	迁出/万人	增减百分比/%
4	大曼彻斯特	9.60	10.27	−0.66
5	谢菲尔德	10.31	10.69	−0.38
6	利物浦	8.76	8.92	−0.16
7	格拉斯哥	5.92	5.90	0.03
8	卡迪夫	8.49	8.42	0.07
9	东北地区	7.71	7.59	0.12
10	爱丁堡	9.29	8.46	0.82
11	布里斯托尔	16.90	15.52	1.38

20世纪英国人口从都市区向非都市区迁移的趋势,表明空间城镇化的重心已经从城镇核心区域向更广泛的非都市区发展,说明了空间城镇化的深广程度。

空间城镇化的深广程度还可以从21世纪以来英国城镇建成区的范围、人口密度的增长看出来。就人口数量而言,大伦敦城镇区的人口已经超过了1 058万人,人口密度达到了5 600人/平方千米。其他主要城镇区的人口密度也在4 000人/平方千米上下(见表5-11)。换言之,在有限的城镇空间里,人口的密集程度在增长。

表5-11　2018年英国最大的城镇建成区人口与密度[1]

城镇区	中心城镇	2011年人口/人	密度/(人/平方千米)	2018年人口/人	面积/平方千米	密度/(人/平方千米)
大伦敦城镇区	伦敦	9 787 426	5 630	10 585 000	1 738	5 600
大曼彻斯特城镇区	曼彻斯特	2 553 379	4 051	2 705 000	630	4 100

---

[1] Largest Built-up Urban Areas in the World：2018，in Demographia World Urban Areas, 14th annual edition：201804，pp.22-39. http://demographia.com/db-worldua.pdf, retrived July 1, 2018.

续 表

城镇区	中心城镇	2011年人口/人	密度/(人/平方千米)	2018年人口/人	面积/平方千米	密度/(人/平方千米)
西米德兰城镇区	伯明翰	2 440 986	4 076	2 565 000	599	4 100
西约克郡城镇区	利兹	1 777 934	3 645	1 985 000	488	3 600
大格拉斯哥城镇区	格拉斯哥	1 199 629	3 390	1 240 000	368	3 300
南安普敦城镇区	南安普敦	855 569	4 455	905 000	192	4 500
利物浦城镇区	利物浦	864 122	4 329	885 000	200	4 300
泰恩塞德城镇区	纽卡斯尔	774 891	4 292	805 000	181	4 300
诺丁汉城镇区	诺丁汉	729 977	4 139	775 000	176	4 100
谢菲尔德城镇区	谢菲尔德	685 368	4 092	720 000	167	4 100
布里斯托尔	布里斯托尔	617 280	4 274	670 000	144	4 300
莱斯特城镇区	莱斯特	508 916	4 653	555 000	109	4 700

21世纪以来，不仅城镇空间扩展依旧，而且大城市的人口流失现象似乎有所回转。比如伦敦的人口密度不仅依然独占鳌头，而且还在增加，从2011年的5 199人/平方千米增长到2013年的5 354人/平方千米。接下来依次是西北、东南和西米德兰地区，分别为504人/平方千米、461人/平方千米和437人/平方千米。再分析伦敦与各都市郡人口密度，依次是伦敦、西米德兰、默西塞德、大曼彻斯特、泰恩和威尔、西约克郡和南约克郡。在这些都市郡里的大都市的人口密度中，从高到低依次为内伦敦、曼彻斯特、利物浦、伯明翰、纽卡斯尔、谢菲尔德和利兹。

对比2013年和2018年的人口密度数据（见表5-12、表5-13），可以发现，城镇区的人口密度又有增长。到2018年，大伦敦的人口密度已经达到了5 630人/平方千米。

表 5-12　2013 年伦敦与英国各都市郡和大都市的人口密度①

（单位：人/平方千米）

都市郡	人口密度	大都市	人口密度
伦敦地区	5 354	内伦敦	10 447
西米德兰	3 087	伯明翰	4 079
默西塞德	2 150	利物浦	4 209
大曼彻斯特	2 128	曼彻斯特	4 448
泰恩和威尔	2 062	纽卡斯尔	2 528
西约克郡	1 110	利兹	1 380
南约克郡	875	谢菲尔德	1 522

表 5-13　2018 年英国最大的城镇建成区人口与密度②

城镇区	中心城镇	2011年人口/人	密度/（人/平方千米）	2018年人口/人	范围/平方千米	密度/（人/平方千米）
大伦敦城镇区	伦敦	9 787 426	5 630	10 585 000	1 738	5 600
大曼彻斯特城镇区	曼彻斯特	2 553 379	4 051	2 705 000	630	4 100
西米德兰城镇区	伯明翰	2 440 986	4 076	2 565 000	599	4 100
西约克郡城镇区	利兹	1 777 934	3 645	1 985 000	488	3 600
大格拉斯哥城镇区	格拉斯哥	1 199 629	3 390	1 240 000	368	3 300
南安普敦城镇区	南安普敦	855 569	4 455	905 000	192	4 500
利物浦城镇区	利物浦	864 122	4 329	885 000	200	4 300
泰恩塞德城镇区	纽卡斯尔	774 891	4 292	805 000	181	4 300
诺丁汉城镇区	诺丁汉	729 977	4 139	775 000	176	4 100
谢菲尔德城镇区	谢菲尔德	685 368	4 092	720 000	167	4 100
布里斯托尔	布里斯托尔	617 280	4 274	670 000	144	4 300
莱斯特城镇区	莱斯特	508 916	4 653	555 000	109	4 700

① ukpopulationdensity2013_tcm77-378070，http://www.ons.gov.uk/ons/about-ons/business-transparency/freedom-of-information/what-can-i-request/published-ad-hoc-data/pop/july-2014/uk-population-density-2013.xls.
② Largest Built-up Urban Areas in the World：2018，in Demographia World Urban Areas，14th annual edition：201804，pp.22-39，http://demographia.com/db-worldua.pdf，retrived July 1，2018.

从大伦敦范围内来看(见表5-14),不仅大伦敦是全国人口最为密集的地方,而且其中内伦敦人口密度更是高达10 447人/平方千米,9个自治市人口密度超过1万人/平方千米,人口最稠密的伊斯灵顿达到了14 517人/平方千米。外伦敦人口密度为4 056人/平方千米,但人口最稠密的布伦特达到了7 339人/平方千米。

表5-14 2013年大伦敦各地的人口密度

(单位:人/平方千米)①

排名	内伦敦	10 447	排名	外伦敦	4 056
1	伊斯灵顿	14 517	1	布伦特	7 339
2	陶尔哈姆莱茨	13 798	2	沃尔瑟姆福雷斯特	6 849
3	哈克尼	13 511	3	伊灵	6 166
4	肯辛顿和切尔西	12 834	4	格林威治	5 578
5	朗伯斯	11 721	5	默顿	5 401
6	汉默史密斯-富勒姆	10 897	6	巴金和达格姆	5 383
7	威斯敏斯特	10 557	7	雷德布里奇	5 109
8	卡姆登	10 543	8	哈罗	4 823
9	萨瑟克	10 341	9	豪恩斯洛	4 688
10	旺兹沃思	9 062	10	泰晤士畔金斯敦	4 476
11	哈林盖	8 899	11	萨顿	4 468
12	纽汉	8 790	12	克洛伊顿	4 309
13	刘易舍姆	8 142	13	巴尼特	4 255
14	伦敦城	2 634	14	恩菲尔德	3 965
			15	泰晤士河畔里士满	3 333
			16	希灵登	2 479
			17	哈弗灵	2 155
			18	布罗姆利	2 117

① http://www.ons.gov.uk/ons/about-ons/business-transparency/freedom-of-information/what-can-i-request/published-ad-hoc-data/pop/july-2014/uk-population-density-2013.xls.

总体而言,英国的城镇数量似乎仍然在增长中,城镇的人口密度似乎也在增加。2001年人口普查列出了2 620个城市地区。① 据2011年英国人口普查数据,②在英格兰和威尔士总共有5 493个城镇建成区,其中100万人以上的特大建成区4个,50万人到100万人以下的大城镇建成区7个,10万人到50万人以下的中等城镇建成区59个,1万人到10万人以下的小型城镇建成区424个。这样,万人以上的城镇建成区总计有494个,人口占总人口的81.5%。另外,人口在万人以下的小城镇和村庄共有4 999个,占人口总数的13.6%。只有4.8%的人居住在非建成区。

21世纪的城镇体系几乎与工业化时期没有太大的变化。4个特大建成区依次为大伦敦、大曼彻斯特、西米德兰、西约克郡。7个大城镇建成区分别为布里斯托尔、莱斯特、利物浦、诺丁汉、谢菲尔德、南汉普郡、泰恩塞德。在中等城镇建成区里,布莱顿-霍夫、伯恩茅斯-普尔和卡迪夫是最大的中等城镇建成地区,常住人口超过40万人。大多数中等城镇建成区(35个地区)的常住人口不足20万人。伍斯特的常住人口最少,只有101 700人。

小型城镇建成区中,人口最多的是兰开斯特的莫克姆(97 200名常住居民)和皇家利明顿温泉镇(95 200名常住居民)。57个小型建成区常住居民超过5万人。超过一半的小型建成区(267个地区)的常住人口不到2.5万人。莫德、蒙默思、阿默斯伯里和庞特兰是这一组中人口最少的,每组只有10 100名常住居民。大部分小微型城镇建成区(3 544个区)面积很小,常住人口不足1 500人。其中,1 340个地区常住人口不足500人。

---

① Office for National Statistics, *Census 2001: Key Statistics for Urban Areas in the Midlands*, p.2. 1981年,英国基于人口普查数据设计了两种城乡划分方法,即按人口密度和土地利用指标来综合界定城市地区,或者按英国地形测量局提供的城市开发度来界定城市实体地区。英格兰与威尔士采用了第二种方法对城市地区进行划分,仅在判断条件上进行了微调。

② Office for National Statistics, *Census 2011: Characteristics of Built-up*, released on 28 June 2013, p.6.

二、田园城市与新城建设

当代城镇化空间的扩展,已经越出了城区、郊区的范围,开始在远离城区的地方建设全新的城镇化社区。20世纪中叶,英国人为地规划建设了许多住宅小区,特别是新城,有意促进人口的分散化,进一步扩展城镇化空间。

新城建设是空间城镇化的又一种表现形式。新城建设的源头,可以追溯到田园村庄的探索和霍华德的田园城市思想,以及他兴建的两座田园城市——1903年兴建的莱奇沃思和1919年开建的韦林。

虽然1800年罗伯特·欧文在苏格兰克莱德河上建立了新拉纳克社区,1851年泰特斯·索尔特爵士(Titus Salt)在约克郡的磨坊村建设了萨尔泰尔村,但影响更大的是19世纪末,几乎与霍华德撰写有关田园城市的小册子同时的新型社区的建设试验。

比较早的可能是伯明翰南郊的伯恩维尔模范村庄。1893年,当时的巧克力生产世家凯德伯里家(Cadbury)在新建的工厂附近购买了一块地,规划了一个模范村庄,以缓解当时英国城市工人阶级普遍的居住拥挤状况。到1900年时,这块土地上已经有了313所村舍和别墅,并为工人建设了公园、运动场、学校、医院、博物馆和阅览室等公共设施。所以,与其说这是一个村庄,倒不如说是一个小城镇的起点。

这里一开始就定位于非都市的低密度郊区,有足够的景观化的开放空间供公众使用,还有大型私人花园。乔治·凯德伯里(George Cadbury)的这种意识贯穿于整个发展过程中,一直到20世纪60年代。这种发展简直就是霍华德的田园城市的迷你试行版。

默西塞德郊区的阳光港(Port Sunlight)也是一个著名的模范村庄和郊区。柴郡威拉尔半岛上的阳光港是1888年由威廉·赫斯基·利弗(William Hesketh Lever)——后来的利弗休姆子爵所建,旨在为利弗兄弟公司的肥皂厂工人提供住宅。该镇以肥皂厂为中心,为工人建设有图书馆、绿地、公园等有益于健康的设施。

从1914年阳光港图(如图5-1所示)上,可以明显看到规划的痕迹。街道与社区布局规整,中心建筑与空间明显,基督教堂、码头设施、住宅、工厂区、商业区都很有序。图中最令人惊讶的是,规划有大量的配给地块和娱乐用地,总计有10块配给的公园用地。娱乐用地包括一个足球场和板球场、一个娱乐场、一个网球场、一个保龄球场、四个更远的娱乐区,以及靠

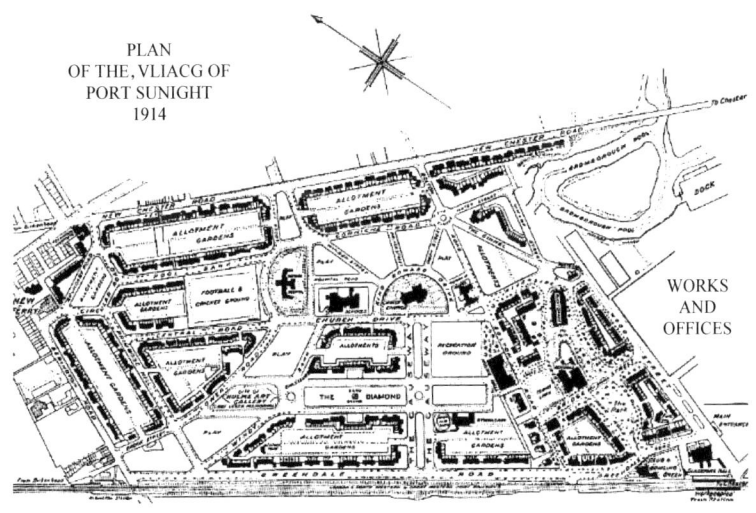

图5-1 1914年阳光港图[1]

---

[1] T. Raffles Davison, *Port Sunlight: A Record of Its Artistic and Pictorial Aspect*, London: B. T. Batsford, 1916, p.36.

近工程本身的树木繁茂的公园(右下角)。1902年,新建了一座健身房和一个露天游泳池,还有一个俱乐部和一个酒吧。除了空间布局外,阳光港的建筑更加强调风格与趣味。

当然,对20世纪城镇化发展影响最大的,还要算霍华德的田园城市理论与建设。

霍华德于英国实现城市化的前一年(1850年),出生在大都市伦敦。这使他更加珍视和向往久已消失的自然、田园风光。他青年时代赴美国内布拉斯加(今霍华德县)垦殖,后到芝加哥做速记员,当时恰逢该地开展要不要建设更大的环城绿带的大讨论。1898年10月,他出版《明日:一条通往真正改革的和平道路》(1902年再版时改名为"明日的田园城市")一书,具体描述了他的城市方案——一个包含社会、空间与经济等综合考虑的城市理论体系,并且他以英国人那种务实的传统理性精神,把它设计成一个可操作性很强的体系。

19世纪的英国城市贫困、繁荣与扩展相伴,促使许多思想家和实践家探索改进之路,提出理想城市的设想,或者进行理想城市的试验,霍华德的田园城市就是其中一个。田园城市思想试图用宽阔的农田林地环抱美丽的城市人居环境,从而把城市生活的优点同乡村的福利结合在一起。正如美国著名学者芒福德指出的那样:"霍华德最大的贡献不在于重新塑造城市的物质形式,而在于发展这种形式下内在的有机概念……城市与乡村在范围更大的生物环境中取得平衡,城市内部各种各样功能的平衡。"①可见,"田园城市"的本质特征不在于花园,而在于城乡一体,旨在把城市设计成一个布局合理、兼顾城乡优点的人类生活空间。

霍华德的理想城镇是小型城镇团组模式,并且通过这种结合城乡优

---

① [美]刘易斯·芒福德:《城市发展史:起源、演变和前景》,倪文彦、宋俊岭译,北京:中国建筑工业出版社,1989年,第380页。

点的城镇塑造成改造社会的"社会城市"。其中,中心城镇面积 12 000 英亩、人口 53 000 人,其他城镇面积 9 000 英亩、人口 32 000 人。这些城镇一起组成一个由农业地带分隔的总面积 66 000 英亩、总人口 250 000 人的城市群,取名叫"无贫民窟无烟尘的城市群"。这就是他理想中的社会城市。

在城镇群的相互联通方面,霍华德设计了相互之间不同的快速交通手段。中心城市边缘到各田园城市边缘约 2 英里,相互之间通过放射状的交通方式,包括地面的道路、地下铁道及可通向海洋的大运河相连。各田园城市之间交通主要实行环形方式,包括以市际铁路和市际运河相通。另外,在供水和排水基础设施上相通,从而联结成一个整体——社会城市。

田园城市的关键在于解决工业化以来的城市病,解决城市环境污染及贫民窟问题,所谓"田园城市是为安排健康的生活和工业而设计的城镇;其规模要有可能满足各种社会生活,但不能太大;被乡村带包围;全部土地归公共所有或者托人为社区代管"[①]。从上面的叙述可以看出,霍华德规划的田园城市的单元城市规模都不大,人口约在 3 万—6 万人。

他规划的城乡融合的田园城市的空间结构和布局思想主要体现在两个方面:一方面是控制城市规模。限制城市扩张,保持小城市的规模,当人口过多时,就在乡村地带以外的不远处,建设另一座单元城市,并拥有自己的乡村地带,几个这样的单元城市围绕一个中心城市,形成城市组群,他称之为社会城市。另一方面是城市功能布局合理。设计合理的居住、工作的基础设施布局,并用绿带和敞地将相对独立的居住区隔开(如图 5-2 所示)。

在大都市、集合城市已成事实的历史背景下,霍华德不是单纯地反对

---

① 金经元:《近现代西方人本主义城市规划思想家:霍华德、格迪斯、芒福德》,北京:中国城市出版社,1988 年,第 47 页。

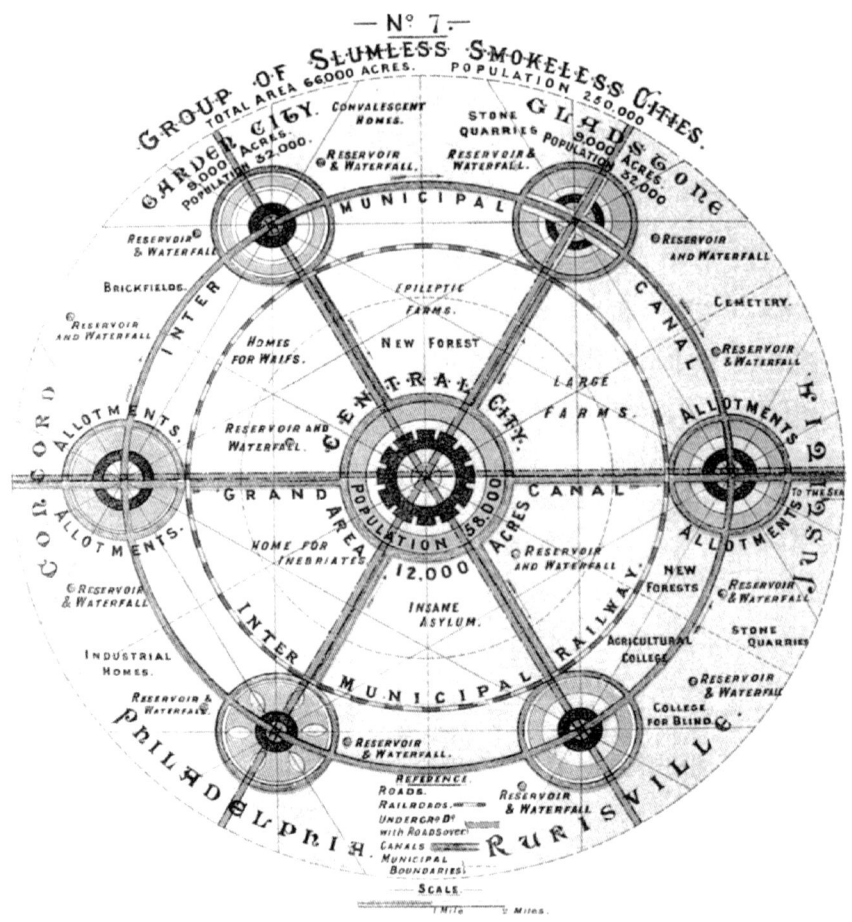

图 5-2　无贫民窟无烟尘的城市群①

大都市，排斥大都市，而是赋予大都市以新的内涵。他主张由数个单元城市组成一个城市组群，即特大城市，并赋之以"社会城市"的内涵，消除了旧式大都市的弊端，如拥挤、嘈杂、污染等现象。各单元城市间以大片绿地和农田相隔，从而把单元城市有机地联结起来，既能享受到大城市的一切好处，又不脱离乡村，既把乡间的绿意带回城市，又无长途奔波、往返交通的

---

① 本图原载于《明日：一条通往真正改革的和平道路》1898 年第一版，作为"城市增长的正确原则"插图的补充，但在第二至第五版中被删除。参看此图更便于理解霍华德关于社会城市的论述。——编者注

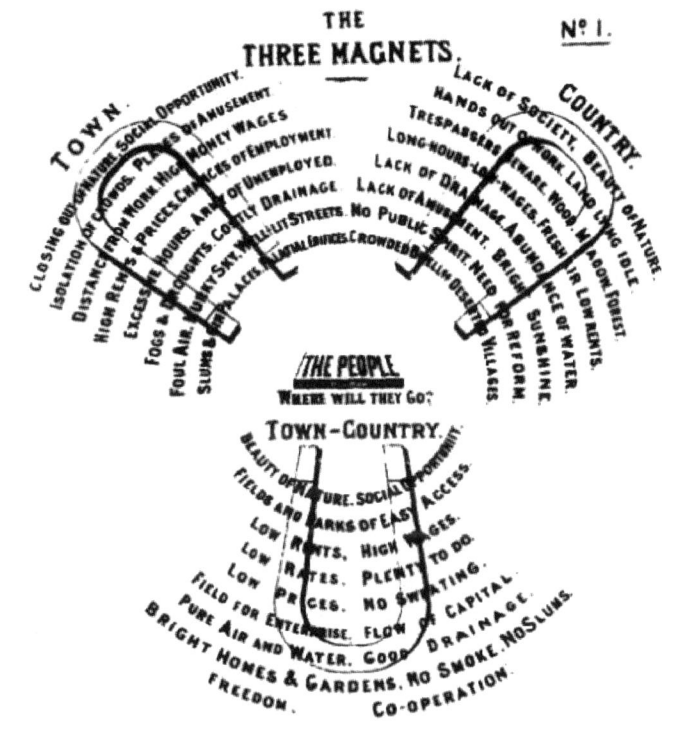

图 5-3 三磁铁①

劳顿,使每个人在充分享受城市文明的同时,又都能方便地回归城外的田野和丛林之中,置身于绿色的环境,呼吸新鲜的空气,远眺无尽的地平线。

霍华德用城市—乡村磁铁的"三磁铁"图(如图 5-3 所示)形象地说明了他的理想,用"土地改革、市政改革、教育、关心儿童"等方法,以科学与宗

---

① 图片中,中心部分:人民何去何从?左面的磁铁:城市——远离自然;社会机遇;群众相互隔阂;娱乐场所;远距离上班;高工资;高地租;高物价;就业机会;超时劳动;失业大军;烟雾和缺水;排水昂贵;空气污浊;天空朦胧;街道照明良好;贫民窟与豪华酒店;宏伟大厦。右面的磁铁:乡村——缺乏社会性;自然美;工作不足;土地闲置;提防非法侵入;树木、草地、森林;工作时间长;工资低;空气清新;地租低;缺乏排水设施;水源充足;缺乏娱乐;阳光明媚;没有集体精神;需要改革;住房拥挤;村庄荒芜。下面的磁铁:城市—乡村——自然美;社会机遇;接近田野和公园;地租低;工资高;地方税低;有充裕的工作可做;物价低;无繁重劳动;企业有发展余地;资金周转快;水和空气清新;排水良好;敞亮的住宅和花园;无烟尘;无贫民窟;自由;合作。参见[英]埃比尼泽·霍华德:《明日的田园城市》,金经元译,北京:商务印书馆,2000 年,作者序言第 7 页。

教为杠杆,以"自由结合、土地公有、社会之爱、自然之爱"为"新土地上的新城市"的开启榫头。可以说,这把"万能钥匙"(如图5-4所示)是其田园城市的精髓,体现了他的城市与区域社会共同发展的理想。

《明日的田园城市》在1902年再版时,田园城市已经有了初步的影响力。不仅因为霍华德成立的田园城市协会(后来的城乡规划协会)的热情洋溢的宣传鼓动,更由于一批精明的实业家开始投身其间。伦敦律师、田园城市协会主席拉尔夫·内维尔(Ralph Neville)任命了一位全职秘书托马斯·亚当斯(Thomas Adams),此人后来成为一流的城镇规划者。这样,霍华德提供了图景,而商人们则提供了股份与信托组织构建。1902年7月,成立了第一个田园城先驱公司,着手寻找建设田园城市的场所。其间

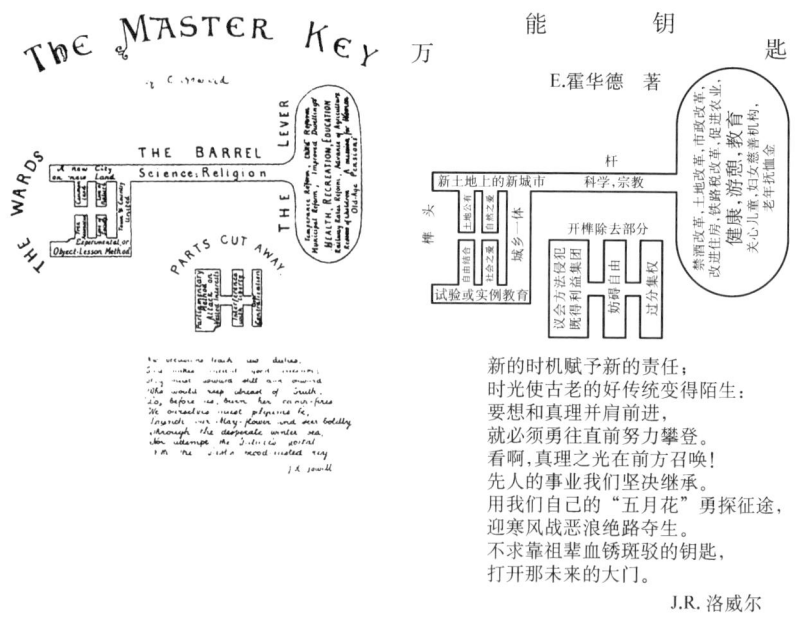

图5-4 万能钥匙①

---

① 霍华德最初打算把他的著作称为"万能钥匙"(*The Master Key*),为此他绘制了一张封面草图。尽管由于书名的变更,这张图当时没有发表,但是它简练地反映了霍华德的主张和抱负。参见[英]埃比尼泽·霍华德:《明日的田园城市》,译序第5页。

考察了20多个可能的场地,最终选择了汉普郡北部的大约4 000英亩荒芜的农场土地,并在次年以每英亩40英镑的价格购买成功。此举激起了公众的极大兴趣,成千上万的参观者穿过泥泞的土地前来一睹这块新伊甸园建筑的场所。①

莱奇沃思是雷蒙德·厄尔文(Raymond Unwin,一战后,厄尔文成为卫生部的首席建筑师)和理查德·巴里·帕克(Richard Barry Parker)以及两个杰出的建筑师把霍华德的理想变成现实的结果。这是一个"不规则的理想城镇",用地总计110平方千米,其中37平方千米进行了低密度的建设。霍华德的同人和好友、城市规划师奥斯本(Frederic James Osborn)在1950年写道:"当时社会上对此项目普遍怀疑,甚至冷嘲热讽;加上这项新行动缺乏资金,又无史可鉴的局面,所有这一切,使得里齐沃斯城的建设极其缓慢。"②确实,在20世纪初,在一个远离城市的偏僻乡野凭空建造一座全新的城市,看起来真的是一种异想天开的行为,它需要过人的丰富想象力和果敢的魄力。

功夫不负有心人,莱奇沃思的筑成轰动世界。各国纷纷著书立说,介绍该城,甚至创办了一个"国际联合会"的专门组织,推举霍华德做首任主席。伴随着莱奇沃思的崛起,霍华德成了国际知名人士。他也是莱奇沃思建成之后的首批居民之一。

莱奇沃思基本保持了霍华德的田园城市理念,包括住宅、商业和工业设施,有开敞的中心公园、大片的绿地。该地最初规划人口3万人。实际上,这里人口增长比较缓慢,最早的居民主要以中下层阶级为主,包括工人阶级和中产阶级,直到1914年时人口只有7 000人,到二战前也只有17 000

---

① Town and Country Planning Association,*1899 - 1999 Tomorrow and Tomorrow*,1999,p.8.
② 宋俊岭:《读奥斯本著的"埃比尼泽·霍华德和他的思想演进过程"》,《国外城市规划》,1998年第3期,第52页。

图 5-5　莱奇沃思市中心的商业街景(陆伟芳　摄)

人。① 考虑到莱奇沃思的建设主要根据"《明日的田园城市》一书中提出的思路,并做一些必要的调整……不仅推动社会改革,也为那些有耐心的投资者提供相当的回报"②,因此这座田园城市的建设毕竟是迈出了试验性的一步。

第一次世界大战以后,霍华德着手开展第二个项目。此时,英国政府许诺建设"英雄的家园",但并没有涉足田园城市建设。1919 年,霍华德没能成功劝说索尔兹伯里爵士拿出他的一块地,后来偶尔读到了德斯伯勒(Desborough)爵士拍卖韦林部分地产的广告,他根本付不出竞拍保证金,不得不匆匆忙忙向有钱的朋友借款,不过最终他竞拍成功,从而有

---

① Pierre Merllin,"The New Town Movement in Europe", *The Annals of the American Academy of Political and Social Science*, Vol.451, No.1 (1980), p.77.
② Frederic J. Osborn and Arnold Whittick, *New Town: Their Origins, Achievements and Progress*, London: Leonard Hill Press, 1977, p.17.

了建设的土地保障。为了进行开发,成立了韦林田园城市公司来监督城市的建设工作。韦林离伦敦只有 20 英里,没能够成为独立自足的城市。①

韦林田园城市公司负责规划建设工作。由西奥多·钱伯斯(Theodore Chambers)担任主席,苏瓦松(Louis de Soissons)担任城镇规划与建筑主管,奥斯本为秘书。"城镇规划为带有农业与乡村带的田园城市,满足 4 万—5 万人的需求……不仅要减少开发成本,而且还要构建城镇的和谐与健康。"②在城镇规划与设计上,除了市中心的绿地为规整的长条形外,其他主要依据原有地形地貌,采取了曲折形的街道走向设计,而不仅仅是规则的网络状街道。铁路线成了不同等级社会地区的分界线:铁路线东面是工业区及工人居住区;铁路线西面的住宅相对更为宽敞优雅,大致是中产阶级居住区。整个项目从 1920 年开始规划,1922 年开始建设,陆续建设了住房及一些服务性建筑,如餐馆、邮局、银行等。随后发展了一些地方工业企业。韦林花园城到第二次世界大战前居民达到了 3.5 万人。在后来的新城建设中,韦林花园城被指定为其中的一个新城,得到了进一步发展。

韦林花园城的规划重点是西区,空间布局以 T 形花园大道为主轴。花园大道由茂密的树木、灌木和宽阔的草坪构成,其中喷泉和水池成为两条大道的交会处,也是花园大道的中心(如图 5-6 所示)。后来在从火车站到喷泉的花园大道上,铺设了纪念霍华德的纪念物(如图 5-7 所示),花园大道两侧是城市的商业中心区。

---

① Peter Hall and Colin Ward, *Sociable Cities: the Legacy of Ebenezer Howard*, Chichester: J. Wiley, 1998, p.46.
② Frederic J. Osborn and Arnold Whittick, *New Town: Their Origins, Achievements and Progress*, p.26.

图 5-6 喷泉、水池、长椅:韦林花园大道交会处(陆伟芳 摄)

图 5-7 韦林花园大道上的霍华德纪念物(陆伟芳 摄)

在T形花园大道中,南北向的那条花园大道最长,气势非凡,几乎纵贯整个西城区。花园大道中央主要是大草坪,有的草坪上还有喷泉、花篱、花丛。两侧的树木及灌木成为大道的边界线,各色长椅为居民提供了观赏休憩的场所(如图5-8所示)。在花园大道的北端有一个半圆形的花园,花园的周围有市政厅和图书馆等公共建筑(如图5-9所示)。南北花园大道的两侧是较早建筑的住宅区,这里的住宅有独立式、半独立式和联排式花园住宅,以新乔治风格为主,霍华德本人亦曾在此居住。

莱奇沃思和韦林的田园城市建设,试图把城市与一定的区域发展理念包含在内,它们的理想观念留下了令人愉快的空间特征,填补了工业化所造成的城市环境的"巨大真空",为以后世纪的卫星城、花园城、新城建设提供了思想素材,为在城市带动下的区域社会的发展提供了样板。到20世纪中叶,两座田园城市都成了人口20万人左右的美丽的工业城市,既有生

图5-8 韦林田园城市的花园大道(陆伟芳 摄)

图5-9　花园大道北端中央花园一侧的图书馆(陆伟芳　摄)

产能力,又具有风景优美、健康和谐的城市环境,周围环绕着生机盎然的乡村,霍华德的胆略和勇气终于结出了硕果。

从霍华德在1898年提出田园城市的思想,到两座田园城市的建成;从理论规划,到组织倡导,再到购地筑城,真正表现出一种罕见的理论创新与实干品质的结合,表现出霍华德融设计师的天才与建设者的胆略于一身。他的一生,从出生到安息,都与城市紧密相连。他无法选择自己的出生地——生在喧嚣的"雾都伦敦",却如愿长眠于环境优美的田园城市——在有生之年享受到了自己的设计作品和建设成果。

在思想上,田园城市启发了城市规划的想法,于是诞生了现代城市规划。1909年的《城镇规划法》就是英国最早对城镇进行的规划。接过霍华德田园城市思想进行城市建设的,是他的战友和继承人奥斯本,奥斯本后来引领田园城市进入新的阶段——区域规划的新时代。奥斯本是田园城市协会历史上的关键人物或者说最重要的人物,他最初是莱奇沃思的一名住房官员,后来领导该协会的活动。虽然第一次世界大战后,他对政府的反应感到失望,但奥斯本一直比霍华德更相信国家应作为计划的主要代理人。20世纪30年代,大规模的失业问题需要激进的解决方案,他相信没有官方干预就无法克服这场危机,认为这是推进协会事业的一个前所未有的机会。

在行动上,花园郊区在一定意义上就是田园城市思想的直接产物。第一个花园郊区汉普斯特德花园郊区(Hampstead Garden Suburb)被认为是最美丽的田园城市。它距伦敦市中心约7英里,是1907年由汉丽埃塔·巴尼特女爵士(Henrietta Barnett)创建的模范社区。它由第一个田园城市莱奇沃思的设计师厄尔文和理查德·巴里·帕克设计规划。1906年,议会通过了《汉普斯特德花园郊区法》。1907年,厄尔文开始规划汉普斯特德花园郊区。设计目标是:它应该服务于所有阶级所有收入群体,低密度住宅,道路宽敞植以树木,住宅用篱笆分隔,共享森林和公园,安静无教堂的钟声。城市空间采用矩形设计,一个"大院"由U形的建筑群构成,一端开敞,由绿树、灌木或鲜花及小屋构成。另一位规划师埃德温·鲁琴斯(Edwin Lutyens)设计中央广场,设计了两座大的教堂,中央广场没有购物场所(购物场所设置在边缘道路上)和其他社区活动设施,并没有成为邻里中心。作为田园城市,汉普斯特德花园郊区并没有实现霍华德的主要目标,它没有包含任何工业,居民需在伦敦寻求工作。但是,作为花园郊区,它确实创造了农村生活的民主理想。[1] 大量的树篱、绿地、树木和开敞空间以及人性化的景观空间等等,使它成为国际公认的20世纪早期建筑和城市规划的典范之一,代表了20世纪初英国最好的住宅建筑。

第一次世界大战结束后,英国的住房短缺达到60万套,住房成为城镇

---

[1] Eleanor Smith Morris, *British Town Planning and Urban Design: Principles and Polices*, Harlow: Longman, 1997, pp.54-56. 勒琴斯也是印度首都新德里的主要规划师。

规划的主要要素。政府推动了"英雄的住房"战役,致力于为复员士兵提供住宅,这就是1919年《住房与城镇规划法》的一大初衷。该法使城镇规划成为地方当局义不容辞的责任,即2万以上人口的自治市和城镇区限时完成计划。厄尔文作为卫生部的首席建筑师,把田园城市的许多因素转移到了田园郊区住宅产业上,设计了独立花园里的相对低密度住宅、浪漫风格的村舍建筑和街道布局,与自然协调的景观不仅是两次世界大战间市政住宅的特点,而且是郊区私人房地产的特点。

在莱奇沃思、韦林试验之后,英国的许多城市建设都融入了"田园城市"的理念,建设兼具城乡优点的新型城市。在中心城市周围建立起一些较小的城镇,如同行星周围的"卫星"一样的卫星城镇。卫星城镇也从附属型、半独立型向独立型演进。事实上,第二个田园城市——韦林规划时,就采用了卫星城镇这个名称。20世纪30年代前后,伦敦郡议会又用过"准卫星城"来指称伦敦郊区的"卧城"性质。大伦敦规划中,为疏散人口,计划在伦敦外围建设8个城镇,最初也称为卫星城镇。

1937年,英国政府为研究解决工业人口的地理分布问题而成立了以巴罗(A.M.Barlow)为首的专门委员会——巴罗委员会。委员会的职责有三项:一是调查工业和人口地理分布的成因以及未来各种影响因素可能的变化;二是调查工业和人口集中的社会、经济和战略缺陷;三是根据调查提出相应的对策报告。委员会在1940年提出的《巴罗报告》中分析了战前和战后的工业和人口分布状况,指出伦敦地区工业与人口的不断聚集是由具有活力的工业所起的吸引作用,认为在当时的条件下,集中的弊端远远大于有利因素,提出了疏散伦敦中心地区工业和人口的建议,提出了在伦敦规划4个同心圈,以布置伦敦的工业与人口。此外,还提出了建立机构来控制全国的工业布局。

这样,一方面英国工业城市的种种问题摆在眼前,另一方面人们不断对新型城镇进行探索,从霍华德田园城市示范提供新型城镇的样板,到《巴罗报告》提出疏散伦敦中心地区工业和人口,再加上第二次世界大战中德国闪电战和轰炸对英国城市的破坏,英国许多城市面临重建。战火的摧残,使首都伦敦的生产与生活更加困难重重,也在一定程度上加剧了城市恢复与重建的紧迫性。可以说,英国严重的城市病,田园城市带来的城市规划思想,战火的威力,都为战后伦敦的重建提出了必要性和可能性。

伦敦的重建是与新城建设息息相关的。1942—1944年,由帕特里克·艾伯克龙比(Patrick Abercrombie)主持制订的大伦敦地区的规划方案,是第二次世界大战后指导伦敦地区城市发展的重要文件。规划区面积为6 731平方千米,1 250多万人口,包括了143个各级地方行政机构。

艾伯克龙比的大伦敦规划的基本前提是,在英国人口增长不大,伦敦地区半径30英里范围内人口规模保持基本稳定的情况下,需要疏散其中的一些工业和人口,总计需要疏散到伦敦外围的人口大约有100多万。

为此,他构想了在伦敦建成区外规划一条5英里宽的"绿带",以阻止城市的无序蔓延。需要疏散的100多万人,可以安置到绿带外的8个新城和20多座其他城镇。他采用了单中心同心圆封闭式系统,放射路与同心环路直交的交通网络连接,在半径约48千米的范围内,由内向外划分为四个圈层:内圈、近郊圈、绿带圈和外圈。

内圈包括伦敦郡和部分邻近地区,是控制工业、改造旧街坊、降低人口密度、恢复功能的地区,从这里疏散出40万—50万人口,也迁出相应数量的工作岗位,进行全面的城市更新,居住用地的人口净密度降至190—250人/公顷。

近郊圈作为建设良好的居住区和健全地方自治团体的地区,今后不再增加人口,需要对该地区进行重新组织,提供舒适的环境。居住用地的人口净密度控制在125人/公顷。

绿带圈以农田和游憩地带为主,严格控制建设,作为阻止城市向外扩展的屏障。这里是由1938年《绿带法》所规定的绿带用地,规划建议将围绕原有城市的绿带进一步拓宽,在整个建成区外围将绿带环扩展至16千米宽,设置森林公园、大型公园绿地以及各种游憩运动场地,以阻止伦敦扩展到1939年达到的边界以外去,同时为整个地区提供休闲活动场所。

外圈接受伦敦内环疏散出来的大部分人口,集中建设8个卫星城,安置迁入50万人口。每个卫星城人口规模6万—8万人,使每个卫星城均具有一定的吸引力,满足其自身发展的需要,同时容纳伦敦前来的人口。另外,还计划疏散60万人到外圈地区现有的20多个小城镇去,达到疏散首都人口,缓解伦敦人口、环境压力的目的。

伦敦重建与整个伦敦人口、工业、环境的布局密不可分。重建后伦敦的结构以快速道路网为基础,向外辐射覆盖整个地区,为整个地区提供了较好的通达条件。同时,这些放射状路汇集在由内环和外环所形成的环形地带内,处在绿带和外圈之间,从而避免了外来交通流向城市中心地区的集聚。伦敦的生活环境得到改善。并且,对伦敦西区与河南岸进行了重点改造,增加了伦敦郡人均绿地面积,特别是泰晤士河两岸。伦敦附近的8座新城,在一定程度上完成了1944年制定的大伦敦规划疏散人口的意图。

英国在战后开始了正式的新城建造。1945年,通过了《工业分布法》,在全国范围内全面控制工业的分布。同年,成立了以李斯(Lord Reith)为首的新城委员会,对新城建设所涉及的有关问题进行研究。1946年提出的李斯报告建议遵从霍华德的原则建立新城,并成立专门的开发公司。1946年8月,英国议会通过了新城开发建设的指导纲领《新城法》,决定建设一系列新城,以疏散伦敦等大城市过分集中的工业和人口。新城不仅仅有居住功能,还有完整的工作及社区功能。新城建设的主要目标是建设一个"既能生活又能工作的、平衡的和独立自足的新城"。也就是说,新城应为它的居民提供商店、学校、电影院、公共交通等一切必要设施,在总人口中要有相当数量的就业机会,保证新城居民能就地生活和就地工作,新城的工作岗位应由多家企业或工业部门提供,新城应吸收各种阶层的人员来居住和工作。显然,就业机会与总人口的平衡是新城必不可少的条件。

英国政府启动的国家投资的"新城"(new towns),标志着英国城镇化进程进入全新阶段,因此也被人们称为"二度城镇化"。规划的新城不仅仅有居住功能,还有完整的工作及社区功能,因此完全是一种纯粹的城镇区域。英国总共规划了29个新城,其中英格兰21个,苏格兰6个,威尔士2个。另外,北爱尔兰还有4个。到1981年,英国按规划建成了32个新城,在英格兰的有巴西尔登、哈洛、哈特菲尔德、米尔顿·凯恩斯、雷迪奇、伦科恩、斯蒂夫尼奇等21个,在苏格兰的有坎伯诺尔德、利文斯顿等5个,在威尔士的有昆布兰等2个,在北爱尔兰的有安特里姆、巴利米纳等4个(见表5-15)。新城建设是在政府主导下进行的城镇化,是城镇空间的有意识有规划的扩展。

表5-15 英国新城列表①

区位	名称	选址日期	代次	密度/(人/平方千米)②	区划	坐落
英格兰(21)	巴西尔登	1949-01-04	1	1 621	埃塞克斯郡	伦敦周边(10)
	布拉克内尔	1949-06-17	1	1 066	伯克郡	
	克劳利	1947-01-09	1	2 423	苏塞克斯郡	
	哈洛	1947-03-25	1	2 730	埃塞克斯郡	
	哈特菲尔德	1948-05-20	1	880	赫特福德郡	
	赫默尔亨普斯特德	1947-02-04	1		赫特福德郡	

---

① 据 Morwen Johnson, ed., New Town Record: Planning the New Towns in Their Own Words, Idox Knowledge Exangage, 2016, p.54. https://en.wikipedia.org/wiki/New_towns_in_the_United_Kingdom 等相关信息制作。
② 2013年的人口密度。其中,布拉克内尔为 Bracknell Forest 的数据,韦林与哈特菲尔德一起统计。http://www.ons.gov.uk/ons/about-ons/business-transparency/freedom-of-information/what-can-i-request/published-ad-hoc-data/pop/july-2014/uk-population-density-2013.xls.

续　表

区位	名称	选址日期	代次	密度/（人/平方千米）	区划	坐落
英格兰（21）	米尔顿·凯恩斯	1967-01-23	3	828	白金汉郡	伦敦周边（10）
	彼得利	1948-03-10	1		达勒姆郡	
	韦林田园城市	1948-05-20	1	880	赫特福德郡	
	斯蒂夫尼奇	1946-11-11	1	3 292	赫特福德郡	
	科比	1950-04-01	1	800	北安普敦郡	伯明翰周边（5）
	北安普敦	1968-02-14	3	2 684	北安普敦郡	
	彼得伯勒	1967-07-21	3	549	剑桥郡	
	雷迪奇	1964-04-10	2	1 558	伍斯特郡	
	托尔福德（原定在道利）	1968(1963-01-16)	3(2)	580	什罗普郡	
	兰开中夏	1970-03-26	3		兰开夏	利物浦周边（4）
	伦科恩	1964-04-10	2		柴郡	
	斯凯默斯代尔	1961-10-09	2		兰开夏	
	沃灵顿	1968-04-26	3	1 135	柴郡	
	纽顿艾克利夫	1947-04-19	1		达勒姆郡	达勒姆周边（2）
	华盛顿	1964-07-24	2		泰恩和威尔	
苏格兰（5）	坎伯诺尔德	1955-12-09	2			格拉斯哥周边（6）
	东基尔布赖德	1947-05-06	1			
	格伦罗西斯	1948-06-30	1			
	欧文	1966-11-09	3			
	利文斯顿	1962-04-16	2			
	斯通豪斯（未建）	1973-07-17	3			
威尔士（2）	昆布兰	1949-11-04	1			
	纽敦	1967-12-18	3			
北爱尔兰（4）	安特里姆	1966	3			
	巴利米纳	1967	3			
	克雷加文	1965-07-26	3			
	伦敦德里	1969-02-05	3			

英国进行新城建设30多年,历经三代。① 1946年《新城法》确定建设的新城为第一代新城,其中8座在伦敦附近,贯彻了1944年制定的大伦敦规划疏散人口的意图。1955—1966年间确定建设的称为第二代新城,当时通过在一些地区的战略地点建设新城,以促进区域经济的平衡发展。1967年以来确定建设的称为第三代新城,更明确地把新城既作为大城市过剩人口的疏散点,又作为区域的经济发展中心。其中,有些新城实际上是原有城镇的扩建。

第一代新城(1946—1955年)以1946年《新城法》为依据,旨在减轻二战后伦敦的住房短缺问题,因此在伦敦绿带外建造,另外在达勒姆郡有规划。这个阶段的特点是英国政府在新城建设上积极介入,运用立法指定新城的选址,任命新城开发公司的成员,其建设的城市比较接近"田园城市"的理念。这个阶段最初打算建设20个新城,但实际上只开工建设了14个,其中12个在英格兰和威尔士,2个在苏格兰。以伦敦为例,1946年伦敦郡议会决定重建伦敦,把伦敦分成三个功能角色各不相同的部分:伦敦城区部分,包括伦敦城建成区及其边缘地区,总面积55 000公顷,居住约500万人。该区人口密度太大,计划减少40万人口。郊区部分,总面积58 000公顷,居住约300万人。人口密度可接受,应保持稳定。远郊区部分,主要是绿带及城市远郊区,距离市中心60—80千米,供城市进一步发展用,供小城镇人口增长迁入和建设新城镇使用。第一代新城建设时期,在伦敦远郊建立了8个新城,其中包括原来的田园城市韦林。它们分别是斯蒂夫尼奇、赫默尔亨普斯特德、克劳利、哈洛、哈特菲尔德、韦林、巴西尔登和布拉克内尔。②

围绕伦敦的8个新城中,有6个在泰晤士河以北:2个在埃塞克斯郡,巴西尔登在伦敦东面,哈洛在伦敦东北。4个新城在赫特福德郡,

---

① 应该说明的是,对英国新城建造期的划分不是很统一,也有划为两代或四代的。
② [意]L.贝纳沃罗:《世界城市史》,薛钟灵等译,北京:科学出版社,2000年,第978、981页。

分别是伦敦以北的斯蒂夫尼奇、田园城市韦林、哈特菲尔德以及伦敦西北的赫默尔亨普斯特德。泰晤士河以南有 2 个：布拉克内尔在伦敦西面的伯克郡，唯一的一个在伦敦以南的新城是位于苏塞克斯郡的克劳利。

斯蒂夫尼奇是英国兴建的第一座新城，坐落在伦敦以北大约 44 千米处，大致在霍华德的两座田园城市中间。早在 1945 年，英国杰出的规划师斯蒂芬逊（Gordon Stephenson）就起草了《斯蒂夫尼奇规划纲要》(*The Outline Plan for Stevenage*)。1946 年 11 月 11 日，斯蒂夫尼奇被正式批准为新城，规划人口目标是 10 万人。1950 年初，城乡规划部批准《总规》(*The Master Plan*)。《总规》布置了 6 个组团式的新城空间格局，要求"新城居民总共 6 万人，占地 6 070 平方千米。有 6 个居住邻里，一个是已经有 6 000 居民的斯蒂夫尼奇，另设 5 个 9 000—14 000 人的新区。每个区均有自己的学校、购物中心和社区设施"①。

斯蒂夫尼奇开发公司负责新城的建设。新城规划设计主要由斯蒂芬逊、霍利迪（Clifford Holliday）和克拉伦斯·斯坦（Clarence Stein）等进行，建筑师是彼得·沙博德（Peter Shepheard），工程师是埃里克·克拉克斯顿（Eric Claxton）。规划中，这里布置了 6 个区块，规划目标是各区域为基本自足的邻里。首先建设的是斯托尼豪尔和蒙克斯伍德两个社区，于 1951 年起入住。次年完成了贝德韦尔社区，1953 年完成布罗德沃特和希帕豪尔，20 世纪 60 年代建成切尔斯，随后建成平格林和西蒙兹格林。这里的市中心是无车辆的购物区，在 1955 年由伊丽莎白二世正式揭幕。工业区主要是英国航空业。斯蒂夫尼奇的空间布局独特有趣，它有许多大转盘，红绿灯很少，并有专门的自行车道。

斯蒂夫尼奇的城镇空间布局，有以钟楼为标志的集中式步行区市中

---

① Robert B. Black，"The British New Towns: A Case Study of Stevenage"，*Land Economics*，Vol. 27，No.1 (1951)，p.43.

心(如图 5-10 所示),工业区与住宅区环绕分布,而且住宅区、商业区、工业区实现了分离,其 6 个区各有自己的绿地、学校、商店、休闲场所,每个区都有绿带环绕。步行主道、自行车道多大转盘少红绿灯,使之成为一个比较理想的新城。由于各种各样的因素,第一个新城斯蒂夫尼奇没有达到规划的人口增长率,启动资金不足和管理困难等导致人口增长缓慢,虽然设想其人口年增长 4 000 人,但实际上只有 2 700 人,在 21 年里人口只达到了 57 000 人。[①] 直到 1980 年,斯蒂夫尼奇新城人口达到 75 000 人,取得了自治市地位。此时,开发公司把管理权交给自治市议会。到 2011 年,这里共有 84 000 所住房,人口密度为 32 人/公顷,成为低密度高质量生活的城镇。

图 5-10 斯蒂夫尼奇市中心钟楼与广场(陆伟芳 摄)

---

① Eleanor Smith Morris, *British Town Planning and Urban Design: Principles and Polices*, p.97.

各个新城的建筑风格既类似又各具特色。市中心有采用集中式步行区的,如斯蒂夫尼奇;有与车站毗邻的,如赫默尔亨普斯特德;有的市中心设计具有英国传统农村风味,如克劳利。以新城哈洛为例,它位于伦敦以北37千米,用地540公顷,最初规划人口为6万人,设计从邻里单位入手,每个单位住3 500—6 000人,各有小学和商业中心,中学位于绿地中,并作为联系各邻里单位的一个环节。

1947—1970年期间,第一代新城吸引了70万居民。由于人口规模较小、密度过低,工作岗位不足,一般认为第一代新城缺乏城市气氛,甚至有人认为新城几乎成了千篇一律的绰号。2013年,巴西尔登的人口密度达到了1 621人/平方千米。[1]

当然,英国建设的新城远不止这些,后来又陆续建设了一些。1961—1964年为第二代新城建设的主要时期,目的也是缓解住房紧张。这次新城建设依据1959年的《新城法》,建立新城委员会,由委员会接管每个开发公司。该法案在1964年大选工党的詹姆斯·哈罗德·威尔逊(James Harold Wilson)获胜成为新首相后迅速展开。1965年,新的《新城法》颁布,"规定设立新城镇,由新城镇委员会行使与新城镇有关的某些职能,扩大或发展现有城镇,并为与这些事项有关的目的做同规定的法令"[2]。这次规划的新城分散在全国大都市密集区,而不再集中于伦敦周边。其中,有两个位于西米德兰大都市地区,另两个靠近默西塞德。比如1956年规划为7万人的坎伯诺德,1964年规划为10万人的朗科恩,以及1970年规划为25万人的米尔顿·凯恩斯。[3]

1967年起开始建设第三代新城(1967—1970年),这个阶段的新城进

---

[1] http://www.ons.gov.uk/ons/about-ons/business-transparency/freedom-of-information/what-can-i-request/published-ad-hoc-data/pop/july-2014/uk-population-density-2013.xls.

[2] New Town Act 1965, p.1.

[3] François Bédarida, *A Social History of England 1851-1990*, p.233.

一步向北扩展。在利物浦与曼彻斯特之间,建设了以"兰开中夏"(Central Lancashire)为名的城镇以及沃灵顿。而原定的道利新城则被重新指定到了托尔福德新城,有了更宽敞的区域,以解决伯明翰等大城镇的住房紧张问题。在伯明翰附近,扩展了北安普敦。在东盎格利亚,指定彼得伯勒作为伦敦周边的新城。米尔顿·凯恩斯则在伯明翰与伦敦中间(见表 5-16)。20 世纪 60 年代后期,英国的国民收入增加,大城市旧区的居住质量有所改善,建设更富有吸引力和具有更高标准的新城,就成为第三代新城的任务。

表 5-16　第三代伦敦地区新城和扩展城镇及其人口[①]

(单位:万人)

第三代新城		20 世纪 60 年代	1981 年
伦敦地区	米尔顿·凯恩斯	4	25
伦敦扩展城镇	彼得伯勒	8.3	20
	北安普敦	13.1	26

这代新城中具有代表性的是米尔顿·凯恩斯,也是伦敦区域唯一一个第三代新城。1967 年,米尔顿·凯恩斯开发公司成立。1970 年,提出新城规划报告,估计用地 21 900 英亩,当时有 4 万人口,规划接受 15 万人口,并预计到 2000 年人口为 25 万。米尔顿·凯恩斯的目标是为 20 世纪 70 年代的新富服务,假设穷困已经减少而平均消费能力翻番。新城规划在住房、购物、教育和流动性上有着最大可能的自由选择,以便随时调整。该城位于伦敦和伯明翰之间,汽车交通方便。规划上采取分散布置工业和工作岗位的方法,以求得便捷和经济的效果。考虑到一些现代工业已经解决了污染环境的问题,因此将无害的小工厂安排在居住区内。为了分散市中心

---

① Eleanor Smith Morris, *British Town Planning and Urban Design: Principles and Polices*, p.114.

交通量，规划了8个次中心，在靠近市中心地区建造密度较高的居住区。这种布局形式可以分散交通集散点，减少长距离的交通流量，将交通负荷均匀地分散到各干道上去。交通工具以公共汽车为主，行人过街采取立体交叉方式。在居住区的布局结构上，为避免交通的集中，大专院校、医疗中心等公共设施布置在各区的边缘，并与公共汽车站、地下人行道结合在一起。全市共有164个活动中心，按各地段的社会需求布置各有特点的内容。城镇的景观设计力求具有田园城市特色。

该规划反映了社会变化：有效的健康服务、更多的教育机会、远离地方当局的住房政策的改变、个人服务包括健康与社会服务的更好的整合、大多数人脱贫、到20世纪末一般家庭购买力翻番、更多的娱乐设施和健康设施、更好的交通方式。

规划的中心主题是为未来居民提供更多可能的选择，允许更多样的生活模式。规划特别强调：希望给予最多的就业机会，通过分散化的就业模式和社会机会来增加选择，提供更广泛多样的住房类型，包括业主所有住房和私人住房，目标是50%的私有住房、满足空间需要。因为高收入人群需要更宽敞的空间，更愿居住密度为15—25人/公顷（6—10所住房/英亩）的房子。

米尔顿·凯恩斯的特别之处在于其就业结构、交通网络、住房、休闲和教育设施。就业重点在于教育、交通、技术等专业领域，在于多管理人员和办事员而非制造业工人，包括需要提供广泛的工作、培训和教育设施。

米尔顿·凯恩斯城镇道路的网状空间间隔是1千米，几乎有160千米新主路没有前入口，2/3的道路在每个方向有两条小巷，底层交叉口由信号灯控制，另1/3在每个方向有一条小巷，这种体系的结果是公共交通降低到最低程度。比一般新城更低密度的住房旨在吸引管理和专业阶层。规划也试图扩大娱乐多样化，建立三个高尔夫球场、一个室内娱乐中心和相关的开敞空间。

然而，米尔顿·凯恩斯的规划也存在重大缺陷，它外观上简直不像一座城镇，而且缺乏清晰的开敞空间体系，没有视觉的城镇标志景观。在交通模式上，过分精细的道路模式使街道系统破碎有加，推崇私家车而忽视公共交通，导致交通很是糟糕。原来规划15%的人使用公共交通，但事实上不止这个比例。这样，这个号称"英国第一新城市"的新城，受到了1973—1974年的能源危机的打击。①

伦敦都市区的新城分布都远在大伦敦的边界以外，空间上围绕着大伦敦，因此有利于吸引伦敦的人口。若从长远发展来分析（见表5-17），伦敦的8个新城距离主城区32—50千米，2001年共计有60万人口，超过了当年的规划人口目标38万人，其中克劳利和巴西尔登两个新城的人口在2001年都超过了10万人。

表5-17 伦敦新城的规划人口及2001年状况②

规划年份	新城	设立时的面积/平方千米	设立时的人口/万人	规划目标人口/万人	离伦敦主城区的距离/千米	2001年人口/万人	2001年人口密度/（千人/平方千米）
1946	斯蒂夫尼奇	2.2	0.7	5.0	50	8.2	3.7
1947	克劳利	3.0	0.9	6.0	47	10.1	3.3
1947	哈罗	2.0	0.5	6.0	40	8.8	4.4
1947	赫默尔亨普斯特德	2.0	2.1	6.0	47	8.3	4.1

---

① Eleanor Smith Morris, *British Town Planning and Urban Design: Principles and Polices*, pp.117-118.
② 据英国2001年人口普查数据。"合计"栏与各分栏的数据之和可能存在±0.1的误差。——编者注 Wannop U., *New Towns in British Planning*, B. Cullingworth, Editor. London: The Athlone Press, 1999. Robinson A. J., *Economics and New Towns: A Comparative Study of the Unite States, the Unite Kingdom, and Australia*, New York: Praeger Publishes, 1975. Clapson M., *Invincible Green Suburbs, Brave New Towns: Social Change and Urban Dispersal in Past-war England*, Manchester: Manchester University Press, 1998. J. B. Cullingworth, *Town and Country Planning in England and Wales: the Changing Scene*, London: Allen and Unwin, 1969.

续 表

规划年份	新城	设立时的面积/平方千米	设立时的人口/万人	规划目标人口/万人	离伦敦主城区的距离/千米	2001年人口/万人	2001年人口密度/(千人/平方千米)
1948	哈特菲尔德	1.1	0.9	2.5	32	3.2	2.9
1948	韦林	1.2	1.9	5.0	35	4.4	3.7
1949	巴西尔登	2.4	2.5	5.0	48	10.0	4.1
1949	布拉克内尔	1.7	0.5	2.5	45	7.1	4.1
合计		15.7	9.9	38.0	43	60	3.8

虽然1970年以后没有正式指定新城，也没有大张旗鼓的新城建设热潮，但其实新城的建设或扩展从来没有停止过，如伯明翰以北约15英里斯坦福郡的塔姆沃思，伦敦周边剑桥郡的坎伯恩、巴希尔和诺思托夫，埃塞克斯郡的南伍德姆费勒斯，肯特郡的艾贝斯费特，多切斯特的庞德伯里镇（按威尔士亲王的想法建设的实验性新城）。21世纪以来，随着对环保的关注，英国开始兴建生态新城，即拥有至少5 000户共2万人的城镇，实现低碳排放和使用当地的可持续能源。2014年，又开始呼吁兴建10个新城，以进一步应对住房短缺。①

据英国城乡规划协会（Town and Country Planning Association，简称TCPA）2016年的研究，前前后后英国共计建设了32个新城。

英国的新城建设，在一定程度上缓解了第二次世界大战结束后伦敦和其他大城市住房短缺的压力，处理了郊区的负面效应，为居民提供了较好的生活和工作环境，创造了由具有充分自主权的开发公司对新城统一进行规划、设计、建设和管理的经验。1961年，伦敦新城镇的人口为30.5万人，据英国铁路公司与英国东南部研究项目进行的一项统计，当年每天约有7 000人持伦敦8个新城车站的季票通勤到伦敦市中心。当然，这些车站

---

① https://en.wikipedia.org/wiki/New_towns_in_the_United_Kingdom，2019-08-31．

所服务的地区比新城本身要大,而且没有计算公路通勤人数。①

新城的建设与发展,是英国城镇化历史上人为规划建设的,彻底打破了近代工业化以来大量城镇自发出现的历史。无论是新城的地理空间位置的选择,还是新城内部空间的规划建设,都走上了高度城镇化的道路。到 20 世纪末,英国人口约 5 910 万人,其中城市人口已达 90%。而在这些城市人口中,约有 23%,即 1 223 万人居住在 32 个英国政府规划和建设的新城中。21 世纪以来,据英国国家统计局公布的一些数据,新城的人口早已超过了当初的规划人口,其居住人口的密度也达到了一定程度。斯蒂夫尼奇、哈洛和克劳利的人口密度分别达到了 3 292 人/平方千米、2 730 人/平方千米和 2 423 人/平方千米。

---

① "New Town Residents (London Employment)", Hansard, HC, Deb 16, Vol. 706 (1965), c197W.

三、乡村城镇化

20世纪以来,英国进入高度城市化社会。到1950年,近80%的人居住在城市里,而且余下的20%里其实许多也是通勤到城里上下班。① 从某种意义上说,越到20世纪中下叶,传统的城乡概念在英国越来越失去了原来的意义,城乡日益趋同。

如果说19世纪英国城市化的主要特征是乡村向城市移民、乡村就业以农林等为主体的话,那么到20世纪,英格兰的城镇化特色逐渐转变成城乡趋向均衡,乡村经济结构、就业结构逐渐与英格兰整体趋同,表现出城镇化的深度深入趋势,甚至出现相反的人口迁移现象。

19世纪人口变化的鲜明特色是城市人口增长、乡村人口减少。20世纪开始,英国的城市化进入内涵发展时期,乡村人口减少的趋势开始发生变化。特别是到20世纪下半叶,人口增长更多地发生在乡村区和半乡村区。乡村在许多方面实现了质的城镇化,这种变化永远地改变了乡村的特性。②

乡村区域得到了更快的发展,人口增长开始超过城镇区域。这种趋势

---

① Martin Daunton, ed., *The Cambridge Urban History of Britain, 1840–1950*, Vol.3: 1840–1950, pp.67–68.
② Alun Howkins, *The Death of Rural England: A Social History of the Countryside since 1900*, London and New York: Routledge, 2003, p.3, introduction.

似乎在 20 世纪 30—40 年代就已经露出了一点苗头。早在 30 年代中叶，尽管也有像斯托克那样人口下降的，因为年轻人都通勤到附近的城市上班，但同是乡村的斯坦福郡和沃里克郡的乡村人口下降趋势发生了逆转。① 虽然 1901 年到 1951 年英格兰小镇人口所占比例从 9% 减少到 6.2%，②城镇区和乡村区的人口增长比率是 5∶1，但在 1939—1951 年期间却是 1∶5，乡村人口增长超过了城镇。③

1951 年的城市地区与乡村地区的划分还是相对主观的。如达勒姆这个矿业区，虽然具有城镇特征，却并无城市地位。伦敦的一些外郊区，虽然名为乡村区，却已经具备了城镇特征，如沃特福德乡村区和伊顿乡村区。达勒姆郡的伊辛顿乡村区已经拥有 82 170 人，但莱德都市自治市却只有 2 774 人。甚至有些郡自治市也很小，如坎特伯雷在 1951 年只有 27 795 人。④

20 世纪末 21 世纪初，乡村人口增长超过城镇的趋势变得更加明显。据英国环境、食品和农村事务部的数据，20 世纪末英国乡村人口增长远远超过城镇人口增长，1991—2002 年，每年完全乡村区或乡村主导地区的人口净增 6 万人。⑤ 其中，平均每年有 42 万人迁入乡村区域，39 万人从乡村迁入城镇区域。⑥ 1981—2003 年期间，乡村英格兰的人口增长了 14.4%，

---

① Alun Howkins, *The Death of Rural England: A Social History of the Countryside since 1900*, p.100.
② Martin Daunton, ed., *The Cambridge Urban History of Britain*, Vol.3: 1840-1950, p.159.因为许多小镇发展成了城市，不再属于小镇行列。
③ Elizabeth Gittus, "Review, Rural Depopulation in England and Wales, 1851-1951", by John Saville, *The Town Planning Review*, Vol.29, No.2 (1958), p.128.
④ C. A. Moser and Wolf Scott, *British Towns: A Statistics Study of Their Social and Economic Differences*, p.4, note 1.
⑤ DEFRA, *Rural Strategy*, 2004, London: Department for Environment, Food and Rural Affairs Publications, 2004, p.8. Sarah Neal and Julian Agyeman, eds., *The New Countryside?: Ethnicity, Nation and Exclusion in Contemporary Rural Britain*, Bristol: Policy Press, 2006, p.232.
⑥ Michael Woods, ed., *New Labour's Countryside: Rural Policy in Britain Since 1997*, Bristol: Policy Press, 2008, p.67.

而同期城镇区域仅增长 1.9%。① 2004 年议会讨论城镇规划时,约翰·海因斯(John Hayes)承认,"小镇或村庄规模突然增长 20% 或 30% 是一个新近的现象"②。

乡村传统农业份额减少,制造业和服务业比重增加,推动乡村实现城镇化发展。据阿伦·豪金斯研究,1900 年,在大多数乡村区,农业仍然是第一职业,尽管某些地方如英格兰的北部和西部、部分威尔士地区,煤矿和矿石业工作也是重要职业。但随着廉价小麦从北美的进口,农业遭遇了巨大的挑战,也促使农业转型。1908 年,水果、鲜花、家禽和鸡蛋的总价值占到了英国农业产出的 6%,到 1913 年,75% 的农业产出是牲畜产品,其中最重要的是肉类和牛奶,而羊毛只占 1.7%。③鲍利(Bowley)对柴郡 1931—1951 年民政堂区的研究表明,该郡乡村人口增长 28%,但农业人口只增长了 3%。④ 这个数据从另一个侧面显示了农业份额的减少。20 世纪 60 年代以来,农业不再是乡村的主体,随着乡村旅游、休闲业的进一步发展,人口与就业从城市向乡村转移,农户的收入多样化了。据英国农林渔业部(The British Ministry of Agriculture, Forestry and Fisheries,简称 MAFF)⑤数据,农业劳动力从 1978 年的 77 万人下降到了 1999 年的不到 60 万人。到 20 世纪 90 年代末,没有哪个乡村地方当局区域的农业就业劳动力比例超过 30%。⑥ 这种乡村地区人口的减少、农业劳动力的减少,正说明了城市化深入乡村的程度。

乡村经济不再以农业为基础,经济结构与全英格兰趋同。在英国绝大

---

① Michael Woods, ed., *New Labour's Countryside: Rural Policy in Britain Since 1997*, p.67.
② Town Planning, HC, Deb 26, Vol.421(2004), c1642.
③ Alun Howkins, *The Death of Rural England: A Social History of the Countryside since 1900*, p.10.
④ Elizabeth Gittus, "Review, Rural Depopulation in England and Wales, 1851–1951", p.128.
⑤ 2001 年改成环境、食品和农村事务部(Department for Environment, Food and Rural Affairs, DEFRA)。
⑥ Paul Milbourne, *Rural Poverty: Marginalisation and Exclusion in Britain and the United States*, London and New York: Routledge, Taylor and Francis e-Library, 2004, p.63.

多数乡村区,配送与零售,商业与商业服务,公共管理、教育、培训和健康,制造业这四类关键元素占据了80%以上的就业量。乡村区的就业结构显示出其自身的特色,绝大多是小微企业,雇用10人及以下,在家工作者比例更高,占17%。[1] 在1974年到1981年期间,更乡村区域比半乡村化的区域有更强的制造业就业。20世纪80年代期间,这种更乡村区域就业增长最快的趋势在持续,不仅在总的就业中体现,而且在制造业就业中也一样,这种情况在70年代首先显现出来。[2] 1991—2002年期间,尽管农业仍然是乡村经济和社会的核心,但农业就业人口下降了30%,计15.1万人,在乡村区的就业更可能是在制造业(25%)、旅游业(9%)、零售业(7%),而不是在农业中(6%)。[3] 1998年,乡村地区的就业结构与英格兰整体极为相似,占支配地位的是服务业,占乡村区域就业的67%;制造业也起着重要作用,占乡村就业的17%;而乡村区域第一产业如农业、林业和渔业的就业比例比英格兰整体高出一倍,占2%。[4]

乡村区居民的职业变化也显示了乡村经济结构的变化以及乡村城镇化的深入。20世纪20—30年代,英格兰的经济增长已经表现出职业性特点和区域性差异。那些19世纪传统的需要体力的工业、男性主导的工业走向衰落,商业和新型工业繁荣起来,这种经济态势很快影响了职业群体的特性。早在1921年,乡村区的白领工人就已经是仅次于从事农业和家政的第三大职业群体了(而在19世纪大部分时间里,乡村地区除从事农业与家政外的第三大职业群体是煤矿工人)。在柴郡,人口中的白领工人占

---

[1] Philip Lowe and Neil Ward, "England's Rural Futures: A Socio-cographical Approach to Scenarios Analysis", *Regional Studies*, 43, 10 (2009), 1319-1332, p.1320. http://dx.doi.org/10.1080/00343400903365169.
[2] David North and David Smallbonet, "Small Business Development in Remote Rural Areas: the Example of Mature Manufacturing Firms in Northern England", *Journal of Rural Studies*, Vol. 12, No.2 (1996), p.152.
[3] DEFRA, *Rural Strategy*, 2004, p.8.
[4] Paul Milbourne, *Rural Poverty: Marginalisation and Exclusion in Britain and the United States*, p.62.

13.2%。如果我们把该年在农村区域的商业、公共服务业和专业群体加起来,其总人数达到 483 656 人。比照伦敦周围各郡的话,数据对照更为鲜明。1921 年,在萨里郡居住的白领工人群体占 21.5%,米德尔塞克斯占 21%,埃塞克斯占 16%。这就意味着萨里和米德尔塞克斯比伦敦有更多的白领工人。第四大职业群体是交通运输业工人,有 177 521 人,其中绝大多数从业于公路交通运输业中,铁路工人也是重要组成部分。第五大职业群体是金属行业工人,有 168 798 人。这个群体代表了既传统又现代的部分,例如有 28 860 个匠人和熟练熔炉工人,这是传统的部分,但也有 59 637 人在汽车和机械制造业中工作。另一个雇用万人的行业是建筑业(135 218 人)。① 2001 年,英格兰乡村区的就业仅有 3% 是农业。②

城镇化的扩展,乡村地区的发展,使两者间差距日益缩小,到 20 世纪末,乡村就业不再是传统的务农,而呈现多元化色彩:在 2004 年前的 20 年里,英国乡村就业人口减少了 30%,在乡村就业人口中,农业仅占 6%,而制造业占 25%,旅游业占 9%,零售业占 7%。③

如果考虑小镇人口增长的情况,即自然增长还是移民增长的情况,我们大致可以说,小镇主要是依赖外来人口的移民才保持了人口增长。以 1991 年到 2001 年为例(见表 5-18),人口规模在 2 000—4 999 人和 5 000—9 999 人的小镇居住着几乎差不多数量的人口,都占总人口的 4.8%。从发展来看,小镇自然增长率都处于负增长状态,主要依赖外来移民。相反,凡是万人以上的大城市,人口自然增长率都处于正增长状态,似乎人口越多的城市,自然增长率越高,如大伦敦就达到 5.53%。在小镇里,从总体增长率来看,人口在 5 000 人以上的小镇增长最快,增长率为 5.59%。从增长的方式来看,人口规模越小的小镇,自然增长率越低,如

---

① Alun Howkins, *The Death of Rural England: A Social History of the Countryside since 1900*, p.98.
② Michael Woods, ed., *New Labour's Countryside: Rural Policy in Britain since 1997*, p.36.
③ DEFRA, *Rural Strategy*, 2004, p.8.

1 500—2 000 人的小镇,自然增长率为 -0.69%,人口增长越要依赖于外来人口迁移,迁移率达到 6.05%。

表 5-18　1991—2001 年英国万人以下小镇人口变化情况①

人口规模/人	2001 年		2001 年比 1991 年增长情况		
	总人数/人	占总人口/%	总体增长/%	自然增长率/%	迁移率/%
1 500—2 000	721 342	1.3	5.36	-0.69	6.05
2 000—4 999	2 728 752	4.8	4.99	-0.47	5.46
5 000—9 999	2 746 740	4.8	5.59	-0.11	5.70

也就是说,小镇在一定意义上充当了吸引移民的"蓄水池"。事实上,英国现在小镇与乡村几乎是融为一体了,乡村与农民不是必然的联结。"在乡村地区,在本地镇上工作的人常常住在乡下,而生活在镇上的人常常在乡村工作。"②

随着英国工业的转型,小镇也一样经历了这种转变。到 20 世纪,连接科尔维尔的两条铁路逐渐停运拆除。1964 年,莱斯特到伯顿的旅客列车也已停运,但货运继续着。科尔维尔的煤矿在 20 世纪 80 年代逐渐关停。在 1983—1991 年期间,共有 6 个煤矿被关闭,约 5 000 名煤矿工人失业。③不过,煤矿的关闭及相关工业的衰落,促使科尔维尔经济转型,在周围建立了一系列商业园和工业区,比如在商业园区的考尔德色彩,是艺术和手工艺品的制造商。在斯尼布斯顿关闭的煤矿,转型开发成斯尼布斯顿探索公园,建设了斯尼布斯顿探索博物馆,有互动展览、蒸汽火车、时尚美术馆等,

---

① Anthony Champion, *The Changing Nature of Urban and Rural Areas in the UK and Other European Countries*, United Nations, United Nations Expert Group Meeting on Population Distribution, Urbanization, Internal Migration and Development, New York: United Nations, 14 January 2008, pp.5-6. http://www.un.org/en/development/desa/population/events/pdf/expert/13/P07_Champion.pdf.
② DEFRA, *Rural Strategy*, 2004, p.18.
③ 这 6 个煤矿分别是 Snibston, Desford, Whitwick, Ellistown, South Leicester 和 Bagworth。

重在展示技术和设计，以及它们如何影响我们的日常生活。遗憾的是，2015年7月31日，由于每年运营成本损失达90万镑，博物馆被莱斯特郡议会关闭，2016年3月开始拆除主要建筑。原先的威特克煤矿区域被重新开发成威特克工业园和莫里森超市，这里也有一个小型纪念花园，以纪念在1898年地下火灾引起的威特克煤矿矿灾中逝去的35人。

19世纪莱斯特附近的煤矿小镇科尔维尔，到现在已经是个典型的多样性英国小镇了。据2011年人口普查，居住在科尔维尔的人有91.9%出生在英国，96.0%的人说英语，60.1%信仰基督教。这里的职业群体不再只是矿工群体，而是相当多样化，其中最大的职业群体是从事基础工作者，占17.4%，初级管理和服务业14.4%，加工、车间和机器操作13.8%，技术职位13.7%，护理、休闲和其他服务10.9%，行政管理和秘书10.6%，准专业人员和技术人员9.3%，专业人员9.0%，个人护理8.7%，管理8.7%。[1]

20世纪上半叶，梅瑟蒂德菲尔煤矿成为南威尔士最成功的煤矿之一，直到两次世界大战期间，该镇还有所发展。1998年，煤矿被关闭，煤矿业消失，随后该镇主要作为一个居住型小镇存在，人们在附近的庞特浦里德、特里佛瑞、阿伯德尔、卡菲利、梅瑟蒂德菲尔和卡迪夫新兴的工厂工作。原来的煤矿已经被教堂、俱乐部、运动场等生活设施所取代。教堂、堂区和公司构成了小镇生活的核心。如果说煤矿公司提供了生计，堂区提供了行政管理功能的话，那么教堂则是公共生活的中心。这里，最早对民众产生影响的社会组织是非国教小教堂。在该矿业村庄的头20年中，小教堂及其堂区会堂是仅有的两个具有一定规模的公共建筑，它们通过村庄传播又强化了对本地生活的影响。直到1904年矿工学院启用为止，小教堂一直起着动员社会生活的作用。小教堂不仅通过

---

[1] Coalville Demographics (North West Leicestershire, England)，http://coalville.localstats.co.uk/census-demographics/england/east-midlands/north-west-leicestershire/coalville, 2017 - 01 - 21.

礼拜组织神学活动,而且也组织世俗或半世俗的活动,如音乐会和诗会,甚至还有一个足球队。小教堂的牧师是真正的村庄长老,是德高望重的人,常常参与仲裁争端。尽管矿业公司的管理层是小教堂的长老,但小教堂是相对独立于公司而自治的。与英国地方的矿业社会不同,公司并没有正式或财政上支持非国教的教会。①

英国的美丽乡村小镇种类多样,数量不少。比如南威尔士彭布罗克郡的彩色海滨小镇,人口不到5 000人,还拥有金色的沙滩。北威尔士的童话小镇波特梅里恩,那50多座意大利风格的建筑美轮美奂;康沃尔小镇圣艾夫斯被称为英国最佳海滨小镇;苏格兰的滨海历史小镇阿伯道尔(Aberdour)仅有1 600多人;埃塞克斯人口仅仅4 773人(2011年)的小镇赖伊与鹿港一样有过军港、走私的类似经历。德文郡的林顿和林茅斯双子镇有着"英国小瑞士"的美誉,掩映在山谷与海水之间。威尔士蒙默思小镇是世界第一个维基镇,有免费Wi-Fi,镇里1 000多座公共建筑都有二维码,包括学校、纪念碑、博物馆、展览馆等。

乡村城镇化的深入发展,也体现在田园新村的规划建设上。据英国广播公司2017年新闻报道,除了位于白金汉郡的艾尔斯伯里地区、萨默塞特郡的陶顿地区和埃塞克斯与赫特福德郡交界处哈洛和吉尔斯顿一带的3个田园新城外,英国计划建造14个田园新村,遍布全国各地。② 据说,每个田园新村将建设1 000—10 000个住房单元,14个新村将建设总计多达48 000个住房单元。每个田园新村都是自给自足的。例如,在康沃尔名叫

---

① D. Gilbert, Community and Municipalism, p.263.
② Garden Villages: Locations of first 14 announcced, 5 January 2017, BBC News. https://www.bbc.co.uk/news/uk-38486907, 2019 - 07 - 07. 这14个田园新村是Stratford-upon-Avon的Long Marston、West Oxfordshire的Oxfordshire Cotswolds、Northamptonshire的Deenethorpe、Devon的Culm、Hampshire的Welborne、Cornwall的West Carclaze、Essex的Dunton Hills、Lincolnshire的Spitalgate Heath、Merseyside的Halsnead、Surrey的Longcross、Lancaster的Bailrigg、Derbyshire的Infinity Garden Village、Cumbria的St Cuthberts、Cheshire的Handforth。

西卡克拉兹的田园新村将建设 1 500 多所住房,拥有生态高效特性,建设太阳能农场和自行车道,另外再加上酒吧、小学、成人健康中心,使之成为一个独立的社区,促进当地经济的发展。牛津郡和北埃塞克斯的迪德科特将建设多达 5 万所住宅。另外,到 2031 年,在大迪德科特田园新村将额外建造 15 000 所住宅,在北埃塞克斯的田园新村将新建 35 000 所住宅。①显然,这些田园新村的未来就是田园城市。总之,田园新村不是附近城市的"卧城"。虽然也有人担心这是不必要的城市蔓延,会威胁原有的社区,摧毁绿带,并给已经不堪重负的基础设施施加巨大的压力,但这些田园新村均是由当地开发,而不是中央强加的。

这些正是城市化深入乡村的进程,也是乡村城镇化的必然结果。

当然,英格兰的乡村城镇化仍然是不够均衡的。在 20 世纪末,也出现了乡村关停邮局、银行及超市等基础服务设施的现象,这自然地打击了乡村地区的发展。另外,乡村成为都市居民的居住空间也有负面影响,那些来自大都市的购房客无疑炒高了当地房价,却对当地经济社会贡献甚少。如沃里克郡的索尔福德普莱斯那样的乡村小镇,失去了许多公共服务设施,来自都市的富人"蚕食"乡村,购置物业,抬高房价,使得当地人反而无力购房。② 新世纪以来,英国政府为此做了许多工作。2008—2011 年间,在全国人口不足 3 000 人的乡村地区新建了至少 10 300 套住宅,这是英国政府总投入 80 亿英镑建设国民负担得起的住宅的一部分。

有些地方基础设施不足。比如,直到 20 世纪 50 年代,乡村地区还有不少住宅要比城市地区的糟得多。1951 年,诺福克 37% 的住宅没有自来水,40% 的住宅没有抽水马桶,在剑桥郡分别是 31% 和 41%,在威尔士的

---

① New Garden towns to create thousands of new homes,7 December 2015,https://www.gov.uk/government/news/new-garden-towns-to-create-thousands-of-new-homes,2019 - 07 - 07.
② 参见康忻冬:《英国田园小镇渐成穷乡僻壤》,《乡镇论坛》,2004 年第 20 期。

蒙哥马利郡分别是44%和51%，当时全国水平分别为17%和21%。诺森伯兰郡有19%的住宅没有自来水，在贝灵汉姆乡村区这一数字高达44%。① 2009年，英国还有430万户家庭尚未接通管道燃气。在数字通信方面，英国城乡不仅网速有差异，而且有的乡村地区还不能上网。②

乡村地区公共服务方面水平下降。以公共卫生和教育为例，在诺福克，1961—1971年期间，外科医生的数量下降了近20%，这种下降并不能为卫生中心的增长所抵消。1952年到20世纪70年代，诺福克关闭了50个村庄学校，使得半数村庄没有学校，20世纪80—90年代更多的学校被关闭。③

廉租房建设远远比不上大城市。虽然有些乡村地区也开始建造廉租房，比如从1945年到1949年，多塞特郡的温伯恩和克兰伯恩乡村区议会建造了120所廉租房，并有60所尚在建造中。同期，林肯郡的斯霍姆岛乡村区议会则建成了154所乡村住宅和8所平房。20世纪60年代的工党执政时期，廉租房建设继续进行。到80年代初，埃尔姆敦有21%的人口生活在廉租房里。④ 但是，总体而言，乡村地区对廉租房建设是不太积极的。

总之，乡村的城市化导致传统乡村模式和景观衰亡或消失。20世纪大部分时间里，乡村地区的经济和社会基础设施遭到侵蚀。在两次世界大战间，随着乡村到城镇的公交线的开辟，村庄里的商店生意逐渐凋零。比如在遥远的兰维杭堂区，这里虽然有两家日用百货店，但许多村民更乐意到附近的大村庄购物，甚至到附近的大城市利物浦去购物。这自然导致了

---

① Alun Howkins, *The Death of Rural England: A Social History of the Countryside since 1900*, pp.183-184.
② 目前英国有的城市推行市中心免费宽带服务，如伦敦、格拉斯哥、布莱顿、巴斯、米尔顿·凯恩斯等。
③ Alun Howkins, *The Death of Rural England: A Social History of the Countryside since 1900*, p.185.
④ Alun Howkins, *The Death of Rural England: A Social History of the Countryside since 1900*, p.184.

乡村原有商店的消失。也就不难理解,1950—1960 年期间,诺福克的村庄商店减少了 40%,尤其是小村庄最为明显。这种趋势持续到 20 世纪 70—80 年代,许多村庄失去了余下的一半的商家。在 60 年代,诺福克北部村庄失去了最后一个酒吧。[①]

---

① Alun Howkins, *The Death of Rural England: A Social History of the Countryside since 1900*, p.184.

第六章
当代英国再城镇化(二)

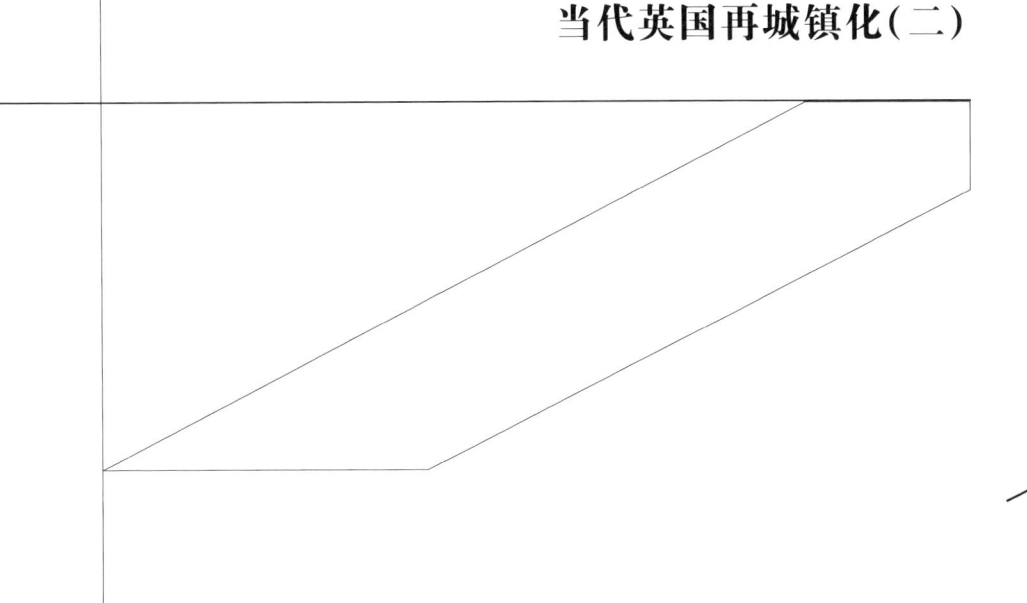

当代英国城镇化不仅体现在城镇空间不断扩展,从郊区到城市群、从新城到乡村的城镇化,而且也体现在城镇内部空间的不断完善,体现在城镇化管理方式和生活方式的极大扩展与深入。到20世纪末,英国已经是一个高度城镇化的社会,不仅全国人口的绝大多数生活在城镇地区,而且生活在乡村的人口也享有着城镇化的生活,或者本身就是在城镇工作的通勤人口。

20世纪,英国城镇内部通过更新、再生和复活等手段,使城镇的内部空间得到了再城镇化,进一步纠正或完善工业化以来城镇内部空间的不合理状况,如进一步清理了贫民窟,使城镇内部空间发展更加合理化。在管理方式上,英国构建了都市郡。

20世纪末互联网的兴起与普及,进一步缩小了城乡差别,使城乡服务达到了无差别状态。由于环境优美,空气新鲜,乡间反而更加成为城镇居民青睐的居住场所。如果说过去只有贵族与豪门才有乡间府第和豪宅,那么互联网的兴起让更多的人可以选择乡间与小镇生活。英国发达的地铁、铁路与公路,不仅使乡居成为可能,而且使远距离通勤都成为可能。

一、城镇内部空间的再城镇化

20世纪以来,郊区化、田园城市、新城建设缓解了大城市的拥挤状况,疏散了大城市人口,在一定程度上提高了人们的居住与生活质量。城市人口外迁的同时,城市的许多功能也从市中心或内城向郊区或城市群转移。但是,城市与人口向郊区、外郊及新城的扩展,工业和商业向郊区的迁移,导致城市税源减少,影响着城市自身的健康发展。从世界范围来说,两次世界大战的冲击,特别是第二次世界大战中对英国的大规模轰炸,摧毁了许多城镇空间。伴随着世界人口地理和贸易圈的变迁,大英帝国逐渐解体,大量英联邦移民来到英国,也大大冲击着英国大城市的发展。并且,世界产业转型,信息产业的崛起冲击着传统产业,导致城市工商业空间的衰落。

城镇内部空间的再城镇化改造几乎与城镇发展本身一样古老。如果说19世纪英国城镇的更新改造主要是以城镇基础设施和公用事业为特征的话,那么20世纪的城镇改造则以城镇内部空间和设施的进一步合理化为核心,特别是大规模的去贫民窟过程成为这个时代的鲜明特色。

伦敦是英国社会住房建设的先驱者,早在19世纪末就开始市政廉租房的建设。到1912年末,伦敦郡议会按1890年《工人阶级住房法案》已经启动并完成了13块贫民窟地区的清理项目,到第一次世界大战爆发时,已经提供了近1万套住宅与公寓。第一次世界大战期间,伦敦住宅建设停顿。战后，伦敦郡议会在7年时间里在住宅项目上投资了350万英镑。在两次世界大战期间，伦敦进行了更多的贫民窟清理及开发项目，建起更多的租赁式多层公寓楼。在20世纪20年代，伦敦郡议会关注的是大型的地块，最适合重新建设的区域，平均每块清理的土地面积在6.7英亩。1930—1935年期间，平均每块清理的土地面积则只有2.46英亩。①

塔巴尔花园房地产项目前后历时20多年，覆盖了整整一个大街区。该项目地处萨瑟克和伯孟塞都市自治市。项目方案在1912年3月得到地方政府部的批准，中心区域的5英亩规划成开敞空间，新的多层楼房将在开敞空间的四周建造。塔巴尔街余下的3英亩和其他两小块区域用作商业开发。② 1925年的唐人区清理项目包括四个区域5英亩的土地：朗伯斯的唐人街、萨瑟克的汉基巷和哈特菲尔德街、坎伯威尔的温德姆路。计划共建造6幢楼，还有商店作坊之类的。③ 另外，规模比较大的还有15英亩的克拉珀姆公园房地产，1931年开始的16英亩的东德普威克房地产，1932年开始的30英亩的荣誉橡树房地产，以及1935年开始的18英亩的罗金厄姆和25英亩的旺兹沃思路地块。1934年伦敦郡议会选举中工党大获全胜，这时的伦敦郡议会住房政策是清理贫民窟、建设公寓房。④

伦敦郡在郡外专门为工人阶级家庭兴建的远郊乡村别墅式住宅，直接推动了伦敦空间范围的扩展。20世纪初，伦敦郡议会先在郊区的图汀，后来又在诺伯里（28.5英亩）、托特纳姆（48.75英亩）建造了乡村别墅式独户住宅，有前后花园，但相对比较密集简约。⑤ 这些住宅的开发成为"许多随

---

① Jim Yelling, "The Metropolitan Slum: London 1918 – 1951", in S. Martin Gaskell, ed., *Slums*, Leicester: Leicester University Press, 1990, p.201.
② London County Council, *Housing: A Survey of the Post War Housing of the London County Council, 1945 - 1949*, London: London County Council, 1949, pp.24 - 26.
③ London County Council, *London Housing*, London: London County Council, 1937, p.56.
④ Ken Young and Patricia L. Garside, *Metropolitan London: Politics and Urban Change 1837 – 1981*, London: Edward Arnold, 1982, p.181.
⑤ Anthony Wohl, *The Eternal Slum: Housing and Social Policy in Victorian London*, New Jersey: Transaction Publishers, 2001, p.259.

后投机郊区开发的模范",成为 1919 年后郡议会自己的"郡外"房地产的"原型"。而且,其中不少住宅区经历了战前和战后两段不同的建筑时期。住房政策的主要目标是确保"健康家庭、悦目城镇和充足娱乐空间","布局的多样与魅力:自然特征和乡村环境的保护,有着花的海洋,乡村别墅在设计、材料、色彩和大小上和谐混合,多姿多彩"。①

伦敦郡空间的跳跃式扩展,是从建筑第一个巨型工人住宅区开始的,这就是在伦敦郡边界外的埃塞克斯的碧肯特里。它于 1921—1935 年间建设,按村舍模式修建,旨在成为一战后的"英雄的家园"。1919 年,伦敦郡议会在埃塞克斯的碧肯特里购买了近 3 000 英亩土地,打算为 12 万人提供住房,表达了伦敦郡议会的田园郊区的雄心。在 1919 年到 1927 年期间,伦敦郡议会提供的一半房子是在碧肯特里房地产上。这个同质的巨型工人阶级郊区,到 1931 年被正式描绘成"世界上最大的市政住宅房地产"②。1965 年,这里成为大伦敦的一部分。

到 20 世纪中叶,像伦敦、格拉斯哥、曼彻斯特、伯明翰、利物浦、谢菲尔德、卡迪夫等,或多或少面临着产业转型带来的挑战。这些城市面对各种困难,历经多次改造,从 20 世纪 50 年代的"城市重建"(Urban Reconstruction),60 年代的"城市复苏"(Urban Revitalization),70 年代的"城市更新"(Urban Renewal),80 年代的"城市再建"(Urban Redevelopment),90 年代的"城市再生"(Urban Regeneration),一直到 21 世纪的城市复兴(Urban Renaissance),不断寻找着恢复英国城市往日辉煌的道路。

这样,到 20 世纪 60 年代中期,英国工党政府寻求新的方式推进城镇化社会的发展,即注重城市内部的发展。

---

① Ken Young and Patricia L. Garside, *Metropolitan London: Politics and Urban Change 1837-1981*, p.156.
② Ken Young and Patricia L. Garside, *Metropolitan London: Politics and Urban Change 1837-1981*, p.154.

第一个阶段是二战后到20世纪70年代,以城镇住宅开发为主。

英国历经二战后10多年的繁荣后开始衰退,城市发展面临巨大的挑战。城市经济结构重组使城市由制造业中心转变为第三产业的基地和消费场所,严重打击了老工业城市的发展。1960—1981年,伦敦失去了51%的制造业工作,而伯明翰、曼彻斯特、格拉斯哥等则平均失去了43%。1961—1975年,伦敦的450万从业人员中有50万人失业。

产业布局由城市向乡村转移,也在一定程度上加剧了城市的衰退。城市高额的租金、生产成本的上升、老城区存在的问题以及农村租金的价格优势、巨大的扩展潜力使乡村工业区位优势凸现,工业投资离开城市转移到乡村地域,产业布局也从城市转移到乡村,这无疑极大地加剧了城市本身的衰落。1960—1981年,农村制造业工作岗位数量增加24%。到20世纪末,从都市向非都市移民的数量明显超过从非都市向都市移民的数量,都市始终处于人口流失的状态。

由此可见,20世纪的英国城市不再辉煌,从经济、人口到基础设施都面临巨大的挑战。英国许多城市中大量建筑和土地被闲置,环境品质下降,失业者增加,各种城市问题纷至沓来。这种衰退在那些传统工业城市和区域表现得尤其明显,特别是那些传统上以化工、纺织、钢铁制造、造船、铁路运输为支柱产业的地区。1951年,"在英格兰和威尔士有近85万座贫民窟,在地方当局提交贫民窟清理方案的五年内,建议拆除其中约37.5万座,修补9万座,并保持近37.5万座不变。在一些大城市,数据糟糕得惊人。伯明翰有5万座贫民窟,计划在五年内拆除其中的6 000座。利物浦有8.8万座,其中仅计划拆除7 000座。曼彻斯特有6.8万座,而计划拆除的只有7 500座"①。

20世纪40—70年代出现旧城改造和城市更新浪潮。二战后规模浩

---

① "New Towns And Overspill", Hansard, HC, Deb 09, Vol.556(1956), cc36.

大的城市重建工作在全国范围内展开,新建住宅区、改造老城区、开发郊区以及完善城市绿化和景观建设。①

还以伦敦为例,战后初期主要是解决战争造成的巨大破坏。譬如,1959年6月25日,来自伦敦城和威斯敏斯特选区的议员梅立希(R. J. Mellish)先生在讨论伦敦住房问题时分析,伯孟塞在1939年拥有19 000所住宅,在战争结束后几乎没有一所完好的,不是被彻底摧毁,就是受到重大破坏。因此,1945—1949年,该自治市议会几乎把所有时间花费在修理房屋上——修理屋顶、重建烟囱、修复天花板、重装大门、修理卫生间,以便人们从疏散地回到自己的家园。②

当然,也建设了许多新住宅。二战后的伦敦住宅建设还是两类,即郡外乡村别墅住宅和郡内公寓。1949年,在伦敦郡议会开发的7 250英亩住宅面积中,郡内公寓占20%,郡外乡村别墅住宅占80%。在郡内开发的1 500英亩土地上建造4.4万所公寓住宅,而郡外建造近4.1万所住宅。③ 1945—1950年,伦敦郡议会住房活动主要集中在内城场地,朗伯斯、伊斯灵顿、斯托克纽因顿、格林威治和坎伯威尔自治市在1945—1951年间接受了最大数量的伦敦郡议会住房。一些战前开始的郡内房地产建筑也在继续建设,如朗伯斯的拉夫伯勒和图尔西希尔以及坎伯威尔的萨默、奥里弗哥尔史密斯和弗里尔房地产。④

温伯尔顿的阿克洛伊顿房地产是混合住宅区,在1953年开放,这里建造了第一幢9层带电梯的塔楼公寓,每层3整套公寓,同时也建起其他低

---

① Rob Atkinson and Graham Moon, *Urban Policy in Britain: The City, the State and the Market*, London: Macmillan, 1994.
② "Housing, London", Hansard, HC, Deb 25, Vol.607(1959), cc1472.
③ Judith Lever, Greater London Council, Department of Architecture and Civic Design, *Home Sweet Home: Housing Designed by the London County Council and Greater London County Council Architects, 1888 - 1975*, London: Academy Editions for the Greater London Council, 1976, p.35.
④ Ken Young and Patricia L. Garside, *Metropolitan London: Politics and Urban Change 1837 - 1981*, p.264.

密度住宅。而在东奥尔顿则建造了每层4套公寓的塔楼。在布鲁克兰公园和菲兰,继续了5—6层公寓楼与2层联排别墅的混合开发。① 而下伍德伯里小区占地64英亩,建设了5层和8层公寓楼,以及3层的混合楼,其中1—2层为楼中楼,3层为公寓,此外还有2层的乡村别墅住宅。小区内建有林荫道、社区中心、图书馆、诊所、商店、物业办公室和酒吧等。②

伦敦城北部的巴比肯小区开发,堪称战后重建的典型。"巴比肯"曾经是跛子门坊区繁华商业区的一条街,19世纪末是服装业的中心,挤满了织物和皮革商人、皮货商、手套商以及许多其他商人。1940年12月29日,英国遭到德国闪电战轰炸,巴比肯火势蔓延,波及仓库,周围地区几乎被夷为平地。到战争结束时,只有几座建筑物幸存,包括受损的圣吉尔斯跛子门教堂(如图6-1所示)③。

第二次世界大战后,伦敦城试图重建跛子门坊区商业区。虽然早在1952年就讨论此事,但是直到1957年才决定在此建筑住宅。整个建筑设计在1959年完成。6月29日到7月3日,伦敦城在议会等候大厅展出伦敦市圣吉尔斯区的巴比肯设计模型平面图。④ 但建筑主要在1965年到1976年期间建设,1969年初步建成,第一批住户入住。1982年才由女王正式揭幕。初步建成的巴比肯包括3座塔楼,有42层123米高,是当时伦敦最高的建筑。从1室到6室共有215个户型,顶楼的2—3层构成了楼顶别墅。在后期,剧场、音乐厅、博物馆、图书馆、艺术中心、电影院也被纳入整个计划。还有大量丰富多彩的庭园、意大利园林风格的花

---

① Judith Lever, Greater London Council, Department of Architecture and Civic Design, *Home Sweet Home: Housing Designed by the London County Council and Greater London County Council Architects*, 1888-1975, p.67.
② London County Council, *Housing: A Survey of the Post War Housing Work of the London County Council*, 1945-1949, London: London County Council, 1949, pp.47-48.
③ https://www.dezeen.com/2014/09/13/brutalist-buildings-barbican-estate-chamberlin-powell-bon/.https://en.wikipedia.org/wiki/Barbican_Estate.
④ "Barbican Plan (Model)", Hansard, HC, Deb 22, Vol.607(1959), c102W.

图6-1 被摧毁的巴比肯地带(战后)

木和水池设计。中心的世界水准的文化设施剧场,与学校、商店、餐馆一起成为城市的有机组成部分。人车分流、高架、草地、森林、湖景营造着都市花园。这种规模巨大的高楼住宅,是建筑艺术中野兽派风格的最大例证之一,代表了内城生活的一种乌托邦理想,伊丽莎白女王称其为"现代世界的奇迹之一",也是国际公认的20世纪最重要的建筑成就之一(如图6-2所示)。①

1966年,大伦敦总计建成了31 641所住房,另有34 029所开工。其中,地方当局开建22 849所,完工19 859所,私人企业分别为10 563所和10 700所。数量相对少的有:住房协会仅开建440所,完工769所。政府部门的数据分别为177所和243所。② 伦敦地方当局的建设住房数量从1960年的24 587所,增长到1966年的42 755所。③ 这一阶段的城市更新运动,采用"推倒式重建"的粗暴方法,对城市的衰败地区进行重新规划,通

---

① https://www.barbican.org.uk.
② "Housebuilding (Greater London)", Hansard, HC, Deb 24, Vol.741(1967), c354W.
③ "Council Houses, Greater London", Hansard, HC, Deb 27, Vol.742(1967), cc33.

图6-2　今天的巴比肯塔楼远景

过保护、修缮、拆迁或重建来改变城市中产业和人口的地域分布,并使城市的物质环境现代化。

第二个阶段从1978年正式启动,集中在20世纪80—90年代,以内城改造为主。

1968年,内政部责成24个地方政府部门调查本地的内城问题。调查不仅需要关注犯罪率的社会问题,而且要关注更广泛的社会问题。同时,开始推行"城市项目"(Urban Programmes),由政府资助城市内部发展。1870年,彼得·沃克(Peter Walker)被任命为环境大臣。英国是全世界第一个设立专门的环境部的国家,因此沃克也是全世界第一个环境部部长。1972年,沃克组织专家对朗伯斯、利物浦和伯明翰这三个城市衰败的内城进行调查。据此,英国政府于1977年发布了《内城政策》白皮书,提出了发展内城的政策目标,特别是把恢复内城的经济作为核心,由此来改善内城物理结构,改善环境,缓和社会矛盾,使内城外城的人口和就业结构趋于均衡。

1978年7月31日,英国政府正式颁布《内城法案》(*The Inner Urban*

Area Act)①，表明英国正式调整从战后以来开发新城的主打战略，将其城市发展重点转向内城。《内城法案》不长，全文共18条，分成"指定区域""改善区域""决定行动的安排""特殊区域""其他"和"补充条例"等六部分。城市更新从大量贫民窟清理转向综合整治社区邻里环境，恢复振兴社区邻里活力；从急剧的外科手术式推倒重建转向小规模、分阶段和适时的谨慎渐进式改善。

以伦敦为例，当时的内伦敦许多自治市问题重重，据《内城法案》指定的自治市包括布伦特、卡姆登、伊灵、格林威治、哈克尼、汉默史密斯、哈林盖、伊斯灵顿、朗伯斯、刘易舍姆、纽汉、萨瑟克、陶尔哈姆莱茨和旺兹沃思。这些地方仅设施不全的住房就超过了1/3，平均达到34.2%，其中卡姆登设施不全者达到36.2%。

1979年初，当时的环境部部长谈及《内城法案》的实施进度，说英格兰已经有15个地方当局为今后三个财政年度编制了其内城发展方案。在英格兰的43个指定内城区域中，已经有9个根据该法案宣布了改善区域。另有13个当局正在讨论中。② 他已为1979财政年度实施《内城法案》部署了500万英镑专项款。③ 当然，根据《内城法案》，英国中央政府是不向地方政府提供贷款的。不过，该法案使指定地区的地方当局能够通过贷款和赠款的方式协助本地区的工商业，这些贷款和赠款可通过政府的城市项目给予批准执行。到1979年12月底为止，英国批准的城市项目贷款和赠款资助总额为300多万英镑。其中，180万英镑用于制造业，120万英镑用于服务业。④ 伯明翰和诺丁汉各获得了两笔分别为21 000英镑、81 500英镑和4 443英镑、18 368英镑的贷款；纽卡斯尔较少，为8 000英镑和40 000英

---

① http://www.legislation.gov.uk/ukpga/1978/50/pdfs/ukpga_19780050_en.pdf.
② "Inner Urban Areas Act", Hansard, HC, Deb 31, Vol.961(1979), cc434W.
③ "Inner Urban Areas Act", Hansard, HC, Deb 31, Vol.961(1979), cc496.
④ "Inner Urban Areas Act", Hansard, HC, Deb 30, Vol.977(1980), cc687W.

镑的贷款,以及 6 300 英镑的津贴;伦敦最多,两次贷款分别为 336 290 英镑和 547 450 英镑,还有两次津贴,分别为 90 564 英镑和 198 432 英镑。[①] 1980 年度城市项目中,给伯明翰和伍尔弗汉普顿的配额分别是 1 704 万英镑和 292 万英镑。[②]

到 20 世纪 80—90 年代,英国从特定地区城市社会问题的"更新"改良转变为推行综合的城市再生计划。其政策目标是转变社会不均衡发展,解决由"衰败地区"引发的社会发展问题。

首先是设立经济特区,以防止内城衰退。早在 1972 年,英国通过了《产业法》(Industry Act),成立了"产业发展咨询委员会"。保守党政府在撒切尔夫人上台后,推崇市场经济,用建立产业改善区、企业区、城市开发公司和规划审批特区等手段来解决内城衰退问题。洛奇代尔市议会率先提出了产业改善区的创意,政府后来采纳了这个建议,并将其包括在《内城区法案》(Inner Urban Areas Bill)中。[③] 1978 年,英国依法建立更多的"产业改善区"。"在产业改善区内,地方当局将能够为改善便利设施以及为改造和改善工业建筑提供赠款和贷款"[④],进行局部的区域更新,旨在给一些衰落的工业或商业区域提供稳定的经济活动,区域规模不大,一般不到 50 公顷。具体做法是在区域内以优惠政策吸引新企业。到 1984 年,总计建立了 200 多个产业改善区。20 世纪 80 年代,经过议会激烈的辩论,最终同意建立"企业区"。[⑤] 所谓企业区,就是在内城区内建立一些开发区,培育小公司,发展地方经济,解决就业。撒切尔夫人认为,英国城市经济萧条在于国家干预多,因此设立的企业区有较大自由度,而且享受不少优惠政策,特

---

① "Inner Urban Areas Act", Hansard, HC, Deb 05, Vol.978(1980), cc197W.
② "Inner Urban Areas Act 1978 (West Midlands)", Hansard, HC, Deb 02, Vol.987(1980), cc602W.
③ "Industrial Development (Oldham)", Hansard, HC, Deb 21, Vol.944(1978), cc1398.
④ "Improvement Areas", Hansard, HC, Deb 23, Vol.942(1978), c428W.
⑤ Enterprise Zones, Hansard, HC, Deb 04, Vol.985(1980), cc1429 - 1525; HC, Deb 15, Vol.988(1980), cc1394 - 1430; HC, Deb 09, Vol.6(1981), cc272 - 293.

别是税收豁免,增加公共投资。1981年,在狗岛(Isle of Dogs)指定了第一个企业区,10年时间里,豁免企业地方税负,新的工业和商业开发为建筑开支获得100%的税收免税度,并放松了一些规划控制。[①] 从1981年到1986年,英国先后设立了23个企业区。到1986年,有2800多家新企业在企业区安家落户。

接着,建立城市开发公司进行开发。早在1979年9月,英国国务大臣就提出了成立伦敦码头区开发公司和利物浦默西赛德郡城市开发公司的建议。10月,政府发布了相关的咨询文件。1980年11月27日,成立两个公司的文件就正式提交到了议会,它们是混合提案。随之进行混合程序,可以提交反对呈请书。后来收到反对成立伦敦码头区开发公司的提案。于是,按混合法案性质成立了一个特别委员会来审查。从1981年2月10日一直到5月13日,特别委员会审查了这些呈请书。特别委员会在6月5日的报告中一致支持法案。7月1日,议会接受了法案,在夜间议会最终完成了建立城市开发公司的议会程序。[②]

特别委员会在其报告中说:"尽管码头区联合委员会和各自治市做出了努力,但新工业并没有取代老工业,年轻人仍在离开该地区。必须采取措施遏制这种趋势……除非改变方法,改变优先事项,否则什么也做不了。私人投资者不会大规模投资码头区,除非有对他们有吸引力的环境,包括一些私人住房的供应,鼓励他们投资。"特别委员会认为,城市开发公司比自治市和码头区联合委员会更有可能吸引私人投资进入该地区。报告强调城市开发公司有必要与地方当局及其官员建立和保持良好关系,利用他们的意见和专业知识,赢得地方组织的信任。特别委员会的结论是,政府提出的建立伦敦港区城市发展区、建立城市开发公司的原则成立,因此一

[①] Andrew Church, "Transport and Urban Regeneration in London Docklands: A Victim of Success or A Failure to Plan?" *Cities*, Vol.7, No.4 (1990), p.291.

[②] "London Docklands Development Corporation", Hansard, HC, Deb 01, Vol.7(1981), cc959.

致推荐实行。①

从 1981 年到 1993 年,英国共成立了 13 个城市开发公司。伦敦码头区开发公司和利物浦默西赛德郡开发公司就是其中第一批城市开发公司。

1982 年 5 月,环境部部长迈克尔·赫塞尔廷(Michael Heseltine)说,自 4 月初起,环境部已批准伦敦码头区开发公司的四项建议:第一,分阶段向伦敦萨瑟克自治市购买市区房地产,进行私营部门的开发和重新安置。第二,订立一份对城市开发区域的场地进行勘察的年度合同。第三,根据《内城法案》向沃平的一家屋顶公司支付租金津贴款项。第四,重建银镇的泰晤士路。②

1991 年 5 月发起的城市挑战政策,成为当时最大的城市政策预算项目。它鼓励地方权力机构与公共部门、私人部门和自愿团体建立伙伴关系联合投标。城市竞标政策仍强调房地产开发,但房地产开发已开始与地方社区合作及与为弱势群体提供就业紧密联系起来,同时它也试图从长远考虑整合不同发展计划和相关机构。1993 年 11 月,环境部提出专项再生预算,表明英国城市政策出现重大调整。

第三个阶段是 20 世纪末 21 世纪初的城市复兴。

20 世纪中下叶的城市更新到城市再生政策试验,试图解决城市内部衰退问题,从单纯的物质环境的改善发展到较为全面的社会改造,取得了一定成绩。但是,面临衰退的这部分城市仍然承受着复杂的经济、社会、环境压力,市中心地段交通拥堵,污染严重,缺少足够的公共和绿化空间,城市生活质量下降。英国最富有的首都伦敦拥有英格兰 22 个最贫困地区中的 14 个。1999 年,"城市工作专题组"完成的《迈向城市的文艺复兴》研究报告首次将城市复兴提高到同文艺复兴相同的历史高度。"城市复兴"就

---

① "London Docklands Development Corporation", Hansard, HC, Deb 01, Vol.7(1981), cc960.
② "London Dockland Development Commission", Hansard, HC, Deb 19, Vol.24(1982), cc337.

是全面解决城市问题,寻求经济、社会及自然环境条件上的持续改善,重新汇聚人气,让生活在城市中的人满意。

最早的成功典范是伦敦东部码头区(Dockland,又译"道克兰")试验,这是一个成功把原河滨荒废的码头区改造成居住与办公空间的案例。码头区是伦敦最古老的地区之一,位于伦敦泰晤士河沿岸,占据了一块楔形的土地,从伦敦塔桥一直向东延伸到北岸的巴金溪流和泰晤士河南岸,长约13千米,占地约9平方英里(22平方千米),包括陶尔哈姆莱茨、纽汉、萨瑟克、刘易舍姆和格林威治的滨河区域。几个世纪以来,这里一直是英国海上贸易的主要中心地带,是19世纪世界上最繁忙的港口区域。

20世纪中叶,产业转型导致码头区加速衰落。60年代初期,伦敦码头区享受了衰落前的最后辉煌时刻,然而到60年代末,随着新型运输方式——集装箱运输的到来,伦敦港的贸易量大大萎缩。[1] 1967年,开始关闭东印度码头(East India Docks),以便再开发。[2] 1968年,伦敦码头关闭,大部分用于填埋开发。1970年,萨里码头关闭,进行填埋开发,而格林兰码头和南码头留作娱乐空间,摄政运河码头继续开放。事实上,早在1963年,英国就在埃塞克斯的蒂尔伯里建筑巨型集装箱码头。1973年,在附近的诺思弗利特霍普建筑了巨大的谷物码头。1978年,在邻近地带建筑了专用集装箱码头。[3] 70年代末到80年代初,码头区的制造厂和码头被遗弃,这里失去了25%的工作岗位。

早在1967年,伦敦港就宣布10月1日起关闭东印度码头,1975年,关闭西印度码头和密尔沃尔码头,不再接纳船只入港。到70年代初,东

---

[1] Fiona Rule, *London's Docklanders: A History of the Lost Quarter*, Hersham: Ian Allen Publishing, 2009, p.265.
[2] N. Beard, "London Docklands: An Example of Inner City Renewal", *Geography*, Vol.64, No.3 (1979), p.191.
[3] Fiona Rule, *London's Docklanders: A History of the Lost Quarter*, p.266.

伦敦和伦敦码头区一片萧条——码头关闭、工业和就业损失、人口逐渐外流，加之该地区也从未完全从战时轰炸造成的重大破坏中恢复过来。《泰晤士报》1976年的一篇题为"萧条的码头区"的文章清晰地描述了衰落的情形：

> 从桅顶上看，一艘装备齐全的船正驶向伦敦港，码头呈现出一片荒凉的景象。废弃的仓库，倒伏的铁家伙，空空的水域绵延数英里，野草犹如战后轰炸过的地方那样恣意成长。越来越少的人零星地生活在排房和糟糕的塔楼里。问题的原因是……伦敦港（Port of London）已向海边迁移，留下了欧洲最大的需要大规模再开发的地区。
>
> ……码头区联合委员会（Docklands Joint Committee）本月发布的最新战略，似乎一开始就注定要失败，因为国家和地方政府不愿承担任何需要资金的任务。
>
> 该委员会常常被认为无力影响自治市和公共土地所有者，这些利益相互冲突的人决定着该地区的命运。……伦敦长期以来对码头置之不理，因此需要做出一些重大姿态。①

为了开发伦敦码头区，早在1971年，英国政府任命了一个"伦敦码头区研究小组"，评估该地存在的问题和潜能。到1973年，该小组提出了五份报告，提出广泛的更新选项。但报告建议并不受当地人的欢迎，仅仅流于纸上谈兵。1974年，工党政府上台后，英国环境部部长任命了一个"码头区联合委员会"，其战略的总体目标是：利用伦敦码头区提供的机会进行开发，以纠正码头区和自治市的住房、社会、环境、就业、经济和通信不足，从而给整个东伦敦和内伦敦提供类似改进的自由。其成员包括政府任命、大伦敦议会和几个相关伦敦自治市议会（陶尔哈姆莱茨、纽汉、萨瑟克、刘

---

① "Dockland in the Doldrums", *Times*, 19 Apr., 1976, p.7.

易舍姆和格林威治)的成员。该委员会在1976年提出了《伦敦码头区战略规划》(London Docklands Strategic Plan),旨在对码头区开发进行规划和协调,特别是把交通战略作为其有机组成部分。这份规划非常全面,包括道路、公共交通、工业和住房的开发路线。规划中的四张实施地图,提供了一直到1997年共四个阶段改变码头区土地使用的建议方案。规划草案封面显示了其规划趋向,即把荒芜的码头和工业建筑变身为住宅和学校,包括变更用地、住宅布局、就业、购物区等。

1977年12月20日,英国环境大臣肖尔(Peter Shore)为沃平码头区的第一个重要开发项目揭幕。报道称:

> 根据约翰·莱恩建筑公司(John Laing Construction)375万英镑的合同,第一期改造项目将为5 000多人提供住宅、购物中心、开放空间和水上运动中心。
>
> ……部长说他很高兴委员会不再建造高楼大厦。"你让我们的人民重新接近地面。带花园的房子——正是我们想要的。"他补充说,附近应该是"那座辉煌的建筑——沃平林地(Wapping Wood)",它是在前东码头的旧址上建造的。①

不过,真正对伦敦码头区的大规模开发则是20世纪80年代起由码头区开发公司进行的。1979年,保守党政府上台后对城市更新和交通规划采取了不同的途径,取自由主义立场,成立经济开发区和城市开发公司。1980年《地方政府规划和土地法》规定,伦敦码头区开发公司直属中央,超越于地方政府。该法赋予城市开发公司一系列权力,即经国务大臣和有关部长批准后,可以不经以众质询的常规程序,强制购买属于公共部门的土地,并通过中央政府的财政拨款和公共基金等进行开发,拥有区域规划权

---

① Our Business News Staff, "Work Starts on Dockland Development", Times, 21 Dec., 1977, p.3.

力。1981年,伦敦码头区开发公司成立,致力于该地区的重建,进行新的住宅和商业开发。到1989年,该公司已经获得了636公顷的码头区的规划与建筑空间。① 据1989年《公司规划》,从1981年以来,已经建筑了80万平方米的工商业楼面,其中大多数在狗岛上,共建筑了11 000个新住宅。私营部门的68.5亿英镑的总投资,其中一部分用于由约克和加拿大的奥林匹亚开发商建造的110万平方米的金丝雀码头办公楼。②

虽然码头区靠近伦敦中心,但一直疏离于伦敦交通网,出入不便。1985—1987年间,建筑了码头区轻轨,并利用了码头原有的基础设施。1991年,轻轨延长到英格兰银行地铁站,由此与伦敦中心较好地联结起来。到1999年,码头区贯穿半城的轻轨,拥有更多四通八达的交通路线。

金丝雀码头经济上获得近百亿投资,新建2 700家商贸单位和2万多幢房屋,拥有大量风格各异的现代建筑,包括伦敦的最高建筑,彻底改变了

图6-3 狗岛码头区现代建筑的远景(陆伟芳 摄)

---

① Andrew Church,"Transport and Urban Regeneration in London Docklands: A Victim of Success or A Failure to Plan?", p.290.
② Andrew Church,"Transport and Urban Regeneration in London Docklands: A Victim of Success or A Failure to Plan?", p.291.

图 6-4 狗岛码头区现代建筑的近景(陆伟芳 摄)

码头区外貌,就业人口增长一倍,成为最繁华、现代的商业区之一(如图 6-3、图 6-4 所示)。

伦敦码头区开发公司的工作,在一定程度上启动了码头区的复兴,挽救了衰退的趋势。据说,从 1981 年启动到 1984 年底,在伦敦码头区开发公司区域创造了 3 619 个新工作岗位,其中包括 1 090 个办公室工作岗位,96 个工业工作岗位,1 393 个物流工作岗位,1 040 个其他工作岗位。[①]

当时的环境大臣迈克尔·赫塞尔廷这么说:

> 伦敦码头区开发公司正在进行最成功的市中心废弃部分的恢复工作,我们完全有权利为此感到自豪。到目前为止,它已经吸引了超过 10 亿英镑的私人投资。默西赛德郡还有另一个发展。今年我将为这两家公司提供 9 500 万英镑的资源。
>
> 自从我们上任以来,我们已经通过城市项目、废弃的土地赠款和城市发展公司,向内城投入了 1 亿英镑。这是一个巨大的承诺,毫无疑问,发展公司是成功的。[②]

---

① "London Docklands, Development Corporation", Hansard, HC, Deb 29, Vol.72(1985), cc128W.
② "Urban Development Corporations", Hansard, HC, Deb 04, Vol.88(1985), cc291-292.

图 6-5　原西印度码头北岸仓库改造成的码头区博物馆与餐馆(岩岩　摄)

1981—1990 年期间,伦敦码头区开发公司总计获得了中央政府的 8 亿多津贴,另外公司出售土地财产又获得了 3.33 亿英镑。公司的开支主要用在购地和土地整理、改善基础设施和营销上。[1] 在码头区也保留了部分仓库,进行改造使用,码头区博物馆就设在码头区西北角的一座仓库里,滨水岸边还有小饭店、咖啡馆、酒吧和路边摊等(如图 6-5 所示)。

除了狗岛金丝雀码头成功的大型开发外,码头区的其他地方也逐渐得到了开发。如到 1996 年,原萨里商业码头区域建筑了 5 500 所新住宅,附近的市政住房得到了修缮,另外拥有了超出 5 公顷的公园和河滨步道以及 3 公顷的水域。南码头成为民用码头停泊处,具有历史意义的格林兰码头

---

[1] Andrew Church,"Transport and Urban Regeneration in London Docklands: A Victim of Success or A Failure to Plan?", p.291.

成为水上运动中心。向西去,加拿大码头在1998年变身为购物中心。①

格林威治千禧村更新也是码头区改造的组成部分。格林威治千禧村的亮点是节能,采用低能耗建筑技术和可更新能源技术。因此,在交通方面,尤其注重公共交通,控制私有小汽车。该地地处泰晤士河南岸的格林威治半岛,位于码头区的东段。改造目标是建立新居住社区——可持续的、混合用途的1 400户居住区。千禧村始建于1999年,第一个居民区建于2000年。当年刊登在《泰晤士报》上的一份房地产广告这么说:"千禧村——21世纪的完美位置。坐落在50英亩的绿地和水上花园中的可持续发展、技术先进的智能住宅。拥有新的商店、餐馆和办公室。一个新的学校、健康中心和游艇俱乐部,伦敦最先进的城市交通就在您的家门口。"这个广告标的是豪华湖景园景公寓的单价,一卧室户为11.5万英镑,两卧室户为19.5万英镑。② 到2010年,该项目已经建成1 098户住宅,其中有20%的住宅是可负担住宅。这些住宅为住房协会所有,出租给低收入群体,也有以"共享产权"的方式出租给住户(先租后买)的。在基础设施方面,这里建设了一所小学、一个健康中心、一个生态公园和一个中心广场,共占地20公顷。该项目旨在打造高密度住宅、绿色公共空间、便捷的公交系统和近距离的商店及娱乐设施,进而营造理想的人居空间。

伦敦银城的皇家码头是伦敦码头区开发公司后期的主要开发项目。此地位于狗岛和格林威治以东,原是属于纽汉自治市的河滩沼泽地。在19世纪50年代和80年代,自西向东先后建成了维多利亚码头和阿尔伯特码头,主要停靠大型船只。19世纪80年代起成为非常繁荣的码头。1921年,建成了乔治五世码头。这三个码头统称皇家码头,共同组成了世界上

---

① Fiona Rule, *London's Docklanders: A History of the Lost Quarter*, p.278.
② "Greenwich Millennium Village", *Times*, 8 Mar., 2000, p.10.

最大的封闭式码头,水域面积近250英亩,总占地面积1 100英亩。建造的目的是给大型船只提供泊位。二战闪电战中,皇家码头区也遭到了严重破坏。1981年,这里的码头全部关闭。皇家码头开发的最大难题是其巨大的体量,加之与伦敦中心的交通连接不足,所以,伦敦码头开发公司首先构建了道路体系,并把码头轻轨延伸到这里。具体做法是:一是在皇家码头中心地段建造一个伦敦的内城机场,叫伦敦城市机场。它建于1986年,利用阿尔伯特码头与乔治五世码头中间地带,即前中央码头原来的粮仓和起重机地带作为机场跑道。该机场于1987年启用,成为伦敦的一个繁忙便捷的起降点。二是码头北岸片区用作文化场所。在原维多利亚码头北岸,建筑了卓越国际会展中心,作为伦敦国际会议中心。2000年初,在皇家阿尔伯特码头建立了一个新的校园,作为新的东伦敦大学,另外还有酒店设施。码头南岸地带,建设了几个大型居民区。靠近泰晤士河岸一侧,建立了两个公园——泰晤士河闸公园和皇家维多利亚公园。同时,住宅、商业区和零售店沿着伦敦皇家码头4千米的道路拔地而起,大量的酒店、餐馆和酒吧已经开业。[①]

伯明翰曾是五金工业基地,有着全英最复杂的运河系统。伯明翰用"混合使用改造"把人重新带回到城市中心。一是把道路人性化改造,"拉平"道路,把地下通道拉回地面,拆除部分高架桥,把车行道还给行人。二是在高级公寓周围兴建大量配套设施,把公寓、写字楼、美术馆、餐馆和酒吧等结合在一起。三是改建运河周边地区,鼓励人们把水道周边变成健身房、图书馆、咖啡厅或者约会场所等等(如图6-6所示)。牛灵市场则全部推倒重建,建成类似宇宙飞船的标志性建筑,与古老的圣马丁教堂相映成趣。

[①] https://www.londonsroyaldocks.com/londons-royal-docks-history/. Fiona Rule, *London's Docklanders: A History of the Lost Quarter*,p.278.

图6-6 伯明翰的运河滨水空间(陆伟芳 摄)

1998年,《泰晤士报》刊登的《伯明翰的更新推动其繁荣》一文,对更新的成果进行了详细介绍:

运河更干净,草更绿了。英国的"第二大城市"伯明翰,已经经历了密集的城市更新。……新伯明翰更明亮、更安全,曾经破旧的市中心已经变成了一个理想的居住地。今年5月,伯明翰主办了八国集团峰会(G8 Summit),成为人们关注的焦点,成为欧洲的政治中心。一周前,它主办了欧洲视野歌唱大赛(Eurovision Song Contest)。这座城市向世界敞开大门,展现的不是破旧的建筑和满是避孕套的运河,而是一个温文尔雅的新大都市。

这一显著的变化是五年多内城改造的高潮,现在代理商们正在谈论开发商的涌入和一个快速发展的市场,这肯定是一个新的住宅热点的迹象。……

……千禧公寓(Millennium Apartments)是由商业地产改造而成的,前身是位于纽霍尔希尔金融区的英国电信大厦(British Telecom Tower)。它正被改造成65套一居室和两居室公寓,价格从7.5万英镑到22.5万英镑不等。……曾经散落着购物车的运河河滨已经被清理干净,破败的小路也已修复。摇摇欲坠的建筑已经恢复了整修,从机场出发的道路两旁枯黄的草地变绿了。随着对市中心住宅需求的不断增长,一种新的城市规划方法也在不断发展。该中心曾被划分为商业区、零售店和住宅区,如今规划者的目标是打造一个集商业区、零售店和住宅区于一体的"都市村"(urban village)。伯明翰市议会表示,新的综合利用方式创造了一个人们可以生活、工作和参观的社区,鼓励更多的人搬到伯明翰市中心。改造旧皇家邮政大楼(Royal Mail Building)的开发商艾伦·查塔姆(Alan Chatham)对多用途开发大加赞赏。……伯明翰的一些地区从"破败荒凉的荒地"变成了先进的现代化开发项目。布林德里工业区(Brindleyplace)就是一个成功的例子,它位于伯明翰市中心,占地17英亩,集住宅、办公室、零售空间和休闲设施于一体。……"与伯明翰的许多地区一样,这里非常破败,缺乏多样性。""那里有空置的房屋和糟糕的生活条件。它现在是一个真正的多用途开发项目,拥有良好的商店与餐厅,24小时保安。这是城市复兴的一部分。"查塔姆表示,"伯明翰的繁荣是经济的产物,而伯明翰在会展中心和竞技场获得了令人欣喜的成功。"①

纽卡斯尔的改造从20世纪中叶就开始了,滨河码头区的改造则更晚一些。纽卡斯尔从20世纪上半叶起就逐渐丧失了优势。在20世纪30年

---

① Adam Barnard, "Urban Regeneration Fuels Birmingham's Boom", *Times*, 4 Nov., 1998, p.45.

代的大萧条期间,纽卡斯尔的失业率达到了顶峰。纽卡斯尔码头区也同样走向衰落。煤矿的关闭,使它失去了资源优势,码头区首当其冲。1956年,纽卡斯尔关闭了它的最后一个还在开采的煤矿。① 从此,煤城变得名不副实。到20世纪80年代,泰恩河畔的码头区几近废弃,到处是一片衰败的景象:沿河的仓库废弃,造船公司的办公室关闭,与造船相关公司的办公室也已关闭。到80年代后期,码头区充满工业时代的遗弃物,居住着该地区最为贫困的居民。泰恩河南岸的盖茨黑德一样糟糕,到处是空荡荡的建筑,特别是废弃的波罗的海面粉厂厂房,像一个老态龙钟的孤独巨人,孤独地矗立在河畔。

纽卡斯尔码头区的后工业复兴道路并不平坦。早在1963年,纽卡斯尔市议会开发规划就说要重新发展码头区,然而进展缓慢。直到1987年成立泰恩和威尔开发公司以后才有了进展。这是一个准自治的机构,由原保守党政府创立,用来促进老工业区域的更新改造。纽卡斯尔市议会短暂地把规划权让给了这个开发公司,与新机构合作,抓住机会改造码头区。原市议会领袖杰里米·比切姆(Jeremy Beecham)回忆说:"我们一直开诚布公,虽然如果我们认为不合适或没有足够的设计品质,我们会反对开发,但是如果可能的话我们可以合作共事。我们偶尔与他们有冲突……这在码头区(代表开发公司开发的)建筑中有些是这样,但并不是全部。"②

泰恩和威尔开发公司主要开发泰恩河两岸的土地,纽卡斯尔东部码头的更新是其旗舰开发项目。它的主席是保尔·尼科尔森(Paul Nicholson),其首席执行官是阿拉斯泰尔·鲍尔斯(Alastair Balls)。开发公司雇用著名建筑师特里·法雷尔(Terry Farrell)来制定半废弃的码头区

---

① Tom Wilkinson, "Newcastle May See Return to Coal Mining", *Independent*, 4 Oct., 2011.
② Peter Hetherington, *Newcastle Gateshead: Shaping the City*, London: RIBA Publishing, 2010, p.56.

东段的总体规划,该地是以前的仓库和工业遗存地段。这是纽卡斯尔20世纪60年代以来最有挑战性的举措。

表面看来,开发公司有着相当的集聚土地权力,然而,码头区东段的总体规划受制于该地复杂的土地所有权。面对困境,开发公司被迫对45块地产进行强制购买。在随后的法律诉讼中,虽然开发公司取得了胜利,但花了200万英镑的诉讼费。对此,鲍尔斯称:"如果我们败诉,开发公司将会是明日黄花,它就有那么重要。"他回忆说,清理场地就花了公司8 000万英镑,建筑又花了2.5亿英镑。20世纪80年代晚期,在一块大型场地上,建造了红沙石外立面的宏伟法院建筑。该公司一共开发了99万平方米的非住房建筑,建造了4 550个住宅单元,创造了33 707个新工作岗位,吸引了11.15亿私人资本。它使1 287英亩的废弃地重新焕发活力,建设了24英里的新道路和行人通道。它把合作社旧仓库改造成玛拉玛逊精品酒店、花岗石铺设的广场和几个醒目的雕塑,大获成功。[①]

同时,在纽卡斯尔码头路还开设了酒吧,建筑了住宅,使码头区重获人气。2005年4月,在码头区开放了一个11层的24小时全天候停车场,由此提高了码头区的可通达性。2006年初,码头区完成了一项价值3 000万英镑的混合用途工程,包括一幢含有58套公寓、办公空间及一家旅馆和新的公共空间的五层楼。[②] 这样,在泰恩河的纽卡斯尔这边,有餐馆、酒吧、俱乐部、住宅和纽卡斯尔法院。盖茨黑德一边被称为盖茨黑德码头。21世纪初,几百万英镑的公私投资使码头区重新焕发了青春,纽盖码头区开始展露新的容颜。

码头区的文化复兴主要体现在三个重大的标志性建筑上。包括造价4 600万英镑的波罗的海当代艺术中心、造价7 000万英镑的塞奇音乐中

---

① Peter Hetherington,*Newcastle Gateshead: Shaping the City*,p.56.
② "Newcastle Quayside",*Building Design*,Issue 1709(2006),p.4.

心、造价2 200万英镑的盖茨黑德千禧桥,它们共同重新塑造了一个工业衰退区域的全新面貌。

波罗的海当代艺术中心是一个提供当代艺术展览的全新空间。这里原是一座面粉厂,是一个重要的粮食仓库。盖茨黑德自治市议会主导,艺术委员会全国彩票基金(Arts Council National Lottery)资助,把一座20世纪40年代的粮食仓库,转变为一个俯瞰泰恩河的当代艺术中心,也是英国最大的当代艺术画廊、世界最大艺术画廊之一。它本身并没有永久的艺术品收藏,但拥有5个宽敞的当代艺术展览空间。五楼面向西面安装有大玻璃窗,成为一个观景台,泰恩河上的美景尽入眼底。波罗的海当代艺术中心成为码头区皇冠中的文化瑰宝。

塞奇音乐中心由福斯特与合伙人设计,是一座巨大的花生壳形状的钢架玻璃建筑,在2004年12月正式开幕。它并不是单纯作为音乐场地,还是北方交响乐团和民乐之家,也是音乐教育中心。一楼设置的巨大咖啡厅,成为市民日常生活的空间,靠北侧摆放的钢琴,则给人提供了自由弹奏、享受音乐的空间。

盖茨黑德码头区的改造,通过千禧桥与纽卡斯尔联结起来。盖茨黑德千禧桥在2001年9月建成通行,它是世界上第一座倾斜的吊桥,不通汽车和火车,只有人行道和自行车道,两条道中间设有供行人休息的坐处。当有大型船只通过时,桥就被吊起,半圆形的桥面向上升起,与另半个高耸的半圆形合上,犹如眼睛的上下眼睑合上,这个过程被人称作"眨眼",千禧桥也因此被称为"眨眼桥"。此桥设计创意独特,获得了2002年的英国皇家建筑协会斯特林奖。这些工程犹如画龙点睛,给了码头区新的生命,使该地区成为全新的公共聚焦点(如图6-7所示)[①]。

---

① Steven Miles, "'Our Tyne': Iconic Regeneration and the Revitalisation of Identity in Newcastle Gateshead", *Urban Studies*, Vol.42(2005), pp.916-917.

图6-7 波罗的海当代艺术中心、千禧桥、塞奇音乐中心(陆伟芳 摄)

泰恩河恢复了往日的荣耀，现在代表了跨河的双城的跳动的心脏地带。2009年和2010年，纽卡斯尔获得了英国"最绿城市"的称号，超越了之前获得称号的城市布里斯托尔、布莱顿-霍夫。纽卡斯尔-盖茨黑德双城包含有丰富的建筑遗产，从中世纪到乔治建筑，从维多利亚到爱德华建筑，从20世纪中叶野蛮的现代主义建筑到世纪之交的冒险建筑，代表了从码头区渗透来的多层历史积淀。①

码头区正创造着英国最伟大的城市滨河地带之一。正如当时英国的副首相约翰·普雷斯科特（John Prescott）所说："在我们的一流城市里正发生着一场静悄悄的革命。那些曾经的工业革命的引擎室，曾在工场、厂房、港口和船坞雇用成千上万人的场所，在脑力代替了体力的全球经济中，正学习创造财富的新方式。"②纽卡斯尔把造船办公楼和仓库转变成宾馆、公寓和酒吧。它创造了令人愉快的河滨漫步空间，提升了新的波罗的海当代艺术中心。③ 现在，到处都把码头区看作纽卡斯尔的商务心脏所在地。④"在英国，如格拉斯哥、伦敦、利物浦、纽卡斯尔和曼彻斯特等城市，已经运用文化导向的城市发展战略，而新的文化机构如盖茨黑德的波罗的海和伦敦的泰特现代馆，是城市发展中的文化转向的旗舰。"⑤这个评价是甚为中肯的。

威尔士的卡迪夫利用海湾和滨水地区发展项目，1987年成立了卡迪夫湾城市开发公司，属于英国的第二代城市开发公司，运作年限到2000年。公司从中央政府获得了强制购买土地的权利，可以进行土地的连片开

---

① Peter Hetherington, *Newcastle Gateshead: Shaping the City*, p.60.
② DCMS (Department of Culture, Media and Sport), *Culture at the Heart of Regeneration*, London: DCMS, 2004, p.12.
③ "Newcastle/Gateshead", *Times*, 31 May., 2003, p.7.
④ "The Quayside, Newcastle", *Monthly Chronicle of North-country Lore and Legend*, Vol.4, No.39 (1890), p.215.
⑤ Steven Miles and Malcolm Miles, *Consuming Cities*, New York, N.Y.: Palgrave Macmillan, 2004, p.45.

发;从欧盟争取到了欧洲区域发展资金,对码头地区的污染、废弃土地进行改造。湾区更新上,公司花费2亿英镑修建卡迪夫湾拦海大坝,并建成河滨观光游览带状公园。在交通上,特别重视公共交通、自行车、步行、水上线路的规划和建设,开通了一条横穿湾区东西的交通干道,在市中心区段采用入地隧道减少对城镇肌理和空间的破坏。由此,卡迪夫实现了从传统制造业城市、港口城市向新的消费娱乐型现代城市的转型,创造出一个成功和自信的现代卡迪夫(如图6-8所示)。

图6-8 卡迪夫市中心的图书馆与公共开敞空间(陆伟芳 摄)

利物浦的复兴较晚。虽然直到 1980 年人们还承认它是英国第二大港口，[1]但它无论如何已经失去了往日的光辉。1980 年，《1 700 万英镑助力利物浦的更新》一文中写道：

> 利物浦伙伴委员会(Liverpool Partnership Committee)是政府和市议会的一个联合项目，将在未来 12 个月内获得 1 700 万英镑的拨款，以帮助重建内城地区。
>
> 该委员会是工党政府设立的五个市中心委员会之一，将获得另外两笔拨款，每笔 25 万英镑，一笔用于现有项目，另一笔用于自愿计划。
>
> 英国环境大臣迈克尔·赫塞尔廷昨日在利物浦宣布了上述细节。此前，他主持了该委员会自上任以来的第四次会议。
>
> 四个项目将受到特别注意：华人社区中心(Chinese Community Centre)、帝国剧院(Empire Theatre)、码头旁海上公园(Maritime Park)项目以及托迪斯和沃克斯豪尔地区的自行车道。[2]

然而，利物浦的城市更新步伐太小，因此在 20 世纪并没有取得多大成就。一直到 21 世纪初，借"欧洲文化之都"的城市复兴催化剂，利物浦才恢复活力。2008 年，利物浦击败了伯明翰、卡迪夫、纽卡斯尔、牛津和布里斯托尔等对手，当选为"欧洲文化之都"。利物浦借此机会大兴土木，发展城市文化和旅游基础设施。阿尔伯特港由码头建筑和仓库构成内港码头，是当时英国第一座由铸铁、砖石材料建成的建筑，成为当时世界上第一个不可燃的仓库组群。阿尔伯特港在港口业衰败后，被改造成利物浦泰特现代美术馆、披头士博物馆、默西赛德海洋博物馆，以及各色精品商店、咖啡馆、酒吧和餐厅。贝壳型的利物浦回声体育馆、新英国电信大型会议中心、巨型购物中心"利物浦一号"以及"甲壳虫"乐队主题的"艰难岁月宾馆"打造

---

[1] James Fitzpatrtck, "Liverpool is Still UK's Second Port", *Times*, 13 Aug., 1980, p.16.
[2] From Our Correspondent, "17m Aid for Liverpool Regeneration", *Times*, 29 Mar., 1980, p.2.

着全新的利物浦。斯坦利港是北码头系统的一部分,与阿尔伯特港是同时期的仓库建筑,被改造成办公空间和930套公寓的共建项目,将原来的仓库烟草公司拆除建成花园庭院的中心。

爱丁堡拥有大山、湖泊、城区、巷道、古堡,王子街把中世纪古城和18世纪新城分成南北两部分。复兴运动中,爱丁堡在山底城郊建设了外观古怪的苏格兰新国会大厦(如图6-9所示),门窗蔓延着交错的木桩,科技中心犹如到处支楞着长长桅杆的大帐篷,与远处的古堡相映成趣。

图6-9　苏格兰新国会大厦(陆伟芳　摄)

格拉斯哥拥有完好的维多利亚建筑群,与最时髦的专卖店和酒吧错落有致地镶嵌在一起。该市"重新利用"古旧建筑及穿城而过的克莱德河,使城市面貌焕然一新。从20世纪50年代到70年代,拆除和重建改变了工业城市的外观。1976年,格拉斯哥改用高质量的设计保护城市原貌,如旧银行、老医院成了范思哲、拉尔夫·劳伦品牌专卖店,水果市场改造成时装秀或派对场所。格拉斯哥还利用其英国重要交通枢纽之一的区位优势,建起英国最大的公共交通网络,并依此大力发展自己的商业,建成全新的、现代的金融区、商贸区和住宅区。最后,充分利用文化资源优势,在河岸地区兴建格拉斯哥科学中心和会议中心,崭新的帆船形会议中心与两座奇特的圆形赌场相呼应。1999年,格拉斯哥获得了"英国建筑和设计之城"的美誉(如图6-10所示)。

英国城市复兴享有共同的理念,即适应产业转型,重新汇聚市中心人气,再度创造辉煌,而又各具特色。一些城市通过运用博物馆、画廊、会议中心以及其他文化发展项目,综合提升了它们的文化、经济和城市形象。伯明翰的国际会议中心吸引著名的交响乐团、歌剧团和芭蕾舞团纷至沓来;谢菲尔德市的文化产业区以及1991年的世界大学生运动会更成为城

图6-10 格拉斯哥市中心(陆伟芳 摄)

市复兴的催化剂,给城市留下了高水准的体育、休闲综合设施;利物浦不仅成功改造了一个包括画廊、海洋博物馆以及电视新闻中心在内的规模宏大的集艺术、休闲和零售商业为一体的综合设施,而且挖掘甲壳虫乐队丰富的文化遗产,进一步改善了城市形象。这些城市通过不同途径,重新积聚了人气。从英格兰到苏格兰,从威尔士到首都伦敦,英国工业城市的景观发生翻天覆地的变化:大型工厂被拆除、整改或者迁移,原来滞留在市中心的厂房、旧建筑被重新改造并赋予新的价值,不少城市获得了再次辉煌。

当然,城市复兴也不全是华彩篇章,也出现过许多不和谐之音。如格拉斯哥的现代化在一定程度上丢失了个性和祖辈的岁月印记,伦敦码头区过分强调商业开发价值,忽视了社会价值和当地居民的需求,等等。

二、都市郡与城镇区

自19世纪中叶率先实现城镇化以来,英国一直保持着高度城镇化的社会态势。在这个过程中,英国人口中的绝大多数生活在城市和城镇里。20世纪以来,英国城镇化继续不断向乡镇和乡村深入,逐渐改变了乡村的生产和生活状态,乡村不再是农业的孪生兄弟,而成为城市的后花园。这种变化,既可以从乡村转型上表现出来,也可以从地方政府的设置上反映出来。19世纪末的郡级自治市和20世纪下半叶的都市郡反映了全英大城镇的发展,而在郡下创立的二级地方政府区划城镇区则反映了城镇化深入乡村和基层的状况。由此可以更深入地了解英国的乡村城镇化程度。

随着城镇化的不断深入,英国人生活中不再简单地使用城市与乡村这样的术语。英国人早在1881年就开始使用"城镇区"字样,1951年起开始使用"城市地区"这个术语。1981年起,人口普查所用的"城市地区"使用全国地理测量图的标准,用的是房屋建成区的概念(英语用"Bricks and Mortar"来表示),即人口1 500人以上并有至少20公顷连绵建成区的定居地。2001年人口普查时,全国总计有2 620个这样的城市地区。

20世纪英格兰城镇化的深入迫使英国地方政府进行相应变动,以适应城镇化的英国社会现状。在英国传统的地方政府层级设置中,第一级是郡。随着19世纪市政自治市确立城市自身的地位,世纪末接着对郡级机构进行革新,设郡级自治市与伦敦郡。1972年,英国把郡级地方单元按城市化程度进行重新划分定名,分为都市郡和非都市郡两类。到1986年撒切尔夫人当政时,废除都市郡与非都市郡这一层级,大城市处于某种"无政府"状态。在郡下面的二级地方机构中,主要经历了从设立城镇区/乡村区到非都市区、单一区的演变,基本反映了英国乡村城镇化发展变化的情况。

在郡级,20世纪大部分时间里,城镇化地区拥有的是郡自治市,这是1888年地方政府改革确立的。1889年设立郡议会时,认为用郡来指代大城市/城镇不切实际(伦敦例外),另行设立郡自治市,独立于其周围的行政郡。建议设立布里斯托尔、赫尔、纽卡斯尔、诺丁汉、伯明翰、布拉德福德、利兹、利物浦、曼彻斯特和谢菲尔德这10个郡自治市。后来经过讨论,1888年《地方政府法》规定,只有人口超过5万人的大城市才能成为郡自治市,人口不足5万人的则成为非郡自治市。因此,在英格兰设立了61个郡自治市,威尔士只有卡迪夫和斯旺西2个郡自治市。其中一些历史名城虽然人口没有达标,但也获得了郡自治市资格,如巴斯、达德利、牛津、坎特伯雷(见表6-1)。

表6-1 1889—1974年期间英国部分郡级自治市[①]

设立年份	郡自治市	所属郡	1971年人口/人	1974年后成为
1889	巴罗弗内斯	兰开夏	64 039	巴罗部分
1889	巴斯	萨默塞特郡	84 686	巴斯
1889	伯肯海德	柴郡	137 889	威勒尔都市自治市部分
1889	伯明翰	沃里克郡	1 014 773	伯明翰都市区部分
1889	布莱克本	兰开夏	101 802	布莱克本部分
1889	博尔顿	兰开夏	154 223	博尔顿都市自治市部分

① 资料来源:https://en.wikipedia.org/wiki/County_borough.

续 表

设立年份	郡自治市	所属郡	1971年人口/人	1974年后成为
1889	布特尔	兰开夏	74 304	塞夫顿都市自治市部分
1889	布拉德福德	约克郡西赖丁	294 164	布拉德福德都市自治市部分
1889	布莱顿	苏塞克斯	161 350	布莱顿
1889	布里斯托尔	格洛斯特郡	426 653	布里斯托尔
1889	伯恩利	兰开夏	76 489	伯恩利部分
1889	伯里	兰开夏	67 870	伯里都市自治市部分
1889	坎特伯雷	肯特	33 155	坎特伯雷部分
1889	卡迪夫	格拉摩根郡	279 046	卡迪夫部分
1889	切斯特	柴郡	62 923	切斯特部分
1889	考文垂	沃里克郡	335 260	考文垂都市自治市部分
1889	德比	德比郡	219 578	德比
1889	达德利	伍斯特郡(1966年前)斯塔福德郡	185 592	达德利都市自治市部分
1889	埃克塞特	德文郡	95 711	埃克塞特
1889	盖茨黑德	达勒姆	94 464	盖茨黑德都市自治市部分
1889	格洛斯特	格洛斯特郡	90 223	格洛斯特
1889	哈利法克斯	约克郡西赖丁	91 263	卡尔德达尔都市自治市部分
1889	黑斯廷斯	苏塞克斯	72 414	黑斯廷斯
1889	哈德斯菲尔德	约克郡西赖丁	131 188	克里斯都市自治市部分
1889	伊普斯威奇	萨福克	123 297	伊普斯威奇
1889	赫尔河畔金斯敦	约克郡西赖丁	285 965	赫尔河畔金斯敦
1889	利兹	约克郡西赖丁	496 036	利兹都市自治市部分
1889	莱斯特	莱斯特郡	284 208	莱斯特

续 表

设立年份	郡自治市	所属郡	1971年人口/人	1974年后成为
1889	林肯	林肯郡	77 077（1961年）	林肯
1889	利物浦	兰开夏	610 114	利物浦
1889	曼彻斯特	兰开夏	543 741	曼彻斯特都市自治市部分
1889	纽卡斯尔	诺森伯兰郡	222 172	纽卡斯尔都市自治市部分
1889	北安普敦	北安普敦郡	126 597	北安普敦部分
1889	诺威奇	诺福克	122 093	诺威奇
1889	诺丁汉	诺丁汉郡	300 675	诺丁汉
1889	奥尔德姆	兰开夏	105 922	奥尔德姆都市自治市部分
1889	牛津	牛津郡	108 834	牛津
1889	普利茅斯	德文郡	239 467	普利茅斯
1889	朴次茅斯	汉普郡	197 453	朴次茅斯
1889	普勒斯顿	兰开夏	98 091	普勒斯顿部分
1889	雷丁	伯克郡	132 978	雷丁
1889	洛奇代尔	兰开夏	91 461	洛奇代尔都市自治市部分
1889	索尔福德	兰开夏	131 006	索尔福德都市自治市部分
1889	谢菲尔德	约克郡西赖丁	520 308	谢菲尔德都市自治市部分
1889	南希尔兹	达勒姆	100 676	南泰恩塞德都市自治市部分
1889	南安普敦	汉普郡	215 131	南安普敦
1889	圣海伦斯	兰开夏	104 326	圣海伦斯都市自治市部分
1889	斯托克波特	柴郡	139 598	斯托克波特都市自治市部分

续　表

设立年份	郡自治市	所属郡	1971年人口/人	1974年后成为
1889	桑德兰	达勒姆	217 075	桑德兰都市自治市部分
1889	斯旺西	格拉摩根郡	173 355	斯旺西部分
1889	沃尔萨尔	斯塔福德郡	184 734	沃尔萨尔都市自治市部分
1889	西布罗姆维奇	斯塔福德郡	166 592	桑德韦尔都市自治市部分
1889	威根	兰开夏	81 144	威根都市自治市部分
1889	伍尔弗汉普顿	斯塔福德郡	269 112	伍尔弗汉普顿都市自治市
1889	伍斯特	伍斯特郡	73 454	伍斯特部分
1889	雅茅斯	诺福克	50 236	大雅茅斯部分
1889	约克	约克郡西赖丁	104 783	约克
1891	格里姆斯比	林肯郡	95 502	格里姆斯比
1891	纽波特	蒙默斯郡	112 298	纽波特
1900	伯恩茅斯	汉普郡	153 861	伯恩茅斯
1900	沃灵顿	兰开夏	68 322	沃灵顿部分
1901	伯顿	斯塔福德郡	50 211	东斯塔福德郡部分
1902	罗瑟勒姆	约克郡西赖丁	84 800	罗瑟勒姆都市自治市部分
1904	布兰克浦	兰开夏	151 871	布兰克浦
1904	泰恩茅斯	诺森伯兰郡	69 339	北泰恩塞德部分
1905	绍斯波特	兰开夏	84 524	塞夫顿都市自治市部分
1908	梅瑟蒂德菲尔	格拉摩根郡	55 283	梅瑟蒂德菲尔
1910	斯托克	斯塔福德郡	265 258	斯托克
1911	伊斯特本	苏塞克斯	70 949	伊斯特本
1913	巴恩斯利	约克郡西赖丁	75 439	巴恩斯利都市自治市部分
1913	沃拉西	柴郡	97 216	威勒尔都市自治市部分

续 表

设立年份	郡自治市	所属郡	1971年人口/人	1974年后成为
1913	迪尤斯伯里	约克郡西赖丁	51 354	克里斯都市自治市部分
1914	滨海索森德	埃塞克斯	162 735	滨海索森德
1915	塞奇菲尔德	坎伯兰郡	71 580	塞奇菲尔德部分
1915	达灵顿	达勒姆	85 916	达灵顿部分
1915	韦克菲尔德	约克郡西赖丁	59 591	韦克菲尔德都市自治市部分
1927	唐卡斯特	约克郡西赖丁	82 671	唐卡斯特都市自治市部分
1964	索利哈尔	沃里克郡	107 086	索利哈尔都市自治市部分
1964	卢顿	贝德福德郡	161 400	卢顿
1966	沃利	伍斯特郡	163 567	桑德韦尔都市自治市部分
1967	哈特尔普尔	达勒姆	97 082	哈特尔普尔部分
1968	蒂赛德	约克郡北赖丁	396 233	米德尔伯勒部分、斯托克顿部分、兰包尔部分
1968	托贝	德文郡	109 260	托贝

英格兰和威尔士的郡自治市数量基本稳定,只是稍有增减,在1891年和1900年各新增了2个郡自治市,在后来的岁月里共增加了20个左右。随着人口增长,英国几次提高郡自治市的人口下限。1926年把郡自治市的人口下限提高到7.5万人,1958年再次提高到10万人。在1889年设立的郡自治市中,有5个先后被废除,被并入其他行政单元。如克洛伊顿和西汉姆在1965年并入大伦敦。后来设立的郡自治市也经历了区划的调整,如1915年设立的东汉姆郡自治市也在1965年并入大伦敦。

1972年《地方政府法》通过后,在1974年废除了郡自治市这个层级。

原郡自治市成为郡之下第二层级的都市区与非都市区。除大伦敦外,在郡级层面只设立了6个都市郡,即大曼彻斯特、默西赛德、南约克郡、泰恩和韦尔、西米德兰和西约克郡。都市郡下的二层机构是都市区。由于都市郡绝大多数处于工党控制之下,因此保守党的撒切尔夫人上台后,致力于打击都市郡的工党力量。于是,在1985年《地方政府法》下,1986年3月31日废除了大伦敦与其他6个都市郡。直到20世纪90年代末工党上台以后,在新首相托尼·布莱尔(Tony Blair)的领导下,2000年在伦敦创立了大伦敦政府,而其他大都市则仍然处于各种联合职能的合作模式之下,如警务、消防、公共交通、垃圾处理等。

对20世纪英国城镇空间的管理而言,第二个层面的机构可能实际意义更大。1894年地方政府改革把乡村各郡中的城镇地区剥离开来,单独成立城镇区,而把城镇区外围的乡村地带单立为乡村区,从而大大有助于城镇区的发展。

1894年,在英格兰和威尔士共设立了773个城镇区;到1909年达到最多,为818个;到1974年废除时又降到522个,其中英格兰为448个(见表6-2)。在城镇区的数量增减中,一般有几种情况。以1894年成立的城镇区为例,其中有132个从城镇区升格为市政自治市,或合并到其他市政自治市去,还有的合并到都市自治市中去。1918年,把奥尔斯托茅斯吸收到斯旺西郡自治市。1928年,把索斯威克城镇区合并到桑拿德兰郡自治市。1966年,把科西利城镇区分割到沃尔萨尔、伍尔弗汉普顿和西布罗姆维奇几个郡自治市中。1968年,布里克瑟姆和佩恩顿城镇区合并组成托贝郡自治市。也有77个城镇区后来被降格或合并到乡村区。如1935年,把克尔比·朗斯代尔城镇区合并到南威斯特摩兰乡村区。1938年,把西赖丁的霍姆城镇区拆分,其中一部分合并到霍姆弗斯城镇区,另一部分合并到佩尼斯通乡村区。1967年,把埃尔斯米尔城镇区和惠特彻奇城镇区合并成北什罗普乡村区。从区域来看,从城镇区降格为乡村区的情况主要发生在以农业为主的偏僻的郡,如康沃尔、坎伯兰、德文、格洛斯特郡和林肯郡。

表6-2 1900—1974年英格兰和威尔士城镇区数量增减情况①

(单位:个)

年份	设立	废除	净增减数	总数
1900—1909	46	41	+5	818
1910—1919	21	41	-20	798
1920—1929	25	39	-14	784
1930—1939	41	253	-212	572
1940—1974	6	56	-50	522

从区域范围来说,城镇区的设立,确认了英格兰地区城镇化的深入程度。城镇区往往覆盖了更小的城镇,通常人口不到3万人。1929年《地方政府法》废除206个城镇区和236个乡村区,创立了49个城镇区和67个乡村区。② 大些的城镇则成为自治市,即那些在1835年《城镇自治机关法》中创立的城市单元。这些市政自治市拥有稍高的地位,有权任命一个市长。当然,也有一些被并入周围的乡村区,许多城镇区常常包含一些乡村区域。

各地城镇区的数量多寡,在一定程度上反映了区域的城镇化水平高低。以1973年为例(见表6-3),英格兰各郡中,工业和城镇化水平相对较高的各郡,除了有郡级自治市外,在第二级政府中,也是拥有最多数量城镇的发达地区。如工业革命的发源地兰开夏拥有数量最多的城镇区(69个),约克郡西赖丁拥有的城镇区数量高达55个。而城镇化水平较低的伯

---

① https://en.wikipedia.org/wiki/List_of_urban_districts_formed_in_England_and_Wales_1894%E2%80%9395. https://en.wikipedia.org/wiki/List_of_urban_districts_formed_in_England_and_Wales_1896%E2%80%931974.
② Local Authorities (Boundaries), HC, Deb 13, Vol.401(1944), c1906W.

克和拉特兰都只有1个城镇区，多塞特、赫里福、沃里克、威斯特摩兰这几个郡则都只有2个城镇区。

表 6-3 1973 年地方政府改革时英格兰二级地方政府及郡级自治市单元数[1]

(单位:个)

序号	郡名	城镇区	自治市	独立的郡级自治市
1	贝德福	5	4	1
2	伯克	1	10	1
3	剑桥郡和伊利	4	6	—
4	柴郡	22	10	4
5	康沃尔	6	10	—
6	坎伯兰	4	7	—
7	德比	16	9	—
8	德文	16	16	3
9	多塞特	2	9	—
10	德兰	20	9	6
11	东萨福克	7	7	1
12	东萨塞克斯	6	5	3
13	埃塞克斯	19	10	1
14	格洛斯特	6	15	2
15	汉普	6	12	3
16	赫里福	2	8	—
17	赫特福德	18	11	—
18	亨廷顿和彼得伯勒	3	7	—
19	怀特岛	3	1	—
20	肯特	10	17	—

---

[1] 据 *List of Rural and Urban Districts in England in 1973* 编制。https://en.wikipedia.org/wiki/List_of_rural_and_urban_districts_in_England_in_1973.

续　表

序号	郡名	城镇区	自治市	独立的郡级自治市
21	兰开夏	69	14	17
22	莱斯特	9	9	1
23	林肯	12	16	2
24	诺福克	10	15	2
25	北安普敦	9	8	1
26	诺森伯兰	11	10	2
27	诺丁汉	10	6	1
28	牛津	3	6	1
29	拉特兰	1	3	—
30	什罗普	4	9	—
31	索美塞特	13	16	2
32	斯坦福	8	10	6
33	萨里	14	5	—
34	沃里克	2	8	3
35	西萨福克	3	6	—
36	西萨塞克斯	6	6	—
37	威斯特摩兰	2	2	—
38	威尔特	5	12	—
39	伍斯特	4	8	2
40	约克郡东赖丁	6	8	13
41	约克郡北赖丁	9	20	—
42	约克郡西赖丁	55	21	—
	总计	448	409	228

各个城镇区的城镇化程度与水平不一致。比如伦敦地区的城镇区显然要比外地的城镇区富裕些。以1911年的家庭仆人的雇用率来看，兰开夏的6个小型城镇区数字最低，而伦敦的汉普斯特德拥有家庭仆人的雇用

率达到 73.7%。①

英格兰 20 世纪以来的乡村城镇化,推进了英国城镇化向纵深方向发展。这种乡村城镇化进程,使英国政府在地方政府改革中,除了设立郡级自治市外,还在郡下一级进行改革。除 1835 年《城镇自治机关法》创立的自治市外,还专门分出了城镇区和乡村区,而且根据其发展态势,在随后的几十年中,按照城镇化的程度,不断地进行分化组合。城镇化程度高的城镇区升格为自治市、郡自治市甚至都市自治市,而城镇化程度下降的则调整、合并到乡村区。反之,原有的乡村区,若城镇化进展顺利,则可能上升变成城镇区。总体而言,凡是城镇化程度高的地区,往往更有机会升格。在遥远偏僻的乡村郡,则往往有城镇区被分化、降格为乡村区。乡村城镇化,使英格兰的乡村逐渐在经济基础、经济结构、基础设施、公共服务、生活方式上日益城镇化,与英国社会整体趋同。但是,英格兰的乡村城镇化还存在着区域不平衡。

城镇区与乡村区的行政建制虽然反映出英国城镇化的扩展与深入情况,但它也有人为割裂城乡关系的负面影响。因为它把原来融为一体的城乡硬生生地拆散开来,一分为二。比较典型的乡村区像一个甜甜圈,围绕着一个城镇,这个城镇一般是城镇区或一个自治市。因此,早在 1949 年 10 月,战后的卫生大臣贝文(Aneurin Bevan)就主张彻底改革地方管理体制,维护城乡的均衡发展。他设想把城镇区和乡村区结合起来,建立 238 个当局,其中 2/3 人口在 15 万人及以下,确保绝大多数人居住在离行政中心 10 英里的范围内,极少人超过 20 英里距离。②这个想法没有成为现实,直到 1972 年《地方政府法》才废除了原来的 1 086 个城镇区和乡村区,设立了 296 个区。其中,在各个都市郡下基本上都设立都市区,36 个都市区成为单一层次的地方政府。在非都市郡下则设立非都市区。到 20 世纪 90 年

---

① Martin Daunton, ed., *The Cambridge Urban History of Britain*, Vol.3: 1840-1950, p.616.
② Martin Daunton, ed., *The Cambridge Urban History of Britain*, Vol.3: 1840-1950, p.285.

代,郡和区都为单一当局所取代,通常包含城市和乡村地区,从而把乡村腹地与城镇中心联结起来,似乎是确认城乡统一均衡发展的基本事实。

20世纪以来,英国乡村城镇化基本是成功的。因此,英国既有许多美丽的大都市,也有不少乡村地区的美丽小镇,更有如诗如画的田园乡村。最主要的是,英国打破了"三农"的组合,把农村与农民和农业的关系打散,乡村不仅仅是天然的农业场所,更是城镇居民居住的高档场所。"住在乡村"成为英式生活追求的最高目标之一。

然而,作为城镇化程度最高的伦敦,它一直是例外,其边界、范围与内涵始终在发展变化。不过,即使如此,伦敦地区的城镇化发展也在其机构的变革中体现出来。1851年的人口普查称伦敦是大于伦敦城1平方英里的区域,即确认伦敦不等同于伦敦城。这个定义为1855年的都市工务委员会和1888年的伦敦郡提供了治理的大致范围。同时,19世纪70年代的统计表上出现了另一个单位——大伦敦,它相当于伦敦警务区的管辖范围,即以查令十字路口为中心伸展24千米的区域。①

尽管伦敦人口在增长、地域在扩展、内涵在改变,其管理却相对滞后。伦敦传统管理机构是伦敦城的伦敦法团,大致包括伦敦市市长、伦敦市市府参事堂和普通堂。它们只负责古老的伦敦市中心处1平方英里大的伦敦城,也就是伦敦的主要金融区。

1855年创立的都市工务委员会在基层保留了23个最大的堂区,把55个较小的堂区组织到15个区。② 1888年《地方政府法》设立了伦敦郡议会,接管原来大都会公共事务委员会所管辖的区域。1899年《伦敦政府法》重新创立了28个都市自治市(加上一个伦敦城)。许多新自治市只是旧堂区更名,更多的是堂区委员会的合并。如旺兹沃思和巴特西合并,普拉姆斯泰德并入伍尔维奇,罗瑟希德并入柏孟塞,圣吉尔斯并入霍尔本,白

---

① Martin Daunton, ed., *The Cambridge Urban History of Britain*, Vol.3: 1840-1950, p.96.
② Stephen Inwood, *A History of London*, p.433.

教堂、迈尔恩德、莱姆豪斯和圣乔治合并为斯特普尼自治市,圣詹姆士、圣马丁和斯特兰德被迫和汉诺威广场及圣玛格丽特加入威斯敏斯特市。伦敦郡议会保持其管辖全伦敦的权力,随着 1904 年废除伦敦教育委员会而掌握了教育权。"实际上,新的机构并没有消灭伦敦郡议会的权力。确实,人们认为它提升了伦敦郡议会的形象。随着都市自治市议会提供了一种骄傲的焦点,伦敦郡议会能更容易致力于本地利益,规划和发展伦敦范围的政策和决策框架。"①

伴随二战后伦敦的加速向外扩展,伦敦范围的管理机构也不断增加,有不少于 117 个选举产生的地方政府机关。除了 28 个都市自治市,还有如克洛伊顿、东汉姆和西汉姆 3 个郡级自治市。1965 年改革后成立了大伦敦议会,原来的都市自治市改名为伦敦自治市,数量上有 32 个。12 个属于原伦敦郡范围,属于内伦敦自治市;余下的 20 个是外伦敦自治市。

撒切尔政府上台后,对英国地方政府进行了重大改革。1985 年《地方政府法》废除了英国 1972 年建立的 6 个都市郡,当然也废除了大伦敦。于是,从 1986 年 4 月 1 日起,大伦敦议会的权力转归到伦敦自治市和其他联合当局,有部分权力收归中央。② 1997 年大选,工党获胜,1999 年,英国议会通过《大伦敦政府法》,重新建立了大伦敦政府。内外伦敦的自治市政府依旧。

---

① Martin Daunton, ed., *The Cambridge Urban History of Britain*, Vol.3: 1840-1950, p.102.
② 参见 T. Travers and G. Jones, *The New Government of London: Report for the Joseph Rowntree Foundation*, York: York Publishing Services, 1997. P. Newman and A. Thornley, "Fragmentation and Centralisation in the Governance of London: Influencing the Urban Policy and Planning Agenda", *Urban Studies*, Vol.34, No.7 (1997), pp.967-988.

三、城镇生活

20世纪以来的再城镇化的最大成就,是日益缩小甚至抹平了城乡的差异。到20世纪60年代,整个英国都城镇化了。消费文化把同样的商品送到城市与乡村,通过英国广播公司和伦敦的报纸,从康沃尔到苏格兰高地的居民,处于同样的信息社会,生活在更浓缩的景观里,技术和投资使空间缩小,接着是消失的时间差异。电报、电话和电视带来同时性的幻觉,带来距离消失的幻觉。然而,工业城镇化的建成景观仍然建构着自然景观。20世纪中叶的城市是由19世纪和20世纪初的资本投资联结的,如铁路、道路和电力网提供了通信和交通的基础设施。工厂与市场、船坞与仓库、镇厅与电车轨道、百货商店与学校,支配着城市景观。① 到20世纪晚期和21世纪初,随着互联网技术和无线网络的发展,英国城乡几乎完全一体化了。

在生活方式上,城乡几乎已经没有差别。如果说传统农业社会以日出而作、日落而息为生活节奏,以节庆式休闲为基本特征的话,那么城镇化的深入推进使城乡都进入了城镇式生活,即现代的工作节奏和休闲模式成为全民性的。城镇化的发展,使城镇社会生活更加现代多样。

---

① Martin Daunton, ed., *The Cambridge Urban History of Britain*, Vol.3: 1840-1950, p.93.

城镇式生活的第一个显著特点是传统宗教色彩的休闲式微。从工业化以来,宗教便处在世俗化的冲击之下,礼拜不再是星期天的必要活动。到20世纪中叶,去教堂做礼拜的人越来越少,休闲常常成为宗教的替代物,40年代有伦敦人对一个社会主义者说:"没有休闲,工人就等于死了。"①

在约克这个古城,1901—1948年做礼拜者的人口比例从35.5%下降到13%。宗教生活的世俗化从婚礼举行场所的变化也可见一斑,宗教婚礼从20世纪初的占绝对优势,到1974年几乎只占半壁江山(见表6-4)。

表6-4 每1 000个婚礼中宗教婚礼与世俗婚礼的情况②

(单位:个)

年份	1901	1911	1919	1934	1952	1962	1967	1974
宗教婚礼	842	791	769	716	694	704	659	535
世俗婚礼	158	209	231	284	306	296	341	465

日常生活的世俗化不言而喻。然而,这并不表示否定基督教信仰,直到1982年,仍然有73%的人相信上帝的存在,仍然有许多人相信上帝创造了人。

第二个显著特点是工作与休闲的分野更加分明,出现了专门的闲暇消费。周假、月假、年假成为城镇化社会普遍享有的权利。在休闲时间上,除了周末、银行假日等公假外,为期一周或一月的年假越来越成为常规。除了英国议会议员依然享受长达2个多月的休会以外,政府官员、公务员逐渐享受到这一权利。1937年,已经有300万左右的工人享受某种带薪假。到1951年,虽然2 500万英国人依然选择在英国度假,但也有200万人选

---

① Martin Daunton, ed., *The Cambridge Urban History of Britain*, Vol.3: 1840-1950, p.745.
② David Butler and Anne Sloman, *British Political Facts 1900-1979*, London: Palgrave Macmillan, 1980, p.474.

择到国外度假。1971年,这两个数据分别增长到3 400万人和700万人。到1996年,英国2/3以上的人选择出国度假。①

娱乐性消费增长,如电影和电视等文化消费。1939年,有1 900万人每周去一次影院,在最高峰的1946年,每周去影院者达3 100万多人。在1950年,有近五倍的人选择去影院而非其他形式的付费娱乐。② 1950年以后,电视普及全国。此外,还有赛马、赛狗、赌球活动。20世纪60年代又出现了面向家庭主妇的"宾果"(Bingo)。1996年开始的全民彩票改变了英国大众的休闲模式。

第三个显著特点是运动与体育类休闲日益增长。剧院和体育运动、酒吧提高了人们对城市的社会认同。体育休闲日益普及,从板球、足球、游泳和骑自行车,到保龄球、网球、溜冰。从19世纪末起,骑自行车成为新时尚,并成立了自行车俱乐部。伦敦有300家俱乐部,1933年赫尔有400—500家俱乐部。③ 20世纪初汽车的到来,又一次改变了英国城镇人口的日常生活,大大增加了居民的出行便捷性,扩大了居民的出行半径,使参与和观看体育活动更有可操作性。

在一定程度上,第一次世界大战在促进有组织体育运动的大众化上起了重大作用。到20世纪30年代,竞技运动成了所有阶级都参与的主流体育运动,在两次世界大战期间,政府和各城市日益支持体育运动。征兵时体检的高不合格率促进了人们呼吁建立更好的体育设施,体育也日益与民族认同和国际竞赛联系起来。伦敦主办了1908年和1948年的奥运会,以及1934年的帝国运动会。伦敦郡议会提供了大量的运动设施,30年代,越来越多的伦敦郡议会学校提供了自己的运动场,室外游泳池也从1914

---

① Edward Royle, *Modern Britain: A Social History*, 1750 - 1997, p.270.
② Martin Daunton, ed., *The Cambridge Urban History of Britain*, Vol.3: 1840 - 1950, p.776.
③ Martin Daunton, ed., *The Cambridge Urban History of Britain*, Vol.3: 1840 - 1950, pp.745, 766.

年前的几个增长到 1939 年的几十个。在巴特西公园,板球场、足球场、网球场数量激增,同时私人体育运动场地也成倍增长,高尔夫球场主要由私人经营,私人网球俱乐部也在伦敦边缘郊区扩展。私人公司也发展了运动场地,如 1929 年,萨瑟克的足球生产企业奥克索公司拥有一个 22 英亩的运动场地,有 12 个网球场、足球场、板球场及其他设施。[①]

足球作为一种几乎是全民的运动吸引了越来越多的观众。到 20 世纪 50 年代,足球成为体育观众最喜爱的运动。1950 年,有 4 000 万人观看了 92 个足球同盟俱乐部所属的比赛,2 500 万人观看非同盟足球比赛,1 500 万人观看苏格兰足球同盟球赛。800 万人看拉格比,500 万人看板球,5 000 万人参加快艇赛。1966 年,英国足球队荣获世界杯。[②] 1996 年,足球运动员的转会费最高达到 1 500 万镑。商业化娱乐休闲业已经发展成为最好的产业之一。

英国城镇在公园的建设中,普遍建设了大众体育设施。除了专业的运动场馆和设施外,遍及城乡的公园与绿地,普遍设立各式体育设施,从乒乓球桌、篮球场到草地球场(如图 6-11 所示)。这适应了战后几十年间城镇居民生活水平的提高和闲暇时间的增多,追求个人健康的大众体育兴起。早在 20 世纪 60 年代晚期的一次伦敦休闲活动调查表明,11% 的男性成人、17% 的男性青少年参加在公园的体育运动,33% 以上的男性、16% 的女性经常或偶尔参与体育运动,一半的男性、1/3 的女性观看公园里的体育运动。[③]

---

① Peter Clark, Salla Jokela and Jarmo Saarikivi, "Nature, Sport, and the European City: London and Helsinki, 1880 – 2005", p.120.
② Martin Daunton, ed., *The Cambridge Urban History of Britain*, Vol.3: 1840 – 1950, p.776.
③ Peter Clark, Salla Jokela and Jarmo Saarikivi, "Nature, Sport, and the European City: London and Helsinki, 1880 – 2005", p.121.

图 6-11 海滨休闲城市布莱顿市中心图书馆、绿地与乒乓球桌(陆伟芳 摄)

当然,20世纪70—80年代的财政困难,特别是撒切尔夫人的私有化政策,把许多市政功能转归私人,包括公园。1983年的一份官方报告指出,自20世纪70年代以来,公园的体育运动处于下降中。1993年,80%的伦敦自治市议会打算裁减公园开支,许多小公园没有管理员。[①] 不仅如此,在私有化中,各个城市的游泳池数量也减少了,甚至学校的运动场也被出售。[②]

---

① Peter Clark, Salla Jokela and Jarmo Saarikivi, "Nature, Sport, and the European City: London and Helsinki, 1880-2005", p.124.
② Peter Clark, Salla Jokela and Jarmo Saarikivi, "Nature, Sport, and the European City: London and Helsinki, 1880-2005", p.125.

结　语

英国是世界上第一个城镇化国家,早在1851年举办万国工业博览会的那一年,其人口中的半数以上便居住在城镇里。从18世纪晚期开始的工业革命,改变了英国传统的城乡社会面貌,改变了人类的工作、居住、生活、休闲方式……简言之,英国已经摆脱了传统的农耕文明,走进了工业文明的时代,从乡村贵族主宰世界,转变成工商业大亨执掌大权。于是,英国传统的贵族庄园逐渐变成一种"荒凉山庄",而城镇的大商人和实业家,建设起了现代城镇,这里有大工厂、大公司、交易所、银行、广场等一大批城镇时代的新景观。

这就是英国历史上第一波城镇化历程。在城镇化过程中,固然出现了如伯明翰、曼彻斯特、格拉斯哥等著名的大城市,但更有众多的中小城镇的发展,正是这些中小城镇的发展,造就了英国1851年城镇化的实现。

英国19世纪上半叶的城镇化过程,其实是英国历史上的"大西北开发"。在英国历史上,传统上以伦敦为首的东南部一带相对发达。东南部的平坦的土地,更利于农业的发展。而西北部的山地丘陵地带,土层稀薄贫瘠,不适合农业种植,因此经济自古不发达。然而,工业革命恰恰是在西北部展开的,各种工厂作坊都在这里建起,大小城镇得到了前所未有的发展,掀起了城镇大发展浪潮。工业化和城镇化改变了英国的经济和人口地理,也改变了英国南北经济不平衡的格局。因此,这场自发的"西北大开发",既完成了英国的工业化过程,也完成了英国的初步城镇化,更实现了英国南北经济水平均衡化。

两相比较,这个时候的中国,仍然处于大清王朝的专制统治下,经济领域依然是传统的地主与农民的剥削与被剥削,工业与技术仍然被视为"奇技淫巧",工商仍然是末业。因此,在清朝的农耕文明遭遇以英国为首的工业文明时,鸦片战争的结局可想而知。当时的中国故事,仍然在书写着专制王权与农民起义的较量。而以太平天国为代表的农民起义,仍然没有摆脱中国历史上惯常的"改朝换代"的模式。1851年,英国实现城市化的那一年,也是太平天国元年。无论是政治制度还是经济模式,中国都没有脱离原有的轨道。在这样的背景下,19世纪中叶以后的洋务运动、变法维新,只是以英国为代表的工业和城市文明在东方激起的一点浪花,它们没能改变中国原有的政治和经济发展走向。

20世纪以来,英国的城镇化经历了一波三折。在20世纪上半叶,英国仍然沿着19世纪以来的城镇化模式,以人口与产业向城镇的集聚为特点,因而进一步强化了19世纪以来城镇化的负面效应,尤其是贫困与贫民窟问题。故而到第二次世界大战后,英国全方位地开始了城镇化的分散阶段,即由政府出面规划制定城镇发展目标,无论是在大都市外建设市政住房,还是规划建设新城,都旨在疏散大城镇的拥挤人口,改善人民的居住条件。在这个阶段,一方面,在大城镇的外围建设起不少大型的高层塔楼公寓;另一方面,新城建设吸引了部分大都市人口。因此,大城镇的人口拥挤状况得到了缓解。

然而,人口的疏散措施以及世界产业转型,导致大都市内部出现"空心化"。因此,从20世纪70年代起,英国通过《内城法案》,开始了城镇内部的振兴,即"再城镇化"。这个进程可以说持续至今。城市更新、城市复兴等,不断从更高层面上,有规划有目的地对城镇各区域、各街道、各片区进行更新改造。如伦敦改造东区狗岛上的原西印度码头区,打造了另一个金融城;把伦敦东区的红砖巷打造成人气高涨的民间街头摊贩市场;曼彻斯特改造了运河边的工厂、码头、仓库,打造成商业、休闲、娱乐区域,改变着城镇的面貌,为新兴的创意产业服务,为新技术革命提供空间……英国的再城镇化,是充分改造第一次工业革命期间的工业设施,把它们变成适合当代生活的空间,也是让城市街道再度充满活力的举措。

如果说第一次工业化和城镇化带来了污染、肮脏、嘈杂的城市,是工厂、贫民窟挤占人的生存空间的话,那么20世纪晚期以来的再城镇化则是有计划地打造适合人居的城镇空间,把街头、公共空间归还给民众的过程。

英国城镇社会的转型,有几个基本特征。

其一,城镇化把全国大部分人口变成城镇人口。从1851年实现基本城镇化,到今天的英国,几乎90%的人生活在城镇里,英国是一个高度城镇化社会。在城镇化社会里,掌握国家大权的,已经不再是传统的大贵族地主,而是实业家,是商人,是专业人员。

其二,英国的城镇化具有全面性。在城镇化进程中,英国的乡村和小镇也实现了城镇化。也就是说,英国城乡的基础设施几乎没有差别,因此城乡的生活质量几乎没有差别,甚至乡村的生活质量还高于城镇。英国的乡村,已经不再必然地与"农业"相关,更不与"农民"相关。英国的乡村,主要是作为居住地,与城镇一样的居住空间。这里的居民,大多在城镇工作。乡村有着更新鲜的空气、更安静的生活环境。由于到城镇工作,需要更多的通勤费用,因此乡村是有产者选择的居所,居住在乡村成为英国人身份与地位的象征。

其三,形成了大中小城镇的城镇等级体系。除了首位城市伦敦有近1 000万的人口外,其他大城市人口也有相当的规模。20世纪末以来,这些大城市人口继续保持上升势头。同时,英国一大批的中小城镇甚至是乡村居住点也成为英国城镇体系的组成部分。并且,英国在人口普查中,已经不再用传统的城、镇等单元,而使用城镇化区这样的概念,用行政单元与卫星遥感技术,确认城镇连绵区,来界定城镇区域的范围。换言之,这里所写的城镇、城市这些概念,其实已经有点过时了。

其四,英国的城镇化过程中自然形成的工业城镇、交通枢纽城镇、休闲城镇等一系列城镇类型,表明了城镇的发展有其自身的规律。

其五,英国城镇社会的转型与发展,在不同的时代有不同的特点。从18世纪晚期以来的自由放任,到20世纪以来的政府干预甚至政府主导,打造了不同的城镇景观。英国从19世纪的工业城市浓烟滚滚的"世界的烟囱"和"雾都伦敦",发展为20世纪晚期以来的"绿色城市"。

总之,英国的城镇化,绝不是大城市化,而是大中小城镇的自然系列,是工业、商业、休闲等多样的城镇,是乡村成为城镇居民向往的居住空间的城镇化。

参考文献

一、英文文献

(一) 原始资料

1. DCMS (Department of Culture, Media and Sport), *Culture at the Heart of Regeneration*, London: DCMS, 2004.
2. DEFRA, *Rural Strategy, 2004*, London: Department for Environment, Food and Rural Affairs Publications, 2004.
3. *Hansard*.
4. *History Today*.
5. London County Council Housing Committee Walter Segal, *Housing: A Survey of the Post War Housing of the London County Council, 1945 – 1949*, London: London County Council, 1949.
6. London County Council, *London Housing*, London: London County Council, 1937.
7. *Parliamentary papers*.
8. *The Times*.

(二) 专著

1. Ashton, T. S., *The Industrial Revolution, 1760 – 1830*, London and New York: Oxford University Press, 1948.
2. Atkinson, Rob and Moon, Graham, *Urban Policy in Britain: The City, the State and*

the Market, London: Macmillan Press Ltd., 1994.

3. Attreed, Lorraine, *The King's Towns: Identity and Survival in Late Medieval English Boroughs*, New York: Peter Lang Publishing, Inc., 2001.

4. Ball, Michael and Sunderland, David, *An Economic History of London, 1800–1914*, London and New York: Routledge, 2001.

5. Bédarida, François, *A Social History of England, 1851–1990*, London: Routledge, 1991.

6. Bereford, M. and Finberg, H. P. R., *English Medieval Boroughs: A Handlist*, Newton Abbot: David and Charles, 1973.

7. Beresford, M. W., *New Towns of the Middle Ages: Town Plantation in England, Wales and Gascony*, London: Lutterworth, 1967.

8. Berg, Leo van den, *et al.*, *Urban Europe, Vol.1, A Study of Growth and Decline*, Oxford: Pergamon Press, 1982.

9. Berg, Maxine, *The Age of Manufactures, 1700–1820: Industry, Innovation, and Work in Britain*, London and New York: Routledge, 1994.

10. Blair, Peter Hunter, *An Introduction to Anglo-Saxon England*, Cambridge: Cambridge University Press, 1956.

11. Borsay, Peter, *The English Urban Renaissance: Culture and Society in the Provincial Town, 1660–1770*, Oxford: Clarendon Press, 1989.

12. Borsay, Peter, ed., *The Eighteenth-century Town: A Reader in English Urban History, 1688–1820*, London and New York: Longman, 1990.

13. Bowman, P. and Liddle, P., eds., *Leicestershire Landscapes*, Leicester: Leicestershire Museums Archaeological Fieldwork Group, 2012.

14. Brantz, Dorothee and Dümpelmann, Sonja, eds., *Greening the City: Urban Landscapes in the Twentieth Century*, Charlottesville: University of Virginia Press, 2011.

15. Briggs, Asa, *Victorian Cities*, London: Oldhams Press Ltd., 1963.

16. Britnell, Richard H., *The Commercialisation of English Society, 1000–1500*, Manchester: Manchester University Press, 1997.

17. Burnett, J. John, *A Social History of Housing, 1815–1985*, London and New York: Methuen, 1986.

18. Butler, David and Sloman, Anne, *British Political Facts 1900–1979*, London:

Palgrave Macmillan, 1980.

19. Carter, Harold and Lewis, C. Roy, *An Urban Geography of England and Wales in the Nineteenth Century*, London: Edward Arnold, 1990.
20. Chalklin, C. W., *The Rise of the English Town, 1650 - 1850*, Cambridge: Cambridge University Press, 2001.
21. Checkland, S. G., *The Rise of Industrial Society in England, 1815 - 1885*, London: Longman, 1964.
22. Clark, Peter, *European Cities and Towns: 400 - 2000*, Oxford and New York: Oxford University Press, 2009.
23. Clark, Peter, ed., *The Early Modern Town*, New York: Longman, 1976.
24. Clark, Peter, ed., *Country Towns in Pre-industrial England*, Leicester: Leicester University Press, 1981.
25. Clark, Peter, ed., *The Transformation of English Provincial Towns, 1600 - 1800*, London: Hutchinson, 1984.
26. Clark, Peter, ed., *Small Towns in Early Modern Europe*, Cambridge: Cambridge University Press, 1995.
27. Clark, Peter, ed., *The Cambridge Urban History of Britain, Vol.2: 1540 - 1840*, Cambridge: Cambridge University Press, 2000.
28. Cockayne, Emily, *Hubbub: Filth, Noise and Stench in England, 1600 - 1770*, New Haven and London: Yale University Press, 2007.
29. Collingwood, R. G. and Myres, John Nowell Linton, *Roman Britain and the English Settlements*, New York: Biblo and Tannen Publishers, 1998.
30. Corfield, P. J., *The Impact of English Towns, 1700 - 1800*, Oxford and New York: Oxford University Press, 1982.
31. Creighton, John, *Britannia: the Creation of A Roman Province*, London and New York: Routledge, 2006.
32. Cunliffe, Barry, *Iron Age Communities in Britain: An Account of England, Scotland and Wales from the Seventh Century BC until the Roman Conquest*, London: Routledge, 2004.
33. Cunningham, Hugh, *Leisure in the Industrial Revolution, 1780 - 1880*, London: Croom Helm, 1980.
34. Darby, H. C., *A New Historical Geography of England after 1600*, Cambridge and

New York: Cambridge University Press, 1976.

35. Daunton, Martin, ed., *The Cambridge Urban History of Britain*, *Vol. 3: 1840 – 1950*, Cambridge: Cambridge University Press, 2000.

36. Davison, T. Raffles, *Port Sunlight: A Record of Its Artistic and Pictorial Aspect*, London: B.T. Batsford, 1916.

37. De Vries, Jan, *European Urbanization, 1500 – 1800*, London: Methuen, 1984.

38. Deane, P. and Cole, W. A., *British Economic Growth, 1688 – 1959: Trends and Structure*, Cambridge: Cambridge University Press, 1962.

39. Defoe, D., *A Tour through England and Wales*, London: Everyman's Library, 1927.

40. Dennis, Richard, *English Industrial Cities of the Nineteenth Century: A Social Geography*, Cambridge and New York: Cambridge University Press, 1984.

41. Dodgson, R. and Butlin, R., *An Historical Geography of England and Wales*, London: Academic Press, 1978.

42. Douglas, C., *English Historical Documents, 1874 – 1914*, London: Eyre and Spottiswoode, 1977.

43. Dyer, Alan, *Decline and Growth in English Towns, 1400 – 1640*, Basingstoke: Macmillan, 1991.

44. Dyer, C., *Making a Living in the Middle Ages: the People of Britain 850 – 1520*, New Haven and London: Yale University Press, 2002.

45. Dyer, Christopher, *An Age of Transition? Economy and Society in England in the Later Middle Ages*, Oxford and New York: Oxford University Press, 2005.

46. Esmonde Cleary, A. S., *The Ending of Roman Britain*, London: B. T. Batsford, 1989.

47. Esmonde Cleary, A. S., *The Roman West, AD 200 – 500: An Archaeological Study*, Cambridge: Cambridge University Press, 2013.

48. Faulkner, N., *The Decline and Fall of Roman Britain*, Stroud: Tempus, 2000.

49. Finlay, Roger, *Population and Metropolis: The Demography of London, 1580 – 1650*, Cambridge: Cambridge University Press, 1981.

50. Floud, R. and McCloskey, D. eds., *The Economic History of Britain Since 1700*, *Vol. 1*, Cambridge: Cambridge University Press, 1981.

51. Floud, Roderick and Johnson, Paul, eds., *The Cambridge Economic History of Modern*

Britain, Vol. 1: *Industrialisation*, 1700 – 1860, Cambridge: Cambridge University Press, 2004.

52. Fraser, Derek, *Power and Authority in the Victorian City*, Oxford: Basil Blackwell, 1979.

53. Frere, Sheppard Sunderland, *Britannia: A history of Roman Britain*, London and New York: Routledge, 1987.

54. Freser, Derek, *Urban Politics in Victorian England: the Structure of Politics in Victorian Cities*, Leicester: Leicester University Press, 1976.

55. Gaskell, S. Martin, ed., *Slums*, Leicester: Leicester University Press, 1990.

56. Gilbert, Edmund W., *Brighton, Old Ocean's Bauble*, Hassocks, Eng.: Flare Books, 1975.

57. Girouard, Mark, *The English Town: A History of Urban Life*, New Haven: Yale University Press, 1990.

58. Green, L. P., *Provincial Metropolis: The Future of Local Government in South Lancashire, A Study in Metropolitan Analysis*, London: Allen and Unwin, 1959.

59. Guldin, Gregory Eliyu, *Farewell to Peasant China: Rural Urbanization and Social Change in the Late Twentieth Century*, Armonk: M. E. Sharpe, 1997.

60. Hadfield, Charles, *British Canals: An Illustrated History*, London: Fhoenix House, 1959.

61. Hall, Peter and Ward, Colin, *Sociable Cities: the Legacy of Ebenezer Howard*, Chichester: J. Wiley, 1998.

62. Hall, Peter and Pain, Kathy, eds., *The Polycentric Metropolis: Learning from Mega-city Regions in Europe*, London: Earthscan, 2006.

63. Harrison, David, *The Bridges of Medieval England: Transport and Society, 400 – 1800*, Oxford: Oxford University Press, 2007.

64. Harrison, J. F. C., *The Common People: A History from the Norman Conquest to the Present*, London: Fontana, 1984.

65. Hetherington, Peter, *Newcastle Gateshead: Shaping the City*, London: RIBA Publishing, 2010.

66. Hilton, R. H., *A Medieval Society: the West Midlands at the End of the Thirteenth Century*, Cambridge and New York: Cambridge University Press, 1983.

67. Hilton, R. H., *English and French Towns in Feudal Society: A Comparative Study*, Cambridge: Cambridge University Press, 1992.

68. Hilton, R. H., *The English Peasantry in the Later Middle Ages: the Ford Lectures for 1973 and Related Studies*, Oxford: Clarendon Press, 1975.
69. Holt, Richard and Rosser, Gervase, *The English Medieval Town: A Reader in English Urban History, 1200–1540*, London and New York: Longman, 1990.
70. Hopkins, Eric, *Birmingham: the First Manufacturing Town in the World, 1760–1840*, London: Weidenfeld and Nicolson, 1989.
71. Hopkins, Eric, *Industrialisation and Society: A Social History, 1830–1951*, London and New York: Routledge, 2000.
72. Hoskins, W. G., *The Age of Plunder: King Henry's England, 1500–1547*, London: Longman, 1976.
73. Howkins, Alun, *The Death of Rural England: A Social History of the Countryside since 1900*, London and New York: Routledge, 2003.
74. Hudson, Pat, ed., *Regions and Industries: A Perspective on the Industrial Revolution in Britain*, Cambridge: Cambridge University Press, 1989.
75. Hyde, Francis E., *Liverpool and the Mersey: An Economic History of A Port, 1700–1970*, Newton Abbot: David and Charles, 1971.
76. Inwood, Stephen, *A History of London*, London: Macmillan, 1998.
77. Knowles, R. D. and Rozenblat, C., eds., *Sir Peter Hall: Pioneer in Regional Planning, Transport and Urban Geography*, Cham: Springer, 2016.
78. Kowaleski, Maryanne, *Local Markets and Regional Trade in Medieval Exeter*, Cambridge and New York: Cambridge University Press, 1995.
79. Kriedte, P., et al., *Industrialization before Industrialization: Rural Industry in the Genesis of Capitalism*, Cambridge and New York: Cambridge University Press, 1981.
80. Lawless, Paul and Brown, Frank, *Urban Growth Change in Britain: An Introduction*, London: Harper and Row, 1986.
81. Lever, Judith and Greater London Council, Department of Architecture and Civic Design, *Home Sweet Home: Housing Designed by the London County Council and Greater London County Council Architects, 1888–1975*, London: Academy Editions for the Greater London Council, 1976.
82. Lipson, E., *The Economic History of England, Vol. 1*, London: A. and C. Black, 1937.
83. Lowerson, John and Myerscough, John, *Time to Spare in Victorian England*,

Hassocks: Harvester Press, 1977.

84. Machin, G. I. T., *The Rise of Democracy in Britain*, *1830 – 1918*, Basingstoke: Macmillan, 2000.

85. Mason, Shena, *Matthew Boulton: Selling What All the World Desires*, New Haven, Ct.: Yale University Press, 2009.

86. Mattingly, D., *An Imperial Possession: Britain in the Roman Empire*, *54 BC – AD 409*, London: Allen Lane and Penguin, 2006.

87. Messinger, Gary S., *Manchester in the Victorian Age: the Half-known City*, Manchester: Manchester University Press, 1986.

88. Metcalf, Alan, *Leisure and Recreation in A Victorian Mining Community: the Social Economy of Leisure in North-East England*, *1820 – 1914*, London and New York: Routledge, 2006.

89. Milbourne, Paul, *Rural Poverty: Marginalisation and Exclusion in Britain and the United States*, London and New York: Routledge, Taylor and Francis e-Library, 2004.

90. Miles, Steven and Miles, Malcolm, *Consuming Cities*, New York, N. Y. : Palgrave Macmillan, 2004.

91. Miller, Edward and Hatcher, John, *Medieval England: Towns, Commerce and Crafts*, *1086 – 1348*. London: Longman, 1995.

92. Mitchell, B. R. and Deane, Phyllis, *Abstract of British Historical Statistics*, Cambridge: Cambridge University Press, 1962.

93. Moffit, L. W., *England on the Eve of the Industrial Revolution*, London: Frank Cass and Co. Ltd., 1963.

94. Morris, Eleanor Smith, *British Town Planning and Urban Design: Principles and Polices*, Harlow: Longman, 1997.

95. Morris, R. J. and Rodger, Richard, *The Victorian City: A Reader in British Urban History*, *1820 – 1914*, London and New York: Longman, 1993.

96. Moser, C. A. and Scott, Wolf, *British Towns: A Statistics Study of Their Social and Economic Differences*, Edinburgh: Oliver and Boyd, 1961.

97. Muir, J. R., *A History of Liverpool*, London: Williams and Norgate, 1907.

98. Neal, Sarah and Agyeman, Julian, eds., *The New Countryside?: Ethnicity, Nation and Exclusion in Contemporary Rural Britain*, Bristol: Policy Press, 2006.

99. Odgees, William Blake, *Local Government*, London: Macmillan, 1913.
100. Ogg, David, *England in the Reign of James II and William III*, Oxford: Clarendon, 1955.
101. Osborn, Frederic J. and Whittick, Arnold, *New Town: Their Origins, Achievements and Progress*, London: Leonard Hill Press, 1977.
102. Owen, David, *The Government of Victorian London, 1855 – 1889*, Cambridge, Mass. and London: England Belknap Press of Harvard University Press, 1982.
103. Palliser, D. M. ed., *The Cambridge Urban History of Britain, Vol.1: 600 – 1540*, Cambridge: Cambridge University Press, 2000.
104. Perring, Dominic, *Roman London: the Archaeology of London*, London: Taylor and Francis e-Library, 2003.
105. Platt, Colin, *The English Medieval Town*, London: Secker and Warburg, 1976.
106. Postan, M. M., *The Medieval Economy and Society: An Economic History of Britain, 1100 – 1500*, London: Weidenfield and Nicolson, 1972.
107. Postan, M. M., *Essays on Medieval Agriculture and General Problems of the Medieval Economy*, Cambridge: Cambridge University Press, 1973.
108. Pounds, Norman, *The Medieval City*, Westport, Conn: Greenwood Press, 2005.
109. Reynolds, Susan, *An Introduction to the History of English Medieval Towns*, Oxford: Clarendon Press, 1977.
110. Rogers, Adam, *Late Roman Towns in Britain: Rethinking Change and Decline*, New York: Cambridge University Press, 2011.
111. Rogers, James E. Thorold, *Six Centuries of Work and Wages: the History of English Labour*, Kitchener, Ont.: Batoche, 2001.
112. Rowlands, Marie B., *Masters and Men in the West Midlands Metalware Trades before the Industrial Revolution*, Manchester: Manchester University Press, 1975.
113. Royle, Edward, *Modern Britain: A Social History, 1750 – 1997*, London: Arnold, 1997.
114. Ruck, S. K. and Rhodes, Gerald, *The Government of Greater London*, London: George Allen and Unwin, 1970.
115. Rule, Fiona, *London's Docklanders: A History of the Lost Quarter*, Hersham: Ian Allen Publishing, 2009.
116. Sawyer, P.H., *From Roman Britain to Norman England*, London and New York:

Routledge, 1998.
117. Selgin, George Anthony, *Good Money: Birmingham Button Makers, the Royal Mint, and the Beginnings of Modern Coinage, 1775 – 1821*, Oakland: Independent Institute, Ann Arbor: University of Michigan Press, 2008.
118. Shotter, David, *Roman Britain*, New York: Routledge, 2004.
119. Smith, Charles Roach, *Illustrations of Roman London*, Cambridge: Cambridge University Press, 2015.
120. Stephenson, C., *Borough and Town: A Study of Urban Origins in England*, Cambridge and Massachusetts: Mediaeval Acadmey of America, 1933.
121. Swanson, Heather, *Medieval British Towns*, Basingstoke: Macmillan, 1999.
122. Taylor, Ian, Evans, Karen and Fraser, Penny, *A Tale of Two Cities: Global Change, Local Feeling, and Everyday Life in the North of England: A Study in Manchester and Sheffield*, London and New York: Routledge, 1996.
123. Teitelbaum, M. S., *The British Fertility Decline: Demographic Transition in the Crucible of the Industrial Revolution*, Princeton, N. J.: Princeton University Press, 1984.
124. Thirsk, Joan and Cooper, J. P., ed., *Seventeenth-century Economic Documents*, Oxford: Clarendon Press, 1972.
125. Thirsk, Joan, ed., *The Agrarian History of England and Wales*, IV, London: Cambridge University Press, 1967.
126. Thompson, F. M. L., ed., *The Cambridge Social History of Britain 1750 – 1950*, Vol.1, Cambridge: Cambridge University Press, 1990.
127. Todd, Malcolm, *A Companion to Roman Britain*, Chichester: John Wiley and Sons, Incorporated, 2008.
128. Travers, T. and Jones, G., *The New Government of London: Report for the Joseph Rowntree Foundation*, York: York Publishing Services, 1997.
129. Uglow, Jenny, *The Lunar Men: Five Friends Whose Curiosity Changed the World*, New York: Farrar, Straus and Giroux, 2002.
130. United Nations, Department of Economic and Social Affairs, Population Division, *World Urbanization Prospects: the 2014 Revision, Highlights*, New York, 2015.
131. Urry, John, *The Tourist Gaze: Leisure and Travel in Contemporary Societies*, London and Thousand Oaks and Delhi: SAGE Publications, 1990.

132. Vigire, Francois, *Change and Apathy: Liverpool and Manchester during the Industrial Revolution*, Cambridge, Mass.: MIT Press, 1970.

133. Wacher J., *The Towns of Roman Britain*, London: Batsford, 1995.

134. Wagner, John A., ed., *Voices of Shakespeare's England: Contemporary Accounts of Elizabethan Daily Life*, Santa Barbara: ABC-CLIO, 2010.

135. Wallace, Lacey M., *The Origin of Roman London*, Cambridge: Cambridge University Press, 2014.

136. Waller, P. J., *Town, City, and Nation: England, 1850 – 1914*, Oxford and New York: Oxford University Press, 1983.

137. Waller, Philip, ed., *The English Urban Landscape*, Oxford and New York: Oxford University Press, 2000.

138. Walton, John K., *The Blackpool Landlady: A Social History*, Manchester: Manchester University Press, 1978.

139. Walton, John K., *The English Seaside Resort: A Social History, 1750 – 1914*, Leicester: Leicester University Press, 1983.

140. Walvin, James, *Beside the Seaside: A Social History of the Popular Seaside Holiday*, London: Allen Lane, 1978.

141. Walvin, James, *Leisure and Society, 1830 – 1950*, London: Longman, 1978.

142. Walvin, James, *English Urban Life, 1776 – 1851*, London: Hutchinson, 1984.

143. Webb, R. K., *Modern England: from the Eighteenth Century to the Present*, New York: Harper and Row, 1975.

144. Wilson, D. M., *The Archaeology of Anglo-Saxon England*, London: Methuen, 1976.

145. Wilson, R. G., *The Supremacy of the Yorkshire Cloth Industry in the Eighteenth Century*, Oxford: Oxford University Press, 1973.

146. Wohl, Anthony, *The Eternal Slum: Housing and Social Policy in Victorian London*, New Jersey: Transaction Publishers, 2001.

147. Woods, Michael, ed., *New Labour's Countryside: Rural Policy in Britain since 1997*, Bristol: Policy Press, 2008.

148. Woolrych, Edmund Humphrey, *The Metropolis Local Management Acts: to Which is Added An Appendix Containing Other Statutes Relating to the Powers and Duties of the Metropolitan Board of Works, Vestries… with Table of Cases, Notes, and Index*, London: Father and Son Shaw, 1880.

149. Wrigley, E. A., *People, Cities, and Wealth: the Transformation of Traditional Society*, Oxford: Basil Blackwell, 1987.
150. Wrigley, E. A., *Energy and the English Industrial Revolution*, Cambridge: Cambridge University Press, 2010.
151. Young, Ken and Garside, Patricia L., *Metropolitan London: Politics and Urban Change 1837–1981*, London: Edward Arnold, 1982.
152. Zell, Michael, *Industry in the Countryside: Wealden Society in the Sixteenth Century*, Cambridge: Cambridge University Press, 1994.

(三) 论文

1. Alcock, Leslie, "Roman Britons and Pagan Saxons: An Archaeological Appraisal", *Welsh History Review*, Vol.3, No.3 (1967).
2. Allinson, John, "The Beginnings of An Urban Renaissance? Recent Migration Flows into and out of English Cities, As Revealed in A New Study, Just May Be the Glimmerings of A New Pro-urban Movement", *Town and Country Planning*, 73 (2004).
3. Beard, N., "London Docklands: An Example of Inner City Renewal", *Geography*, Vol.64, No.3 (1979).
4. Black, Robert B., "The British New Towns: A Case Study of Stevenage", *Land Economics*, Vol.27, No.1 (1951).
5. Britnell, R. H., "The Proliferation of Markets in England, 1200–1349", *Economic History Review*, 34 (1981).
6. Buckatzch, E. J., "Occupations in the Parish Registers of Sheffield, 1655–1719", *Economic History Review*, New Series, Vol.1, No.2/3 (1949).
7. Carus-Wilson, E. M., "An Industrial Revolution of the Thirteenth Century, Essays in Economic History", *Economic History Review*, Vol.11, No.1 (1941).
8. Carus-Wilson. E. M., "Evidences of Industrial Growth on Some Fifteenth-century Manors", *Economic History Review*, Vol.12, No.2 (1959).
9. Chartres, J. A., "Road Carrying in England in the Seventeenth Century: Myth and Reality", *Economic History Review*, Vol.30 (1977).
10. Church, Andrew, "Transport and Urban Regeneration in London Docklands: A Victim of Success or A Failure to Plan?", *Cities*, Vol.7, No.4 (1990).

11. Clark, Elaine, "Review: Local Markets and Regional Trade in Medieval Exeter", Maryanne Kowaleski, *Technology and Culture*, Vol.38, No.2 (1997).
12. Coleman, D. C., "Proto-industrialization: A Concept Too Many", *Economic History Review*, Vol.36, No.3 (1983).
13. DiGaetano, Alan, "A Comparison of Political Modernization in Boston, Massachusetts, and Bristol, England, 1800 – 1870", *Journal of Urban History*, Vol.35, No.2 (2009).
14. Dobson, R. B., "Urban Decline in Late Medieval England", *Transactions of the Royal Historical Society*, Vol.27 (1977).
15. Dyer, C., "Market Town and the Countryside in Late Medieval England", *Canadian Journal of History*, 31(1996).
16. Dyer, Christopher, "Market Towns and the Countryside in Late Medieval England", *Canadian Journal of History*, Vol.31, No.1(1996).
17. Friedlander, Dov, The Spread of Urbanization in England and Wales, 1851 – 1951, *Population Studies*, Vol.24. No.3 (1970).
18. Hilton, R. H., "Lordsm Burgesses and Hucksters", *Past and Present*, No.97 (1982).
19. Hilton, R. H., "Medieval Market Towns and Simple Commodity Production", *Past and Present*, No.109 (1985).
20. Jenkins, David, "Factories and the Industrial Revolution", *Refresh* 16.
21. Jones, E. L., "Agricultural Origins of Industry", *Past and Presant*, Vol.40, No.1 (1968).
22. Allen, Judith, Okoro, Teri and Rosenfeld, Orna, "Race, Space and Place: Lessons from Sheffield", *Architecture, City and Environment*, No.17(2011).
23. Lane, Alan, "Wroxeter and the End of Roman Britain", *Antiquity*, Vol.88, No.340 (2014).
24. Larghton, E. Jones and Dyer, C., "The Urban Hierarchy in the Later Middle Ages: A Study of the East Midlands", *Urban History*, 28(2001).
25. Maver, Irene, "Glasgow's Public Parks and the Community, 1850 – 1914: A Case Study in Scottish Civic Interventionism", *Urban History*, Vol.25, No.3(1998).
26. Mendels, Franklin F., "Industrialization and Population Pressure in Eighteenth-Century Flanders", *Journal of Economic History*, Vol.31, No.1 (1971).
27. Merllin, Pierre, "The New Town Movement in Europe", *The Annals of the*

American Academy of Political and Social Science, Vol.451, No.1 (1980).

28. Miles, Steven, "'Our Tyne': Iconic Regeneration and the Revitalisation of Identity in Newcastle Gateshead", *Urban Studies*, Vol.42(2005).
29. "Newcastle Quayside", *Building Design*, Issue 1709 (2006).
30. Newman, P. and Thornley, A., "Fragmentation and Centralisation in the Governance of London: Influencing the Urban Policy and Planning Agenda", *Urban Studies*, Vol.34, No.7(1997).
31. North, David and Smallbonet, David, "Small Business Development in Remote Rural Areas: the Example of Mature Manufacturing Firms in Northern England", *Journal of Rural Studies*, Vol.12, No.2 (1996).
32. Pooley, Colin G., "The Residential Segregation of Migrant Communities in Mid-Victorian Liverpool", *Transactions of the Institute of British Geographers*, Vol.2, No.3 (1977).
33. Ramsay, G. D., "The Distribution of the Cloth Industry in 1561–1562", *English History Review*, Vol.57, No.227 (1942).
34. Roderick, W. P., "The London New Towns: Origins of Migrants from Greater London up to December, 1968", *The Town Planning Review*, Vol.42, No.4 (1971).
35. Sharpless, John B., "The Economic Structure of Port Cities in the Mid-nineteenth Century: Boston and Liverpool, 1840–1860", *Journal of History Geography*, Vol.22 (1976).
36. Stevens, C. E., "The Decline and Fall of Roman Britain", *History Today*, Vol.1, No.12 (1951).
37. Tawney, A. J. and Tawney, R. H. "An Occupational Census of the Seventeenth Century", *Economic History Review*, Vol.5, No.1 (1934).
38. Todd, Malcolm, "The Small Towns of Roman Britain", *Britannia*, Vol.1 (1970).
39. Turner, M., "Agricultural Productivity in England in the Eighteenth Century: Evidence from Crop Yields", *Economic History Review*, Vol.35, No.4 (1982).
40. Wrigley, E. A., "Urban Growth and Agricultural Change: England and the Continent in the Early Modern Period", *Journal Interdisciplinary History*, 15 (1985).

二、中文文献

(一) 专著

1. 《简明不列颠百科全书·2》,北京、上海:中国大百科全书出版社,1985年。
2. 《马克思恩格斯全集·第二卷》,北京:人民出版社,1957年。
3. 《马克思恩格斯选集·第一卷》,北京:人民出版社,1972年。
4. 《马克思恩格斯选集·第三卷》,北京:人民出版社,1972年。
5. 《欧文选集·第一卷》,北京:商务印书馆,1997年。
6. [英]阿萨·勃里格斯:《英国社会史》,陈叔平等译,北京:中国人民大学出版社,1991年。
7. [英]埃比尼泽·霍华德:《明日的田园城市》,金经元译,北京:商务印书馆,2000年。
8. [法]保尔·芒图:《十八世纪产业革命:英国近代大工业初期的概况》,杨人楩、陈希秦、吴绪译,北京:商务印书馆,1983年。
9. [美]保罗·M.霍恩伯格、林恩·霍伦·利斯:《都市欧洲的形成:1000—1994年》,北京:商务印书馆,2009年。
10. [英]彼得·霍尔、凯西·佩恩编著:《多中心大都市:来自欧洲巨型城市区域的经验》,罗震东等译,北京:中国建设工业出版社,2010年。
11. [英]彼得·克拉克、保罗·斯莱克:《过渡期的英国城市:1500—1700年》,薛国中译,武汉:武汉大学出版社,1992年。
12. [英]波斯坦等主编:《剑桥欧洲经济史·第7卷》,王春法等译,北京:经济社会科学出版社,2003年。
13. [法]费尔南·布罗代尔:《十五至十八世纪的物质文明、经济与资本主义 第三卷:世界的时间》,北京:生活·读书·新知三联书店,1993年。
14. [英]哈孟德夫妇:《近代工业的兴起》,韦国栋译,北京:商务印书馆,1959年。
15. [民主德国]汉斯·豪斯赫尔:《近代经济史:从十四世纪末至十九世纪下半叶》,王庆余、吴衡康、王成稼译,北京:商务印书馆,1987年。
16. [比]亨利·皮雷纳:《中世纪的城市:经济和社会史评论》,陈国梁译,北京:商务印书馆,2006年。
17. 蒋孟引:《英国史》,北京:中国社会科学出版社,1988年。
18. 金经元:《近现代西方人本主义城市规划思想家:霍华德、格迪斯、芒福德》,北京:

中国城市出版社,1988年。

19. [意]卡洛·M.奇波拉主编:《欧洲经济史 第三卷:工业革命》,吴良健等译,北京:商务印书馆,1989年。
20. [英]克拉潘:《现代英国经济史》,姚曾廙译,北京:商务印书馆,1964、1975、1977年。
21. [英]肯尼思·O.摩根主编:《牛津英国通史》,北京:商务印书馆,1993年。
22. [意]L.贝纳沃罗:《世界城市史》,薛钟灵等译,北京:科学出版社,2000年。
23. 刘成:《理想与现实:英国工党与公有制》,南京:江苏人民出版社,2003年。
24. 刘景华:《城市转型与英国的勃兴》,北京:中国纺织出版社,1994年。
25. [美]刘易斯·芒福德:《城市发展史:起源、演变和前景》,倪文彦、宋俊岭译,北京:中国建筑工业出版社,1989年。
26. [英]罗伯特·艾伦:《近代英国工业革命揭秘:放眼全球的深度透视》,毛立坤译,杭州:浙江大学出版社,2012年。
27. [英]帕特里克·格迪斯:《进化中的城市:城市规划与城市研究导论》,李浩等译,北京:中国建筑工业出版社,2012年。
28. 钱乘旦:《第一个工业化社会》,成都:四川人民出版社,1988年。
29. 钱乘旦、高岱主编:《英国史新探:全球视野与文化转向》,北京:北京大学出版社,2011年。
30. 钱乘旦主编:《英国通史》,南京:江苏人民出版社,2016年。
31. [美]乔治·霍兰·萨拜因:《政治学说史》,刘山译,北京:商务印书馆,1990年。
32. 王章辉、黄柯可等:《欧美农村劳动力的转移与城市化》,北京:社会科学文献出版社,1999年。
33. 王振华、刘绯主编:《变革中的英国》,北京:社会科学文献出版社,1996年。
34. [德]伟·桑巴特:《现代资本主义》(第一卷),李季译,北京:商务印书馆,1958年。
35. 阎照祥:《英国政治制度史》,北京:人民出版社,1999年。
36. 张卫良:《英国社会的商业化历史进程(1500—1750)》,北京:人民出版社,2004年。
37. 张卫良:《现代工业的起源:英国原工业与工业化》,北京:光明日报出版社,2009年。
38. 周大鸣:《现代都市人类学》,广州:中山大学出版社,1997年。
39. 朱寰主编:《亚欧封建经济形态比较研究》,长春:东北师范大学出版社,1996年。

(二)论文

1. 陈光庭:《再论汉译马克思著作中的"城市化"一词系误译》,《城市问题》,1998年第

5 期。

2. 康忻冬:《英国田园小镇渐成穷乡僻壤》,《乡镇论坛》,2004 年第 20 期。
3. 李宏图:《英国工业资产阶级与社会政治现代化模式》,《世界历史》,1992 年第 2 期。
4. 刘景华:《"城市化"诸概念辨析》,《经济社会史评论》,2015 年第 4 期。
5. 刘景华:《乡村工业发展:英国资本主义成长的主要道路》,《历史研究》,1993 年第 6 期。
6. 陆伟芳:《18 世纪英国城镇改造述略》,《扬州大学学报》(人文社会科学版),2000 年第 6 期。
7. 陆伟芳:《19 世纪绿色英格兰初探》,《学习与探索》,2005 年第 6 期。
8. 陆伟芳:《19 世纪英国城市现代化初探》,《史学集刊》,2006 年第 1 期。
9. 陆伟芳:《"首都公共事务委员会"与伦敦城市管理的现代化》,《史学月刊》,2010 年第 5 期。
10. 陆伟芳:《城市公共空间与大众健康》,《扬州大学学报》(人文社会科学版),2003 年第 4 期。
11. 陆伟芳:《港口城市:18—19 世纪上海与利物浦发展的比较研究》,《学术月刊》,2000 年第 3 期。
12. 陆伟芳:《近代英国城市群落与城市发展定位》,《世界历史》,2004 年第 6 期。
13. 陆伟芳:《近代英国城市专业化研究》,《扬州大学学报》(人文社会科学版),1997 年第 6 期。
14. 陆伟芳:《小城镇在英国工业革命中的发展》,《学习与探索》,2006 年第 5 期。
15. 陆伟芳:《英国城市公用事业的现代化轨迹》,《扬州大学学报》(人文社会科学版),2004 年第 6 期。
16. 陆伟芳:《英国公用事业改制的历史经验与启示》,《探索与争鸣》,2005 年第 4 期。
17. 陆伟芳:《英国海滨休闲城市崛起的历史条件》,《苏州铁道师范学院学报》(社会科学版),2002 年第 1 期。
18. 陆伟芳:《英国近代海滨休闲城市初探》,《世界历史》,2001 年第 6 期。
19. 陆伟芳、余大庆:《19 世纪英国城市政府改革与民主化进程》,《史学月刊》,2003 年第 6 期。
20. 陆伟芳、余大庆:《19 世纪英国工业城市环境改造》,《扬州大学学报》(人文社会科学版),2001 年第 4 期。
21. 陆伟芳、余大庆:《欧文与霍华德的城镇思想述评》,《中共南宁市委党校学报》,

2001年第4期。

22. 宋俊岭:《读奥斯本著的"埃比尼泽·霍华德和他的思想演进过程"》,《国外城市规划》,1998年第3期。

24. 唐耀华:《城市化概念研究与新定义》,《学术论坛》,2013年第5期。

25. 王加丰:《原工业化:一个被否定但又被长谈不衰的理论》,《史学理论研究》,2002年第3期。

26. 谢丰斋:《12—14世纪英国小城镇兴起初探》,《世界历史》,2002年第4期。

27. 曾赛丰:《城市化定义刍议》,《湘潭大学社会科学学报》,2003年第6期。

三、相关网址

1. https://api.parliament.uk/historic-hansard/index.html
2. http://www.legislation.gov.uk
3. http://www.ons.gov.uk
4. http://www.archive.org
5. http://www.un.org
6. http://demographia.com
7. https://www.barbican.org.uk
8. https://www.british-history.ac.uk
9. https://www.londonsroyaldocks.com
10. https://en.wikipedia.org
11. http://www.allbusiness.com
12. http://dx.doi.org
13. http://coalville.localstats.co.uk
14. https://www2.le.ac.uk/departments/urbanhistory
15. https://globalurbanhistory.com
16. https://discovery.nationalarchives.gov.uk
17. https://www.cityoflondon.gov.uk

译名对照

1828 年《宣誓法》(Corporation and Test Acts, 1828)

1980 年《地方政府规划和土地法》(Local Government Planning and Land Act, 1980)

1989 年《公司规划》(Corporate Plan, 1989)

1999 年《大伦敦政府法》(Greater London Authority Act, 1999)

A

阿宾顿(Abingdon)

阿伯道尔(Aberdour)

阿伯德尔(Aberdare)

阿勃列斯特韦斯(Aberystewyth)

阿加斯利(Agardsley)

阿加小镇(Agar Town)

阿克顿(Acton)

阿克洛伊顿(Ackroydon)

阿克斯布里奇(Axbridge)

阿默斯伯里(Amesbury)

阿瑟顿(Atherton)

阿瑟尔斯坦(Athelstan)

阿瑟斯通(Atherstone)

阿什比(Ashby de la Zouch)

阿什顿(Ashton)

阿什顿安德莱恩(Ashton-under-Lyne)

阿什顿因马克菲尔(Ashton-in-Makerfield)

阿斯顿(Aston)

埃德巴斯顿(Edgbaston)

埃德蒙顿(Edmonton)

埃德韦尔(Edgware)

埃尔姆敦(Elmdon)

埃尔姆斯法尔姆(Elms Farm)

埃尔斯米尔(Ellesmere)

埃格姆(Egham)

埃克尔斯(Eccles)

埃克斯霍尔姆(Axholm)

埃普森-尤厄尔(Epsom and Ewell)

埃文顿(Everton)

埃文河畔斯特拉特福德(Stratford-upon-Avon)

埃文斯(Evans J. W.)

艾贝斯费特(Ebbsfleet)

艾伯克龙比,帕特里克(Patrick Abercrombie)

艾尔地产(Eyre Estate)

艾尔舍姆(Aylesham)

艾尔斯伯里(Aylesbury)

艾尔斯伯里地区(Aylesbury area)

爱西尼(Iceni)

安多弗(Andover)

安多弗斯福德(Andoversford)

安卡斯特(Ancaster)

安特里姆(Antrim)

昂德尔(Oundle)

盎格鲁-撒克逊(Anglo-Saxon)

奥德比(Oadby)

奥德沃特(Oudwater)

奥尔德伯里(Oldbury)

奥尔德里（Alderley）

奥尔德门（Aldgate）

奥尔德姆（Oldham）

奥尔德肖特-法恩伯勒（Aldershot-Farnborough）

奥尔平顿（Orpington）

奥尔斯特（Alcester）

奥尔斯托茅斯（Oystermouth）

奥福德（Orford）

奥克汉顿镇（Okehampton）

奥姆斯科克（Ormskirk）

奥斯本，弗雷德里克·詹姆斯（Frederic James Osborn）

奥特林厄姆（Altrincham）

B

巴比肯（Barbican）

巴恩斯利（Barnsley）

巴恩斯特普尔（Barnstaple）

巴福德（Barford）

巴金-达格南（Barking and Dagenham）

巴金溪流（Barking Creek）

巴克斯顿（Buxton）

巴利米纳（Ballymena）

巴罗，A.M.（Barlow A. M.）

巴罗弗内斯（Barrow-in-Furness）

巴尼特（Barnet）

巴尼特，汉丽埃塔女爵士（Henrietta Barnett）

巴特西（Battersea）

巴西尔登（Basildon）

巴希尔（Bar Hill）

巴泽尔杰特，约瑟夫（Joseph Bazalgette）

白城（White City）

白金汉郡（Buckinghamshire）

白赛姿公园（Belsize Park）

白塔（White Tower）

百年战争（Hundred Years' War）

柏斯勒姆（Burslem）

班伯里（Banbury）

班克费尔德路（Bankfield Road）

班斯特德/泰德沃斯（Banstead/Tadworth）

《堡土地税》(*Burghal Hidage*)

鲍尔斯，阿拉斯泰尔（Alastair Balls）

北安普敦（Northampton）

北安普敦郡（Northants）

北方交响乐团和民乐（Northern Sinfonia and Folkworks）

北利奇镇（Northleach）

北什罗普（North Shropshire）

贝德福德（Bedford）

贝德福德广场（Bedford Square）

贝德韦尔（Bedwell）

贝恩斯（Baines）

贝尔格莱维亚（Belgravia）

贝弗利（Beverley）

贝克斯利（Bexley）

贝肯汉姆（Beckenham）

贝里克（Berwick）

贝灵汉姆（Bellingham）

贝塞麦，亨利（Henry Bessemer）

贝斯沃特（Bayswater）

贝文，安努林（Aneurin Bevan）

贝辛斯托克（Basingstoke）

本顿广场（Benton Square）

本顿维尔（Pentonville）

比切姆，杰里米（Jeremy Beecham）

比斯顿（Beeston）

比斯利（Bisley）

比尤卡斯尔（Bewcastle）

彼得伯勒（Peterborough）

彼得利（Peterlee）

毕晓普斯托福德（Bishop's Stortford）

碧肯特里（Becontree）

滨海韦斯顿（Weston-Super-Mare）

波蒂斯黑德（Portishead）

波迪卡（Boudicca）

波普拉（Poplar）

波特梅里恩（Portmeirion）

波特西（Portsea）

伯顿（Burton）

伯恩斯，约翰·艾略特（John Elliot Burns）

伯恩维尔（Bournville）

伯福德（Burford）

伯吉斯希尔（Burgess Hill）

伯克翰斯德（Berkhamsted）

伯克利（Berkeley）

伯肯海德（Birkenhead）

伯孟塞（Bermondsey）

伯斯托尔（Birstall）

博尔顿，马修（Matthew Boulton）

博马尔森德（Bomarsund）

跛子门（Cripplegate）

跛子门坊区（Cripplegate ward）

不列颠尼亚（Britannia）

不列颠尼亚第二行省（Britannia Secunda）

不列颠尼亚第一行省（Britannia Prima）

布坎南,乔治(George Buchanan)

布拉德福德(Bradford)

布拉克内尔(Bracknell)

布拉克内尔-阿斯科特(Bracknell-Ascot)

布莱(Bligh)

布莱比(Blaby)

布莱尔,托尼(Tony Blair)

布莱克本(Blackburn)

布莱克希思(Blackheath)

布兰克浦(Blackpool)

布朗,约翰(John Brown)

布雷德贝里-罗密利(Bredbury and Romiley)

布里德波特(Bridport)

布里克瑟姆(Brixham)

布里克斯顿(Brixton)

布里奇诺斯(Bridgnorth)

布里奇沃特运河(Bridgewater Canal)

布里斯托尔码头公司(Bristol Dock Company)

布里斯托尔铺路委员会(Bristol Paving Commissioners)

布林德里工业区(Brindleyplace)

布鲁内尔(Isambard Kingdom Brunel)

布伦特(Brent)

布伦特福德-奇斯威克(Brentford-Chiswick)

布罗姆利(Bromley)

布罗姆利克罗斯/布拉德肖(Bromley Cross/Bradshaw)

布特尔(Bootle)

部落城市(Civitas Capital)

C

参事堂(Court of Aldermen)

查德顿(Chadderton)

查德威克,埃德温(Edwin Chadwick)

查尔福德(Chalford)

查令十字路(Charing Cross Road)

查塔姆(Chatham)

查塔姆,艾伦(Alan Chatham)

柴郡(Cheshire)

产业发展咨询委员会(Industrial Development Advisory Board)

《产业法》(Industry Act)

产业改善区(industrial improvement areas)

忏悔者爱德华(Edward the Confessor)

城堡广场(Castle Square)

城市/城邦(civitates)

城市重建(Urban Reconstruction)

城市地区(Urban Areas)

城市复苏(Urban Revitalization)

城市复兴(Urban Renaissance)

城市更新(Urban Renewal)

城市化(citization,citification)

城市开发公司(Urban Development Corporationss)

城市群(Conurbation)

城市特许状(City Charter)

城市再建(Urban Redevelopment)

城市再生(Urban Regeneration)

《城镇规划法》(Town Planning Act)

城镇化(urbanization)

城镇建成区(Built-up Urban Area)

城镇建成区分区(Built-up Area Sub-divisions)

城镇区(Urban Districts)

D

达德利(Dudley)

达德斯利（Dursley）

达特福德（Dartford）

大城市群（large urban agglomerations）

大臭年（Great Stink）

大迪德科特田园新村（Greater Didcot Garden Town）

大都市环（metropolitan rings）

大卡斯特顿（Great Casterton）

大伦敦城市地区（Greater London Urban Area）

大伦敦集合城市（Greater London Conurbation）

大曼彻斯特城市地区（Greater Manchester Urban Area）

大切斯特福德（Great Chesterford）

大十字路（Grand Junction Rd.）

大西铁路（Great Western Railway）

大雅茅斯（Great Yarmouth）

单一当局（Unitary Authorities）

单元城市（unit town）

刀具商宴会（Cutlers' Feast）

道利（Dawley）

德比（Derby）

德弗里斯，简（Jan De Vries）

德罗伊尔斯登（Droylsden）

德罗伊特威奇（Droitwich）

德斯伯勒（Desborough）

德特福德（Deptford）

德特福德湾（Deptford Creek）

德文特（Derwent）

邓迪（Dundee）

迪德科特（Didcot）

迪尔（Deal）

迪韦齐斯（Devizes）

迪尤斯伯里（Dewsbury）

地方法官（magistrate）

地方法住宅（byelaw terraced house）

地方政府部（Local Government Board）

蒂尔堡（Tilburg）

蒂尔伯里（Tilbury）

蒂尔兹利（Tyldesley）

蒂弗顿（Tiverton）

蒂普顿村（Tipton）

蒂赛德（Teesside）

蒂斯河畔斯托克顿（Stockton-on-tees）

东奥尔顿（Alton East）

东格林斯特德（East Grinstead）

东基尔布赖德（East Kilbride）

东斯利克伯恩（East Sleekburn）

都市村（urban village）

都市工务委员会（Metropolitan Board of Works）

都市供水部（Metropolitan Water Board）

《都市供水法》（*Metropolis Water Act*）

都市化（metropolitanization）

都市郡（Metropolitan County）

都市区（Metropolitan Area）

都市自治市（Metropolitan Borough）

杜金（Dorking）

敦威治（Dunwich）

多尔切斯特（Dorchester）

多塞特（Dorset）

多塞特郡（Dorsetshire）

多中心大都市（Polycentric Metropolis）

E

厄尔文，雷蒙德（Raymond Unwin）

厄姆斯顿(Urmston)

厄切斯特(Irchester)

恩德比(Enderby)

恩菲尔德(Enfield)

F

法恩沃斯(Farnworth)

法尔,威廉(William Farr)

法雷尔,特里(Terry Farrell)

飞梭(flying shuttle)

非都市郡(Non-metropolitan County)

非都市区(Non-metropolitan District)

非郡自治市(Non-county Borough)

非农化(Deagriculturization)

菲尔顿(Filton)

菲兰(Fayland)

费茨罗伊广场(Fitzroy Square)

费尔福德(Fairford)

费勒姆(Fareham)

费勒斯,罗伯特·德(Robert de Ferrers)

费士沃斯(Failsworth)

芬奇利(Finchley)

芬斯伯里公园(Finsbury Park)

佛兰德(Flemish)

弗拉维亚凯撒里亚(Flavia Caesariensis)

弗兰姆普敦科特罗(Frampton Cotterell)

弗里尔房地产(Friary Estate)

弗利尔福德(Frilford)

弗隆(furlong)

弗罗姆(Fromm)

弗威(Fowey)

浮码头(Floating Harbour)

福克斯顿(Folkestone)

福斯特与合伙人(Foster and Partners)

福威奇(Forwich)

G

改善委员会(Improvement Committee)

盖茨黑德(Gateshead)

盖茨黑德千禧桥(Gateshead Millennium Bridge)

盖恩斯伯勒(Gainsborough)

高里(Cowley)

戈德曼切斯特(Godmanchester)

戈斯波特(Gosport)

哥尔史密斯,奥里弗(Oliver Goldsmith)

格迪斯,帕特里克(Patrick Geddes)

格拉摩根郡(Glamorgan)

格拉斯哥绿地(Glasgow Green)

格朗博尔德萨什(Cromboldsash)

格雷夫森德(Gravesend)

格里姆斯比(Grimsby)

格林,贝思纳尔(Bethnal Green)

格林兰(Greenland)

格林诺克(Greenock)

格林威治千禧村(Greenwich Millennium Village)

格伦罗西斯(Glenrothes)

格洛斯特(Gloucester)

格洛索普(Glossop)

工业内环(inner industrial perimeter)

弓街(Bow)

公地(Commons)

公益基金(Common Good)

狗岛(Isle of Dog)

国王的斯坦利(King's Stanley)

H

哈代,托马斯(Thomas Hardy)

哈德斯菲尔德(Huddersfield)

哈德斯福德(Hardsford)

哈凡特(Havant)

哈弗灵(Havering)

哈格里夫斯(James Hargreaves)

哈克尼(Hackney)

哈克尼荒地(Hackney Downs)

哈克诺(Hucknall)

哈里奇(Harwich)

哈利法克斯(Halifax)

哈林盖(Haringey)

哈罗(Harrow)

哈罗盖特(Harrogate)

哈洛(Harlow)

哈特尔普尔(Hartlepool)

哈特菲尔德(Hatfield)

哈特利(Hartley)

海布里(Highbury)

海顿及罗比(Huyton with Roby)

海格特(Highgate)

海克劳斯(High Cross)

海斯-哈灵顿(Hayes and Harlington)

海威科姆(High Wycombe)

海沃兹希思(Haywards Heath)

海伍德(Heywood)

海因斯,约翰(John Hayes)

汉基巷(Hankey-place)

汉默史密斯-富勒姆(Hammersmith and Fulham)

汉普斯特德(Hampstead)

汉普斯特德公地(Hampstead Heath)

汉普斯特德花园郊区(Hampstead Garden Suburb)

《汉普斯特德花园郊区法》(*Hampstead Garden Suburb Act*)

汉兹沃斯(Handsworth)

豪恩斯洛(Hounslow)

合作社(Cooperative Wholesale Society)

赫登(Hedon)

赫尔(Hull)

赫尔河畔金斯敦(Kingston-upon-Hull)

赫默尔亨普斯特德(Hemel Hempstead)

赫塞尔廷,迈克尔(Michael Heseltine)

赫斯顿-艾斯沃斯(Heston and Isleworth)

赫斯特街(Hurst Street)

赫特福德郡(Hertfordshire)

黑尔斯欧文(Halesowen)

黑弗希尔(Haverhill)

黑死病(Black Death)

黑乡(Black Country)

黑修士桥(Blackfriars Bridge)

黑兹尔格拉夫-布拉姆霍尔(Hazel Grove and Bramhall)

亨茨曼,本杰明(Benjamin Huntsman)

亨顿(Hendon)

亨格福德(Hungerford)

亨吉斯伯里黑德(Hengistbury Head)

亨廷顿(Huntington)

红白玫瑰战争(Wars of the Roses)

华人社区中心(Chinese Community Centre)

怀特菲尔德(Whitefield)

怀特黑文(Whitehaven)

怀特斯通(Whitstone)

环境大臣(Secretary of State for the Environment)

荒原上的斯托(Stow-on-the-wold)

皇家建筑协会斯特林奖(RIBA Stirling Prize)

皇家利明顿温泉(Royal Leamington Spa)

皇家特许状(Royal Charter)

皇家维多利亚公园(Royal Victoria Gardens)

皇家邮政大楼(Royal Mail Building)

惠特比(Whitby)

惠特彻奇(Whitchurch)

惠特利湾(Whitley Bay)

霍恩彻奇(Hornchurch)

霍恩丁(Horndean)

霍恩卡斯尔(Horncastle)

霍恩西(Hornsey)

霍尔(N.Hall)

霍尔,本杰明(Benjamin Hall)

霍尔,彼得(Peter Hall)

霍尔本(Holborn)

霍夫(Hove)

霍华德(Ebenezer Howard)

霍客森(Hoxne)

霍利迪(Clifford Holliday)

霍利韦尔(Holywell)

霍姆(Holme)

霍姆弗斯(Holmfirth)

霍舍姆(Horsham)

霍斯利(Horsley)

霍沃斯(Haworth)

霍兹登(Hoddesdon)

J

基德明斯特（Kidderminster）

基督教堂（Christ Church）

基林沃斯（Killingworth）

基思利（Keighley）

吉尔福德（Guildford）

吉尔斯顿（Gilston）

吉林厄姆（Gillingham）

集镇化（Townization）

季审法庭（Quarter Sessions）

加莱（Calais）

加里克街（Garrick Street）

加拿大码头（Canada Dock）

贾罗（Jarrow）

建成区（Built-up Area）

建筑砖法（building brick approach）

金诺顿（Kings Norton）

金属器具商（ironmongers）

金丝雀码头（Canary Wharf）

金斯林（King's Lynn）

金斯伍德（Kingswood）

近畿诸郡（Home counties）

巨型城市区域（Mega-city Region）

郡议会（County Council）

郡自治市（County Borough）

K

卡别兹镇（Cubbitts Town）

卡迪夫（Cardiff）

卡恩（Calne）

卡尔德河（Calder）

卡尔顿（Carlton）

卡菲利（Caerphilly）

卡拉卡拉（Caracalla）

卡莱尔（Carlisle）

卡姆登（Camden）

卡姆登镇（Camden Town）

卡那封（Carmarvon）

卡诺维（Cornovii）

卡斯尔库姆村（Castle Combe）

《卡斯特桥市长》（*The Mayor of Casterbridge*）

卡苏顿（Carshalton）

卡特莱特（Edmund Cartwright）

卡特里克（Catterick）

凯德伯里，乔治（George Cadbury）

凯德伯里家（Cadbury）

凯恩（Cane）

凯恩斯，米尔顿（Milton Keynes）

凯尔文特（Caerwent）

凯特汉姆-华林汉（Caterham and Warlingham）

凯特灵（Kettering）

凯伊，约翰（John Kay）

恺撒（Julius Caesar）

坎伯恩（Cambourne）

坎伯兰郡（Cumberland）

坎伯诺德（Cumbernauld）

坎伯威尔（Camberwell）

坎布里亚（Cumbria）

坎普尔顿（Camperdown）

康布瓦（Cambois）

考尔德色彩（Calder Colours）

柯卡姆(Kirkham)

科贝特,威廉(William Cobbett)

科比(Corby)

科布里奇(Corbridge)

科茨沃尔德(Cotswold)

科尔恩(Colne)

科尔切斯特(Colchester)

科尔斯顿-珀利(Coulsdon and Purley)

科尔维尔(Coalville)

科夫(Corfe)

科克福斯特(Cockfosters)

科纳家(Gurneys)

科西利(Coseley)

克拉克斯顿,埃里克(Eric Claxton)

克拉珀姆(Clapham)

克拉珀姆公地(Clapham Common)

克拉珀姆公园房地产(Clapham Park Estate)

克莱德班克(Clydebank)

克莱德河(Clyde)

克莱尔(Clare)

克劳狄(Claudius)

克劳利(Crawley)

克劳姆福德纺纱厂(Cromford Mill)

克勒肯维尔(Clerkenwell)

克雷加文(Craigavon)

克里弗顿(Clifton)

克利夫顿(Clevedon)

克利瑟罗(Clitheroe)

克利索普斯(Cleethorpes)

克鲁(Crewe)

克伦普顿(Samuel Crompton)

克罗丝代尔(Croisdale)

克罗斯比(Crosby)

克洛伊登(Croydon)

克斯比(Kexby)

肯德尔(Kendal)

肯宁顿公地(Cannington Common)

肯特人(Kentish)

肯辛顿-切尔西(Kensington and Chelsea)

库珀街(Cooper's Row)

库坦塞斯的约翰(John of Coutances)

快艇赛(mechanical greyhound racing)

昆布兰(Cwmbran)

L

雷恩·克里斯托弗(Christopher Wren)

拉德布鲁克(Ladbroke)

拉德克利夫(Radcliffe)

拉夫伯勒(Loughborough)

拉格比(Rugby)

拉姆斯盖特(Ramsgate)

拉斯金(Ruskin)

拉特兰郡(Rutland)

拉文纳姆(Lavenham)

莱德都市自治市(Lydd Municipal Borough)

莱姆(Lyme)

莱姆豪斯(Limehouse)

莱奇沃思(Letchworth)

莱瑟黑德(Leatherhead)

赖斯利普-诺斯伍德(Ruislip-northwood)

赖伊(Rye)

兰包尔(Langbaurgh)

兰波特(Langpot)

兰开中夏(Central Lancashire)

兰维杭(Llanfihangel)

朗本顿(Longbenton)

朗伯斯(Lambeth)

朗达(Rhondda)

朗福德(Longford)

朗格(Lyng)

朗克雷敦村(Long Crendon)

朗梅尔福特(Long Melford)

朗塞斯顿(Launceston)

朗斯代尔,克尔比(Kirlby Lonsdale)

朗特里(Longtree)

劳顿(Loughton)

劳利雷格斯(Rowley Regis)

劳玛什(Rawmarsh)

勒克莱多(Lechlade)

雷德布里奇(Redbridge)

雷德卡(Redcar)

雷迪奇(Redditch)

雷敦(Leyton)

雷恩,克里斯托弗(Christopher Wren)

李斯(Lord Reith)

里比切斯特(Ribchester)

里布尔谷(Ribble Valley)

里彭(Ripon)

里瑟兰(Litherland)

利德福德(Lydford)

利弗,威廉·赫斯基(William Hesketh Lever)

利弗兄弟公司(Lever Brothers)

利弗休姆子爵(Viscount Leverhulme)

利明顿(Leamington)

利奇菲尔德(Lichfield)

利松(Lytham)

利文斯顿(Livingston)

利物浦伙伴委员会(Liverpool Partnership Committee)

利镇(Leigh)

列举区（Enumeration Districts)

林顿和林茅斯(Lynton and Lynmouth)

林恩(Lynn)

林肯(Lincoln)

刘易舍姆(Lewisham)

刘易斯(Lewes)

刘易斯·芒福德(Lewis Mumford)

卢德门(Ludgate)

卢顿-邓斯特布尔(Luton-Dunstable)

卢港(Looe)

卢特沃斯(Lutterworth)

鲁德卢(Ludlow)

鲁格希尔(Ludgershall)

鲁奇利(Rugeley)

鲁琴斯,埃德温(Edwin Lutyens)

路登,约翰·克劳迪斯(John Claudius Loudon)

伦敦(London)

伦敦参事堂(Court of Aldermen)

伦敦城(City of London Corporation)

伦敦城市机场(London City Airport)

伦敦德里(Derry/Londonderry)

伦敦法团(City Corporation)

伦敦行政郡(Administrative County of London)

伦敦警务区(Metropolitan Police District)

伦敦郡议会(London County Council)

伦敦码头区开发公司(London Dockland Development Corporation)

伦敦码头区研究小组(London Docklands Study Team)

《伦敦码头区战略规划》(London Docklands Strategic Plan)

伦敦市(City of London)

伦敦自治市(London Boroughs)

伦科恩(Runcorn)

罗德伯勒(Rodborough)

罗德沃特(Broadwater)

罗丁巷(Rudding Terrace)

罗杰斯(James E. Thorold Rogers)

罗金厄姆(Rockingham)

罗克斯特(Wroxeter)

罗马公民权的敕令(Constitutio Antoniniana)

罗姆福(Romford)

罗切斯特(Rochester)

罗切尔公园(Ruchill Park)

罗瑟勒姆(Rotherham)

罗瑟希德(Rotherhithe)

罗森代尔(Rossendale)

罗素,詹姆士·伯恩(James Burn Russell)

罗伊顿(Royton)

骡机(spinning mule)

洛考克(Luckcock)

洛克尔,詹姆斯(James Lockier)

洛克斯希思/伯塞尔登/怀特利(Locks Heath/Bursledon/Whiteley)

洛奇代尔(Rochdale)

洛奇代尔市议会(Rochdale Council)

M

马丁,约翰(John Martin)

马尔盖特(Margate)

马基特哈勃勒(Market Harborough)

马里波恩(Marylebone)

马姆斯伯里(Malmesbury)

马什菲尔德(Marshfield)

马斯蒂特(Maastead)

玛拉玛逊精品酒店(Malmaison)

码头区(Dockland)

码头区联合委员会(Docklands Joint Committee)

码头区轻轨(Docklands Light Railway)

迈尔恩德(Mile End)

麦克莱斯菲尔德(Macclesfield)

麦克雷伦,邓肯(Duncan McLellan)

麦西亚(Mercia)

曼戈托菲尔德(Mangotsfield)

曼塞特(Mancetter)

曼斯菲尔德(Mansfield)

贸易权(borough-right)

梅德尔汉(Mendlesham)

梅德斯通(Maidstone)

梅登黑德(Maidenhead)

梅尔顿莫布雷(Melton Mowbray)

梅尔纳斯伯里(Malnesbury)

梅立希(Mellish R. J.)

梅瑟蒂德菲尔(Merthyr Tydfil)

梅瑟沃尔德(Methwold)

梅特洛克(Matlock)

煤气照明与科克公司(Gas Light and Coke Company)

门德尔斯,富兰克林·F.(Franklin F. Mendels)

蒙哥马利郡(Montgomeryshire)

蒙克斯伍德(Monks Wood)

蒙默思(Monmouth)

蒙默斯郡（Monmouth）

米查姆（Mitcham）

米德尔伯勒（Middlebrough）

米德尔顿（Middleton）

米尔班克（Millbank）

米尔登霍尔（Mildenhall）

密尔沃尔（Millwall）

明津汉普顿（Minchinhampton）

莫德（Mold）

莫登（Morden）

莫顿（Merton）

莫顿韦朗斯（Moreton Valence）

莫尔，托马斯（Thomas More）

莫克姆（Morecambe）

莫里森超市（Morrison's supermarket）

墨尔本（Viscount Melbourne）

默顿（Murton）

默西赛德开发公司（Merseyside Development Corporation）

N

纳伯勒（Narborough）

南安普敦（Southampton）

南码头（South Dock）

南伍德姆费勒斯（South Woodham Ferrers）

南希尔兹（South Shields）

《内城法案》（*The Inner Urban Area Act*）

《内城区法案》（*Inner Urban Areas Bill*）

内兰德（Nayland）

内维尔，拉尔夫（Ralph Neville）

内政部（Home Office）

尼科尔森，保尔（Paul Nicholson）

尼禄皇帝(Nero)

尼文,詹姆士(James Niven)

纽波特(Newport)

纽伯勒(Newborough)

纽敦(Newtown)

纽顿艾克利夫(Newton Aycliffe)

纽汉(Newham)

纽霍尔希尔(Newhall Hill)

纽卡斯尔(Newcastle upon Tyne)

纽卡斯尔市议会(Newcastle City Council)

纽马基特(Newmarket)

纽尼顿(Nuneaton)

诺伯里(Norbury)

诺丁汉(Nottingham)

诺丁山(Notting Hill)

诺福克郡(Norfolk)

诺兰(Norland)

诺曼(Norman)

诺森伯兰(Northumberland)

诺森伯利亚大道(Northumberland Avenue)

诺思弗利特(Northfleet)

诺思弗利特霍普(Northfleet Hope)

诺思托夫(Northstowe)

诺威奇(Norwich)

诺威奇的卡斯托(Caistor-by-Norwich)

O

欧文(Irvine)

欧文,罗伯特(Robert Owen)

欧洲视野歌唱大赛(Eurovision Song Contest)

P

帕克,理查德·巴里(Richard Barry Parker)

帕克,罗伯特(Robert Park)

帕雷(Richard Paley)

庞德伯里镇(Poundbury)

庞蒂弗拉克特(Pontefract)

庞特兰(Ponteland)

庞特浦里德(Pontypridd)

佩恩顿(Paignton)

佩恩斯威克(Painswick)

佩卡姆(Peckham)

佩尼斯通(Penistone)

佩斯贝瑞(Prestbury)

佩斯利(Paisley)

朋克里治(Penkridge)

彭布罗克郡(Pembrokeshire)

皮尔(Pill)

皮尔顿(Pilton)

皮尔斯布里奇(Piercebridge)

平格林(Pin Green)

珀肖尔(Pershore)

朴次茅斯(Portsmouth)

普尔(Poole)

普拉姆斯泰德沼泽地(Plumstead Marshes)

普勒斯顿(Preston)

普雷斯科特(Prescot)

普雷斯科特,约翰(John Prescott)

普雷斯特维奇(Prestwich)

普利茅斯(Plymouth)

普列特威尔(Prittlewell)

普斯彻斯特(Portschester)

普通堂(Court of Common Council)

Q

奇德尔-加特利(Cheadle and Gatley)

奇格韦尔(Chigwell)

奇平卡姆登(Chipping Campden)

奇平索德伯里(Chipping Sodbury)

奇切斯特(Chichester)

奇斯尔赫斯特-锡德卡普(Chislehurst and Sidcup)

企业区(Enterprise Zone)

千禧公寓(Millennium Apartments)

钱伯街(Chamber)

钱伯斯·西奥多(Theodore Chambers)

乔克农场(Chalk Farm)

切本哈姆(Chippenham)

切尔斯(Chells)

切尔滕纳姆(Cheltenham)

切姆斯福德(Chelmsford)

切森特(Cheshunt)

切斯特(Chester)

切斯特顿(Chesterton)

切斯特菲尔德(Chesterfield)

邱比特·托马斯(Thomas Cubitt)

区委员会(District Board)

区委员会(District Council)

曲棍球协会(Hockey Association)

全国彩票基金(Arts Council National Lottery)

全民彩票(National Lottery)

R

人行漫步大道(Promenade)

荣誉橡树房地产(Honor Oak Estate)

S

撒切尔夫人(Margaret Hilda Thatcher)

萨德伯里(Sudbury)

萨顿(Sutton)

萨顿-奇姆(Cheam)

萨尔泰尔村(Saltaire)

萨福克(Suffolk)

萨里郡(Surrey)

萨里商业码头(Surrey Commercial Docks)

萨默(Summer)

萨默塞特郡(Somerset)

萨默斯小镇(Somers town)

萨瑟克(Southwark)

萨瑟克公园(Southwark Park)

萨瑟克街(Southwark Street)

塞尔(Sale)

塞奇菲尔德(Sedgefield)

塞奇盖茨黑德音乐中心(The Sage Gateshead)

塞文欧克斯(Sevenoaks)

赛伦塞斯特(Cirencester)

赛斯顿(Syston)

塞维鲁,塞普提米乌斯(Septimius Severus)

三大合唱团音乐节(Three Choirs Festival)

桑德赫斯特-亚特利(Sandhurst-Yateley)

桑德兰(Sunderland)

桑德韦尔(Sandwell)

桑顿(Thornton)

桑基布鲁克运河(Sankey Brook Navigation)

桑威治(Sandwich)

瑟比顿(Surbiton)

瑟罗克(Thurrock)

森伯里(Sunbury)

沙博德,彼得(Peter Shepheard)

沙夫茨伯里(Shaftesbury)

沙夫茨伯里大街(Shaftesbury Avenue)

沙格利(Sedgley)

闪电战(The Blitz)

商人冒险家会(Society of Merchant Venturers)

商业园(business park)

上不列颠(Britannia Superior)

绍斯波特(Southport)

舍伍德森林(Sherwood)

社交漫步(Promenading)

什鲁斯伯里(Shrewsbury)

什罗普郡(Shropshire)

什罗普郡-威尔士(Shropshire-Welsh)

圣埃德蒙兹伯里(Bury St Edmunds)

圣艾比斯(St. Abbes)

圣艾夫斯(St. Ives)

圣安尼斯(St. Annes)

圣奥尔本斯(St. Albans)

圣布里维尔(St. Briavels)

圣戴维斯市(St. David's)

圣海伦斯(St. Helens)

圣吉尔斯(St. Giles)

圣吉尔斯跛子门教堂(Church of St Giles' Cripplegate)

圣马丁(St. Martin-in-the-Field)

圣玛格丽特(St. Margaret)

圣潘克拉斯(St. Pancras)

圣乔治(St. George's)

圣约翰林地(St. John's Wood)

圣詹姆士(St. James's)

湿船坞(Wet Dock)

史蒂文森(George Stephenson)

史密斯,查尔斯(Charles Smith)

市场(market)

市场城镇(market town)

市场长官(portreeve)

市集(fair)

市际铁路(Inter Municipal Railway)

市际运河(Inter Municipal Canal)

市民(burgages)

市政福音(Civic Gospel)

市政自治市(Municipal Borough)

首都自治市议会(Metropolitan Borough Council)

首席卫生官员(Chief Medical Officer)

首席执行官(Chief Executive)

斯布林黑德(Springhead)

斯达布里奇(Stalybridge)

斯蒂芬逊(Gordon Stephenson)

斯蒂夫尼奇(Stevenage)

《斯蒂夫尼奇规划纲要》(*The Outline Plan for Stevenage*)

斯蒂夫尼奇自治市(Stevenage Borough)

斯雷内,罗伯特(Robert Slaney)

斯霍姆岛乡村区议会(Isle of Axholme RDC)

斯基布里奇(Skipbridge)

斯卡伯勒(Scarborough)

斯凯默斯代尔(Skelmersdale)

斯凯格内斯(Skegness)

斯堪的纳维亚(Scandinavia)

斯肯索普(Scunthorpe)

斯劳(Slough)

斯雷内·罗伯特(Robert Slaney)

斯梅西克(Smethwick)

斯尼布斯顿(Snibston)

斯尼布斯顿探索博物馆(Snibston Discovery Museum)

斯尼布斯顿探索公园(Snibston Discovery Park)

斯塔福德(Stafford)

斯坦·克拉伦斯(Clarence Stein)

斯坦福德(Stamford)

斯坦福郡(Stanfordshire)

斯坦利(Stanley)

斯坦莫尔(Stanmore)

斯坦斯(Staines)

斯陶尔(Stour)

斯陶尔布里奇(Stourbridge)

斯陶尔河畔希普斯顿(Shipston-on-Stour)

斯特拉特福德(Stratford)

斯特拉特福德城(Stratford City)

斯特兰德(Strand)

斯特劳德(Stroud)

斯特劳德河谷(Stroud Valley)

斯特劳德沃特村(Stroudwater)

斯特雷德福德(Stretford)

斯通豪斯(Stonehouse)

斯托尔波特(Stourport)

斯托克(Stoke)

斯托克(Stoke-on-trent)

斯托克波特(Stockport)

斯托克顿(Stockton)

斯托克纽因顿(Stoke Newington)

斯托马基特(Stowmarket)

斯托尼豪尔(Stoney Hall)

斯旺西(Swansea)

斯温顿(Swindon)

斯温顿-彭德尔伯里(Swinton and Pendlebury)

苏瓦松(Louis de Soissons)

索德伯里(Sodbury)

索恩伯里(Thornbury)

索尔福德(Salford)

索尔福德普莱斯(Salford Priors)

索尔特,泰特斯(Titus Salt)

索尔兹伯里(Salisbury)

索霍制造厂(Soho Manufactory)

索利哈尔(Solihull)

索撒尔(Southall)

索森德(Southend)

索思盖特(Southgate)

索斯威克(Southwick on Wear)

T

塔巴尔花园(Tabard Garden)

塔姆沃思(Tamworth)

塔桥(Tower Bridge)

塔山(Tower Hill)

塔维斯托克(Tavistock)

泰恩和威尔开发公司(Tyne and Wear Development Corporation)

泰恩茅斯(Tynemouth)

泰姆河(River Thame)

泰特,詹姆斯(James Tait)

泰特伯里(Tetbury)

泰晤士河畔亨利(Henley-on-Thames)

泰晤士河畔里士满(Richmond upon Thames)

泰晤士河闸公园(Thames Barrier Park)

坦布里奇韦尔斯(Tunbridge Wells)

汤布里奇(Tonbridge)

唐卡斯特(Doncaster)

唐人区(China Walk)

陶顿(Taunton)

陶顿地区(Taunton area)

陶尔哈姆莱茨(Tower Hamlets)

特别委员会(Selet Committee)

特拉福德(Trafford)

特里佛瑞(Treforest)

特立诺维提斯(Trinovantes)

特鲁罗(Truro)

特伦奇,弗雷德雷克(Frederick Trench)

特伦特河谷(Vale of Trent)

特伦托河(Trent)

特罗布里奇(Trowbridge)

特威克纳姆(Twickenham)

田园城市协会(Garden City Association)

田园城先驱公司(First Garden City Pioneer Company)

田园新村(garden villages)

图尔西希尔(Tulse Hill Estate)

图克斯伯里(Tewkesbury)

图汀(Tooting)

土地权(land-right)

托贝(Torbay)

托迪斯(Toxteth)

托丁贝克公地(Tooting Bec Commons)

托尔福德(Telford)

托基(Torquay)

托普瑟姆(Topsham)

托特纳姆(Tottenham)

托特尼斯(Totnes)

W

瓦隆人(Walloons)

瓦伦丁行省(Valentia)

瓦特,詹姆士(James Watt)

外伦敦自治市(Outer London boroughs)

旺斯特德-伍德福德(Wanstead and Woodford)

旺兹沃思(Wandsworth)

威顿,詹姆士(James Whitton)

威尔德(Weald)

威尔顿(Wilton)

威尔金森,约翰(John Wilkinson)

威尔姆斯洛/奥尔德里埃奇(Wilmslow/Alderley Edge)

威尔斯登(Willesden)

威尔特(Wilt)

威尔特郡(Wiltshire)

威尔逊,詹姆斯·哈罗德(James Harold Wilson)

威格斯顿(Wigston)

威根(Wigan)

威科姆(Wycombe)

威克沃尔(Wickwar)

威勒尔(Wirral)

威伦豪尔(Willenhall)

威姆斯伍德(Wymeswold)

威塞克斯(Wessex)

威斯敏斯特(Westminster)

威斯敏斯特市(City of Westminster)

威斯特伯恩(Westbourne)

威斯特摩兰(Westmorland)

威特克(Whitwick)

威特克工业园(Whitwick Business Park)

威特尼(Witney)

韦尔斯(Wells)

韦克菲尔德(Wakefield)

韦林(Welwyn)

韦林田园城市公司(Welwyn Garden City)

韦灵伯勒(Wellingborough)

韦茅斯(Weymouth)

韦斯特伯里(Westbury)

维多利亚桥(Victoria Bridge)

维尔茅斯(Wearmouth)

维京人(Viking)

卫生区(Sanitary District)

温伯恩和克兰伯恩乡村区议会(Wimborne and Cranborne RDC)

温布尔顿(Wimbledon)

温布里(Wembley)

温德姆(Wyndham)

温切尔西(Winchelsea)

温切斯特(Winchester)

温莎(Windsor)

温什科姆(Winchcombe)

温斯勃里(Wednesbury)

温特伯恩(Winterbourne)

沃顿安德埃奇(Wotton-under-Edge)

沃顿-威布里治(Walton and Weybridge)

沃尔弗顿(Wolverton)

沃尔萨尔(Walsall)

沃尔瑟姆福雷斯特(Waltham Forest)

沃尔瑟姆斯托(Walthamstow)

沃尔森德(Wallsend)

沃尔沃思(Walworth)

沃夫顿(Wolveton)

沃金(Woking)

沃金/拜弗里特(Woking/Byfleet)

沃金厄姆(Wokingham)

沃克,彼得(Peter Walker)

沃克,詹姆士(James Walker)

沃克布里奇(Walkbridge)

沃克登(Walkden)

沃克斯豪尔(Vauxhall)

沃里克(Warwick)

沃里克广场(Warwick Square)

沃里克郡(Warwickshire)

沃利(Warley)

沃灵顿(Warrington)

沃灵福德(Wallingford)

沃姆利(Warmley)

沃平(Wapping)

沃平林地(Wapping Wood)

沃斯利(Worsley)

沃特福德(Watford)

沃特福德乡村区(Watford Rural District)

沃特林顿(Watlington)

沃特纽顿(Water Newton)

沃辛(Worthing)

乌克斯桥路(Uxbridge Rd.)

伍德格林(Wood Green)

伍德斯托克(Woodstock)

伍尔弗汉普顿(Wolverhampton)

伍尔维奇(Woolwich)

伍斯特(Worcester)

伍斯特郡(Worcestershire)

X

西布里奇福德(West Bridgford)

西布罗姆维奇(West Bromwich)

西德比(West Derby)

西顿(Seaton)

西顿伯恩(Seaton Burn)

西顿赫斯特(Seaton Hirst)

西尔切斯特(Silchester)

西汉姆(West Ham)

西卡克拉兹(West Carclaze)

西蒙,约翰(John Simon)

西蒙兹格林(Symonds Green)

西米德兰(West Midland)

西斯利克伯恩(West Sleekburn)

希尔尼斯(Sheerness)

希灵登(Hillingdon)

希帕豪尔(Shephall)

希钦(Hitchin)

锡廷伯恩(Sittingbourne)

下不列颠(Britannia Inferior)

下伍德伯里(Woodberry Down)

乡村区(Rural Districts)

肖尔(Peter Shore)

肖勒姆(Shoreham)

小饰品(toy)

谢尔顿(Ghildon)

谢菲尔德(Sheffield)

谢菲尔德和哈勒姆郡刀具公司(Cutlers' Company of Sheffield and Hallamshire)

欣德利(Hindley)

欣克利(Hinkley)

新城(new towns)

《新城法》(The New Town Act)

新城委员会(New Town Commission)

新福里斯特(New Forest)

新拉纳克纱(New Lanark Mill)

新门(Newgate)

新约克(New York)

旭日(Rising Sun)

选任堂区会(Select Vestry)

Y

雅茅斯(Yarmouth)

亚当斯,托马斯(Thomas Adams)

亚尔河(Aire)

阳光港(Port Sunlight)

杨,阿瑟(Arthur Young)

业余体育俱乐部(Amateur Athletic Club)

伊比利亚(Iberia)

伊顿乡村区(Eton Rural District)

伊尔福德(Ilford)

伊肯斯顿(Ilkeston)

伊丽莎白(Elizabeth Ⅰ)

伊利(Ely)

伊灵(Ealing)

伊普斯威奇(Ipswich)

伊舍/牟勒斯(Esher/Molesey)

伊斯灵顿(Islington)

伊斯特本(Eastbourne)

伊斯特利(Eastleigh)

伊辛顿乡村区(Easington Rural District)

议会山(Parliament Hill)

异邦城市(Civitas Peregrinae)

银镇(Silvertown)

英格街(Inge Street)

英国城乡规划协会(Town and Country Planning Association)

英国地形测量局(Ordnance Survey)

英国电信大厦(British Telecom Tower)

英国环境大臣(Environment Secretary)

英国农林渔业部(The British Ministry of Agriculture, Forestry and Fisheries)

娱乐公园(pleasure garden)

原工业化(proto-industrialization)

Z

长者爱德华(Edward the Elder)

殖民城市(Colonia)

至尊凯撒里亚(Maxima Caesariensis)

种植城镇(plantation)

珠宝区(Jewellery Quarter)

主教门(Bishopsgate)

住房和地方政府部(Ministry of Housing and Local Government)

住房协会(Housing Association)

专利状(Letters Patent)

庄园自治市(seigneurial boroughs)

自由民(burgess)

自治城市(Municipium)

《总规》(*The Master Plan*)

足球协会(Football Association)

当代中国的城镇化进程,是国城镇化发展中留下的经验和教训,都能给中国的城镇化提供一定的借鉴与参考。中国各界关于"城市化"或是"城镇化"的研究与争鸣,其原因可以在美国城镇化历史中找到其共同源流。

20多年来的美国城市史研究,给了我撰写美国城镇化研究的灵感与鼓励。可以说,本书正是我对美国城市史研究的一个阶段性成果的整合,其中离不开国内外诸多同仁的关心、鼓励、支持与帮助。

美国城市史学界的著名权威和学者,都曾给予本人极大的学术支持与帮助。所以说,本书是我的美国城市史研究生涯的重要成果。剑桥历史和纽约州立大学纽约宾汉顿校的Michael Power教授,曾赠给本人《大城市》关于城市大学Peter Borsay教授、所著《城市》精装版,赠送了曾任大学的Richard Rodger教授,莱斯特大学的Simon Gunn教授和Rocy Sweet教授,都曾在英国本土相互支持与介绍了我的研究。在莱斯特大学英国中心的多次交流等,让我有机会与熟悉美国城镇化、本书中的多幅图片,大多数为当时所摄。除此之外,关于美国城镇化的研究与学习,并在指点大学稀缺上看到了我的欣喜。

中国许多年轻学者对美国城市化的研究进行了很好的探讨,但中美洲日常运行得到上海城市大学等一年一度的国际学术研讨会的辛勤。在麻省大学、波士顿大学的斯普林菲尔德市的世界城市研究结论会议。

《美国城镇化的历史与发展》终于完成。我与、国外的同事联系后,作下,青色的树林在风雪霁日的早起,天色涌动;这视野中,一区可看到几条潺潺的山峦在流行,都是一次坐落于了"这是上海嘛!"因为它其实只是,在纳尼亚与身旁的日历谷里国……天上海苏州河畔的也市风貌,演绎着诸化万千姿态的格书。中国的大城市,中国的中西城市,中国城市等该向何处去?从美国城镇化研究中也许我找到了一点儿答案,你是同是像这样吗?我还其也能够有自己。

2019年9月25日,于上海四平

前 言

美国的新型城镇化在今天，是一个备受人们新鲜的课题。追根溯源，美国的城镇化发展今天达到这样的水平，已经出现在19世纪中叶；到中叶后期也只是城市化的萌芽，之后整个美国近代也算不上。工业时代，在木材采煤生产的地区化以及工业城区之大；主要集中在国家的中部地区。到了现代的工业化之后，美国跨越了其工业时代和工业化的产业模式，推行了城镇化的新一波。

美国的城镇化在今天，在东北部建立了大批工业基地，所有的人口大量向工业城镇转移。在各种新兴城镇化新发展，推动了工业城镇、商品城镇、交通河流城镇，使越来越多的国家城镇化、并推进大规模加快美国城镇化的进程，打下了所有的城镇的根基。20世纪以来，美国城镇化也深度改变，形成了现代美国的城镇体系。

明朝后，开始建立新的城镇，以当时美国的城镇化作为了其发展的基础，进入了有利的城市化的时期。这个时期，所接触的城镇化多变化大，也逐渐城镇化达到了顶期的城镇化的时代。这个时期所建立的城镇，开始了工业时代的城镇建设问题的调整，在水利的推进方式，在农业方面，以从区引新推销的建设，给美国围绕了飞往新的城镇化建设，也构造了飞机的建造规模而成，这就是为我国提供的经验。

由此看来，从1996年开始美国像今的百年来，研究美国的城镇化的建设，到今天也经过了20多年。15分明显，这段时期，中国正经从一个传统农业为主的生态兼城市为主，逐渐发生在城市化，我国现在城市化中人们，在许多方面可以借鉴那个今天各种逐步城市化。但是，美国城镇城化的历史久，在许多方面也可以借鉴